Héctor Feliciano

O MUSEU DESAPARECIDO
*A conspiração nazista para roubar
as obras-primas da arte mundial*

Tradução: Silvana Cobucci Leite

wmf **martinsfontes**

Esta obra foi publicada originalmente em espanhol com o título
EL MUSEO DESAPARECIDO
por Planeta DeAgostini
Copyright © Héctor Feliciano, 1997
Copyright © 2013, Editora WMF Martins Fontes Ltda.,
São Paulo, para a presente edição.

1ª edição 2013
2ª tiragem 2021

Tradução
Silvana Cobucci Leite
Acompanhamento editorial
Luzia Aparecida dos Santos
Revisões
Renato da Rocha Carlos
Helena Guimarães Bittencourt
Edição de arte
Katia Harumi Terasaka
Produção gráfica
Geraldo Alves
Paginação
Moacir Katsumi Matsusaki
Capa
Katia Harumi Terasaka

Dados Internacionais de Catalogação na Publicação (CIP)
(Câmara Brasileira do Livro, SP, Brasil)

Feliciano, Héctor
   O museu desaparecido : a conspiração nazista para roubar as obras-primas da arte mundial / Héctor Feliciano ; tradução Silvana Cobucci Leite. – São Paulo : Editora WMF Martins Fontes, 2013.

   Título original: El museo desaparecido: la conspiración nazi para robar las obras maestras del arte mundial.
   ISBN 978-85-7827-743-7

   1. Alemanha – Política cultural 2. Guerra Mundial – 1939-1945 – Arte e a guerra 3. Pilhagem – França 4. Objetos de arte – Roubo – Século 20 – História I. Título.

13-09966   CDD-709.4409044

Índices para catálogo sistemático:
1. Objetos de arte – Roubo – Século 20 – História   709.4409044

Todos os direitos desta edição reservados à
Editora WMF Martins Fontes Ltda.
Rua Prof. Laerte Ramos de Carvalho, 133 01325-030 São Paulo SP Brasil
Tel. (11) 3293-8150 e-mail: info@wmfmartinsfontes.com.br
http://www.wmfmartinsfontes.com.br

Sumário

Agradecimentos 9
Prólogo à edição brasileira 11
Introdução 13

PRIMEIRA PARTE
Algum amor pela arte

1. *O astrônomo* de Vermeer ou o ponto cego de Hitler 31
2. O Relatório de Kümmel ou a resposta nazista a Napoleão 45
3. Goering, "amigo de todas as artes" 53

SEGUNDA PARTE
Anatomia de uma pilhagem

4. Galeria Paul Rosenberg, arte moderna e *degenerada* à venda 69
5. O saque exemplar das coleções Rothschild 94
6. A Coleção Bernheim-Jeune ou a destruição de *Retrato do pintor com cabelos compridos* 105
7. David David-Weill ou o mecenas despojado 121
8. A coleção Schloss ou mestres germânicos para Hitler 134

TERCEIRA PARTE
Arte à venda

9. Os visitantes do Jeu de Paume 149

10. Mudança de proprietário. O mercado de arte parisiense sob a ocupação   173
11. Suíça, a importância de ser neutro   206

QUARTA PARTE
Uma história de terror

12. Aparições, ressuscitados e espectros   221
13. Um curto epílogo suíço: arremate de esqueletos nas *Kunstkammern*   264
14. Miragens no *front* oriental   279
15. O purgatório dos MNR   287

Anexo I *Eduardo Propper de Callejón*   313
Anexo II *Os* Documentos Schenker   341
Anexo III *Entrevista com Alain Vernay*   351

Índice de nomes   357
Índice de ilustrações   379

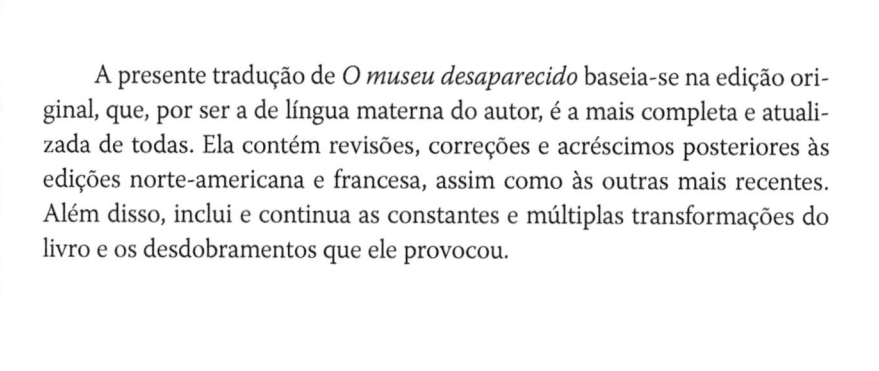

A presente tradução de *O museu desaparecido* baseia-se na edição original, que, por ser a de língua materna do autor, é a mais completa e atualizada de todas. Ela contém revisões, correções e acréscimos posteriores às edições norte-americana e francesa, assim como às outras mais recentes. Além disso, inclui e continua as constantes e múltiplas transformações do livro e os desdobramentos que ele provocou.

Agradecimentos

Escrever este livro sem a ajuda e o estímulo de muitas pessoas teria sido uma tarefa impossível.

A Anne Heilbronn, que com presteza entendeu o que eu procurava e cujo apoio surgiu desde o início de tudo; a Liliane e Elie de Rothschild, por suas ideias, perspicácia, incentivo e hospitalidade; a Hubert Heilbronn, por sua paciência e diplomacia; a Alain e Denise Vernay, que me infundiram um afetuoso estímulo desde o início e quase acabaram me adotando; a Elaine Rosenberg, pelo acesso ilimitado aos arquivos Paul Rosenberg; a Elisabeth Rosenberg-Clark; a Michel Dauberville, por ser acessível e estar sempre disposto a prestar serviços; a Jean de Martini; a John Richardson, pelas longas e estimulantes conversas, magnífica memória e apoio entusiasta; a Georges Halphen, por um dia mágico compartilhado e por suas reminiscências; a Gérard Stern, por sua bondade e ajuda; a Francis Warin, por sua amizade e tenacidade; a Nick Goodman, por sua rápida cumplicidade e ajuda; a Lili Gutmann, por sua amabilidade e encanto; a Jeanne Bouniort e Bernard Piens, por compartilhar generosamente não apenas sua vasta biblioteca e conhecimentos sobre a história da arte, mas também suas reflexões e considerações sobre os idiomas espanhol, francês e inglês, com paciência cotidiana.

Agradeço também a todos aqueles que tão generosamente me deram acesso a seus arquivos: ao senhor e à senhora Michel David-Weill, Madame de Bastard, Micheline Rosenberg, Simone Durosoy, senhora Jacques Schumann, Katiana Ossorguine, senhora Kaplan, senhora Sol Chaneles, Wanda de Guebriant e à família Matisse, Lydia Delectorskaia, Jorge Helft, Alfred Daber, Henri Bénézit, François Rognon, Philippe Morbach, S. Lane Faison, Craig Hugh Smyth, Bernard Taper, Robert Saunal, Pierre Daix, barão Guy de Rothschild, senhora Misrahi, senhorita Cellier, senhora Muraz, coronel Paillole, senhora Kolesnikoff e senhora Masson.

Aos colegas e amigos que me ajudaram, de uma maneira ou de outra: Marlena Hiller, Werner Spiess, Wolfgang Form, Alexei Rastorgouev, Alan Riding e William Honan do *New York Times*, Jim Hoagland do *Washington Post*, Klaus Goldmann, Konstantin Akinsha, Grigori Koslov, Eric Conan, Yves Stavrides, Jean-François Fogel e Jocy Drémeaux, René Huyghe, o pessoal do Centre de Documentation Juive Contemporaine de Paris, o pessoal da biblioteca Watson do Museu Metropolitano de Arte de Nova York, Lynn Nicholas, Peter Harclerod, Willi Korte, Giela Belkova, Philippe Sprang, François-Xavier Jaujard, o pessoal da Livraria Giraud-Badin, Murielle Ballestrazzi da Polícia Nacional da França, a Direção de Museus da França, senhora Marie Hamon, Laurence Bertrand-Dorléac, Henry Rousso, Ilda François, por seu entusiasmo e assistência constante, Christian Derouet, por compartilhar seus conhecimentos sobre Leonce e Paul Rosenberg, Jim Cohen, Maurice Jardot, senhora Binda, Tamar Shiloh, professor Steve Ross da Universidade de Colúmbia, Michel Besson, Patrick Franc e Isabelle de Pommereau, por sua hospitalidade e amizade, Jack Flam, Amy Barasch, Serge Jacquemard, Françoise Bonnefoy do Museu do Jeu de Paume, Caroline Roueche dos arquivos da casa de leilões Drouot, Jean Astruc da BDHC, Marie-Hélène du Pasquier dos arquivos do jornal *Le Monde*, Daniel Cattan, Sonia Combe, Marianne Vidon, Maya Vidon, Pierre Oster, Herbert Lottman, Laure Murat, Connie Lowenthal, Montserrat Domínguez Montoliu, Jacques Lust, Mini e Regis Protière, Peggy Frankston, Irus Hansma, Quentin Laurens, Alain Tarica e José Manuel Pérez, amigo fiel.

E os últimos, mas não menos importantes, são aqueles mais próximos; agradeço por terem me apoiado sempre e, às vezes, terem de me aguentar: a María, por sua paciência infinita com este livro em espanhol, a Gustavo Guerrero, amigo de todas as horas e meticuloso leitor, e a Héctor e Nereida Feliciano, meus pais, por seu apoio ilimitado e incondicional.

Prólogo à edição brasileira

A publicação ou a tradução de *O museu desaparecido* em outro país ou em um novo idioma ocasionaram, diretamente ou por dedução, e como consequência, transformações nacionais na maneira de conceber a arte roubada pelos nazistas, além de mudanças substanciais em sua jurisprudência. Na França, com a publicação do livro, o Presidente da República reconheceu a responsabilidade e a colaboração do Estado e de seus cidadãos no saque, ordenando o estabelecimento de uma comissão nacional de restituição que elaborou relatórios e devolveu obras. Os museus franceses viram-se obrigados a expor as obras saqueadas que se encontravam havia décadas em suas salas e cofres e os tribunais daquele país começaram, por sua vez, a reverter décadas de erros anteriores para devolver as telas roubadas durante a guerra. Todavia, acima de tudo, o livro originou ou consolidou uma mudança profunda nas mentalidades francesas, não apenas entre as vítimas e seus herdeiros, mas também na própria opinião pública nacional, que finalmente considerou ter chegado o momento de admitir e inverter as responsabilidades durante a guerra e de atender a demandas e exigências. Sendo a França precursora de tendências culturais na Europa, a Áustria também começou a considerar o saque perpetrado por seus compatriotas uniformizados de nazistas e a restituir as obras confiscadas que se encontravam em seus museus e coleções nacionais. A Alemanha estabeleceu um inventário digital das obras não reclamadas preparando-se para entregá-las a seus proprietários. Por sua vez, nos Estados Unidos, a Associação de Diretores de Museus de Arte (AAMD), juntamente com os grandes museus estadunidenses, como o MoMA e o Museu Metropolitano em Nova York ou o Instituto de Arte de Chicago, empreenderam uma detalhada investigação sobre a procedência de suas coleções, descobrindo obras roubadas entre elas. E, além disso, deram início a sua restituição, apesar de frequentemente a dificultarem empregando uma artilharia pesada de meios legais e de artimanhas tipicamente estadunidenses.

Talvez o Brasil, onde *O museu desaparecido* agora é publicado, não seja uma exceção. Há no país obras de arte adquiridas e coleções formadas durante o período das hostilidades. É preciso lembrar, por exemplo, que só em agosto de 1942 Getúlio Vargas, chefe de Estado durante a segunda conflagração mundial, declarou guerra aos países do Eixo. Um fato simples como este significou, portanto, que o intercâmbio comercial entre o Brasil e aqueles países e a simpatia para com eles persistiram sem maiores obstáculos até aquela data. Por outro lado, assim como em outros países mencionados, grandes colecionadores nacionais adquiriram numerosas obras e reuniram coleções de arte na Europa depois do fim da guerra.

Em ambos os períodos de grande transação comercial, o mercado mundial de arte estava inundado de quadros, esculturas, desenhos e obras gráficas de procedência duvidosa e cuja proveniência nunca foi investigada.

É verdade que uma pesquisa como essa costuma demandar muitos anos de sério trabalho metódico antes de se encontrar alguma obra roubada. Seja como for, valeria a pena dar uma olhada na procedência de tais obras. Esta é uma tarefa a ser realizada por jornalistas, historiadores de arte ou habilidosos leitores brasileiros.

Héctor Feliciano

Introdução

Este livro é, ao mesmo tempo, uma história e uma investigação da pilhagem de arte realizada pelos nazistas durante a Segunda Guerra Mundial. Enquanto o eficientíssimo exército alemão, a Wehrmacht, avançava irresistivelmente por toda a Europa, os nazistas saquearam e confiscaram milhares de coleções – públicas e privadas –, incontáveis obras de arte, milhões de livros e manuscritos, inúmeros móveis e objetos de arte, seja de forma sistemática e metódica, seja por roubos ao acaso cometidos por oficiais e soldados.

Muitas dessas obras continuam extraviadas até hoje. Após oito anos de pesquisa, rastreei e encontrei algumas delas.

Organizei este livro essencialmente em quatro partes, que descrevem o saque, a busca e o encontro.

Mas o livro trata, sobretudo, dos confiscos metódicos e oficiais de coleções de arte particulares perpetrados por ordens diretas de Hitler ou do alto comando nazista; a maioria pertencente a famílias ou a *marchands* de arte judeus franceses. Selecionei as coleções – do *marchand* de arte parisiense Paul Rosenberg, da centenária família de banqueiros Rothschild, da dinastia de negociantes Bernheim-Jeune, dos banqueiros David-Weill, da família Schloss, do colecionador Alphonse Kann e do investidor Fritz Gutmann – por seu grande tamanho e importância e porque seu roubo sistemático me permite demonstrar como o saque nazista da arte, projeto secreto de Hitler, funcionava efetivamente. Além disso, incluí um capítulo sobre a pilhagem de bibliotecas, livros e manuscritos pertencentes a organizações políticas e a lojas maçônicas na França. Essas coleções e bibliotecas, muito conhecidas, foram capturadas por uma ou outra das organizações de confisco estabelecidas pelos nazistas, às vezes com a ajuda complacente e a colaboração de muitos na França.

Eu tentava, também, seguir o difícil rastro, até encontrá-lo, do longo caminho internacional de alguns dos quadros roubados ou extraviados; e demonstrar, por conseguinte, com a ajuda de alguns exemplos, como, depois da guerra, muitas dessas importantes obras haviam desaparecido na nebulosa do mercado de arte europeu e norte-americano graças à cumplicidade – consciente ou inconsciente – ou à simples negligência de conhecidos *marchands* de arte, casas de leilão, conservadores de museus, historiadores de arte e especialistas internacionais. Bastaria conseguir provar isso em pequena ou em média escala, dizia comigo mesmo, e o sistema internacional em sua totalidade seria revelado. As repercussões provocadas pela publicação do livro na Europa e nos Estados Unidos levam-me a pensar que consegui demonstrá-lo acima de qualquer dúvida.

Desde finais do século XVII, com a diminuição da atração exercida pela Itália, a França conseguira impor sua hegemonia cultural sobre a maior parte da Europa e converter-se no centro mundial da arte e do bom gosto. No entanto, foi apenas nos séculos XIX e XX que a capital francesa transformou-se na única sede de um intenso desenvolvimento e valorização da pintura, e que se criaram o mundo e o mercado da arte tal como os conhecemos hoje: um mundo composto de museus compradores, escolas artísticas, colecionadores particulares, *marchands* de arte, críticos e especialistas.

Quando explodiu a Segunda Guerra Mundial, em setembro de 1939, a cidade de Paris, com seus suntuosos e célebres museus, abundantes galerias e dinâmicas casas de leilão, era a capital mundial da arte. Reinava então sozinha, indiscutivelmente, pois Nova York e Londres ainda não conseguiam competir com ela como fariam depois do conflito mundial.

Paris era, portanto, a cidade onde não apenas residiam, trabalhavam e expunham os mais conhecidos pintores contemporâneos da época – como Picasso, Matisse ou Braque –, mas também onde compravam, negociavam e escreviam a maioria dos colecionadores de todos os tipos de arte, os *marchands*, especialistas e historiadores mais importantes e destacados daquele século.

Poder ocupar e saquear este centro mundial da cultura, depois da inesperada derrota do exército francês e da ocupação alemã da cidade em junho de 1940, significava uma surpreendente oportunidade histórica, única para

Hitler e para os nazistas, que, além do mais, dava-lhes acesso a um riquíssimo butim de guerra praticamente inesgotável.

Como veremos mais tarde, a vitória e a ocupação da França foram motivo de grande emoção política e artística para Hitler, despertando nele sentimentos muito profundos. Não fosse o fato de Hitler e Goering terem sido, desde jovens, amantes da pintura e da arte – bem como colecionadores –, a pilhagem de arte pelos nazistas jamais teria tido a singularidade, precedência e importância que obteve durante a guerra; e tampouco teria ocorrido de maneira tão metódica e sistemática nem em escala tão assustadora quanto na Europa ocupada. Sua dimensão particular, juntamente com a eficácia, nunca seriam igualadas na história.

Ao comparar Hitler com outros ditadores e regimes autoritários da mesma época, vemos que ele e os altos dirigentes do Partido Nacional-socialista foram os únicos autocratas de então a transformar diretamente seu interesse próprio e muito pessoal pela arte em ações políticas e diplomáticas concretas. Eles mesmos dirigiram essas tarefas através do despojamento sistemático de coleções privadas, vendas forçadas e projetos ideológicos de decoração de escritórios do Partido e construção de museus.

Para demonstrar a importância que os alemães atribuíam à arte durante a guerra, convém lembrar que a própria embaixada do Terceiro Reich na Paris ocupada criou vários postos oficiais de adidos culturais encarregados exclusivamente de adquirir e avaliar obras de arte para a nação e seus altos dignitários.

Quanto à espoliação em si, já nos primeiros dias da ocupação da capital francesa, em junho de 1940, os nazistas, seguindo uma lista de nomes previamente estabelecida por especialistas conhecedores de arte alemães, dirigiram-se apressadamente para uma dezena de galerias importantes pertencentes a judeus franceses para interditá-las e confiscar todo seu inestimável conteúdo. Isso acontecia a par e como parte do esforço enorme e preciso acarretado, em seus primeiros dias, pela ocupação completa de um país inimigo, com a imperiosa necessidade de milhares de homens, abastecimentos militares, imprescindíveis prisões em massa e vigilância da população.

Acrescentemos, como prova suplementar do interesse fundamental dos nazistas pelo saque, que, para levar a termo sua missão cultural secreta durante o restante da guerra, depois que os alemães estivessem estabelecidos em Paris, o principal departamento de saqueadores nazistas estava bem provido de mão de obra, pois dispunha de cerca de sessenta pessoas: oficiais do exército, historiadores de arte, especialistas, fotógrafos, funcionários públicos, secretárias, soldados, caminhoneiros e operários. Além disso, possuía amplo poder para dotar-se de frotas de caminhões, comboios de trens de carga e valiosas cotas de combustível. Sem esquecer o fato de que este intenso vaivém parisiense ocorria no meio da guerra, na retaguarda, quando os homens e as provisões escasseavam ou, talvez, podiam ser indispensáveis em outro lugar para vencer uma batalha no *front*, preparar outra ou perpetuar a ocupação militar da Europa. No entanto, os nazistas, no plano ideológico e no real, valorizavam o saque artístico e cultural tanto quanto as vitórias militares ou as conquistas territoriais.

O roubo da arte atingiu proporções tão vastas que, em agosto de 1944, quando os alemães se retiraram de Paris depois de quatro anos de ocupação – desde junho de 1940 –, a França se convertera no país mais saqueado de toda a Europa ocidental. Naquela época, os inventários oficiais da espoliação nazista listavam com todos os detalhes o saque de duzentas e três coleções privadas, ou seja, um terço de toda a arte em mãos de cidadãos franceses. No total, mais de cem mil obras de arte, meio milhão de móveis e mais de um milhão de livros e manuscritos haviam sido roubados pelos nazistas na França.

Nos primeiros anos do pós-guerra, os aliados ocidentais recuperaram e restituíram várias dezenas de milhares dessas obras. Mas, com o passar dos anos, o entusiasmo inicial dos governos e dos integrantes do mundo da arte se desvaneceu e a tarefa não foi concluída até os dias de hoje. Assim, calculo que ainda restem de vinte mil a quarenta mil obras de arte desaparecidas desde a guerra na França. Estas se encontram, principalmente, na Europa e nos Estados Unidos e fazem parte desse museu desaparecido e extraviado que dá título a este livro.

Como veremos, a trama do roubo, o desaparecimento e a redescoberta dessas obras não seguem uma linha reta simples e desimpedida. Apesar do alto grau de organização que caracterizava a burocracia autoritária da Alemanha de Hitler, cada setor do governo – assim como acontece em qualquer burocracia de Estado, autoritária ou não – encontrava-se em competição contínua e permanente com outros setores. A essa confusão normal gerada temos de acrescentar a forma manipuladora e sub-reptícia de governar do próprio Hitler, que consistia em encarregar duas ou até três pessoas simultaneamente de fazer a mesma tarefa. Desse modo, o Führer mantinha o domínio geral da situação e das divisões em seu governo, aguçando as diferenças e a competição entre seus subalternos, que logo se converteriam em rivais.

O método de Hitler, que tendia a produzir resultados disparatados e a acentuar a ineficácia do governo, estendia-se também ao próprio campo da aquisição de obras de arte para sua coleção particular. Albert Speer, arquiteto, ministro do Reich e amigo pessoal do Führer, narra em suas memórias que, em mais de uma ocasião, Hitler deu instruções idênticas a dois *marchands* de arte para adquirir o mesmo quadro em um leilão, a qualquer preço. Assim, uma vez na sala de vendas, cada licitador tratava, absurdamente, de superar o outro, acreditando que se encontrava diante de um comprador rival, e conseguindo, desse modo, que o preço da obra alcançasse limites exagerados[1]. Além de ser quase motivo de riso, era, também, causa de contínuos transtornos.

Assim, três diferentes setores do Reich alemão supervisionavam oficial e simultaneamente o confisco de arte na França ocupada: o primeiro era a Kunstschutz (Direção militar para a proteção da arte), cujas ordens emanavam do alto comando da Wehrmacht, o exército alemão; o segundo, a embaixada da Alemanha em Paris, que dependia do ministro das Relações Exteriores, Joachim von Ribbentrop; e o terceiro, o ERR (*Einsatzstab Reichsleiters Rosenberg für die Besetzten Gebiete* – Destacamento Especial do dirigente do Reich Rosenberg para os Territórios Ocupados), que seguia ordens diretas do ideólogo nazista e líder do Partido Nacional-socialista Alfred Rosenberg.

No final, o ERR acabaria por dominar e praticamente neutralizar os outros dois serviços; no entanto, para complicar ainda mais a situação, o *Reichsmarschall* – marechal do Reich – Hermann Goering, número dois do regime nazista, comandante-chefe da força aérea – a influente Luftwaffe – e ávido colecionador de arte, conseguiria – por meio de insistentes pressões, dissimulações e intrigas – controlar efetivamente a ação do ERR. Foi assim que, sob o controle de Goering, o ERR empreendeu os maiores confiscos de obras de arte procedentes das mais conhecidas coleções judaicas francesas. De todos os líderes nazistas, incluindo até mesmo o próprio Hitler, foi o marechal quem mais diretamente tirou proveito do saque de obras de arte na França.

---

1 Ver Albert Speer, *Inside the Third* Reich*: Memoirs*. Nova York, Collier Books, 1981, p. 179. [Redigi as notas de rodapé seguindo a tradição da investigação jornalística, em que, diferentemente do trabalho acadêmico, não são citadas exaustivamente todas as fontes utilizadas. Mais adiante, nesta Introdução, explico em linhas gerais como realizei meu trabalho de pesquisa.]

A complexa trama que este livro tenta recompor e reconstituir não é nem desapaixonada nem indiferente. É constituída e composta, por um lado, pela história pessoal compacta, enérgica, de alguns indivíduos e da arte que possuíam. E, por outro, pela história dos estratagemas, ardis, artimanhas e armadilhas que os nazistas criaram e empregaram para desapossá-los.

Com o medo e o desespero ocasionados pelo irresistível avanço alemão na primavera de 1940, que terminaria na ocupação do país, os consternados donos franceses de milhares de obras criadas por Van Eyck, Vermeer, Rembrandt, Velázquez, Goya, Degas, Monet, Cézanne, Van Gogh, Picasso, Matisse e Braque – entre muitas outras – as retiram rapidamente das paredes em que se encontram, as enrolam ou as acomodam em caixas de embalagem para conduzi-las temporariamente a algum esconderijo seguro. Na época, temiam apenas a simples destruição por fogo cruzado ou bombardeio, e não a espoliação direta; estavam longe de suspeitar ainda do enorme plano secreto de saque e de compra forçada que Hitler projetava.

No entanto, apesar dos criativos esconderijos, os nazistas não demoraram a encontrá-las, ajudados por uma complexa rede de delatores, *marchands* colaboradores, empresas de mudanças, vizinhos, porteiros e criados que lhes davam informações. Depois de encontrar as cobiçadas obras, transportavam-nas para o pequeno museu do Jeu de Paume no Jardim das Tulherias e, ali, as catalogavam, descreviam, inventariavam, fotografavam e despachavam por trem para a Alemanha ou as trocavam no mercado parisiense ou suíço.

Ao se desenvolver, o tema deste livro às vezes fará lembrar os romances de intriga ou de espionagem – com a fronteira entre o bem e o mal, as vítimas e os saqueadores, traçada claramente e facilmente definida; embora rodeada, no entanto, por vastas zonas de sombra. Assim acontece durante as guerras, e assim, também, a forma desta história pouco a pouco foi se revelando.

Naturalmente, esta trama possui estreitos vínculos com a arte e a cultura de um país, símbolos da sensibilidade e da inspiração de seu povo. Ao saquear colecionadores franceses, os nazistas queriam despojá-los de algo mais que de meros bens móveis. Esses obstinados saqueadores queriam roubar e se apropriar da alma, do significado e dos valores culturais dessas pessoas.

O saque de guerra indefectivelmente fez parte de todos os nossos atos históricos. Os conquistadores não apenas tentam arrasar sempre fisicamente o inimigo, mas, além disso, pretendem destruir o patrimônio ou apropriar-se das preciosas obras de arte que este possui e colecionou com infinita paciência e esforço. A pilhagem ocorrida na Segunda Guerra Mundial nos permite compreender com clareza a verdadeira razão pela qual o poder dos agressores – mesmo entre os mais recentes exemplos, como Bósnia, Afeganistão ou, ainda, o Iraque – reside, em parte, no roubo e na destruição do patrimônio cultural do inimigo.

Por outro lado, é evidente que o pano de fundo do saque cultural nazista é o Holocausto[2]. Sem a cega e inexorável precisão mecânica deste como essência, aquele não teria ocorrido. Cega e inexorável precisão que, ao contrário do que ainda se acredita, muitas vezes não levou em conta a classe social ou os grandes recursos de que desfrutavam algumas de suas vítimas antes da guerra. Assim, o dinheiro e a influência não salvaram dos campos de extermínio nem das câmaras de gás vários membros das famílias Rothschild, Bernheim-Jeune e Gutmann ou distintos membros de influentes lojas maçônicas francesas.

Ao refletir sobre este tema, nossa própria concepção e visão do Holocausto se complicam, talvez, ao constatar que Hitler e Goering eram, ao mesmo tempo, verdadeiros amantes da arte, colecionadores e os ideólogos e instigadores das selvagens matanças da Segunda Guerra Mundial e de um impiedoso genocídio que utilizou tenaz e implacavelmente os métodos avançados da era industrial.

A história do confisco da arte complica o tradicional conceito da sublimidade da arte e de seus poderes elevadores ou salvadores, pois nos lembra que esses amantes da arte são também os autores intelectuais das matanças e da aniquilação do Holocausto. Lembra-nos que a arte não nos protege absolutamente de nada, pois é possível ser, ao mesmo tempo, amante da arte e criminoso de guerra.

A história do mundo seria eternamente mais fácil de entender – e nosso objetivo mais simples – se os bárbaros fossem, como caricaturas, unicamente bárbaros em todos e em cada um dos infinitos instantes de sua vida; apenas isso. Mas não é o que acontece. Para aqueles de nós que ainda não sabem, os líderes do Terceiro Reich nos demonstram que é possível ser bárbaro e, mesmo assim, apreciar a pintura e a arte. Infelizmente, o gosto pela

---

[2] Ver Raoul Hilberg, *The Destruction of the European Jews*. Nova York: Harper & Row, 1961, pp. 419-20.

arte e a sensibilidade para apreciá-la não eliminam o lado turvo e escuro do ser humano: Vermeer, Rembrandt, Leonardo, Rafael ou Michelangelo jamais nos protegerão de nosso Mal absoluto interior. A pensadora Hannah Arendt criou a poderosa ideia da banalidade do mal para descrever – em relação ao julgamento de Adolf Eichmann – o comportamento cotidiano e aparentemente insignificante dos funcionários públicos nazistas que serviu de fundamento indispensável e apoio determinado do plano da Solução Final. No relato que desenvolveremos neste livro, o mal banal será meticuloso, detalhado, e executará suas tarefas, com obstinação, uma a uma. O banal, do ponto de vista do leitor, é constituído pelo detalhe, pois no detalhe reside o mundo. Este livro é, portanto, composto de detalhes[3].

A espoliação cultural nazista foi considerada um projeto de grande importância para ambos os lados em luta; tanto é assim que, a partir de 1949, constituiu uma das principais acusações dos fiscais aliados contra os líderes nazistas no Tribunal de Crimes de Guerra de Nuremberg. Contudo, quando comecei a pesquisar esse tema, há mais de doze anos, não existiam mais que alguns fios escassos e muitos cabos soltos na Europa e nos Estados Unidos.

Caí irremediavelmente no tema, por assim dizer, durante uma de minhas missões quando trabalhava para o jornal norte-americano *The Washington Post* em Paris. Um dia, enquanto preparava um artigo sobre algum tema relacionado com a arte, um entrevistado francês mencionou – de repente e de maneira informal – a enorme magnitude da espoliação nazista na França e se perguntou em voz alta onde poderiam ser encontradas as milhares de obras desaparecidas durante a Segunda Guerra Mundial. Minha reação, instantânea, foi de profunda surpresa e curiosidade. Pedi ao entrevistado que repetisse o que acabava de se perguntar, mas este me confirmou que não tinha resposta para a pergunta. Em seguida, iniciamos uma longa conversa sobre o assunto.

Como tantos outros, conhecia vagamente o tema da espoliação; anos antes, havia lido algum livro no qual se mencionava o tema e sabia que havia sido tratado de forma popular por Hollywood nos anos 1960 no conhecido filme *O trem*, dirigido por John Frankenheimer e protagonizado por Burt Lancaster.

---

[3] Hannah Arendt, *Eichmann in Jerusalem: A Report on the Banality of Evil*. Londres: Penguin Books, 1994.

Assim como muitos, nunca me perguntara de forma direta o que acontecera precisamente em Paris e no mercado de arte durante a guerra e qual havia sido o paradeiro das obras roubadas: Como as coleções haviam sido saqueadas? Quantas delas haviam sido? As obras haviam sido destruídas ou simplesmente desapareceram? Se era certo que não haviam sido destruídas, então, como e onde podiam ser encontradas?

Depois da conversa com o entrevistado, eu quis saber, com precisão, o que havia acontecido durante a ocupação alemã de Paris de 1940 a 1944. Encontrei, contudo, apenas alguns livros de interesse limitado e muito poucos artigos publicados sobre o tema. Para meu espanto, não encontrei livros publicados recentemente. Nos anos imediatos ao pós-guerra, e até inícios dos anos 1960, alguns autores já haviam abordado o tema para em seguida se desinteressar rapidamente. Mas não consegui encontrar o livro que eu gostaria de ter lido: uma verdadeira investigação que acompanhasse o percurso subterrâneo das obras desaparecidas até deparar com elas.

Percebi que, até então, as vítimas da espoliação, familiares, *marchands* e outros que haviam conhecido e vivido a guerra não tinham sido entrevistados como se devia, ou se havia conversado pouco com eles. A memória desses sobreviventes fora objeto de pouca curiosidade. Assim, poucas das testemunhas oculares que ainda sobreviviam haviam narrado os fatos presenciados, recordados ou conhecidos por elas. Poucos pesquisadores – talvez ninguém – haviam consultado extensamente os numerosos arquivos particulares de famílias e comerciantes de arte. Não existia, portanto, nenhuma pesquisa profunda sobre o tema; além disso, o interesse em encontrar ou reclamar as obras desaparecidas era mínimo.

A reduzida informação oficial existente encontrava-se dispersa entre os arquivos civis, militares e de inteligência de vários países, como inacessíveis peças isoladas e sem sentido de um gigante quebra-cabeça.

Sem dúvida, minha sensação era semelhante à experimentada por quem se encontra na própria entrada da caverna de Ali Babá e, desde aquele lugar, é impedido de saber o que ela contém. Quanto mais eu sabia, mais queria saber.

Durante os oito anos que durou a pesquisa que levou a esta publicação, como era de esperar, muitos dos serviços governamentais não foram um modelo de ajuda, compreensão ou sensibilidade. Outros até mesmo impediram diretamente meu trabalho. Na França, a maioria dos documentos nazistas, franceses e aliados ainda era material de caráter sigiloso ou confidencial e, portanto, estritamente inacessível ao público. Na Alemanha encontravam-se única e exclusivamente documentos e inventários alemães. Nos Estados Unidos, conservavam-se, com muita desordem, cerca de treze milhões de fólios alemães e aliados sobre a pilhagem nazista nos Arquivos Nacionais de Washington, mas, surpreendentemente, ainda não se havia estabelecido – mais de quarenta anos depois do fim da guerra – um índice de matérias que ajudasse a orientar-se. Essas dificuldades eram inconvenientes cotidianos que não incluíam, obviamente, a quase intransponível cultura do segredo e da discrição de países como Suíça ou dos da antiga União Soviética.

Ninguém que eu conhecesse havia tentado então justapor, cotejar e analisar detalhadamente esses elementos heterogêneos dispersos e por tanto tempo estanques entre si: livros e memórias sobre a guerra publicados na Europa e nos Estados Unidos; documentos confidenciais ou consultáveis e interrogatórios de nazistas e colaboradores capturados, procedentes da França, Alemanha, Suíça, Reino Unido, da antiga União Soviética, dos Estados Unidos e da Espanha; fotografias e ilustrações de coleções privadas e militares; correspondências particulares; documentos e arquivos de museus e de galerias; livros de história da arte; procedências de obras, catálogos *raisonnés* e catálogos de exposições. A esses elementos acrescentei centenas de minhas próprias entrevistas jornalísticas.

Obter e conseguir o acesso ao conjunto dessa informação apresentava, às vezes, maiores dificuldades que esclarecer com certeza o que havia ocorrido durante e depois da guerra.

Ingenuamente, eu pretendia resolver todos os numerosos mistérios que rodeavam as obras desaparecidas, relatar a história e seguir a pista das pessoas e coleções envolvidas.

Relatar a história e seguir a pista são apenas palavras, pois, antes de tudo, era preciso reconstituir passo a passo, com fragmentos soltos, uma história que nunca havia sido escrita, para depois descobrir o paradeiro dos quadros. A reconstrução dos fatos assemelhou-se à reunião das peças perdidas de um quebra-cabeça.

O rastro que deixam os próprios documentos existentes – quem são seus autores; quem são seus destinatários; quem possuía o que e quando – é de importância primordial para este tipo de investigação, mas o cotidiano ir e vir entrecruzado e constante entre esses mesmos documentos, as obras e as pessoas também é essencial. De vez em quando, algum pormenor indefinido do quebra-cabeça se materializava de repente durante uma entrevista em Paris. E o elemento que lhe faltava – ou a confirmação de sua autenticidade – só surgiria meses ou anos depois, digamos, em algum catálogo de exposição de um museu ou em um documento britânico consultado nos Arquivos Nacionais em Washington.

Com seus detalhados inventários de confisco e arquivos de arte – produto de seu obsessivo desejo de documentar, classificar e listar uma espoliação que consideravam lógica e natural –, os nazistas deixaram as mais completas, melhores e fidedignas fontes de informação para seguir o rastro das obras desaparecidas.

No entanto, a consulta e a leitura de documentos nos arquivos e bibliotecas da França é um ato extraordinariamente difícil de ser levado a termo. A lentidão artificial dos trâmites, as leis estritamente absurdas sobre a confidencialidade e a privacidade e a má-fé de alguns servidores públicos atrasam o trabalho de pesquisa a ponto de resultar mais simples e eficaz tentar encontrar a mesma evidência por meio de outras fontes e em outros países.

Para obter a informação necessária me vi obrigado a consultar importantes documentos confidenciais do serviço de inteligência francês durante a guerra – a DGER (Direction Générale des Etudes et Recherches ou Direção Geral de Estudos e Pesquisas) –, o serviço secreto unificado criado por Charles de Gaulle em 1944 depois da libertação de Paris. A DGER realizou uma série de investigações fundamentais, imediatamente depois da fuga dos nazistas, e compilou informação essencial sobre o saque. No entanto, esses documentos não eram acessíveis na França.

Mas o eram nos Estados Unidos. Graças à grande quantidade de cópias de documentos franceses, e outros, reunidos pelos investigadores do exército norte-americano e conservados hoje nos Arquivos Nacionais em Washington, pude começar um estudo sério sobre o mercado de arte parisiense durante a ocupação alemã, sem o conhecimento do qual é impossível entender o funcionamento do próprio saque nazista.

Ao final da guerra, os aliados realizaram numerosos interrogatórios que pude examinar. Ao folheá-los, fiquei intrigado com a frequência com que os interrogados – principalmente especialistas em arte envolvidos no roubo – eram acometidos por oportunas crises de amnésia e se encontravam subitamente na incapacidade absoluta de conseguir se lembrar de fatos ocorridos apenas alguns meses antes ou do paradeiro de alguma importante obra em questão. Quanto mais os investigadores aliados se aproximavam, com suas perguntas, do papel desempenhado pelo interrogado durante a guerra, menos este conseguia se lembrar. No entanto, assim que as perguntas se distanciavam de certa proximidade, os interrogados recobravam imediata e surpreendentemente a memória.

Felizmente, para esta investigação, os donos das obras desaparecidas haviam tido os meios e a presença de espírito de fotografá-las. Graças a seu grande cuidado e senso de prevenção, chegou até nós o que talvez seja o último e único testemunho visual que conhecemos dessa arte.

Reunir muitas das fotos inéditas também foi uma tarefa complicada que exigiu muita persuasão e me levou a vários países. Não raro, a qualidade da revelação deixava muito a desejar; mas convém lembrar que se trata de fotos relativamente antigas, que datam dos anos 1930, antes da entrada dos alemães em Paris, e que geralmente foram empregados novos procedimentos químicos e fotos em cores.

Como veremos, cada dono, cada coleção saqueada, cada um dos quadros roubados possui uma história própria e única. Todas mereceriam um relato e uma investigação separados. Por razões editoriais, econômicas e de tempo – refiro-me a minha própria expectativa de vida –, seria um feito impossível de realizar.

Ao abordá-los, compreendi que muitos dos familiares, *marchands*, oficiais do exército, servidores públicos e membros da Resistência nunca haviam sido entrevistados ou ouvidos antes; nem seus arquivos pessoais haviam sido examinados. Com paciência de minha parte, e muito, mas muito lentamente, fui tendo a permissão de entrevistá-los e de estudar seus documentos. Ao mesmo tempo, graças ao que reuni em outros lugares, pude oferecer a eles uma nova informação sobre suas próprias vidas, famílias ou coleções. Esse material às vezes pôs em dúvida lendas familiares que vinham de muito tempo. Ao final de muitos anos de contato profissional, algumas dessas pessoas excepcionais transformaram-se, para minha grande alegria, em amigos próximos.

Este projeto, à medida que se desenvolvia, converteu-se em um prazer de investigação e de reconstrução: era uma grande satisfação passar de uma história oral, aparentemente banal, ouvida durante uma entrevista anos antes, a um pedaço de papel escrito que finalmente a confirmava – com boas doses de intuição, dedução, ensaio e erro, paciência e tenacidade, em meio a tudo isso.

Pela escassez de informação, necessariamente era preciso pôr em dúvida todo elemento novo e reconstruir todos os fatos desde o zero. Frequentemente, podia levar anos de trabalho para comprovar se uma ideia, um pressentimento ou uma intuição eram corretos ou equivocados. Qualquer novo fragmento de informação podia levar para uma nova direção, trazendo antigos elementos para o primeiro plano e conclusões inesperadas. Um relato do serviço secreto de recente acesso ao público, por exemplo, podia muito bem revelar detalhes que colocavam em dúvida a confiabilidade e o papel desempenhado durante a guerra pela pessoa que entrevistava naquele momento.

Quando essas situações começaram a se repetir com frequência, logo desenvolvi uma grande e extensa cautela que não daria crédito a nenhuma informação antes de ser verificada, comprovada, ao menos, por três ou quatro meios ou fontes diferentes. E, assim, mais tarde que cedo, o panorama de todo o confisco, com todos e cada um de seus matizes, acabou se revelando.

Ao perceber mais claramente os fatos e examinar os rastros abandonados, começaram a surgir novas pistas sobre quadros desaparecidos havia quase meio século. Algumas pistas levavam-me a museus, coleções particulares e *marchands* na Europa, nos Estados Unidos e no Japão. Outras terminavam no Louvre ou em outros museus nacionais franceses, onde mais de duas mil obras de arte não reclamadas – saqueadas ou vendidas aos nazistas durante a ocupação – ainda *esperavam* por seus proprietários.

O papel desempenhado pela Suíça na espoliação nazista na França foi estudado pouco, apesar de ter existido uma importante conexão nazi-franco-suíça. Falou-se muito do ouro nazista e das contas bancárias esquecidas em bancos suíços, mas muito menos da arte roubada que se encontra ou se encontrava naquele país. Dediquei dois capítulos ao tema.

Uma das consequências inesperadas da publicação do livro na França e nos Estados Unidos aconteceu em maio de 1998, com a demanda apresentada diante do Tribunal de Grande Instância de Paris por três descendentes diretos de Georges Wildenstein, conhecidíssimo *marchand* de arte estabelecido em Paris, Londres, Buenos Aires e Nova York e falecido em 1963. No processo, Daniel, Guy e Alec Wildenstein – respectivamente filho e netos do *marchand* – colocavam em dúvida meus escritos enquanto historiador, acusando-me de "danos morais" e impugnando várias passagens do livro. De acordo com os dois herdeiros, que dirigem hoje a galeria familiar desde Nova York e Paris, seu negócio sofrera uma importante queda da clientela de colecionadores em decorrência das informações sobre as ligações entre

Georges Wildenstein e os nazistas publicadas em meu livro. Os demandantes solicitavam do tribunal francês o ressarcimento de danos e prejuízos que somavam um milhão de dólares e exigiam a censura prévia em meu trabalho – a proibição de voltar a mencionar o nome de Wildenstein em qualquer de meus escritos futuros.

Em uma das passagens impugnadas na edição francesa do livro descrevo como Georges Wildenstein estava *ativamente envolvido em círculos artísticos em certo número de países, incluindo aqueles dentro da área de influência nazista. Mesmo depois do armistício na França e da ocupação alemã desta, Wildenstein parece ter tirado proveito dessa rede de contatos para organizar uma série de contratos e transações com os alemães.*

Devido à notoriedade da galeria, uma das mais importantes do mundo, os grandes meios de imprensa europeus e norte-americanos cobriram assiduamente o julgamento e divulgaram amplamente o conteúdo dos documentos apresentados em minha defesa. O Tribunal de Grande Instância pronunciou-se contra os herdeiros de Wildenstein. Mas os demandantes apelaram da decisão diante do Tribunal de Apelações de Paris. Em junho de 1999, os juízes franceses novamente indeferiram a demanda dos herdeiros de Wildenstein, ordenando-lhes o pagamento das custas de minha defesa. E, ainda não satisfeita, a família levou novamente o caso ao Supremo Tribunal da França (Cour de Cassation de Paris). Finalmente, em outubro de 2003, o último tribunal de recursos francês ao alcance dos herdeiros de Georges Wildenstein rejeitou sua demanda, aplicou-lhes uma multa e encerrou o caso para sempre.

Infelizmente para os herdeiros Wildenstein, a decisão francesa aumentou o interesse em muitos países pelo papel desempenhado pela galeria durante a guerra e, é claro, deu lugar a mais publicações, tanto na Europa como nos Estados Unidos, sobre essa dinastia internacional. Além disso, aumentou o interesse internacional pela colaboração entre *marchands* de arte parisienses e os nazistas.

Ter participado da reconstrução desse quebra-cabeça internacional foi motivo de grande satisfação. Milhares de obras desaparecidas já foram restituídas a seus legítimos donos na Europa e nos Estados Unidos desde a primeira publicação de *O museu desaparecido*. Apenas na França, centenas de obras de arte já foram devolvidas pelos recalcitrantes museus nacionais – e isso é dizer muito.

Centenas de famílias defraudadas da Europa e dos Estados Unidos reuniram suas reclamações, iniciando um amplo debate internacional entre governos, tribunais, museus, *marchands* de arte, leiloeiros e colecionadores. Na França, Suíça, Áustria, Reino Unido, Holanda e Estados Unidos, foram criadas comissões nacionais sobre a espoliação nazista e novas decisões jurídicas surgiram. A abertura e o acesso público aos arquivos e documentos pertinentes dos países mencionados aceleraram-se e ampliaram-se muito.

Todas essas decisões, tomadas no mais alto nível político ou jurídico, ilustram a ideia, pouco generalizada, de que os temas da arte e da cultura têm repercussões e ramificações de grande importância para toda a sociedade.

Nos museus, galerias, casas de leilão e círculos da arte em geral, despertou-se, também, um grande interesse pela noção de *procedência* – a história documentada e detalhada dos sucessivos proprietários de uma obra de arte – que, com frequência, até que surgiu este tema, se limitara a enumerar uma sucessão reconhecida, mas incompleta, dos nomes dos proprietários anteriores, sem demonstrar muito interesse em esclarecer se uma obra em questão havia sido confiscada, restituída ou não.

A história da espoliação e do confisco de obras de arte levados a termo pelos nazistas é intrincada e interminável. Os anos de investigação que passei escrevendo este livro poderiam, talvez, ser descritos como a lenta descoberta de um arquipélago, cujas ilhas, à primeira vista, pareciam desvinculadas umas das outras. No entanto, à medida que se avançava nas indagações e que a história ia tomando forma, as ligações entre as ilhas continuavam a se estreitar, e as ilhas, ao se aproximar umas das outras, ficavam cada vez mais parecidas com a terra firme. Em seguida, a terra firme pouco a pouco se transformava em um vasto continente desconhecido, e este, por sua vez, em novos labirintos históricos à espera de ser explorados.

Outros escritores – jornalistas ou historiadores da arte, em uniforme militar ou em roupas civis – também tentaram explorar o continente da espoliação nazista, quer nos anos que se seguiram ao término da guerra ou recentemente. Muitos compartilharam seu trabalho.

Entre estes se encontram, na França, Eric Conan do semanário *L'Express*, Philippe Sprang de *L'Événement du Jeudi*; na Bélgica, Jacques Lust; nos Estados Unidos, Andrew Decker, William Honan do *New York Times* e Lynn Nicholas; na Rússia, Konstantin Akinsha e Grigori Kozlov.

O jornalismo de investigação não descobre tanto quanto contribui, conecta, une e, finalmente, revela. Desde o início, foi esta a minha intenção[4].

---

[4] A maior parte da bibliografia existente sobre o tema do confisco de arte realizado pelos nazistas foi publicada em inglês e em francês. Nos Estados Unidos, foi Janet Flanner, a lendária correspondente de guerra na Europa para a revista *The New Yorker*, a primeira, que eu saiba, a apresentar uma visão de conjunto do saque nazista em seus *Annals of Paris: The Beautiful Spoils*. Esta série de artigos foi publicada nos números de 22 de fevereiro, 1º e 8 de março de 1947. Surpreendentemente, poucos se lembram deles hoje, inclusive o próprio *The New Yorker*. Dois importantes relatos escritos por historiadores da arte que serviram no exército norte-americano recuperando arte confiscada são o de James J. Rorimer, em colaboração com Gilbert Rabin, *Survival: The Salvage and Protection of Art in War*. Nova York: Abelard Press, 1950, e o de Craig Hugh Smyth, *Repatriation of Art from the Collecting Point in Munich After World War II*. Haia: SDU Publishers, 1988.
Na França, a recompilação de documentos alemães oficiais sobre o confisco — *Le pillage par les allemands des oeuvres d'art et des bibliothèques appartenant à des Juifs en France*. Paris: Éditions du Centre, 1947—, reunida por Jean Cassou, é um livro essencial por sua interessante variedade de correspondência oficial entre os dirigentes alemães e seus serviços e de notas internas do governo de Vichy sobre o assunto.
O livro clássico sobre o tema da arte confiscada é o de Rose Valland, *Le front de l'art*. Paris: Plon, 1961. A heroica conservadora francesa narra suas recordações e experiências no interior do Museu do Jeu de Paume durante a guerra. Infelizmente, tanto para os pesquisadores e historiadores como para os leitores, o livro padece de muitas limitações, a começar por seu tom administrativo e impessoal que exclui grande parte da informação e da vivência da época.
Quase paralelamente à publicação na França de minha pesquisa em *O museu desaparecido*, a historiadora Lynn Nicholas publicou nos Estados Unidos *The Rape of Europa*. Nova York: Knopf, 1994. Com a ajuda de documentos procedentes em sua maioria de arquivos e fontes norte-americanos, Nicholas aborda o tema da política nazista de confisco e a restituição pelo exército estadunidense no imediato pós-guerra.
Sobre a história francesa da Segunda Guerra Mundial e a ocupação, os livros fundamentais – e pioneiros – para o enfoque que tento aplicar a esse período histórico são de Robert O. Paxton, *Vichy France: Old Guard and New Order, 1940-1944*. Nova York: Columbia University Press, 1972, e de Michael R. Marrus e Robert O. Paxton, *Vichy France and the Jews*. Nova York: Basic Books, 1981.
Os livros que acabei de citar não constituem nem de longe uma bibliografia exaustiva sobre o tema, são apenas importantes. Nas notas anteriores a esta e nas subsequentes menciono outros livros importantes, juntamente com uma grande quantidade de documentos e entrevistas que reuni ao longo da pesquisa.

PRIMEIRA PARTE

ALGUM AMOR PELA ARTE

Capítulo **1**

O ASTRÔNOMO DE VERMEER
OU O PONTO CEGO DE HITLER

Antes de mais nada, para iniciar esta complexa história, talvez seja necessário entrar na ala Richelieu do Museu do Louvre em Paris, de cujas paredes pendem as obras dos grandes pintores da escola flamenga e holandesa. Ali, rodeado de importantes telas de maior tamanho, encontra-se *O astrônomo*, quadro amarelado de modesta dimensão pintado pelo pintor holandês Jan Vermeer no século XVII (ver ilustração A1). Nele, se vê representado um homem vestido com um roupão azulado, isolado na serena e estudiosa intimidade de seu escritório, sentado confortavelmente diante de sua mesa de trabalho. Em frente da única janela e fonte de luz no quadro, situada à esquerda, o homem gira um globo terrestre com a mão direita. Em cima da mesa, coberta com uma toalha preguada de tons azuis, descansam um compasso, um astrolábio e um livro aberto. Uma inspeção atenta do livro revela que é um célebre manual de astronomia e de geografia muito conhecido na Europa do século XVII. Seu conteúdo é inspirado nos escritos do Antigo Testamento. O livro está aberto nas páginas do terceiro capítulo, que trata das estrelas, das constelações e estabelece ligações entre observações astronômicas e fontes bíblicas e hebraicas. O globo terrestre instalado na mesa data de 1600 e representa a essência do conhecimento geográfico até então.

Colocado contra a claro-escura parede do fundo, encontra-se um armário de tamanho médio que exibe a assinatura do artista e a data aproximada de realização do quadro: o ano de 1668. Na mesma parede, do lado direito do mencionado armário, pende um pequeno quadro anônimo, emoldurado em preto, que representa uma das cenas centrais e emblemáticas da Bíblia: o resgate de Moisés do Nilo (Êxodo 2,1-10). O mesmo quadro, *Moisés salvo das águas*, aparece, reproduzido em uma escala maior, em outra obra de Vermeer, *Senhora escrevendo uma carta com sua criada*, quadro realizado mais tarde, em 1670, que hoje se encontra na Galeria Nacional da Irlanda, em Dublin.

Assim como em muitas outras obras do pintor holandês, executadas com grande sensibilidade pela intimidade interior, o essencial da atmosfera doméstica provém dos efeitos tênues da luz natural. Em *O astrônomo*, a partir da esquerda do quadro, uma luz âmbar translúcida, suave e velada, se difunde pelo quarto através da janela de vidros com esquadrias de chumbo. A luz envolve, primeiro, o globo, o tecido sobre a mesa e, em seguida, o livro. Por último, ao seguir seu curso natural, atinge o rosto do homem e se espalha pelo resto do escritório.

No entanto, ainda precisamos conhecer dois aspectos importantes da história de *O astrônomo* que, à primeira vista, poderiam muito bem passar despercebidos. Ambos são essenciais para a história que nos interessa; do primeiro não existem indícios observáveis e, portanto, temos de explicá-lo; o segundo foi apagado por decisão consciente, e só poderemos reconstituí--lo com nossa imaginação.

O primeiro elemento a ser conhecido, é claro, é a procedência completa do quadro – a lista de todos os que possuíram esta obra desde sua execução. Contudo, a placa que os conservadores do Louvre fixaram na parede, ao lado do quadro, informa sucintamente aos visitantes que ele entrou no museu em 1982 como doação para quitar impostos de herança.

Até aquela data, *O astrônomo* pertencera, durante quase um século, à linhagem francesa da família Rothschild, banqueiros judeus de origem alemã. De fato, desde 1886, ano em que o barão Alphonse de Rothschild adquiriu o quadro em Londres para incluí-lo em sua coleção particular em Paris, este já integrara a fortuna familiar, um bem cobiçado, transmitido cuidadosamente de pai para filho.

Desde sua execução em meados do século XVII até 1800 – data em que a obra chegou a Londres procedente da Holanda –, nosso quadro sempre acompanhara outro Vermeer, *O geógrafo*. Inúmeros historiadores de arte, colecionadores e *marchands* consideravam que ambos formavam um par, já que seus temas, composição e datas de realização estão estreitamente relacionados. Além disso, algumas vezes chegou-se a conjecturar que Vermeer utilizou a mesma pessoa como modelo para ambos os quadros: o naturalista holandês Antony van Leeuwenhoek, um dos inventores do microscópio, originário de Delft, cidade natal de Vermeer.

Então, em Londres, os dois quadros foram vendidos separadamente no século XIX, e cada um deles acabou entrando em coleções diferentes pela primeira vez em sua história. No início da Segunda Guerra Mundial, em 1939, *O astrônomo*, portanto, decorava uma das mansões dos Rothschild próximas da Praça da Concórdia em Paris, enquanto *O geógrafo* encontrava-se nas coleções nacionais do Stadtel Museum de Frankfurt na Alemanha nazista da época.

A procedência de *O astrônomo* é conhecida, mas, apesar de ter sido objeto de muitos estudos, faltam dados importantes de sua história no século XX. Esta lacuna nos dirige para o segundo elemento ausente da história do quadro. Pois houve um curto período, em um tempo recente do século XX, durante o qual *O astrônomo* não se encontrava nem na casa de seus donos, os Rothschild, nem tampouco placidamente exposto no Museu do Louvre. À primeira vista, não existe vestígio desse eclipse abrupto e misterioso na longa vida da tela, já que a placa, o catálogo geral do museu e até mesmo o catálogo *raisonné* de toda a obra de Vermeer não nos fornecem informação sobre esse momento de sua trajetória particular.

Poderíamos encontrar, talvez, uma pista importante sobre este lapso se nos permitissem retirar o quadro da parede do museu e examinar a parte de trás da tela. Ali descobriríamos o lugar onde os historiadores de arte nazistas o marcaram com uma suástica ou cruz gamada, agora apagada.

De fato, *O astrônomo* fez parte da coleção pessoal de Adolf Hitler, embora por muito pouco tempo. Alguns meses depois da invasão e da ocupação da França em junho de 1940, o cobiçado quadro foi confiscado de uma das casas de Édouard de Rothschild, filho de Alphonse, pelo *Einsatzstab Reichsleiters Rosenberg* (ERR) – o organismo alemão responsável pela maior parte da espoliação cultural na França – e transportado para o pequeno e isolado museu do Jeu de Paume, que na época fazia as vezes de depósito de arte roubada.

Uma vez depositado no museu, uma equipe militar de historiadores de arte nazistas redigiu uma detalhada descrição da obra, fez com que fosse fotografada, estabeleceu seu valor e a declarou – com a soberba ambiciosa dos alemães da época – irremediavelmente e para sempre "Propriedade do *Reich* Alemão". Logo em seguida, o quadro foi marcado no verso com a pequena cruz gamada em tinta preta, que já não é possível ver hoje.

Alfred Rosenberg, principal teórico e historiador companheiro de Hitler no partido nazista, havia desenvolvido suas ideias sobre a supremacia germânica em seu livro *O mito do século XX*. Encarregado de assuntos intelectuais e culturais no Partido, Rosenberg trazia o ostensivo e pretensioso título oficial de "Representante do Führer para a Supervisão da Instrução Intelectual e Ideológica do Partido Nacional-socialista Alemão dos Trabalhadores". Para tanto, havia sido nomeado diretor do ERR.

Em 13 de novembro de 1940, em seu papel de supervisor da espoliação nazista nos países ocupados, Alfred Rosenberg escreveu uma nota a Martin Bormann – assistente e secretário pessoal de Hitler, rigoroso administrador de suas finanças e gestor de sua coleção de arte. Nela, Rosenberg expressava sua mais viva satisfação pelo butim encontrado em Paris recentemente, *O astrônomo*: "O mais breve possível, o relatório para o Führer, anexo, o deixará muito feliz, acredito. Além disso, fico satisfeito em poder informar ao Führer que o quadro de Jan Ver Meer [*sic*] de Delft, que ele havia mencionado, foi encontrado entre as obras confiscadas dos Rothschild."[1] Não muito depois dessa carta, e juntamente com centenas de outras obras de arte, o quadro foi transportado do museu do Jeu de Paume por um comboio especial em direção à Alemanha.

O astrônomo encontrava-se em um inventário nazista de "obras europeias de maior valor histórico e artístico". Algumas dessas obras, provenientes de todos os países conquistados pelos alemães, seriam selecionadas para o museu de arte europeu que Hitler planejava construir na cidade austríaca de Linz. O restante do butim passaria a integrar as coleções pessoais de Hitler, Goering, do ministro das Relações Exteriores Joachim von Ribbentrop, de outros dignitários do regime e a decorar os novos escritórios do Partido Nazista nos países ocupados ou a ser trocado ou vendido no mercado de arte europeu.

Era este o cobiçado butim de guerra. A Bélgica e a Holanda foram saqueadas com rigor e método, mas, de todos os países da Europa ocidental, a França foi a maior vítima da rapina alemã.

Na Europa oriental, é claro, o problema da pilhagem cultural apresentava outra fisionomia. Os povos eslavos, de acordo com a ideologia do Reich, não deviam aspirar ou pretender ter uma cultura própria e o projeto de Hitler previa a completa destruição de sua identidade, folclore, patrimônio cultural e idioma por meio dos assassinatos em massa, da germanização forçada e da subordinação de seu território nacional ao alemão.

---

[1] Cassou, *op. cit.*, p. 85.

A cultura francesa, ao contrário, fascinava os nazistas, em uma contraditória e pendular relação de atração e repulsa, de apreço e desprezo simultâneos, que a julgava ameaçadora, embora também admirável, desejável e digna de imitação. O objetivo devia ser sua captura e apropriação, e não seu aniquilamento. Apesar do profundo chauvinismo e obstinado fanatismo por todos os aspectos da cultura germânica, a estética nazista apreciava, secreta ou abertamente, a grandeza e criatividade artística e arquitetônica do passado aristocrático e autocrático da França; desde Luís XIV, o Rei Sol, até Napoleão, o Grande e Napoleão III.

Entre os líderes nazistas, ninguém melhor que o próprio Führer manifestava a ambivalência desta paradoxal e, muitas vezes, obscura relação com o ancestral inimigo francês. Nos anos anteriores à guerra, Hitler confessara ao escultor alemão Arno Breker, seu amigo e artista preferido, a grande fascinação que sempre sentira por Paris, cidade que, até então, nunca pudera visitar.

Com a fragorosa derrota infligida ao exército francês, o desejo de Hitler pôde realizar-se. Sua única e furtiva visita à Cidade Luz teve lugar em 28 de junho de 1940, poucos dias depois de assinar o humilhante armistício imposto à França que dava início oficialmente à ocupação alemã e à colaboração francesa do governo de Vichy.

Albert Speer, o arquiteto pessoal do Führer e ministro de seu governo, foi um de seus acompanhantes naquele vitorioso embora solitário percurso pelas ruas de Paris. Em suas memórias descreve como, apesar do contexto altamente militar e político de sua viagem, este fato foi, para o maior líder nazista, uma espécie de "excursão artística" à cidade que tanto o atraíra desde sua juventude.

A triunfante visita, da qual sobrevivem um conhecido curta-metragem de propaganda e algumas fotos, começou um domingo às cinco e meia daquela manhã de verão. O avião do Führer, proveniente da Alemanha, aterrissara no aeroporto de Le Bourget, ao norte da cidade. Ali, Hitler e sua reduzida comitiva se acomodaram em três Mercedes conversíveis, acompanhados pelos onipresentes fotógrafos e câmeras oficiais. A toda velocidade e com uma escolta discreta reduzida ao mínimo, o cortejo nazista entrou na Cidade Luz e se dirigiu diretamente para a Ópera, o edifício preferido do Führer. As ruas semiobscuras da cidade ainda estavam desertas. No interior do edifício, os candelabros e todas as luzes brilhavam, antecipando a chegada do vitorioso líder. De antemão, Hitler, entusiasmado, já estudara cuidadosamente as plantas arquitetônicas do edifício e serviu espontaneamente de guia do grupo; papel semi-improvisado – como muito do que Hitler fazia – que, podemos apostar sem excessivo risco, nenhum de seus acompanhantes teve a pretensão de disputar com ele.

Com muita seriedade, inspecionou e comentou a majestosa escadaria central do vestíbulo, o conhecido *foyer*, a elegante plateia. "Parecia fascinado pela Ópera, arrebatado por sua inigualável beleza, seus olhos brilhavam com estranho êxtase", escreve Speer. Ao se aproximar do palco, Hitler notou à primeira vista que faltava um dos salões que vira nas plantas. Intrigado, avisou o grupo e perguntou ao guarda francês que os acompanhava. O guarda confirmou a observação, explicando ao Führer: anos antes, depois de uma renovação do edifício, o salão desaparecido havia sido suprimido. "Vocês podem ver como conheço bem o caminho aqui", comentou, satisfeito consigo mesmo. Encantado, como sempre, em demonstrar seus conhecimentos a seus companheiros e em dar uma aula a seus subalternos. Ao deixar a Ópera, o grupo de líderes nazistas continuou a visita até o oeste da cidade, com a igreja de La Madeleine e a Praça da Concórdia. Em seguida, sempre em direção ao oeste, percorreu os Champs Élysées até chegar ao Arco do Triunfo, que comemora as vitórias militares napoleônicas. No Palácio do Trocadéro, Hitler e seu grupo desceram do carro e passearam pelo amplo terraço, desfrutando sua perspectiva panorâmica. Maravilharam-se diante da vista da Torre Eiffel. Depois de chegar ao monumento aos Inválidos e entrar no espaço que domina o túmulo de Napoleão, seu rival através do tempo, Hitler "permaneceu um longo tempo" admirando o lugar. A seguir, posou para uma fotografia de propaganda. Dali, a visita continuou rapidamente até o Panteão, no alto do Bairro Latino. Ali, o ditador nazista examinou a enorme abóbada, "cujas proporções o impressionaram muito". Speer, um bom arquiteto, surpreendeu-se ao perceber que, durante essa primeira e única visita à capital francesa, Hitler "não demonstrara nenhum interesse particular por algumas das mais belas obras arquitetônicas de Paris: a Place des Vosges, o Louvre, o Palácio da Justiça, a Santa Capela". Em seguida, Speer lembra seu espanto ao se dar conta de que "o objetivo de nossa excursão era o Sagrado Coração, essa insípida e romântica imitação das igrejas com cúpulas da Baixa Idade Média". Rodeado por seus guarda-costas, Hitler deteve-se um longo instante diante da igreja, admirando a construção branca concebida em homenagem aos inimigos caídos da Comuna de 1870 e construída no alto da colina de Montmartre que domina Paris. Naquela mesma noite, Hitler, ainda entusiasmado pela visita, confidenciou a Speer: "Ver Paris era o sonho da minha vida... O senhor não pode imaginar como estou contente hoje porque este sonho se tornou realidade." E, ato contínuo, ordenou ao arquiteto que redigisse um decreto oficial para dar início a uma série de amplos projetos de renovação arquitetônica em Berlim. "Paris não é linda?" – acrescentou com entusiasmo. – "Berlim terá de ser muito mais linda... No passado considerei frequentemente se não teria de destruir Paris. Mas, assim que tivermos terminado Berlim, Paris não será mais que uma sombra."[2]

Nesses últimos comentários, que revelam um profundo desejo de erradicação do admirado e invejado, encontramos na pessoa do próprio Hitler a intensa ambiguidade nazista acerca da cultura na França e na Europa ocidental.

É uma obviedade lembrar – pois sempre nos esquecemos disso – que muitos aspectos de qualquer política bélica nacional, por mais complexa que seja, se definem em função de sentimentos muito elementares e comuns experimentados pelos que a estabelecem. Foi o que pudemos constatar recentemente com a inexistente política de proteção do patrimônio cultural iraquiano por parte do exército de ocupação norte-americano, mostra da falta de interesse por esse tema – mas não pelo do petróleo e sua gestão – por parte do governo e do alto comando militar estadunidense.

Do mesmo modo, a política nazista de confisco e saqueio de arte nos territórios ocupados não seria uma exceção a essa regra, pois foi forjada e definida pelo que sentiam os que a estabeleceram. Esse ativo e insondável interesse de Hitler e dos outros altos dignitários nazistas pela arte viu-se refletido na importância e na alta prioridade que seria atribuída ao assunto mesmo nos tempos mais difíceis e críticos da guerra.

Apesar da pouca informação existente sobre Hitler e sua relação com a arte, sabemos que desde sua adolescência o jovem Hitler se sentiu fortemente atraído pela arte e pelo mundo dos artistas. Com infinita vaidade e insaciável desejo de reconhecimento, escreve em *Mein Kampf*, sua autobiografia e manifesto político publicado em 1925, sobre sua habilidade como pintor, "superado apenas por meu talento como desenhista, particularmente no campo da arquitetura"[3].

Antes de sua transformação em político, seu talento artístico nunca foi reconhecido. Quando jovem, tentou duas vezes ingressar na Academia de

---

2 Speer, *op. cit.*, pp. 171-3.
3 Adolf Hitler, *Mein Kampf*. Boston: Houghton Mifflin, 1971, pp. 258-9.

Belas Artes de Viena, mas – infelizmente para a história mundial posterior – não conseguiu ser aprovado nos exames de admissão. Igualmente, mais tarde, a Escola de Arquitetura da capital austro-húngara rejeitou seu pedido e documento de admissão.

Depois da derrota germano-austríaca e da desmobilização maciça de centenas de milhares de soldados, o jovem Hitler, veterano e desempregado, ganhava dinheiro pintando e vendendo vistas e cenas de Viena em forma de cartões postais. Também trabalhava pintando cartazes de propaganda.

Ao iniciar oficialmente sua carreira política, Hitler continuou pintando e desenhando, enquanto articulava ideias arquiconservadoras e antimodernas sobre a arte, com disposições políticas muito limitadas do que é aceitável e do que é permissível. Em sua autobiografia, com ferocidade e suficiência características, Hitler comentava sobre a existência do cubismo, do surrealismo e do dadaísmo. Em virtude do afastamento desses movimentos dos padrões tradicionais da arte e de sua ruptura radical com as regras estabelecidas do realismo, o futuro Führer atacava com violência e anatematizava a arte moderna como *arte degenerada*, "produtos de mentes degeneradas". E acrescentava que é "o dever do Estado, e de seus líderes, impedir que um povo caia sob a influência da loucura espiritual"[4]. Assim, pintores da estatura de Picasso, Matisse, Braque, Léger, Dalí, Miró, Kandinsky, Modigliani, Chagall eram pura e simplesmente excluídos da história da arte.

Suas posições no que diz respeito à arte moderna eram tão negativamente radicais que se pode afirmar que o Führer nunca compreendeu a cultura e a vida modernas; essa modernidade que se precipitava sobre a sociedade de nossos tempos e que substituiria aquelas heroicas quimeras do passado que os nazistas admiravam e tentavam impor.

Hitler seria, portanto, o único dos grandes ditadores da época a se envolver profundamente tanto nos detalhes e nas decisões estéticas de seu império – a arte, a arquitetura, os desfiles políticos, a escolha de uniformes, bandeiras, estandartes e insígnias – como nos assuntos políticos ou nos métodos de repressão.

É durante sua ascensão ao poder que a admiração do Führer pelos grandes pintores europeus se une estreitamente a seu antissemitismo. Sabemos que um dos livros que o marcam e influenciam intelectualmente se intitula *O ensinamento de Rembrandt* (ou *Rembrandt como professor*), do

---

4 Hitler, *op. cit.*, p. 262.

escritor nacionalista alemão Julius Langbehn. O autor encontrava no pintor holandês os traços de um herói e de um modelo para a cultura germânica e a raça ariana. No livro se anunciava, além disso, que a Grande Alemanha algum dia governaria toda a Europa.

A figura de Rembrandt, ao mesmo tempo pintor e herói germânico, voltava incessantemente nos comentários de Hitler. Assim, o tema da pureza racial do grande pintor de Amsterdam era essencial para suas ideias políticas.

Inquieto e talvez desconcertado pela proximidade que Rembrand mantivera por toda a sua vida com o mundo judaico na Holanda, Hitler dava a impressão de querer convencer-se do perfeito arianismo de seu modelo holandês.

Um de seus melhores amigos no início de sua carreira política foi Ernst Hanfstaengl, um refinado burguês alemão, de mãe norte-americana, educado na Universidade de Harvard. Hanfstaengl, herdeiro de uma conhecida editora de livros de arte de Munique, estava convencido, como muitos de sua classe, da possibilidade de transformar o provinciano jovem austríaco Hitler, grande orador com muito futuro, em um político nacionalista alemão culto e sensato, ao aproximá-lo de um ambiente sofisticado. No entanto, Hanfstaengl ainda não sabia que seu projeto era desproposital.

Em suas memórias, ele relata uma visita em companhia de Adolf Hitler à National Galerie de Berlim, no início dos anos 1920, ao término de uma infrutífera reunião para arrecadar fundos para o Partido Nazista: "Passamos muito tempo de pé diante do *Homem com capacete de ouro* de Rembrandt. Hitler começou a falar em tom categórico: 'Eis algo único. Essa é a prova de que Rembrandt, apesar dos muitos quadros que pintou no bairro judeu de Amsterdam, era, no fundo, um verdadeiro ariano e um alemão...'." Hanfstaengl continua: "E, em seguida, quase sem olhar os Vermeers do Museu de Berlim, galopamos em busca daquele outro herói artístico de Hitler, Michelangelo."

Mas a National Galerie, infelizmente, não possuía nenhum Michelangelo original, além de uma estátua de mármore do *Jovem João Batista* que apenas era atribuída a ele. "Hitler deteve-se repentinamente diante desta figura de porte gracioso e quase feminino e declarou: 'Michelangelo. Eis a mais monumental e mais eterna figura da história da arte da humanidade'."

Hitler se antecipou a Hanfstaengl e continuou sozinho sua decidida busca de obras de Michelangelo, convencido de que deveria haver outras no museu. Quando Hanfstaengl o alcançou, encontrou o futuro Führer "embevecido diante de *Leda e o cisne* de Correggio. Recuperou a compostura... E, embora seu fascínio viesse da sensual representação das duas figuras centrais, Hitler começou apressadamente uma fria conferência improvisada sobre o 'maravilhoso jogo de luzes que ilumina as ninfas que se banham no fundo do quadro'".

Nos anos seguintes Hanfstaengl descobriria que o tema mitológico de *Leda e o cisne* se converteria em "uma obsessão" para Hitler. Depois que Hitler subiu ao poder, qualquer pintor que apresentasse o tema em alguma exposição artística nazista obteria certamente a medalha de ouro.

Momentos mais tarde, durante a mesma visita ao museu, Hitler se detém bruscamente diante de uma tela chamada *São Mateus e o anjo* e exclama: "Observe! Seu talento não tinha fim. Agora não temos tempo, mas voltaremos e vamos contemplá-lo de novo." Hitler, pretendendo ser um grande conhecedor de arte, estava convencido de que se encontrava diante de uma obra de Michelangelo, mas estava enganado. A placa informativa ao lado do quadro dizia o seguinte: "Michelangelo Merisi-Caravaggio."[5]

Assim, em um mesmo dia na National Galerie de Berlim, Adolf Hitler nos revelava algumas de suas preocupações estéticas fundamentais. A primeira, a germanidade e a pureza racial de Rembrandt; a segunda, com Michelangelo, o uso das poderosas formas clássicas; a terceira, sua insistência em negar a sensualidade na arte com Correggio.

É o interesse de Hitler por Rembrandt, a raça e a arte o que nos importa aqui para a história que estamos narrando neste livro. O Führer sabia, provavelmente, que os quadros dos grandes pintores holandeses que tanto admirava estavam repletos de referências ao judaísmo. Mas, pior ainda para a ideologia política hitleriana, se Rembrandt representava um modelo de herói ariano, seu compenetrado contato e simpatia pelos judeus era incompatível com o ideal racial e nacional nazista. As visitas frequentes de Rembrandt ao gueto judeu de Amsterdam, suas amizades e seus múltiplos retratos de cidadãos importantes da comunidade judaica de sua época eram, aparentemente, grande motivo de preocupação ideológica para o jovem político alemão. Um exemplo da estreita rede de amizades e modelos que unia Rembrandt com o mundo judaico de sua época seria o seguinte: o editor Manasseh ben Israel – amigo do grande pintor e cujo retrato realizado por este se encontra hoje no Museu de Israel – apresentou Rembrandt ao médico

---

5 Ernst Hanfstaengl, *Hitler: The Missing Years*. Nova York: Arcade Publishing, pp. 59-61.

Efraín Bueno – cujo retrato e gravura feitos por Rembrandt se encontram, respectivamente, no Rijksmuseum de Amsterdam e na Biblioteca Pierpont Morgan de Nova York.

Além disso, nos quadros de Rembrandt são muito frequentes os temas bíblicos. É verdade que esses motivos visuais surgem essencialmente devido à Reforma Protestante, época em que se redescobriu a leitura direta da Bíblia. E as numerosas referências bíblicas aludem amplamente à rica história dos Países Baixos, que, tendo declarado recentemente sua independência da Espanha, se identificavam com Israel, povo eleito por Deus, conquistador tenaz da terra de Canaã. É um fato indiscutível que os holandeses do século XVII se sentiam próximos dos judeus e haviam acolhido abertamente comerciantes e intelectuais judeus expulsos de Portugal[6].

A história do *Homem com capacete de ouro* narrada por Hanfstaengl demonstra até que ponto as referências judaicas na arte tinham se convertido em uma preocupação para Hitler e em um tema frequente a ser evitado.

Quanto a *O astrônomo* do também holandês Vermeer, quadro que Hitler deseja incluir em sua coleção pessoal, este traz uma referência evidente àquele mundo hebraico tão detestado pelo nazismo. Essa alusão, que já mencionamos, filtrada pelo prisma da cultura protestante, foi muito bem integrada na tela: o pequeno quadro *Moisés salvo das águas* – o momento em que a filha do Faraó e suas servas descobrem e resgatam o recém-nascido flutuando no rio Nilo.

Mas Hitler nunca percebeu a referência. E, por isso mesmo, o quadrinho despercebido no interior do quadro principal atua como um símbolo que denuncia o ponto cego, ou ponto morto, de Hitler na arte. É o objeto despercebido que não lhe permite compreender – ou reconhecer – como o texto fundador do judaísmo, o Antigo Testamento, permeia e funda a sociedade ocidental e é parte integrante de sua arte.

Cerca de doze anos depois da visita à National Galerie, ao chegar ao poder, o interesse de Hitler pela arte e seu controle pelo Estado continuam aumentando. Tendo começado nos anos 1920 e 1930 sua própria coleção de arte, com a ajuda inicial de seu amigo e fotógrafo pessoal Heinrich Hoffmann, o líder alemão, com o gosto provinciano que o caracterizava profun-

---

[6] Sobre as estreitas ligações entre o mundo judaico e os pintores holandeses do século XVII, ver *Rembrandt's Holland*, catálogo preparado por Martin Weyl. Jerusalém: The Israel Museum, 1993, e Simon Schama, *The Embarrassment of Riches: An Interpretation of Dutch Culture in the Golden Age*. Nova York: Knopf, 1987.

damente, adquire numerosas telas realistas alemãs de finais do século XIX e obras da Escola de Munique.

Em junho de 1939, nomeia o doutor Hans Posse, reconhecido historiador da arte e diretor do excelente Museu de Dresden, único encarregado de adquirir obras para seu grande projeto de museu de arte europeu a ser construído na cidade de Linz. De acordo com o plano megalomaníaco, Linz, uma capital provincial nos Alpes austríacos, onde Hitler havia passado sua infância e adolescência, se transformaria, juntamente com Berlim, Munique e Nuremberg, em uma das grandes vitrines urbanas para a glória do Reich. O monumental museu, composto por uma série de enormes edifícios, abrigaria as obras de arte europeia mais importantes da pré-história à época moderna. O Führer pretendia reunir e reestruturar toda a história da arte sob a perspectiva nazista. Todos os seletos mestres da pintura e da escultura teriam seu lugar. O núcleo do museu seria composto, é claro, pelos artistas e manifestações artísticas da Europa do Norte, começando pela coleção de pintores reunida pelo próprio Hitler. Os mestres da pintura holandesa ocupariam um lugar importante. Os fundos do projetado museu seriam obtidos por meio de aquisições maciças, mas também pelo confisco ou pela permuta de obras provenientes de coleções privadas ou públicas dos países ocupados da Europa.

Speer lembra que Posse, o novo encarregado do museu, tomou as rédeas do projeto. Ao nomear Posse, Hitler mostrou-lhe suas aquisições anteriores, incluindo, orgulhoso, sua coleção de obras de Eduard Grützner, um dos pintores realistas que Hitler admirava. A cena teve lugar no próprio *bunker* de Hitler, onde os quadros estavam pendurados. Objetivo e incorruptível, Posse descarta tantas obras pagas a preço de ouro com um "passível de ser utilizado" ou um "não está à altura do museu, tal como o concebo...". Imediatamente depois, Posse, que dispõe de um orçamento de dez milhões de marcos para as compras – o equivalente a oitenta milhões de dólares hoje; quantidade extraordinária para um museu naquela época –, começa a comprar em grandes quantidades e a pressionar vendedores para obter as obras que considerava necessárias para um museu de arte europeu para a glória da cultura germânica. O conservador podia, igualmente, selecionar as peças que desejava das coleções confiscadas de judeus e de outras "pessoas indesejáveis" na Áustria e na Tchecoslováquia.

Posse mantinha o Führer constantemente informado de suas viagens de compra, pesquisa e reconhecimento com relatórios detalhados a seu escritório dirigidos a Martin Bormann, colaborador pessoal de Hitler. A maioria das peças adquiridas para Linz eram depositadas nos sótãos do Führerbau de Munique, o enorme edifício que abrigava os escritórios de Hitler na capital bávara.

Em junho de 1940, em seu primeiro relatório anual, apresentado justamente quando começa a ocupação da França, Posse notifica Hitler sobre o estado de suas coleções, o futuro do museu e a aquisição de quatrocentos e sessenta e cinco quadros apenas em um ano. Lembra respeitosamente ao Führer que é imperativo obter obras de Vermeer, Rubens e Rembrandt para possuir uma coleção completa. Compreende-se, assim, a importância do confisco de *O astrônomo* em novembro daquele mesmo ano e a alegria antecipada de Hitler[7].

Com as primeiras e fáceis conquistas nazistas na Europa, Posse visitou todos os países ocupados para comprar, muitas vezes sob coação, quadros, esculturas e desenhos destinados ao museu de Linz. Posse não seria o único. Maria Dietrich, uma confidente de Hitler e amiga de Eva Braun, a amante de Hitler, continuaria, juntamente com outros, as compras maciças de obras de arte para o Führer.

Como já sabemos, a França era um dos objetivos da ambição cultural de Hitler. E esperava, assim, a assinatura de um tratado de paz oficial com este país para obter, como reparações de guerra, muitas das melhores obras do Museu do Louvre. No entanto, esse tratado definitivo nunca viu a luz. Em junho de 1940 assinou-se apenas um armistício entre a Alemanha e a França. A derrubada prematura do Reich impediu Hitler de apresentar suas extravagantes exigências ao povo francês.

Ainda assim, o ERR – o órgão alemão responsável pela maior parte da espoliação cultural de judeus e maçons na França, dirigido por Alfred Rosenberg – confiscou milhares de quadros. Os historiadores de arte do ERR selecionaram várias centenas ao gosto de Hitler para incluí-los em luxuosos álbuns de fotografias encadernados em couro que o Führer teria sempre a sua disposição.

Apesar dos reveses militares alemães posteriores e dos problemas de uma economia de guerra despedaçada, o orçamento de aquisições para o

---

[7] *Consolidated Interrogation Report (CIR 1), Linz Museum*, Roberts Commission. Washington (DC): National Archives (NA). Esses documentos fazem parte das pesquisas que o exército americano realizou na Alemanha depois da guerra.

projeto de Linz continuou aumentando durante o transcurso da guerra. Em fins de 1944, quando os nazistas já estão em evidente debandada por todas as partes, a quantidade destinada a ele se aproxima de 70 milhões de marcos – 595 milhões de dólares de hoje –, enquanto os depósitos da coleção reunida para o Führer abrigam o volume gigantesco de mais de oito mil pinturas e esculturas[8].

O profundo interesse de Hitler pela arte se estende até o último de seus dias, mas poucos estudiosos do nazismo o observaram e lhe atribuíram a importância capital que possui.

Nas vésperas de seu suicídio, em 30 de abril de 1945, enquanto Berlim é sitiada pelo triunfante exército soviético, o Führer, encurralado em seu *bunker*, dita sua última vontade e testamento na presença de Bormann, de Joseph Goebbels, seu fiel ministro da Propaganda, e do coronel Von Below. Nesse documento final, datilografado por sua secretária, Hitler, ainda incapaz de admitir a evidente derrota da Alemanha, lega todos os seus bens ao Partido. E as únicas propriedades que menciona explicitamente no documento são as pinturas destinadas a seu projeto de museu: "As pinturas de minhas coleções, que comprei ao longo dos anos, não foram reunidas com um objetivo pessoal em mente, mas apenas para a ampliação da galeria de minha cidade natal de Linz do Danúbio. É meu desejo mais sincero que se cumpra este legado."[9]

Com a morte de Hitler e a capitulação alemã, o Terceiro Reich chega a seu estrondoso final. Em doze anos, e não em mil como anunciava Hitler, foram deslocadas, transferidas e roubadas mais obras de arte que durante a Guerra dos Trinta Anos ou as guerras napoleônicas.

---

8 *Records Group (RG)* 260, boxes 387, 388, 438 (NA), Washington (DC).
9 Ver o testamento de Hitler, "Hitler's Last Will", in *Encyclopedia of the Third Reich*, Louis L. Snyder. Nova York: Paragon House, 1989.

Capítulo **2**

O RELATÓRIO DE KÜMMEL
OU A RESPOSTA NAZISTA A NAPOLEÃO

Em 1940, um projeto despropositado adquire forma, já esboçado nos escritos de Hitler e dos ideólogos nazistas: repatriar todas as obras de arte roubadas da Alemanha desde o século XVI e que se encontram dispersas pelo mundo inteiro. Com essa finalidade, e no contexto das recentes vitórias militares, Bormann e Goebbels transmitem uma ordem escrita do próprio Hitler ao eminente historiador de arte Otto Kümmel, diretor dos museus nacionais alemães.

Nela se exige que seja feita uma lista detalhada de todas as reivindicações do Reich do patrimônio artístico de países estrangeiros. A lista deverá incluir todo objeto transferido por compra ilegal ou conquista militar no território do Reich desde princípios do século XVI. Esse projeto, concebido no nível mais elevado, confirma, se ainda é necessário, a considerável importância atribuída à arte pelos altos dignitários nazistas.

O trabalho de Kümmel produz três volumes de cem páginas cada um. Combina as investigações de três especialistas: o doutor Rademacher, diretor dos museus do Alto Reno, o doutor Apffelstaedt e o doutor Baumann[1], que, como veremos mais tarde, terão um papel importante no mercado de arte parisiense na época da ocupação. Esse trabalho pormenorizado e monumental permanecerá secreto durante toda a guerra. Descreve, ponto a ponto, as circunstâncias e causas históricas da transferência de obras de arte germânicas para território não alemão e estabelece as bases para uma futura reclamação.

---

1 Existem poucas cópias do Relatório de Kümmel. Uma cópia fotostática, de fácil acesso, encontra-se na Biblioteca Watson do Museu Metropolitano de Nova York. Ver também Rose Valland, *op. cit.*, pp. 19-26.

Com um método eminentemente nazista, Kümmel indica, para a maioria das obras mencionadas, seu lugar de origem no Reich, a data de sua transferência, sua localização atual e sua avaliação. As obras eram divididas em três categorias: "Obras de importância histórica especial", "Obras de importância menor" e "Obras de interesse local".

Ao preparar o relatório, os objetivos de conquista militar de Hitler parecem prestes a se realizar. A recuperação do patrimônio alemão descrito no relatório converte-se em um evento não apenas possível, mas iminente.

Hitler acaba de derrotar a França, a Holanda e a Bélgica. Pouco tempo antes, já havia desmembrado a Polônia, anexado a Áustria e o território dos sudetos. Faltava apenas a derrota da Inglaterra e a invasão da União Soviética para concretizar seus objetivos de supremacia. Assim, os diligentes historiadores de arte não faziam, segundo eles, mais que estabelecer a lista de obras a ser localizadas nos próximos meses ou no ano seguinte. Seu grande projeto de reivindicação cultural volta-se agora para territórios não alemães.

Naturalmente, o relatório de Kümmel toma como objetivo o mundo inteiro e percorre quatro séculos de história. Enumera uma série de reclamações que se estendem desde a União Soviética até os Estados Unidos e percorrem desde os anos 1500 até a década de 1920. Reclamam-se tanto bandeiras e flâmulas roubadas pela Suécia do exército imperial durante a Guerra dos Trinta Anos como um ou outro quadro devidamente adquirido no século XIX e tranquilamente exposto em alguma sala do Museu do Louvre ou do Metropolitano de Nova York. De passagem, o relatório não hesita em reclamar seis quadros da coleção pessoal do rei da Inglaterra, entre as quais se encontra *Cristo e Maria Madalena*, de Rembrandt.

Quadros, esculturas, armaduras medievais, porcelana, vasilhas e objetos de prata, estandartes e medalhas militares, cristais, moedas; o relatório não faz nenhuma concessão. Pouco importa que as condições de saída do território alemão tenham sido legais ou não, pacíficas ou violentas. O essencial é que o povo alemão tenha sido *geraubte* – roubado ou espoliado – e que essas obras se encontrem fora do Reich. Mas esta simples exigência nazista também possui um significado histórico e psicológico mais profundo para o nacionalismo alemão, pois se trata de apagar, de uma vez por todas, a humilhação infligida pelo Tratado de Paz de Versalhes de 1919, que pôs fim à Primeira Guerra Mundial, e de devolver à cultura alemã o lugar central que lhe corresponde naturalmente. Seu grande projeto de reivindicação cultural volta-se agora para territórios não alemães.

Em primeiro lugar se encontravam, é claro, as reclamações contra a França, o inimigo hereditário. Exigem-se dela mil e oitocentas peças, entre as quais trezentas e cinquenta e nove situadas em museus ou lugares públicos. Nenhum museu francês, de Paris ou de províncias, escapa ao exame do relatório. Sem esquecer as coleções privadas. E, no que diz respeito às peças reclamadas, mas cujo paradeiro era desconhecido, Kümmel previa a compensação por outras peças de valor equivalente das coleções de arte francesa.

A introdução redigida por Kümmel é uma verdadeira acusação contra a França. Os exércitos napoleônicos são apontados como os grandes responsáveis e culpados pelo saque. E essa condenação aberta confirma a importância simbólica de Napoleão para os dirigentes do Reich. Através de todos os documentos do relatório, os atos de espoliação cometidos pelo imperador francês em suas campanhas são citados, constantemente, como referência, com a ideia de que o Terceiro Reich, por uma espécie de simetria reparadora e muito posterior, poderia apagá-los um a um.

De fato, sem contar com os grandes butins tomados da Itália e do Egito, Napoleão havia completado as coleções do Museu do Louvre com o que havia trazido das vitórias militares nos países germânicos. Até o dia de hoje, o Louvre, em seus inventários, faz a distinção entre as diferentes procedências das obras. Seu catálogo lembra o lugar de origem dos quadros usurpados durante as campanhas de Munique de 1806, a de Kassel de 1807 e a de Viena de 1809, quando uma parte importante da Galeria Imperial Austríaca foi transportada para Paris.

Apenas da cidade de Kassel, Napoleão havia transportado duzentas e noventa e nove telas, entre as quais se encontravam dezesseis Rembrandts, quatro Rubens e um Ticiano. Além disso, o relatório exigia a restituição de quinhentas e oitenta e quatro medalhas de ouro e quatro mil, quatrocentas e vinte e oito medalhas de prata pertencentes, de acordo com ele, à mencionada cidade. Sem dar mais detalhes sobre o lugar em que se encontravam, e sem apresentar nenhum tipo de prova, os nazistas afirmavam meramente que estas "haviam sido transferidas para a França".

É verdade que a coleção de arte de Frederico o Grande da Prússia havia sido transportada, em uma dessas ocasiões, de Potsdam e Berlim para Paris. Incluía, entre outros, Watteaux muito bonitos e sobretudo um dos quadros preferidos de Hitler, *Leda e o cisne*, de Correggio, que havia sido devolvido a Berlim após a queda de Napoleão.

Algumas obras de pura linhagem germânica haviam tomado também um desvio prévio pela Itália antes de chegar a Paris. Foi o que ocorreu com *O Paraíso terrestre* de Pieter Brueghel, o Velho, usurpado por Napoleão em 1796 da Pinacoteca Ambrosiana de Milão.

Por outro lado, é verdade que o Congresso de Viena de 1815, celebrado depois da derrota de Napoleão, tentara pôr um pouco de ordem política na Europa, incluindo aqueles deslocamentos anárquicos de obras de arte ocasionados pelas campanhas do imperador francês.

Muitos quadros e esculturas – *A Transfiguração* e *A Madonna de Foligno* de Rafael, o *Enterro de Cristo* de Caravaggio, o *Martírio de Santo Erasmo* de Poussin, a escultura helenística o *Laocoonte*, todos trazidos das coleções do papa no Vaticano, o *Martírio de São Pedro* de Ticiano, as famosas esculturas de bronze dos cavalos e do leão de São Marcos em Veneza, entre outros – foram devolvidos a seus respectivos donos italianos ou austríacos a partir de 1815.

Outros nunca voltaram da França para seu lugar de origem, tanto pelas circunstâncias quanto pela incomparável sagacidade de Vivant Denon, o brilhante diretor do Museu do Louvre da época. Foi assim que nunca foram devolvidos *O casamento místico de Santa Catarina* de Veronese – hoje no Museu de Rouen – e *A Adoração dos Reis Magos* de Rubens – hoje em Lyon –, reclamada, sem sucesso, pela cidade de Munique.

Além disso, o Louvre conservou duas das melhores peças usurpadas: *O Paraíso* de Tintoretto, saqueado em Verona, e *As bodas de Caná* de Veronese, retirado das paredes da igreja de San Giorgio Maggiore em Veneza.

Desde o Louvre, Denon criou vários estratagemas para que a França ficasse com este último quadro. Primeiramente, quando as autoridades austríacas, os então governantes de Veneza, exigem a restituição do enorme quadro, o diretor o envia para restaurar longe de Paris, para um estúdio do interior. E anuncia aos austríacos a imperiosa necessidade de restaurar o quadro, conseguindo atrasar a entrega. Em seguida, diante da insistência da Áustria, Denon continua ampliando os prazos da devolução, argumentando que qualquer transporte intempestivo – até a distante Veneza – poderia danificar irreparavelmente a pintura. Finalmente, o genial Denon propõe a seus interlocutores austríacos uma troca com uma obra francesa de valor estético supostamente igual. O diretor oferece *A Ceia na casa de Simão* de Charles Le Brun, o primeiro pintor da corte de Luís XIV. Os austríacos, muito conservadores em seus gostos estéticos, ficam seduzidos pelo academicismo e pela linhagem real do quadro. Mas essa tela de Le Brun, pintor do século XVII pouco lembrado, parece-nos hoje de muito menor valor que a de Veronese[2].

Kümmerl podia, portanto, afirmar facilmente que as guerras napoleônicas haviam sido muito favoráveis à França no campo artístico. Outros estudos, que não tinham nada de nazistas, já o haviam demonstrado, como o da conservadora francesa Marie-Louise Blumer, que nos anos 1930 rastreara cerca de quinhentos quadros usurpados pelos exércitos revolucionários franceses na Itália e identificara duzentos e quarenta e oito destes que nunca foram devolvidos[3].

Os nazistas reclamavam um grande número de quadros ao Museu do Louvre, entre eles várias obras-primas: um *Autorretrato* de Rembrandt, furtado em 1806; e sete quadros de Dürer, o grande mestre alemão, subtraídos do Museu Albertina de Viena em 1809, e que incluíam o *Retrato de Erasmo* e o *Retrato de um jovem*. Os museus de província franceses também eram cobrados; do de Rouen, por exemplo, se exigia a restituição de vários Rubens; do de Lyon, a *Danae* de Tintoretto.

As vingativas reclamações do relatório não esqueciam tampouco os embargos de obras de arte efetuados pelas autoridades francesas contra cidadãos alemães e austríacos residentes na França de 1914 a 1919, durante a Primeira Guerra Mundial. Esta lista incluía, entre outras, as coleções de arte de conhecidos francófilos alemães: o grande *marchand* do cubismo de origem judaica, Daniel-Henry Kahnweiler, o crítico de arte Wilhelm Uhde, a baronesa Betty von Goldschmidt-Rothschild e o *marchand* Hans Wendland que, como veremos mais tarde, terá um sinistro papel nos futuros confiscos nazistas.

O mais desconcertante desta lista – ainda que apenas à primeira vista – é que os nazistas não se esquecerão de incluir nela colecionadores judeus ou proprietários da *arte degenerada* perseguidos simultaneamente na Alemanha. Assim, juntamente com os Cézannes da coleção Kahnweiler e Wendland, os nazistas reclamavam também pinturas de Braque, Léger, Picasso e do Vlaminck da época fauvista. E cabe perguntar o que pensavam

---

2 Peter Watson, *Wisdom and Strength*. Nova York: Doubleday, 1989, pp. 254-66.
3 Marie-Louise Blumer, "La commission pour la recherche des objets de science et des arts en Italie (1796-1797)", *La Révolution Française*, janvier-juin 1934, e "Catalogue des peintures transportées d'Italie en France de 1796 à 1814", *Bulletin de la Société Française d'Histoire de l'Art*, 1936.

fazer os nazistas com tantas obras de *arte degenerada* que supostamente não lhes interessava; a menos que pensassem em vendê-las no mercado.

Assim, as dezenas de fabulosas pinturas vanguardistas da coleção Kahnweiler, vendidas pelo governo francês no início dos anos 1920 em leilões particularmente tumultuados, eram objeto de reclamação enquanto patrimônio do Reich[4].

O percurso de *A aldeia de L'Estaque* de Cézanne, procedente da coleção do *marchand* alemão Wendland e, portanto, considerado propriedade inalienável do povo alemão, foi rastreado, passo a passo, pelos redatores do relatório de Kümmel. Desde seu embargo inicial e dos três leilões franceses sucessivos dos bens até sua compra pelo Museu do Brooklyn em Nova York nos anos 1920.

Uma das coleções embargadas pelo Estado francês durante a Primeira Guerra Mundial continha peças de mestres antigos, como o *Retrato do artista* de Dürer. Adquirido pelo Louvre pela soma de 300 mil francos em um dos mencionados leilões, este Dürer havia pertencido a Nicolas de Villeroy que, para sua infelicidade, optara pela nacionalidade alemã no início da Primeira Guerra.

Embora a França fosse o alvo principal de Kümmel, nenhum país ficava para trás. Os alemães exigiam do Museu Metropolitano de Nova York um Brueghel que o exército napoleônico furtara em Viena em 1809, um *Retrato de um Cavaleiro* de Van Dyck, proveniente da galeria de pintura de Kasse em 1806, um Pieter de Hooch e outro *Retrato de um Cavaleiro* de Rembrandt, procedente de Frankfurt. Do Museu Hermitage, em São Petersburgo, então Leningrado, se exigia um Claude Lorrain e um Andrea del Sarto, ambos roubados pelo exército revolucionário francês.

Mas o objeto que concentra todo o ressentimento, a ira e a sede de vingança do relatório é o conhecido *Retábulo do Cordeiro Místico* ou *Políptico de Gand* do mestre Jan van Eyck, obra inaugural da pintura flamenga e holandesa, que se encontra na igreja de São Bavo na cidade belga de Gand. O artigo 247 do odiado Tratado de Versalhes de 1919, que estabelecia as terríveis condições de capitulação da Alemanha e as humilhantes reparações de guerra, havia exigido a entrega à Bélgica de doze painéis do retábulo a título de indenização.

---

[4] Ver Pierre Assouline, *L'homme de l'art: Daniel-Henry Kahnweiler, 1884-1979*. Paris: Gallimard, 1992.

Assim, apesar de os doze painéis terem sido adquiridos licitamente no século XIX pelo Museu Kaiser Wilhelm de Berlim, os alemães se viram obrigados a entregá-los a São Bavo em 1919. Kümmel sabia, por outro lado, que, no início da Segunda Guerra, a Bélgica, temendo o avanço alemão, havia confiado o retábulo à França para sua proteção longe das linhas de combate, no castelo de Pau, no sudoeste francês. Agora, com a ocupação da França, o momento da recuperação por parte da Alemanha, não apenas dos doze painéis, mas do cobiçado retábulo em sua totalidade, ficava cada vez mais próximo.

Kümmel apresenta oficialmente seu relatório à chancelaria do Reich em janeiro de 1941. Naquele momento, e aproveitando o período entre o outono de 1940 e o inverno de 1941, que foi uma espécie de época de descanso e consolidação na Europa, os alemães haviam multiplicado e intensificado as operações de confisco de obras de arte.

No entanto, o conteúdo do relatório não servirá de referência ou de diretriz para esse saque inicial. De fato, em virtude de seu caráter monumental e exaustivo, o insensato projeto não se presta bem para uma relação peça a peça. Ele teria de ser apoiado por tratados de paz, reparações, convenções e uma nova jurisprudência de conjunto. Além disso, como havia sido concebido no nível mais elevado da hierarquia nazista, o relatório permanecerá secreto até o fim e desconhecido por parte dos serviços de confisco alemães. Finalmente, era razoável esperar que suas colossais exigências encontrassem a mais determinada resistência nos países conquistados. Decidiu-se, então, aguardar até a vitória total do Reich.

Mas será que o diligente Otto Kümmel havia perdido tempo, com sua equipe de historiadores, elaborando e redigindo a listagem? Não de todo, pois, primeiramente, o *Retábulo de Gand* de Van Eyck foi entregue finalmente à Alemanha pela França, que o havia recebido em depósito dos belgas. Depois de várias tentativas infrutíferas, Hermann Goering, obstinado e influente número dois do regime, conseguira convencer o governo colaboracionista de Vichy a lhe entregar a obra como sinal de boa vontade para com o Reich. Goering transportou o retábulo para Berlim, onde foi exposto ao público em junho de 1943. E, segundo, os bens das igrejas e museus da Alsácia e Lorena, que o relatório de Kümmel considerava naturalmente território alemão, depositados pelo governo francês no castelo de Hautefort, no sudoeste da França, foram cedidos totalmente aos alemães.

De certa maneira, o relatório de Kümmel é uma emanação quimérica da ideologia nazista, de sua obsessão pela germanidade e pela noção de patrimônio alemão. O relatório completa, sem margem de dúvidas, a vertente cultural e artística do projeto hitleriano de conquista nacionalista, junto com seus aspectos políticos, raciais, econômicos e militares. Em todas as suas facetas, encontra-se um profundo e ressentido desejo xenófobo de revanche, de desforra perpétua para corrigir um presente e retificar um passado que não haviam ocorrido como os nazistas esperavam.

A política nazista de apropriação cultural absoluta se imporá mais claramente no Leste da Europa. No entanto, na Europa ocidental, a verdadeira história do saque de obras de arte se manifestará de outra maneira. Os confiscos e a pilhagem recairão sobre setores muito específicos da população: judeus, maçons, oponentes políticos, investindo contra uma ou outra vítima determinada. E, em vez de tentar recuperar cada artefato da herança cultural germânica, como propunha Kümmel, os nazistas se concentrarão nos indivíduos e nas obras que estes possuíam.

Capítulo **3**

GOERING, "AMIGO DE TODAS AS ARTES"

Ao contrário de Hitler, Rudolf Hess ou Alfred Rosenberg, e outros membros destacados do partido que apoiaram o Führer, Hermann Wilhelm Goering nasceu na própria Alemanha, em Rosenheim para ser mais preciso, na Alta Baviera, no ano de 1893. Filho de um ministro plenipotenciário residente – governador colonial – da África Sul-ocidental Alemã – a atual Namíbia –, Goering foi também um dos primeiros companheiros de Hitler provenientes da aristocracia de seu país[1].

Além disso, possuía como característica distintiva entre os nazistas sua situação de autêntico grande herói da Primeira Guerra Mundial, na qual se distinguira na aviação imperial.

Corajoso piloto de caça, então um novo tipo de guerreiro glamoroso e ousado, Goering converteu-se no comandante da famosa esquadrilha Richthofen, o *Circo Voador*, quando, em 1917, o legendário Barão Vermelho pereceu em combate. O futuro líder nazista derrubou mais de vinte e dois aviões em combates aéreos e foi ferido várias vezes.

Ao final da guerra, o jovem veterano iniciou-se na aviação comercial como piloto da companhia Svenska Lufttraffik na Suécia e, ao tentar uma aterrissagem em uma propriedade rural, conheceu e ficou apaixonado por uma das filhas do dono, a baronesa sueca Carin von Fock. O amor à primeira vista que determinará o restante de seus dias é imediato e recíproco. Carin abandonará seu marido e filho para ir morar com Goering, dedicando-se a ele e à sua carreira, como testemunha sua apaixonada correspondência.

---

[1] Para os aspectos mais amplamente biográficos, utilizei o livro de David Irving, *Göring: A Biography*, William Morrow, 1989, já que inclui os diários e a correspondência pessoal do dirigente nazista.

Em 1922, facilmente inserida nos meios ultranacionalistas da nobreza e da burguesia alemãs, Carin apresenta a Goering o jovem líder político Adolf Hitler, que fica encantado em conhecer tão famoso ás da aviação alemã, titular da seleta condecoração militar da ordem Pour le Mérite. Depois desse encontro, Goering une seu destino pessoal ao do Partido Nacional-socialista e Hitler nomeia-o comandante das incipientes SA (*Sturmabteilung*, unidades de assalto ou tropas de choque), que terão um papel importante na ascensão dos nazistas ao poder.

Juntamente com o futuro Führer, Goering ajuda a planejar e participa do frustrado e absurdo *Putsch da Cervejaria* em Munique em novembro de 1923. Neste, Hitler e um pequeno grupo de camaradas nazistas tentam tomar o poder na Alemanha, mas são facilmente derrotados e presos pelas autoridades da República de Weimar. Goering, ferido gravemente na coxa, vê-se obrigado a fugir para a Áustria. Começam, então, com Carin, três anos de dificuldades e de poucos recursos na Itália e na Suécia. Foi durante esse período que, devido à dor produzida por seus ferimentos, o impecável herói tornou-se viciado em morfina. Durante seu exílio, Goering tentou desfazer-se do vício, e o conseguiu parcialmente, mas sua dependência da morfina, juntamente com uma grande obesidade, voltou nos anos seguintes.

Favorecido pela ampla anistia do governo, Goering regressa à Alemanha em 1926 e imediatamente passa a integrar as fileiras do Partido Nazista. Verá, então, o fim da pobreza e o início da acumulação de uma imensa fortuna. Em 1928, é eleito deputado nazista no Reichstag, o parlamento alemão.

Poucos anos depois, outro fato transformará novamente a vida íntima do líder nazista, pois, ao final de uma longa enfermidade, Carin morre de tuberculose em 1931. Seu fervor por ela não o abandonará durante o restante de seus dias.

Para o cadáver da baronesa começará então uma errância de décadas semelhante à de Eva Perón pelo mundo. Os funerais são celebrados na Suécia, mas, em 1934, em visita ao seu túmulo, Goering descobre que este havia sido profanado pelos comunistas suecos. Decide então exumar os restos mortais e transferi-los para a Alemanha em um enorme sarcófago de peltre, onde ele também planejava ser enterrado algum dia. À sua chegada, Goering organiza uma grande cerimônia funerária durante a qual enterra os restos nos terrenos de sua casa de campo ao norte de Berlim, que rebatizará, além disso, com o nome de Carinhalle, o pavilhão de Carin.

Com a perda da mulher, sua megalomania, o gosto exagerado pela suntuosidade e a ostentação do poder, o dinheiro e os objetos de luxo ficarão ainda mais acentuados. O marechal mudará de uniforme e de roupa até cinco vezes por dia, exibindo suas medalhas e joias, expondo, com soberba, todos os símbolos de seu novo poder.

Goering instala em Carinhalle uma vasta e renomada coleção de quadros e objetos de arte que, com a eclosão da guerra na Europa, aumentará ao ritmo dos saques perpetrados pelos exércitos alemães.

Ao final da guerra, o marechal do Reich foge das tropas soviéticas e retira sua coleção da propriedade, destrói pessoalmente os edifícios de Carinhalle, mas tem de abandonar os restos de Carin nos terrenos. O Exército Vermelho e os habitantes da região profanam o túmulo da baronesa e desenterram, pela segunda vez, os seus restos; mas, depois da guerra, ela volta a ser enterrada, pela terceira vez, na própria Alemanha. Com o desaparecimento do regime nazista e a morte da maioria de seus líderes, o governo da República Federal da Alemanha teme que o túmulo de Carin possa converter-se em lugar de peregrinação ou de reunião de simpatizantes do nazismo, e em 1951 decide que é mais prudente exumar, pela terceira vez, e enviar os itinerantes restos para serem sepultados pela quarta vez no cemitério da Suécia onde havia sido enterrada originariamente.

Quando Hitler chegou ao poder, em 30 de janeiro de 1933, Goering, que na época era presidente do Reichstag, logo se converterá no número dois no novo regime nazista. Os postos-chave de ministro-presidente da Prússia e de ministro do Interior lhe permitirão infiltrar e inundar a administração e a burocracia da República de Weimar com membros leais do Partido Nazista.

No mesmo ano da ascensão dos nazistas ao poder, Goering cria a temível Gestapo (*Geheime Staatspolizei*), a polícia secreta do Estado, e será o organizador da polícia política da Prússia; Goering tem também o infame mérito de ter criado o primeiro campo de concentração nazista, no vilarejo de Oranienburg.

Mas é verdadeiramente a partir de 1936, quando Hitler o nomeia ministro plenipotenciário do Plano de Quatro Anos para a economia e o encarrega da produção rearmamentista na Alemanha, que Goering começa a acumular uma enorme fortuna pessoal, graças à qual poderá aumentar muito suas compras de obras de arte. Converte-se então em um cliente muito adulado e disputado pelos grandes *marchands* de arte não apenas alemães, mas também europeus.

Em seguida, sua ascensão política e militar caminha junto com o desenvolvimento de sua coleção. Principal organizador e coordenador do *Anschluss* da Áustria em 1938, comandante da Luftwaffe (Força Aérea) durante a *blitzkrieg* (guerra relâmpago) na Polônia e na França, nomeado *Reichsmarschall* (Marechal do Reich) em junho de 1940, Goering encontra-se no auge de seu poder no início da guerra. Assim, concentra grande parte de seus enormes poderes a serviço de seu apetite de colecionador, e a ocupação da França chega no momento certo para aumentar ainda mais sua cobiça.

Em 1939, o Führer o nomeia seu sucessor. Contudo, assim que surgem os primeiros sucessos da guerra relâmpago, os bombardeios da Luftwaffe na Inglaterra e começam a se consolidar as novas conquistas na Europa, a distorcida maneira de governar de Hitler volta a dominar: cada serviço dirigido por um líder do Reich, um pouco à maneira feudal, entra de novo em competição com os outros. Esta regra se aplica tanto ao campo da arte como ao restante. Assim, alguns meses depois da invasão da França, Goering, que se interessa muito de perto pelo patrimônio artístico francês e pelas novas possibilidades vantajosas de compra, entra rapidamente em conflito não apenas com o Exército de Terra, mas com o ministério das Relações Exteriores e com a embaixada da Alemanha em Paris. Por volta do final da guerra, as desavenças com Hitler são múltiplas, e em 1945 este o expulsará como traidor e ordenará sua captura, sem conseguir.

A partir da derrota francesa em junho de 1940, o *Reichsmarschall* tenta estender sua influência sobre o ERR, dirigido por Alfred Rosenberg. Esse serviço é um precioso instrumento para quem pretende se apoderar dos tesouros artísticos dos territórios ocupados. Criado em 5 de julho de 1940, com escritórios no Hotel Commodore, situado no número 12 do Boulevard Haussmann, perto do edifício da Ópera, o ERR se encarrega originariamente de organizar as operações de confisco de bibliotecas e arquivos nos países ocupados, para levar a termo a "luta contra o judaísmo e a maçonaria". Sob essa definição, o ERR não pode pretender supervisionar os confiscos de obras de arte em território ocupado. E é somente a partir de outubro de 1940 que consegue fazê-lo. Mas, nesse cobiçado terreno dos confiscos, encontra imediatamente a concorrência e os obstáculos colocados pelos serviços diplomáticos do Reich.

O certo é que, poucos dias antes da criação do ERR, uma nota de 30 de junho de 1940, assinada pelo general Keitel, chefe do Estado-maior das Forças Armadas do Reich, e dirigida ao general Von Boeckelberg, comandante militar alemão em Paris, indicava que "o Führer, de acordo com o relatório do ministério das Relações Exteriores, deu a ordem de salvaguardar – além das obras de arte pertencentes ao Estado francês – as obras de arte e os documentos históricos pertencentes a indivíduos, sobretudo a judeus". Trata-se de guardar esses objetos sob a supervisão da embaixada da Alemanha em Paris, sem expropriá-los, à espera de negociações de paz nas quais será decidido seu futuro[2].

Em poucos meses, de julho a setembro, o embaixador alemão Otto Abetz e seus serviços realizam rapidamente uma série de confiscos em casas ou estabelecimentos comerciais de judeus e em órgãos públicos franceses: em julho, confiscam os acervos de uma série de galerias de arte pertencentes a judeus, entre as quais se encontra a do famoso antiquário Jacques Seligmann, localizada na Praça Vendôme; em 11 de agosto, os alemães furtam em Langeais os originais do desprezado Tratado de Paz de Versalhes e de Saint-Germain-en-Laye; no dia seguinte, um grupo de documentos e livros da biblioteca do ministério francês de Relações Exteriores também desaparece; em 6 de setembro, vistoria-se o palacete de Maurice de Rothschild e se confiscam algumas obras.

Assim como muitos outros nazistas que serão obrigados a ter um trato frequente com os círculos culturais franceses durante a ocupação, o embaixador Otto Abetz havia residido na França antes da guerra e conhecia bem o país, os grupos de direita e os círculos literários e artísticos. Além disso, sua mulher era francesa, filha de um conhecido jornalista parisiense, Jean Luchaire.

Também jornalista e organizador do Comitê França-Alemanha antes da guerra, Abetz havia sido acusado de espionagem em benefício de sua pátria e expulso da França em julho de 1939. De acordo com o coronel Paillole, funcionário da contraespionagem francesa encarregado precisamente do caso Abetz em 1939, o futuro embaixador distribuía então subsídios para periódicos e revistas favoráveis à Alemanha[3].

---

2 *Consolidated Interrogation Report N.º 1 (CIR 1), Activity of the Einsatzstab Rosenberg in France*, by James S. Plaut (NA), Washington (DC).
3 Cassou, *op. cit.*, p. 40, e *Consolidated Interrogation Report N.º 1*, especialmente *Accusations in the Otto Abetz Case, Tribunal Militar de Paris*, 1948, mais informação complementar

Depois de seu retorno triunfal a Paris com as tropas do Reich, os antigos contatos estabelecidos e sua familiaridade com os assuntos franceses tornaram mais fácil para Abetz a tarefa de diplomata, propagandista e "confiscador chefe" de obras de arte na França. No entanto, logo o embaixador e seus serviços diplomáticos se defrontariam com mais um serviço em competição aberta pelas obras de arte.

O *Kunstschutz*, serviço de proteção de obras de arte da Wehrmacht que era dirigido pelo conde e historiador da arte Franz Wolff-Metternich, foi criado em 11 de maio de 1940 durante a ofensiva militar. Seu objetivo era proteger e inventariar as obras de arte na zona de guerra em nome do exército de ocupação e segundo os acordos internacionais.

Sem entrar nas motivações ou intenções últimas da Wehrmarcht, este serviço utilizava métodos menos brutais que os outros dois já mencionados. Metternich não confisca diretamente, contenta-se apenas em verificar os inventários e os conteúdos no próprio terreno. Às vezes se oporá à espoliação e até avisará de antemão o serviço de museus nacionais franceses sobre alguma incursão de improviso por parte da embaixada alemã ou do ERR.

Desde meados de agosto de 1940, o embaixador Abetz concebe a ideia de espoliações em massa e sugere a seu chefe, o ministro Joachim von Ribbentrop, que declare algumas obras propriedade do Reich como "antecipação e pagamento parcial" de futuras reparações de guerra. Abetz escolhe assim entre várias obras apreendidas para decorar a embaixada alemã da *rue* de Lille. Outras obras vão decorar a casa de Von Ribbentrop em Berlim e os escritórios de seu ministério[4].

Finalmente, outros quadros, considerados produto do "expressionismo selvagem", serão armazenados na embaixada para ser vendidos ou leiloados no mercado parisiense. Com esses atos de vandalismo por parte da diplomacia alemã, estamos muito distantes da intenção original de colocar as obras a salvo à espera de negociações sobre um tratado de paz.

No entanto, pouco depois dessas primeiras operações de saque por parte da embaixada, surge outra mudança brusca nas ordens e decisões provenientes de Berlim. Em 17 de setembro do mesmo ano, o mesmo general

---

obtida por meio de entrevistas com o coronel Paul Paillole, figura da contraespionagem francesa que, de 1935 a 1945, obteve informação essencial sobre o regime e sobre os preparativos militares nazistas. Foi Paillole quem se encarregou de espionar Abetz durante sua estada na França, anterior à guerra.

4 Cassou, *op. cit.*, p. 84; e *CIR 1*, e arquivos Paul Rosenberg, Nova York.

Keitel, chefe do Estado-maior, transmite uma ordem do próprio Führer ao general Walter von Brauchitsch, comandante militar alemão da França ocupada. Nela se especifica que toda cessão de bens ao Estado francês, ou a indivíduos, ocorrida depois da declaração de guerra contra a Polônia, em 1º de setembro de 1939, será considerada nula e sem valor. Ainda mais importante, a ordem estende, pela primeira vez, poderes ao ERR sobre "o direito a confiscar e transportar para a Alemanha objetos de valor"[5].

Desse modo, esta ordem afeta diretamente uma grande parte dos bens e obras pertencentes a judeus que tivessem cedido temporariamente suas coleções de arte aos museus nacionais franceses ou a indivíduos não judeus com o objetivo de protegê-las dos confiscos.

Assim, em questão de poucos meses, a natureza do ERR se transforma muito. No início, o pequeno serviço se limitava sobretudo ao confisco de bibliotecas de oponentes políticos em Paris, como a grande Biblioteca Turgueniev, administrada pela oposição de esquerda russa, a Biblioteca Polonesa ou as bibliotecas ou arquivos maçônicos, como os da Grande Loja da França ou o Grande Oriente da França.

Já que até então o financiamento do ERR dependia diretamente do Partido Nazista, boa parte de seu butim ia parar diretamente na Hohe Schule des NSDAP – Alta Escola do Partido Nacional-socialista Alemão dos Trabalhadores, centro de pesquisa, aprendizagem e educação de quadros do Partido e biblioteca central onde eram treinados os quadros e administradores do nacional-socialismo. No entanto, com a nova ordem de setembro de 1940, o ERR, com seus novos atributos e poderes, poderá ampliar-se e obter rapidamente o monopólio do confisco de obras de arte e bens culturais na rica zona ocupada da França.

O primeiro rival que colocará fora de jogo será a Wehrmacht e seu Kunstschutz. Os dirigentes do ERR sabiam que o conde Metternich era apenas um historiador especializado em arte gótica e sem simpatias pelos nazistas, e logo o marginalizam. Assim, o pequeno serviço do exército com atribuições maldefinidas dirigido por Metternich se dedicará durante o restante da guerra a tarefas insignificantes de conservação.

Em contrapartida, o conflito entre o ERR revitalizado e a embaixada adquirirá um pouco mais de amplitude. Explode rapidamente em outubro de 1940, quando os homens do ERR entram nos locais da empresa de trans-

---

5 Cassou, *op. cit.*, pp. 105-7.

portes alemã Schenker e se apoderam de duzentas caixas repletas de obras de arte confiscadas pela embaixada e deixadas ali para ser transportadas para a Alemanha. O embaixador Abetz depara com o fato consumado. Nas semanas seguintes, ele se queixará e discutirá perante o ERR, se indignará e lamentará diante de seus superiores em Berlim, mas tudo será inútil. A situação foge ao seu controle, pois a recente decisão foi tomada no nível mais elevado. De agora em diante, o ERR dominará o saque de arte em toda a França.

Desde princípios do mesmo outono de 1940, Goering, sempre grande amigo e protetor das artes, começara a pressionar o pessoal do ERR, tirando proveito pessoal disso para aumentar sua própria coleção de arte. Sua influência e prestígio são tão grandes na época que o segundo dirigente do regime nazista pode impor sua vontade em numerosas agências administrativas do Reich, mesmo quando elas dependem de outra autoridade. Além disso, dispõe de trens privados, caminhões, aviões, combustível e do pessoal da Luftwaffe, recursos logísticos valiosos em tempos de guerra, que logo põe à disposição do ERR.

A punhalada administrativa que selará o destino do ERR será dada pelo próprio marechal, com uma ordenança sua de 5 de novembro na qual amplia as competências do serviço ao confisco das coleções de arte pertencentes a judeus que se encontrem na zona ocupada e, portanto, consideradas "sem proprietário"[6]. Por meio dessa ordenança, o ERR poderá orientar suas atividades essencialmente para o confisco, a avaliação, os inventários e o armazenamento de obras de arte.

Goering, astuto e persistente, não se interessa pela direção central do ERR, instalada em Berlim, e sim pelos homens atuantes no terreno da própria França. Especialmente o primeiro diretor da agência de Paris, o barão Kurt von Behr, que, no início, dirige o serviço – e a divisão conhecida como Sonderstab Bildende Kunst, Pessoal Especial para Artes Pictóricas – como diretor adjunto e, em seguida, é nomeado responsável único para toda a França. Von Behr estabelecerá muito rapidamente uma estreita relação cúmplice com o marechal do Reich. Quanto ao oficial Bruno Lohse, doutor em história da arte, respeitado no ERR em Paris, Goering soube como transformá-lo rapidamente em seu homem de confiança, agente e assessor de sua coleção, remunerado regiamente por meio de comissões. Com a guerra, o *marchand*

---

[6] Cassou, *op. cit.*, pp. 189-229.

de arte Walter Andreas Hofer, curador da coleção em Carinhalle, se converterá em seu principal comprador itinerante na França e na Europa, enquanto a senhorita Gisela Limberger, sua bibliotecária e secretária pessoal, coordenará suas compras em todo o território europeu.

Graças às intrigas iniciadas desde cedo e a sua densa rede de contatos, Goering obterá, portanto, o acesso direto às mais importantes coleções de arte roubada e o cobiçado direito à primeira escolha.

Mas o elemento essencial de toda sua artimanha será conseguir obter a entrada livre nas salas do museu do Jeu de Paume, o depósito central de obras confiscadas. Esta prerrogativa única será utilizada por Goering sempre que puder. Assim, entre 3 de novembro de 1940 e 27 de novembro de 1942, ele efetuará cerca de vinte visitas às salas do museu parisiense. E convém lembrar que Goering morava e tinha seus escritórios e estado-maior em Berlim e, sobretudo, que essas inspeções artísticas à distante Paris de então acontecem em meio a uma guerra mundial. As numerosas visitas permanecem assim como um testemunho banal da importância fundamental que a arte e sua coleção tinham na atarefada vida do marechal.

Nada o impedirá de desfrutar seus exorbitantes direitos. Assim, uma das visitas parisienses tem lugar em 9 de julho de 1941, três semanas antes de assinar a ordem dada a Reinhardt Heydrich, chefe da polícia de segurança do Reich, para encontrar uma "solução final" para a questão judaica. E na semana seguinte à assinatura da ordem, dispondo de um pouco de tempo livre, Goering volta a Paris para ver quais obras de importância, incorporadas a Carinhalle, estariam entre os novos confiscos.

O marechal do Reich avisa de suas chegadas ao Jeu de Paume apenas com algumas horas de antecedência, e o pessoal organiza rapidamente exposições exibindo as últimas novidades. Depois de observar cada obra e ouvir os comentários pertinentes dos historiadores de arte do local, Goering seleciona o que deseja transportar consigo para a Alemanha. Em seguida, Von Behr e sobretudo Hofer, seu fiel curador, transmitem a lista ao pessoal do ERR, e o especialista oficial de Goering, o francês Jacques Beltrand, um artista e gravador conhecido nos meios parisienses, começa a avaliar as obras e a redigir sua avaliação.

Tentando perpetuar os privilégios que implicava ser um protegido de Goering na Paris da ocupação e sabendo que muitas das obras selecionadas serão trocadas por outras obras, Beltrand se empenhará em fazer avaliações muito favoráveis ao marechal. Por exemplo, cinco tapeçarias selecionadas que apresentavam cenas da vida de Cipião, o general romano, foram avaliadas pela assombrosa quantia de 2,8 milhões de francos (aproximadamente um milhão de dólares), o que aumentaria o poder aquisitivo de Goering. No entanto, seguindo as diretrizes do gosto nazistas, Beltrand também estabelece avaliações de obras de arte moderna ou *degenerada* muito abaixo do valor real, apesar de a demanda do mercado parisiense por essas obras ser muito grande. Assim, os quadros importantes de Matisse, um Modigliani e um Renoir obtêm uma avaliação conjunta de 100 mil francos (50 mil dólares). Existe, porém, um exemplo ainda mais surpreendente: em sua avaliação de sete quadros – um Léger, dois Braques, dois Matisses, um Picasso e um De Chirico –, Beltrand calcula um valor de 80 mil francos (40 mil dólares)[7]. Mas, em um excesso de adulação pelo marechal, Jofer muitas vezes põe em dúvida as avaliações e consegue fazer com que Beltrand as reduza em cerca de cinquenta por cento. As obras já devidamente avaliadas são transferidas, em seguida, para caminhões que as transportam até um dos quatro trens privados que Goering tem à sua disposição em alguma das estações ferroviárias de Paris.

O acordo inicial entre Goering e o ERR estipulava que o marechal compraria as obras confiscadas e depositaria as somas de dinheiro em uma conta reservada em nome do governo francês. Mas a realidade é que Goering nunca pagou um centavo pelas obras de que se apoderou. E, segundo os documentos existentes e os interrogatórios aliados do período final da guerra, a quantidade de pinturas e obras de arte que o marechal furtou desse modo chega a mil.

Na série de ordens e contraordens contraditórias características do regime hitlerista, em 18 de novembro de 1940 mais uma ordenança do Führer estabelecerá que toda obra de arte confiscada deverá ser transportada para a Alemanha e colocada à disposição dele. O conjunto do butim de guerra deveria ser remetido, a partir de então, para Hans Posse, o diretor do projeto monumental do Museu de Linz. Contudo, na realidade, a ordenança tardia teve pouco impacto, pois Goering conseguiu fazer com que logo se evitasse sua execução.

Com esta última ordenança executiva em mente e com a clara intenção de continuar a garantir para si mesmo o acesso ao prodigioso tesouro dos

---

7 Ver as cópias das avaliações realizadas por Jacques Beltrand para a coleção de Hermann Goering, em 1941 e 1942, *RG 239*, box 74 (NA), Washington (DC).

confiscos, o incansável Goering escreve três dias depois – em 21 de novembro de 1940 – uma longa carta a seu "caro camarada de partido" Alfred Rosenberg, o ideólogo nazista que dirige o ERR em toda a Europa. Nela, Goering, que tenta manipular seu destinatário e continuar a utilizar o ERR para seus próprios objetivos, se alegra com a decisão de reunir todos os objetos confiscados em um único departamento, mas lembra que o ministério das Relações Exteriores pleiteia a mesma missão. Acrescenta, também, que Goebbels, o ministro de Propaganda nazista, se encarregou de solicitar a elaboração do relatório de Kümmel que permitiria que a Alemanha recuperasse os bens culturais roubados no passado.

Além disso, Goering promete colaborar com o trabalho de Rosenberg nos confiscos e colocar a Luftwaffe à sua disposição. Para demonstrar sua boa-fé e iniciativa, enfatiza sobretudo o importante papel que ele mesmo tivera ao descobrir "esconderijos extremamente bem camuflados" e ao comprometer seu próprio dinheiro para pagar os informantes. Em seguida, Goering acrescenta: "Atualmente, graças às aquisições e às trocas, possuo talvez a mais importante coleção privada da Alemanha, quem sabe da Europa... Para completar minha coleção, eu havia planejado também a compra de um pequeno número de obras procedentes das coleções judaicas confiscadas". O marechal continua escrevendo que, além disso, Rosenberg não deverá se preocupar, pois com a morte dele a coleção de Carinhalle seria doada ao Estado alemão. Finalmente, para tranquilizar Rosenberg, Goering termina a carta esclarecendo que, apesar do que ele já levou, entre as obras confiscadas "ainda resta um grande número de objetos que poderão ser utilizados na decoração dos edifícios do Partido, do Estado e para encher os museus"[8].

Outro concorrente dos serviços de confisco alemães será o próprio Estado francês. O governo e a administração de Pétain tentaram opor-se com frequência aos atos de confisco nazistas. Ao inteirar-se da campanha de saque alemã, os dirigentes colaboracionistas franceses não se declaram contrários aos confiscos, em princípio, mas limitam-se a opinar que eles deveriam ser organizados pela própria França em benefício exclusivo do país. Seus motivos para se opor ao saque alemão, além de uma crença em uma prerrogativa nacional, tinham, portanto, fundamentos puramente nacionalistas e não éticos ou de proteção de seus cidadãos perseguidos.

---

[8] Cassou, *op. cit.*, pp. 92-8; e *CIR 1*.

A partir de outubro de 1940, novas leis sobre o estatuto dos judeus na França e sobre os cidadãos refugiados do país permitem ao governo Pétain o acesso às propriedades de judeus e de resistentes.

Nesse mesmo mês, o governo de Vichy cria na zona ocupada da França um serviço conhecido como o SCAP (Serviço de Controle de Administradores Provisórios), que, a pedido dos alemães, se ocupará do confisco e da *arianização* de todas as empresas com proprietários judeus.

No que se refere ao mundo da arte, a ação do novo serviço se limitará aos edifícios pertencentes a *marchands* e colecionadores. Contudo, no que diz respeito ao conteúdo e aos acervos das galerias e às próprias coleções, o SCAP tropeçará com os planos dos rápidos e eficientes serviços alemães.

Em 29 de março de 1941, Vichy estabelece, sempre por insistência dos alemães, um Comissariado Geral para Assuntos Judaicos (CGQJ, Comissariat Général aux Questions Juives) com Xavier Vallat e, em seguida, com Louis Darquier de Pellepoix como diretores.

Uma das primeiras medidas do Comissariado consistirá, naturalmente, em tentar recuperar para si os quadros e coleções já confiscados de judeus franceses pelos alemães. Mas o Comissariado nunca conseguiu obter diretamente nenhuma dessas obras na zona ocupada. Só conseguiu trabalhar em colaboração com o ERR, até que este assim desejou, em troca de remuneração em espécies para cada coleção confiscada. Mas é importante saber que já em março de 1941, data em que se cria o Comissariado, a maior e mais cobiçada parte das coleções e galerias de arte foi confiscada e despachada pelos alemães. Assim, os colaboradores do governo francês de Pétain tiraram pouco proveito dessa associação.

Outros serviços administrativos de Vichy, desde a Direção de Bens do Estado (Direction des Domaines) até a Direção de Museus da França – que, muitas vezes, protegeu ativa e verdadeiramente os bens privados a seu cargo –, se interessaram pelo destino das coleções e bibliotecas pertencentes a judeus e maçons. No entanto, na maior parte do tempo, diante da eficácia e do ritmo acelerado dos confiscos alemães, seu papel se verá reduzido à mera apresentação de impotentes protestos ao governo de Vichy ou à Wehrmacht.

Para dizer a verdade, o ERR, lançado por Alfred Rosenberg e protegido por Hermann Goering, achava-se em um espaço político particular – como, aliás, toda a engrenagem da grande maquinaria da Solução Final –, para além do controle das instituições comuns.

A resposta definitiva nazista aos protestos do governo francês e à justificação da espoliação sistemática e metódica de bens de judeus, maçons e adversários políticos foi exposta com clareza em uma *Declaração de Princípios*, com data de 3 de novembro de 1941. Assinado pelo chefe do serviço do ERR em Berlim, Gerhard Utikal, o documento revela-se uma pérola da ideologia nazista.

Sempre extremamente cuidadosos e conscientes das aparências legais ou jurídicas de todos os seus atos e decisões, os nazistas tendem a explicar e justificar suas políticas por meio de argumentações escritas.

No documento, dirigido ao Chefe do Serviço Geral da Wehrmacht, explica-se o motivo dos confiscos. Estabelece-se, primeiramente, uma distinção entre a França e os outros: "Não se tomou nenhuma obra de arte que pertença ao Estado francês ou a indivíduos franceses não judeus..." Em seguida, identificam-se os culpados: "A guerra contra o Grande Reich alemão foi suscitada particularmente pela judiaria e maçonaria mundial que [...] lançaram vários Estados e povos europeus em guerra contra a Alemanha." Logo depois, os alemães são apresentados como libertadores do povo francês: "Com a conquista da França, o Exército alemão libertou o Estado e o povo francês da influência da judiaria internacional." E volta-se a introduzir a distinção entre a França e os outros: "O armistício com o Estado e o povo francês não foi concluído com os judeus na França [...], eles são considerados um 'Estado dentro do Estado' e um adversário permanente do Reich alemão." Finalmente, como conclusão da lógica desenvolvida anteriormente, o confisco e o saque das coleções de arte encontram sua justificação: "As medidas de represália alemãs contra os judeus têm também seu fundamento no direito dos povos [...]; os judeus aplicaram, desde sempre, e segundo o direito judaico formulado no Talmude, o princípio de que todos os não judeus deverão ser considerados como gado e, em consequência, desprovidos de seus direitos; que a propriedade dos não judeus deve ser considerada coisa abandonada, ou seja, sem proprietário." Assim, em seu escandaloso e atroz raciocínio sobre os judeus e sobre a lei judaica, os nazistas encontram uma maneira de justificar seu inflexível instinto de rapina.

SEGUNDA PARTE

ANATOMIA DE UMA PILHAGEM

Capítulo **4**

GALERIA PAUL ROSENBERG,
ARTE MODERNA E *DEGENERADA* À VENDA

Quando, em 3 de setembro de 1939, a França e a Inglaterra declaram guerra contra a Alemanha, dois dias depois da invasão nazista à Polônia, o renomado *marchand* parisiense Paul Rosenberg se encontra tranquilamente de férias com sua esposa e seus dois filhos. Não muito distante da capital francesa, a área rural dos arredores da pequena cidade de Tours, localizada no vale do rio Loire, é um de seus lugares favoritos na época do verão.

A nova situação internacional obriga Rosenberg a prolongar indefinidamente seu período de veraneio e fechar sua galeria parisiense. Com 57 anos de idade, veterano da Primeira Guerra Mundial, Rosenberg prefere permanecer na França, esperando ver que rumo tomam os acontecimentos.

Temendo os bombardeios que possam acontecer em Paris, o comerciante de arte começa a transferir para Tours os numerosos quadros em seu poder. Mas continua sua atividade comercial sem deixar de fazer nenhuma das viagens necessárias para o bom funcionamento dos negócios, quer para Paris ou para o restante da França.

Paul Rosenberg é um homem de pequena estatura, dinâmico, de personalidade difícil e nervoso a ponto de ser exaltado. Naquela época, é um dos principais *marchands* de arte dos séculos XIX e XX na França e no mundo. Sua prestigiosa galeria encontra-se na *rue* de la Boétie, o centro de mercado de arte moderna francês do entreguerras.

Emigrado da Eslováquia em 1878, o pai de Paul se havia iniciado na venda de arte e antiguidades em Paris, vendendo quadros de Cézanne, Degas, Monet e Pissarro. Paul e seu irmão Léonce retomam com entusiasmo o legado paterno, mas o primeiro, particularmente empreendedor e perseverante, decide criar sua própria galeria para conseguir uma política de vendas mais arrojada.

Aproveitando o grande desenvolvimento do mercado da arte depois da Primeira Guerra Mundial e a criação de uma assídua e rica clientela internacional, Rosenberg lida com obras de grande valor estético. Tanto é assim que em 1939, no início da guerra, o inventário de sua galeria revela uma sábia mistura de dezenas de telas de mestres franceses tão conhecidos como Géricault, Ingres, Delacroix, Courbet, Cézanne, Manet, Degas, Monet, Renoir, Gauguin, Toulouse-Lautrec e Pissarro, ao lado de um grande número de obras modernas ineludíveis de Picasso a Matisse, passando por Braque, Léger, Rousseau, o Aduaneiro, Bonnard, Marie Laurencin e Modigliani.

Sua lista de influentes clientes, tanto europeus como norte-americanos, é igualmente impressionante e variada: o visconde Charles de Noailles, um personagem da mais seleta sociedade parisiense, Étienne de Beaumont, mecenas do Ballet Russo, o colecionador suíço Oskar Reinhardt, o conhecido e difícil colecionador norte-americano doutor Albert Barnes, a patroa nova-iorquina de Arthur Sachs – que adquiriu *A ameixa* em 1924 – e a esposa do magnata ferroviário norte-americano Averell Harriman, proprietária de um Picasso de 1905, *Mulher com leque*, que Rosenberg havia obtido da escritora Gertrude Stein. Encontra-se também nesta seleta lista de clientes a senhora Etta Cone, colecionadora e amiga de Gertrude e Leo Stein, que mais tarde doaria sua fabulosa coleção ao Museu de Baltimore em Maryland. Além disso, Rosenberg também vendia para o ramo francês dos Rothschild e para o discreto doutor G. F. Reber, colecionador alemão residente na Suíça que chegou a possuir cerca de oitenta quadros de Picasso e comprou de Rosenberg uma das célebres versões de *Três músicos* de 1921. A outra versão desse quadro foi adquirida por outro dos fiéis clientes de Rosenberg, o Museu de Arte Moderna de Nova York.

O escritor e crítico de arte André Salmon era uma testemunha central da história da arte do século XX em Paris e um dos supostos inventores do nome atribuído ao lendário Bateau-Lavoir, o casarão de ateliês de artistas de Montmartre onde viveram e trabalharam Picasso, Jaun Gris, Van Dongen, Modigliani e outros[1]. E também o amigo de Picasso que deu seu nome ao quadro *As senhoritas de Avignon*.

Em 1921, Salmon observava com propriedade e humor que Paul Rosenberg trabalhava para o futuro e que desejava, talvez, fundar uma nova dinastia francesa de comerciantes de arte: "É para seu filho que o *marchand*

---

1 John Richardson indicou-me o comentário de André Salmon.

Paul Rosenberg, como bom pai, compra quadros de Picasso, André Lhote, Marie Laurencin. Ele, desde já, vive dos falecidos Cézanne, Renoir, Corot e Lautrec."[2]

Os métodos de venda francos e diretos e os preços elevados de Paul Rosenberg não deixam de chocar os ambientes da arte parisiense e lhe atraem duras críticas. Ao ser questionado em uma entrevista sobre o alto preço dos quadros que vende e sobre a decisão pessoal de mantê-los sempre acima do mercado, Rosenberg responde com terrível sinceridade mercantil: "Isso não prejudica ninguém. E ajuda os pintores." Insistindo em que é a demanda que faz o valor comercial da arte, Rosenberg acrescenta: "Para mim, um quadro é bonito quando se vende... Certamente, não sou eu quem os vende, são meus clientes que o compram."[3]

Rosenberg poucas vezes se ausenta dos leilões do Hotel Drouot, a casa de vendas de propriedade do Estado francês. Era capaz, também, de começar a tremer ao ver alguma obra que desejava comprar: "Eu ia muitas vezes ao Drouot com ele – lembrava seu colega e amigo Alfred Daber –, e, quando [Rosenberg] via uma obra-prima que desejava acima de qualquer coisa, seu corpo começava a tremer, como o de uma criança impaciente. Os tremores começavam até antes de o quadro ser apresentado para leilão, continuavam quando se iniciavam as disputas com outros competidores e só paravam quando finalmente havia obtido o quadro que tanto queria."

Este homem dedicado de corpo e alma a seu ofício de vendedor não se dispõe a desanimar um comprador em potencial, por mais jovem que seja. O colecionador Georges Halphen conta como, um dia de 1936, quando tinha apenas 22 anos de idade e não passava de um estudante universitário e filho de família rica, voltava para sua casa, passeando pela *rue* de la Boétie, e ficou deslumbrado com um quadro de Picasso exposto na vitrine da galeria Rosenberg. O jovem Halphen deteve-se imediatamente e entrou no estabelecimento.

O quadro que acabava de admirar era uma "maternidade" – cujo nome era *Mãe e filho à beira-mar* –, pastel do período azul de Picasso que data de 1902 a 1903. Representa uma mulher envolta em um amplo manto que caminha ao longo da orla do mar acompanhada por um menino. A mão direita

---

2 André Salmon, *Revue de France*, n. 11, Paris, 1921.
3 E. Tériade, *Entretiens avec Paul Rosenberg*, supplément *Feuilles volantes* in *Cahiers d'art*, n. 9, Paris, 1927.

do menino, desajeitada mas firmemente, agarra um pedaço do manto feminino. A mulher, que olha diretamente para o espectador, tem uma mão protetora colocada sobre o ombro do menino.

Pouco depois de ter terminado o quadro, em janeiro de 1903, Picasso o vende para a senhora Besnard, esposa de seu vendedor de artigos para pintores, com a intenção de pagar a viagem de retorno a Barcelona, ao final de sua terceira estada em Paris[4].

Encantado com a visita, Rosenberg recebe Georges Halphen de braços abertos. Este, sem vacilar, anuncia: "O senhor não me conhece, mas eu quero este quadro." Sem se deixar surpreender por aquela declaração que então podia ser vista como uma insolência ou zombaria por parte de um jovem estudante, o experiente *marchand* lhe responde rapidamente: "Que ótima ideia! Esse quadro não se vende. Mostrei-o para Robert de Rothschild, para David David-Weill, e não o querem. É seu."

Na calma silenciosa dos salões privados da galeria, no primeiro andar, Halphen descobre vários quadros de Van Gogh, o *Autorretrato com a orelha cortada*, o *Homem com gorro de pele* e *Alyscamps*, que representa a alameda e antiga via romana da cidade de Arles.

O jovem estudante não chegará a admirar outros Van Gogh que Rosenberg possui: *A noite estrelada*, *Os lírios* e, também, o *Café noturno*, pintura realizada em 1888 em Arles e vendida, mais tarde, para Stephen C. Clark, industrial norte-americano e membro do conselho do Museu de Arte Moderna de Nova York.

O jovem Halphen fica impressionado com o grande vendedor inteligente que é Paul Rosenberg, que "possui montanhas de Van Gogh" e que, ao contrário de outros *marchands*, não tenta convencê-lo a não comprar com o pretexto de que é um mero estudante.

A habilidade mercantil de Rosenberg será recompensada. Halphen convence sua mãe a comprar o Picasso pela quantia de 30 mil francos, preço de um Citroën novo na época. E a senhora Halphen se converterá em cliente assídua da galeria. Assim, comprará um Cézanne em 1938 e um retrato de mulher sentada pintado por Renoir.

Quanto ao jovem Halphen, ele enquadra seu Picasso em uma moldura dourada estilo Luís XIII comprada nos leilões estatais de Drouot e conser-

---

[4] John Richardson, *A Life of Picasso*, volume I, 1881-1906. Nova York: Random House, 1991, pp. 263, 266.

vará ao longo da guerra a tela de 46 por 31 cm. Quando parte para se unir à Resistência no sul da França, Halphen o levará consigo, trazendo-o de volta para Paris durante a libertação de 1944[5].

Contatos frequentes com a juventude parecem ser um dos passatempos prediletos do comerciante de arte. Seu colega Daber, que tinha pouco mais de 20 anos de idade quando conheceu Rosenberg, descreve o modo como se realizavam os diálogos. "Ia visitar Paul praticamente todos os dias, das seis às oito e meia da noite. E tínhamos longas conversas sobre temas elevados. Ele falava com paixão de Cristo, esse judeu que havia fundado uma religião, enquanto eu dissertava sobre o amor, a única coisa que me interessava naquela época..."

Paul Rosenberg e sua elegante galeria, com grandes salões de exposição bem planejados, decorados com bom gosto, com iluminação zenital filtrada, são observados e admirados por colegas e críticos de arte (ver ilustrações A2 e C6). Um deles, Maurice Sachs, pinta um retrato muito elogioso do homem e dos locais:

> Seu ar de grande senhor era parte de seu talento particular. Esse era seu método de vendas, e já havia dado provas de seu sucesso. Em suas vitrines, expunha apenas dois desenhos de Picasso ou duas aquarelas de Constantin Guys; no entanto, seus sótãos estavam repletos de tesouros. Alguém entrava na galeria de Rosenberg como se entrasse em um templo: os profundos sofás de couro, as paredes forradas em seda vermelha o levavam a pensar que se encontrava em um museu bem cuidado [...]. Sabia dar um brilho extraordinário aos pintores que protegia. Seu conhecimento da pintura era mais profundo que o de seus colegas, e tinha um gosto muito oportuno.[6]

Ajudado por um gosto seguro, um *olho* excelente, boas relações com a alta sociedade e seu tino comercial, Rosenberg converte-se em um dos elementos motores do mercado de arte parisiense e consegue situar sua galeria no cruzamento entre o século XIX e a vanguarda na França do entreguerras.

Uma vez concluídos os contratos de exclusividade para a primeira oferta com Picasso – em 1918 – e com Braque – em 1922 –, Rosenberg dedica a maior parte de seus esforços a estabelecer de forma convincente uma

---

[5] Entrevista com o colecionador Georges Halphen, Paris, 1993.
[6] Maurice Sachs, *La décade de l'illusion*. Paris: Maurice Sachs, 1950, p. 37.

ligação entre a pintura francesa do passado e as correntes inovadoras do século XX.

Em 1925, uma retrospectiva muito bem-sucedida em sua galeria, na qual figuram Van Gogh e Renoir, destaca as "Grandes influências do século XIX, de Ingres a Cézanne". De acordo com o testemunho de um crítico, o público que se apinhava para assistir havia improvisado uma brincadeira que consistia em se perguntar qual dos quinze quadros expostos a pessoa gostaria de pendurar em sua própria casa[7].

No mesmo ano, outra exposição vai ainda mais longe ao estender pontes através de "Cinquenta anos de pintura francesa, de 1875 a 1925", remontando ao paisagista Corot, ao mestre realista Courbet e Daumier, então conhecido sobretudo por suas mordazes caricaturas políticas. Finalmente, uma de suas exposições notáveis de antes da guerra será o "Centenário de Cézanne", inaugurada em fevereiro de 1939.

Setenta anos depois de seu primeiro encontro com o *marchand* em 1925, Alfred Daber ainda está sob a forte boa impressão que lhe causaram as atividades da Galeria Paul Rosenberg que atraíam até setecentos visitantes por dia. E ainda admira a capacidade que tinha para impor suas ideias e convicções.

> Encantava-me ver um homem tão apaixonado como ele conceber exposições dedicadas a Picasso e a Ingres, e organizá-las como se se tratasse de uma solene missa dominical. Instalou, também, umas exposições muito bonitas de pintura do século XIX, Corot, Manet, Lautrec... Em sua galeria, os quadros tinham molduras boas e bonitas, ao mesmo tempo sóbrias e suntuosas. Para os dois pintores em que mais apostava, Picasso e Braque, preparava inaugurações admiráveis, animadas por uma profunda convicção. Convertia-se quase em um tirano.[8]

Naquela época na Europa, e sobretudo na França, a vanguarda modernista ainda não era aceita por todos e suscitava intolerantes críticas. As batalhas estéticas costumavam ser cruéis. A brecha entre os modernos e a pintura tradicional dos mestres dos séculos XVII e XVIII parecia impossível de fechar. Muitos dos amantes das obras de antigos mestres, *marchands* e antiquários ainda concebiam os quadros como meros elementos de decora-

---

[7] Descrito em *L'art vivant*, n. 3, 1ᵉʳ février, Paris, 1925.
[8] Entrevista com o *marchand* Alfred Daber, Paris, fevereiro de 1995.

ção interior e permaneciam obstinadamente impermeáveis à pintura moderna. E muitos se ressentiam com as intenções de um Paul Rosenberg.

Henri Bénézit, conhecido comerciante de arte e crítico parisiense, o reconhece como observador privilegiado que foi daquela época: "Durante muito tempo, os colecionadores consideravam os quadros como simples ornamento; Fragonard ou Watteau, por exemplo". E, tomando o partido dos modernos, Bénézit acrescenta: "Boucher. É para o batente das portas!" Consciente do ambiente belicoso, e, talvez, com o objetivo de abrandá-lo e ampliar sua clientela, Rosenberg organiza nos anos 1930 uma exposição com o título "Pintura moderna e mobiliário antigo". A mostra, é claro, pretendia fortalecer o renome dos pintores modernos de sua galeria. Para tanto, Rosenberg pendura telas modernas nas paredes, ao mesmo tempo que decora os salões com poltronas e móveis da tradição puramente clássica francesa, sugerindo aos visitantes que as vanguardas podem encontrar um lugar importante nos interiores burgueses tradicionais.

Desde 1919, ao final da Primeira Guerra Mundial, Paris se converte no centro mundial da arte, "a rainha das artes, das vendas privadas de arte, quando, nesse plano, Londres e Nova York ainda não existiam", como nos lembra Alfred Daber. Todo o planeta vem abastecer-se de arte na Cidade Luz. Ambroise Vollard, o grande primeiro *marchand* de Cézanne, Picasso e Matisse, acompanhou muito de perto essa transformação desde a abertura de sua galeria parisiense em 1890. Em suas memórias, Vollard evoca, com certa admiração mesclada com desprezo, os novos tempos caracterizados pelas transações mundiais de todas as partes, quando "um quadro vendido em Paris era comprado em Berlim, revendido em Nova York, para, finalmente, voltar a Paris. E, tudo isso, no espaço de algumas semanas"[9]. O tom displicente de Vollard provavelmente se explica se lembrarmos que os novos *marchands* ao estilo Rosenberg haviam mudado, como já vimos, os métodos de venda de antigamente.

Esse novo tipo de vendedor de quadros era suficientemente ambicioso para arriscar sua vida nos aviões transatlânticos se se tratava de concluir um bom negócio. Nos dias em que Lindbergh e seu *Spirit of St. Louis* dificilmente conseguiam cruzar o Atlântico em uma única viagem sem escalas – em 1927 –, Étienne Bignou, um dinâmico *marchand* naquela época, subia

---

9 Ambroise Vollard, *Souvenirs d'un marchante de tableaux*. Paris: Albin Michel, 1937, p. 72.

com seus quadros a bordo das frágeis aeronaves de então rumo a Nova York para participar de um proveitoso circuito internacional. Levava pinturas para vender em Nova York, em seguida transportava o não vendido para Montreal e, por fim, voava para Londres para vender o último dos remanescentes a jovens *marchands* vindos do continente que comprariam a preços de liquidação[10].

Assim como a maioria das outras galerias francesas daqueles anos, a de Paul Rosenberg acaba dependendo em grande parte de uma clientela selecionada, internacional e cosmopolita. O próprio Rosenberg atravessa periodicamente a Europa e o Atlântico para manter seus contatos, concluir vendas ou emprestar obras para novas exposições. Todo ano permanece um ou dois meses nos Estados Unidos, onde viaja para Nova York, Chicago e Califórnia, negociando e assessorando tanto colecionadores privados como os novos museus norte-americanos que criam coleções de pinturas francesas clássicas ou modernas.

Rosenberg compreendeu logo cedo a importância de se fixar diretamente no mercado estadunidense e, em 1923, fundou uma sociedade comercial com Wildenstein & Co., a sucursal de Georges Wildenstein em Nova York. A bem-sucedida companhia foi dissolvida abruptamente no fim de 1930 por motivos ainda hoje não bem esclarecidos. Apesar de tudo, em 1934, Rosenberg inaugurou a galeria Rosenberg & Helft em Londres – no número 31 da Brutton Street – em associação com seu concunhado, o antiquário parisiense Jacques Helft. Em 1935 planeja seriamente reabrir uma galeria em Nova York e enviar seu irmão Léonce para dirigi-la, mas logo desiste da ideia.

O edifício de número 21, *rue* de la Boétie, abriga não apenas os salões da galeria e os escritórios de Paul Rosenberg, mas também sua residência familiar. Acima do térreo – onde se encontram os salões dos pintores modernos – e do primeiro andar – com as pinturas dos antigos mestres –, a sogra do *marchand* ocupa o segundo enquanto sua esposa e seus dois filhos compartilham o terceiro e o quarto andar do edifício, que conta com seis no total. Rosenberg é muito ligado à sua família política – sua esposa é filha do negociante de vinhos Loévi –, e esses laços estreitos lhe serão de grande ajuda durante a guerra.

---

10 Entrevista con Alfred Daber, Paris, fevereiro de 1995.

A *rue* de la Boétie é então o epicentro das galerias de arte moderna, conhecida com o apelido de "a Florença parisiense" ou mais sobriamente descrita como "a artéria onde as mais importantes coleções norte-americanas, suíças e alemãs vieram à luz". O próprio Vollard reconhece em suas memórias a importância dessas poucas quadras do oitavo distrito de Paris, quando escreve, no final dos anos 1930, "a *rue* de la Boétie se converteu no que era outrora a *rue* Laffitte: o centro obrigatório do mercado de arte. Do mesmo modo que no passado alguém ia à *rue* Laffitte para contemplar as exposições de Durand-Ruel, hoje vai para ver as apresentadas por Paul Rosenberg"[11].

Os comerciantes de arte vizinhos da Galeria Paul Rosenberg se especializam, quase todos, na arte moderna que se fazia e se vendia em Paris na época. Na frente da galeria se encontra, mais modestamente instalada, a de Étienne Bignou, o intrépido *marchand* mencionado anteriormente. Bignou, próximo de Picasso e de Matisse, é bastante empreendedor para converter o odioso doutor Albert Barnes – criador da extraordinária Coleção Barnes – em um de seus clientes. Após a morte de Paul Guillaume, amigo e *marchand* de Barnes, é Bignou quem se encarrega de completar a famosa coleção do milionário estadunidense. Durante a guerra, Bignou, sem alterar seus desejos de vender sempre para o melhor comprador, manterá excelentes relações comerciais com os ocupantes nazistas e venderá obras a bom preço para museus do Reich.

Mais abaixo na mesma rua, na esquina da *rue* de Miromesnil, não distante da igreja de Saint-Philippe-du-Roule, estão situados os edifícios do respeitável *marchand* Josse Hessel que, de acordo com Vollard, foi o primeiro a se mudar para a vizinhança. Este grande conhecedor de arte começou como jornalista em *Le Temps* e, em seguida, associou-se com seus primos, os irmãos Bernheim-Jeune, para vender quadros. Em 1925, Hessel encarregou-se da venda da herança Gangnat, um leilão muito esperado na sala de vendas de Drouot com 125 Renoirs e numerosos Cézannes. Homem ativo e comunicativo, amigo e agente do grande pintor Vuillard, Hessel ocupa-se igualmente de Bonnard e de outros antigos membros do grupo dos nabis, inspirados pela pintura de Gauguin. Além disso, Hessel compartilhava com Rosenberg os ganhos pela venda de obras da pintora Marie Laurencin, amante e musa do poeta Guillaume Apollinaire, e também vendia quadros de Monet, Manet e Modigliani. Quando os alemães invadem Paris em ju-

---

11 Vollard, *op. cit.*, p. 95.

nho de 1940, Hessel, que era judeu, perde sua galeria pela arianização e tem de se refugiar em Cannes, na zona não ocupada da França. A partir desta cidade litorânea da Costa Azul continua suas atividades, até que, em 1942, morre de morte natural em plena guerra.

O palacete do número 57 da *rue* de la Boétie abriga a conhecida galeria e a residência de Georges Wildenstein, cujo pai se iniciara no negócio da arte e das antiguidades no final do século XIX. Depois de se concentrar exclusivamente na venda de pintura francesa dos séculos XVIII e XIX, Georges começa nos anos 1920 a se interessar por Picasso e por outros pintores da vanguarda. Estabelece assim uma companhia em associação com Paul Rosenberg e abre uma pequena seção de arte moderna na ala do edifício que margeia o elegante Faubourg Saint-Honoré. A influente revista de arte *Beaux-Arts*, que Georges financia, além de promover os pintores de sua galeria, traz informações detalhadas sobre todos os aspectos do mundo da arte e tem muitos leitores. Georges Wildenstein, *marchand* de muito renome na época, tem acesso aos mais destacados círculos de arte de muitos países da Europa e da América, incluindo os da Alemanha nazista. Assim, com Hitler já no poder, vende quadros em associação com Karl Haberstock, um dos assessores de arte do próprio Führer e importante membro do Partido Nazista. Depois do armistício francês e da ocupação de Paris, Georges aproveitou esses discretos contatos na alta hierarquia nazista para levar a termo uma infinidade de operações na França da ocupação. Apesar de se refugiar em Nova York em 1941, Georges continua a ter ligações muito estreitas com seu florescente negócio parisiense desde o continente americano. Além disso, em 1941, aproveitando a situação econômica nacional e as boas relações que o governo argentino mantinha com a Alemanha e com os outros países do Eixo, inaugura uma sucursal em Buenos Aires.

No número 59 da *rue* de la Boétie as exposições e mostras da galeria de Paul Guillaume são dedicadas, em sua maioria, a De Chirico, Robert Delaunay, Utrillo, Kisling e Derain. A excelente coleção pessoal desse *marchand*, criada em poucos anos, foi vendida pela viúva e hoje está exposta no Museu de l'Orangerie, no lado sul do Jardim das Tulherias. Quando morre em 1934, com 42 anos de idade, Paul Guillaume é o assessor e agente mais ligado ao doutor Barnes, cuja fundação em Merion, Pensilvânia, deve muito à contribuição do especialista parisiense. Além disso, é Guillaume quem introduz o excêntrico e meticuloso Barnes no mundo da pintura do aduaneiro Rousseau, de Modigliani, de Soutine e na sensualidade visual e tátil da arte africana.

Com sua galeria situada no mesmo bairro parisiense, do lado do Faubourg Saint-Honoré, distinguia-se também o *marchand* Henry Barbazanges. Em 1922, surpreendera seus colegas mais estabelecidos ao concluir sua primeira transação de envergadura: um acordo exclusivo com os herdeiros da série Renoir que lhe permite comprar centenas de obras, de todos os tamanhos, provenientes do ateliê do famoso artista. No início, Barbazanges havia proposto a vários colegas que participassem nessa compra em massa, mas todos, carentes de percepção estética e comercial, recusaram, considerando que os preços eram caros demais para obras de Renoir. Logo depois, alguns se dão conta do grave erro cometido e se unem com Barbazanges para negociar a venda de centenas de obras do pintor. Barbazanges permanece, até o dia de hoje, na memória coletiva – admirativa, mas muito invejosa – de seus rivais parisienses por ter comprado a enorme e ambiciosa obra-prima de Courbet *O estúdio do pintor* e tê-la vendido ao Museu do Louvre[12].

Esse pequeno mundo influente do bairro de la Boétie, composto de um bom número de *marchands* e especialistas judeus, será transformado consideravelmente pelos anos da ocupação nazista.

Os contatos profissionais de Paul Rosenberg lhe permitem criar amizades duráveis e sólidas. Graças às bem-sucedidas transações realizadas com Picasso de 1918 a 1940, Rosenberg, que nasceu no mesmo ano que o pintor, se converte em seu amigo. É Rosenberg o primeiro *marchand* de Picasso verdadeiramente estabelecido. Picasso é seu segundo artista vivo, depois de Marie Laurencin, mas o primeiro de renome internacional. Rosenberg chega na carreira de Picasso depois do excepcional Daniel-Henry Kahnweiler e de seu próprio irmão Léonce, ambos comerciantes de arte, críticos e teóricos da arte. Mas Rosenberg, como já vimos, não é crítico nem teórico, só quer vender quadros ao preço mais caro possível. Nesse aspecto, o *marchand* e o pintor coincidem, e poderíamos dizer que em seus anos de associação Rosenberg e Picasso se fizeram um ao outro.

Os dois se conhecem no ano de 1918 em Biarritz, onde Picasso se encontrava em lua de mel com sua primeira esposa, a bailarina russa Olga Kokhlova. Rosenberg oferece ao ainda jovem pintor de vanguarda cômodas entradas garantidas e acordos financeiros que não o deixam indiferente. O primeiro testemunho pictórico desse encontro é o grande quadro realizado

---

[12] René Gimpel, *Journal d'un collectionneur*. Paris: Calmann-Lévy, 1963, pp. 199-200.

por Picasso na cidade costeira, o *Retrato da senhora Paul Rosenberg e de sua filha*, uma tradicional composição de mãe com filho. Nela, Marguerite, a esposa do comerciante de arte, sentada em uma austera poltrona Luís XIII, fixa o olhar no espectador. No colo segura um bebê rechonchudo, sua filha Micheline, vestida com uma camisola branca. Picasso parece ter gostado de pintar as formas roliças da menina. Em uma carta dirigida ao pintor naquele mesmo ano, Rosenberg brinca, acima de tudo, afirmando que aquela obra não podia ser cubista, já que Micheline parece ser *redondista*[13].

Durante a guerra, esse quadro será confiscado pelos nazistas, depositado no museu do Jeu de Paume, escolhido por Goering para ser trocado por outro que correspondesse mais ao seu gosto e, finalmente, recuperado por Rosenberg depois da guerra. Um estudo preparatório do quadro, também realizado em Biarritz, tem pior sorte: desaparecerá para sempre, depois de ser confiscado pelos nazistas.

Sob o olhar aprovador de Rosenberg, graças a sua nova colaboração, Picasso continuará nos anos subsequentes à Primeira Guerra Mundial a se separar do cubismo, em direção à linha clássica da *volta à ordem*. O pintor se vinculará, também, a uma sólida clientela internacional e alcançará a fama que não mais o deixará pelo resto de seus dias.

Por sua vez, graças a Picasso, Rosenberg expandirá a própria esfera de influência até os amantes da arte de vanguarda. Com a primeira exposição do pintor espanhol em 1919, sua galeria se converterá no lugar de passagem obrigatória de todo aquele que desejar acompanhar a evolução e o trabalho dos artistas inovadores nas décadas fecundas que antecedem a Segunda Guerra Mundial.

Pouco tempo depois de terem se conhecido, Rosenberg sugere a Picasso que se mude para o número 23 da *rue* de la Boétie, ao lado de sua própria galeria. E, em outubro de 1918, Picasso e sua esposa se convertem em vizinhos do *marchand*. Seu apartamento espaçoso, estruturado ao redor de uma cômoda sala de estar com lareira e piso de parquete, em meio a uma vizinhança burguesa e agradável, representa uma clara mudança para Picasso de sua residência anterior em Montrouge, pequeno povoado operário do sul da região parisiense.

---

13 Entrevistas com a família de Paul Rosenberg e arquivos familiares. Ver também Michael Fitzgerald, *Making Modernism: Picasso and the Creation of the Market for Twentieth Century Art*. Nova York: Farrar, Straus and Giroux, 1995, p. 85.

Os novos vizinhos se entendem muito bem. Picasso visita frequentemente a casa Rosenberg e desenha a pequena Micheline, que o chama de Casso. Existem pequenos desenhos a lápis da menina vestida de marinheira, ou de branco na frente de um banco (*Micheline como enfermeira*) ou segurando um coelho de pelúcia (*Micheline com coelho*).

Como os dois edifícios se comunicam pelo pátio interior, Picasso gosta de mostrar para Rosenberg pela janela de seu apartamento o quadro em que está trabalhando.

Quando em 1921 nasce Alexandre, o filho de Paul, um mês depois de seu pequeno Paulo, Picasso acompanha seu *marchand* à prefeitura para assinar como testemunha a certidão de nascimento. A esposa de Paul dá conselhos a Olga Picasso na difícil arte de manter um lar apesar da vida boêmia de seu marido.

Rosenberg, que dá a Picasso o apelido de *Pic*, converte-se em Rosi para o pintor. *Marchand*, conselheiro e mediador na gestão cada vez mais complexa das finanças e dos quadros do artista, Rosenberg se encarrega, além disso, de estabelecer o inventário de bens a ser dividido quando, nos anos 1930, Picasso decide se divorciar de Olga, sem nunca realizá-lo.

Durante os meses que precedem a Segunda Guerra Mundial, Paul Rosenberg mantém uma estreita relação com Alfred H. Barr, o historiador de arte e diretor do Museu de Arte Moderna de Nova York, que então organiza uma ampla retrospectiva de Picasso, juntamente com o Instituto de Arte de Chicago. Para o pintor, essa mostra, inaugurada em novembro de 1939, representa a consagração definitiva pelos meios da arte nos Estados Unidos, pois serão expostas mais de trezentas de suas obras.

Mas nem Picasso nem Rosenberg poderão assistir à concorrida inauguração, pois a guerra já havia começado na Europa. Devido aos acontecimentos bélicos, alguns dos quadros emprestados tampouco chegarão a tempo. Assim, o famoso e importante *Retrato de Gertrude Stein*, de 1906, que a escritora norte-americana residente na França havia emprestado para a exposição, não pôde fazer parte desta.

Quando estoura a guerra, Picasso, possuidor de um passaporte espanhol, encontra-se pela segunda vez em sua vida preso entre os fogos contínuos da França e da Alemanha.

Com sua amante Marie-Thérèse Walter e sua filha Maya, Picasso se afasta do *front* e deixa Paris para se instalar em Royan, perto de Bordeaux, no sudoeste do país.

Em outubro de 1939, já entrados na *guerra boba* onde nada de decisivo se produz e onde todos seguram o fôlego, Rosenberg e sua família abandonam Tours e se instalam na elegante *villa* de Floirac, batizada de Le Castel, composta de duas grandes estruturas rodeadas de um parque, situado a cinco quilômetros a leste de Bordeaux.

Apesar de uma situação muito fora do comum, a família tenta levar uma vida normal. O filho, Alexandre Rosenberg, de 18 anos, estudante de Filosofia e de Matemática na Sorbonne, inscreve-se no programa de cadetes militares na Universidade de Bordeaux, enquanto seu pai prepara uma exposição para o museu da cidade. Além disso, Picasso vem passar uma tarde em Floirac com o *marchand* e sua família.

Com uma surpreendente presença de espírito que diz muito sobre sua confiança no rápido fim da guerra, Rosenberg renova seu contrato de representação exclusiva com Matisse. O anterior, assinado em 1936 com a habitual cláusula de primeira oferta preferencial, foi anulado com a declaração de guerra.

Apesar dos acontecimentos, Rosenberg viaja várias vezes para Nice para se encontrar com Matisse e, em março de 1940, volta de trem com dois quadros que o grande pintor acaba de terminar: *Mulher de blusa vermelha, anêmonas e ramo de amendoeira* e *Mulher vestida de preto sobre fundo vermelho sentada em uma cadeira Luís XIII*.

Infelizmente, por falta de tempo, Rosenberg não poderá realizar as costumeiras fotografias dos quadros para os arquivos da galeria nem atribuir-lhes um número de inventário.

Muitas de suas obras já se encontram protegidas no exterior: por uma feliz coincidência, várias dezenas de Picassos estão, como vimos, em Nova York. Por acaso, Rosenberg também despachou algumas peças importantes para sua galeria londrina.

Mas ainda restam inúmeras outras em Paris e Tours: mais de trezentas obras provenientes de sua coleção pessoal ou das reservas da galeria. Resta também sua biblioteca de arte, com cerca de 1.200 livros e catálogos, centenas de placas fotográficas das obras que passaram pela galeria e todos os seus arquivos desde 1906, que descrevem a história de seus negócios através de livros de vendas, correspondência e catálogos de exposições.

Como era de esperar, todas as obras haviam sido inventariadas meticulosamente e cada uma trazia na parte de trás da tela um número de identificação escrito com lápis azul. Para essa exigente tarefa, Rosenberg precisou da ajuda de seu filho Alexandre e de seu motorista e homem de confiança, Louis Le Gall.

E, de repente, depois de meses de interminável espera, o exército alemão empreende sua temida ofensiva nos primeiros dias de maio de 1940. Sem que ninguém esperasse, as aclamadas linhas de defesa francesa caem uma depois da outra e o exército francês foge em debandada. A Wehrmacht avança praticamente sem resistência ao longo de toda a França.

Às pressas, Rosenberg põe alguns quadros em um depósito de Tours e, astutamente, os inscreve em nome do cunhado de Le Gall. Esta brilhante manobra lhe permitirá manter essas telas a salvo, longe dos alemães, durante toda a guerra. Mas, já que Tours se encontra no norte da França e muito perto das linhas de batalha, Rosenberg decide transferir as obras restantes para a cidade de Libourne, perto de Floirac, e depositá-las em um cofre do Banque Nationale pour le Commerce et l'Industrie.

Entre as 162 pinturas transportadas para a pequena sucursal à espera de dias melhores estão o autorretrato de Van Gogh, uma rara paisagem marinha de Seurat, o *Jovem de colete vermelho* e um *Arlequim* de Cézanne, dois desenhos de Ingres, várias aquarelas e desenhos de Delacroix, uma *Jovem de blusa vermelha* de Corot e três telas de Courbet, mais um encantador estudo de *O enterro em Ornans*. Além disso, há vários Monets, um Berthe Morisot, um Gauguin e, é claro, vários Picassos. Também serão depositados ali cerca de 15 Matisses, entre os quais o *Roupinha azul diante do espelho* e as duas obras que Rosenberg trouxera havia pouco de Nice.

O *marchand* incentiva seu amigo e protegido Georges Braque a imitá-lo e alugar um cofre no mesmo banco. Braque, que acha a ideia sensata, depositará toda sua coleção pessoal de obras de arte na sucursal de Libourne, incluindo um *Retrato de moça* do grande pintor renascentista alemão Lucas Cranach. Por sua vez, imitando seu comerciante de arte, Picasso também deposita algumas das obras de sua própria coleção nos cofres de um banco parisiense.

Os quadros grandes demais para ser depositados no banco ou aqueles que Rosenberg prefere conservar com ele no caso de exílio no exterior – uma centena – permanecerão na residência de Floirac.

Por motivos sentimentais, conserva consigo o Picasso *familiar* – o retrato da senhora Rosenberg e de sua filha – e os pequenos desenhos de Micheline. Também permanece na *villa* uma aquarela grande de Picasso, *Nu à beira-mar* (ver ilustração A4) (110 por 73 cm), que data do verão de 1923, quando o pintor e sua esposa haviam veraneado em Antibes com seus amigos norte-americanos Sara e Gerald Murphy. Igualmente, será conservado em Floirac um pastel de Degas, *Retrato de Gabrielle Diot* (ver ilustração A3), que Rosenberg havia adquirido em um leilão em 1933. A eles, o *marchand* acrescenta um pequeno retrato de bailarina de Degas, *A senhora Stümpf e sua filha* de Corot, três Braques – *Banhista com os braços levantados*, *Prato de ostras com porta-guardanapos* e *Fruteira, violão e pacote de tabaco* –, um belo quadro da série *Ninfeias* de Monet, que mede 90 por 92,5 cm, e um austero *Retrato de membro da Convenção*, na época atribuído a David.

Em fins de maio e princípio de junho as notícias são piores do que quem quer que fosse na Europa teria podido imaginar: a retirada francesa se acelera sem que a França consiga empreender uma contraofensiva séria; o poderoso exército francês encontra-se à beira da derrota, e começa o período conhecido como o *Êxodo* – diante do irreprimível avanço alemão, todas as estradas do país estão apinhadas de refugiados franceses que fogem para o sul, longe das linhas de combate.

Com sua companheira e modelo Lydia Delectorskaia, Matisse se encontra entre as centenas de milhares de pessoas que fogem do exército invasor. Em 20 de maio, o casal embarca no trem noturno da rota Paris-Bordeaux com o objetivo de se refugiar na casa de Rosenberg em Floirac. Lydia o recorda deste modo:

> Durante a guerra, às vezes residíamos em Paris, outras vezes em Nice. E, então, quando os alemães começam a invadir a França, Paul Rosenberg diz a Matisse que vá ficar com ele em Floirac. "Hospedarei você", lhe dissera. Era o momento do Êxodo em Paris: havia pânico, todos fugiam. Quando chegamos, apenas Matisse entrou na casa, mas já não havia lugar para nós. Voltamos para Bordeaux, mas tampouco havia vagas disponíveis nos hotéis. Passamos a noite no apartamento de Yvon Helft, o cunhado de Rosenberg.

Durante a curta visita à casa de Rosenberg, Matisse pôde constatar que vários de seus quadros estavam bem protegidos na casa do *marchand*. No dia seguinte, Matisse e Lydia, ao saber que ainda restavam casas para alugar perto da fronteira com a Espanha, dirigiram-se imediatamente para Saint-Jean-de-Luz, no País Basco francês. Ali permaneceram até que a tempestade se acalmasse, depois do armistício, no fim de junho de 1940.

Rosenberg, relutante em abandonar seus negócios, acredita que seu dever é esperar um pouco mais e aguardar o desenrolar dos acontecimentos. Mas os acontecimentos não fazem mais que se precipitar: em 10 de junho, o governo francês transfere-se para a região do rio Loire, abandonando Paris e os parisienses a seu próprio destino. Em 11 de junho, a Itália de Mussolini declara guerra à França e à Inglaterra. E em 14 de junho de 1940, finalmente, a Wehrmacht faz sua entrada triunfal em Paris, obtendo a revanche que a Alemanha tanto ansiava desde a Primeira Guerra Mundial.

Os Rosenberg sempre haviam mantido vínculos muito estreitos com as duas irmãs de Marguerite, a esposa de Paul. Estas se haviam casado com dois irmãos antiquários, Jacques e Yvon Helft, que, com a guerra, foram com Rosenberg para a região.

Os dois casais Helft e seus filhos se haviam instalado, como puderam, em um apartamento do outro lado do rio em Bordeaux, onde, não raro, mais de vinte pessoas se acomodavam para passar a noite dormindo no chão.

No dia em que os nazistas entram em Paris, os três casais se encontram, como de costume, em Floirac, para um conselho familiar improvisado no qual se decidirá qual será o próximo passo a seguir.

Paul Rosenberg, comerciante otimista e pouco previdente no plano militar, afirma que seria melhor esperar e ficar onde estão. Mas Jacques Helft, mais prudente, explica que, ao contrário, lhe parece melhor refugiar-se o mais depressa possível fora da França, sem esperar um provável armistício ou um novo avanço alemão. E no próprio 14 de junho, à noite, as três famílias chegam de carro até Hendaya, na fronteira espanhola.

Para atravessar, a comitiva familiar terá de esperar pacientemente entre os milhares de refugiados dominados pelo pânico que tentam fazer exatamente a mesma coisa. Os acontecimentos continuam a se acelerar antes que os três casais e suas famílias cheguem ao território neutro da Espanha.

Nos dias 16 e 17 de junho, Pétain anuncia em uma declaração radiofônica que o novo governo francês que dirige visa assinar um armistício com Hitler. Mas a Wehrmacht continua avassaladoramente e, seis semanas depois do início de sua ofensiva de maio, as tropas alemãs se aproximam perigosamente dos Pireneus, cercando já muito de perto os refugiados franceses.

Por fim, na noite de 17 de junho, Paul Rosenberg, sua família e os Helft se encontram na frente da longa fila na fronteira, preparados para entrar sem obstáculos na Espanha. Do lado espanhol da fronteira, os soldados alemães inspecionam e registram qualquer refugiado que levante suspeitas.

E, na última hora, acontece um fato inesperado: a polícia francesa, presente na fronteira, impede a saída de Alexandre e de seus dois primos Helft do território francês. Os três têm mais de 18 anos de idade e são suscetíveis de ser alistados no exército. Outro dos primos consegue passar, por um triz, para o lado espanhol, pois completará seus 18 anos três dias mais tarde. Durante semanas, nenhuma das três famílias terá notícias dos três.

Em 18 de junho de 1940, no dia seguinte à passagem pela fronteira, o general insubmisso Charles de Gaulle faz sua famosa convocação radiofônica de Londres recusando o armistício e convidando todos os franceses a continuar a resistência e a luta contra o invasor alemão até sua derrota. O que então parece ser um ato solitário de insensatez militar e um acesso de ingenuidade patriótica encontra um profundo eco entre muitos franceses rebeldes. Os três jovens retidos na França querem continuar combatendo o inimigo. Agora só precisavam encontrar uma maneira de chegar à Inglaterra para se unir às forças francesas livres.

Por boatos, ficam sabendo que um barco sobrecarregado de tropas polonesas em retirada faz escala em Saint-Jean-de-Luz com destino a um porto ainda indefinido. Os primos tentam subir no navio clandestinamente. Alexandre toma emprestado um gorro militar de um soldado polonês, imita seu aspecto e maneira de andar e se infiltra entre a polícia francesa que vigia a entrada da passarela. Os dois primos conseguem entrar.

Uma vez a bordo, conhecem mais de cinquenta jovens franceses clandestinos que também tentam se unir a De Gaulle na Inglaterra. Sem rádio e sem acesso aos boatos que circulam em terra, os passageiros não sabem se o armistício com a Alemanha foi assinado ou não. O destino do barco será a Inglaterra. Ao chegar ao território inglês como estrangeiros em situação ilegal, os franceses são submetidos a verificações de identidade muito meticulosas. Quando Alexandre é interrogado sobre o nome e sobrenome de algum britânico que poderia conhecer, o tímido jovem responde: "Winston Churchill." Os funcionários britânicos acreditam que se trata de alguma brincadeira insolente, mas é verdade: o enérgico primeiro-ministro inglês era pintor amador em suas horas de lazer e regularmente tomava emprestadas obras de grandes pintores da Galeria Rosenberg para usá-las como modelo. Alexandre e seus dois primos conseguem obter a autorização para permanecer na Inglaterra e imediatamente se unem às forças de De Gaulle, em cujas fileiras passarão lutando o restante da guerra.

Por sua vez, em agosto, Paul Rosenberg, já em Lisboa, consegue, graças à ajuda de amigos, obter vistos norte-americanos para toda sua família. De Portugal, dá ordens a Le Gall e a uma empresa de transportes de Bordeaux para despachar para Nova York seus quadros e tudo o que ainda estivesse na casa de Floirac. Le Gall se comunica imediatamente com o transportador, que exige mais alguns dias de prazo, alegando que precisa contratar os serviços de uma companhia especializada na embalagem de quadros.

Em meados de setembro de 1940, três meses depois de sua precipitada partida da França, Rosenberg, sua esposa e sua filha chegam de transatlântico à cidade de Nova York. O *marchand* precisa urgentemente dos quadros abandonados na França para poder continuar seu negócio nos Estados Unidos. Le Gall lhe informa por correio que o transportador de Bordeaux, por motivos inexplicáveis, atrasa sem cessar o envio das telas. Duas vezes já exigiu as mesmas listas detalhadas das obras com seu número exato, alegando que se trata de informação essencial para os trâmites de envio. E, assim que teve os documentos exigidos em mãos, a companhia argumentou que as fronteiras estavam fechadas e que era impossível enviar mercadoria para o exterior. O que não era verdade. O homem de confiança de Rosenberg já não sabe o que fazer.

Le Gall está à espera de novas instruções procedentes de Nova York, quando, em 15 de setembro, às oito da manhã, um grupo de soldados e policiais alemães, acompanhados por um indivíduo de origem francesa e outro de origem italiana, apresentam-se em Le Castel, em Floirac, a bordo de cinco carros e caminhões. Os alemães rodeiam imediatamente a *villa* e suas dependências e detêm seus ocupantes.

O grupo possui informações precisas. A primeira coisa que exige é ver Louis Le Gall. Os alemães sabem não apenas seu nome completo, mas também inúmeros detalhes sobre sua vida. O que não deixa de surpreender Le Gall, pois não é da região nem tem amigos no lugar. Os alemães sabem desde quando trabalha para Paul Rosenberg, conhecem o grande afeto que tem por seu patrão e estão a par de que este deixou seus bens sob a supervisão de Le Gall.

Este se sente intimidado pelo grande número de confiscadores tão bem preparados. Entende imediatamente que qualquer tipo de resistência seria inútil. Pensa, antes de tudo, que a empresa de transportes deve estar informando os nazistas.

Os alemães invadem e revistam a fundo a *villa* e o restante da propriedade. Inspecionam os baús, vasculham as caixas e malas. Reúnem todos os baús que contêm obras, os colocam nos caminhões militares e partem levando consigo o butim para paradeiro desconhecido.

O paradeiro não será outro que a própria embaixada da Alemanha em Paris, situada na *rue* de Lille. E os informantes que forneceram dados tão úteis foram, sobretudo, antiquários parisienses que conheciam Paul Rosenberg pessoalmente. É verdade que o comportamento da empresa de transportes de Bordeaux nunca foi claro. E é provável que tenha participado das averiguações realizadas pela embaixada. Mas, o que sabemos hoje acima de qualquer dúvida, os principais incitadores da ação de Floirac foram Yves Perdoux e um certo conde de Lestang.

Os dois respeitáveis negociantes parisienses haviam concluído um acordo de cavalheiros com os funcionários da embaixada: comprometiam-se a indicar o *esconderijo* das obras pertencentes a Rosenberg e, em troca, os alemães pagariam uma comissão de dez por cento – em quadros – da avaliação total da coleção.

Os distintos comparsas sabiam que esse tipo de pagamento em espécie era um negócio garantido em Paris, pois poderiam fácil e rapidamente se desfazer dos quadros de qualidade por meio de inúmeros intermediários que atuavam no mercado parisiense. Os comerciantes de arte e colecionadores franceses certamente se lançariam sobre os quadros impressionistas que haviam integrado os acervos da prestigiada galeria Paul Rosenberg.

Porque naquele pequeno mundo parisiense do mercado da arte todos se conhecem e tudo se sabe. É muito fácil obter informação de qualquer um que tenha boas relações. Além disso, o contexto de uma derrota e de uma ocupação muito duras, como foram as da França da época, favorece todo tipo de delatores e intrigantes que pululam e florescem sempre em uma atmosfera como essa.

Em documentos oficiais dos serviços de inteligência britânicos, o conde de Lestang é descrito como antiquário que vende regularmente para os alemães e cujos estabelecimentos comerciais encontram-se no número 44 da *rue* du Bac, na margem esquerda do Sena, não distante da embaixada nazista. Quanto a Perdoux, também antiquário, sua reputação entre os negociantes de arte é de homem astuto e valentão.

Jacques Helft, o concunhado de Rosenberg, antiquário especialista em objetos de prata, o conhecia bem. Sem suspeitar, aparentemente, do infame papel que teve nos confiscos dos quadros em Floirac, Helft descreve-o em suas memórias – escritas depois da guerra – como "um antiquário de alta categoria, dotado de uma notável inteligência, mas cujos dotes haviam sido desperdiçados por causa do demônio do jogo que o habitava"[14]. Talvez tenha sido, entre outras razões, essa grande necessidade de dinheiro que motivou Perdoux a tirar partido financeiro da nova situação imposta pelos alemães a seus colegas judeus ou resistentes.

Foi durante o primeiro encontro depois do confisco em Floirac que as frias negociações entre a embaixada e seus informantes se transformaram em um cabo de guerra ainda mais repulsivo. Os diplomatas haviam prometido pagar a comissão em espécie com os inúmeros Picassos e Braques confiscados, descritos como "expressionistas selvagens". No entanto, dois meses depois da ação, em novembro de 1940, a embaixada ainda não havia executado essa simples transação.

Com a intenção de acelerar o pagamento que tanto demora, o conde de Lestang, representante dos dois "intermediários" – como os chama a embaixada –, trata o assunto com o doutor Carl-Theo Zeitschel, um conselheiro diplomático de alto escalão que também se encarrega da prisão e deportação de judeus, além de se ocupar do confisco de seus bens[15].

O conde e Perdoux pressionam Zeitschel, dando-lhe a entender que conhecem o paradeiro de outra coleção pertencente a um judeu, ainda mais importante que a de Rosenberg, mas afirmam que não poderão fornecer mais informações a respeito enquanto a primeira dívida não tiver sido quitada[16].

Além disso, a engenhosa e empreendedora dupla aproveita, com magnífica intuição estratégica, o conflito que opõe a embaixada e o marechal Goering e que, no fim de 1940, está em seu apogeu.

Talvez mentindo, como veteranos jogadores de pôquer, a dupla anuncia a seus interlocutores diplomáticos que Goering havia averiguado recentemente a existência da misteriosa coleção e que exigia sob coação saber sua localização. Acrescentam, além disso, que os ajudantes de Goering se haviam surpreendido ao saber que a embaixada ainda não havia pagado a comissão devida. O marechal, acrescentam, deu um prazo de quatro dias aos antiquários para que revelem o lugar onde se encontra a nova coleção.

---

14 Jacques Helft, *Vive la chine!* Mônaco: Éditions du Rocher, 1955, p. 201.
15 Raoul Hilberg, *op. cit.*, pp. 419-20.
16 Correspondência nos arquivos de Paul Rosenberg, Nova York.

Implicitamente, os dois trapaceiros jogaram em suas negociações com o maior temor dos diplomatas: a presença reforçada de Goering no panorama do confisco. Assim, é de interesse primordial que a embaixada atue com a maior rapidez se não deseja que o *Reichsmarschall* obtenha vantagem.

Zeitschel dirige uma nota secreta e urgente ao embaixador Abetz informando-o dos pormenores da reunião com De Lestang. Nela acrescenta que De Lestang teve a ousadia de afirmar que a avaliação da coleção Rosenberg chega a cem milhões de *Reichsmarks* (800 milhões de dólares) e que sua comissão em espécie giraria em torno dos dez milhões de *Reichsmarks* (80 milhões de dólares), soma tão exorbitante naquela época como hoje. Zeitschel quer saber se o autoriza a entrar em contato com os especialistas de Goering para verificar se De Lestang está tentando enganar a embaixada ou não.

Em uma segunda nota a Abetz, Zeitschel informa que uma nova avaliação da coleção por um especialista alemão havia calculado seu valor em 3.415.400 francos (1.366.200 dólares). O diplomata acrescenta que tentará estabelecer mais uma avaliação por um especialista francês "imparcial", adjetivo eufemístico que descreve um perito que sempre faz avaliações favoráveis à embaixada. E de uma só vez Zeitschel consegue reduzir, com paciência e seriedade burocráticas, as avaliações em um proporção de 800 para 1.

Em seu terceiro e último relatório Zeitschel declara que, ao contrário do que se esperava, De Lestang e Perdoux se haviam apresentado de repente nas dependências da embaixada. E explica que os dois informantes aceitaram a nova taxação alemã; que, em consequência, ele próprio os fizera entrar nas salas onde estavam guardadas as obras pertencentes a Rosenberg, para que eles mesmos pudessem selecionar seu pagamento em espécie entre os "expressionistas selvagens".

No entanto, surge um obstáculo de último minuto e, com ele, outro vergonhoso regateio final. Os dois franceses, a pretexto de que nunca conseguiriam comprador, anunciam que não desejam ser pagos com quadros modernos. Não obstante, estariam dispostos a aceitar os quadros de Pissarro – avaliados em 220 mil francos – e um nu de Renoir – avaliado em 200 mil francos –, como pagamento definitivo por sua ajuda. Contudo, o funcionário Zeitschel não quer ceder de nenhuma maneira o Renoir, que, escreve, "representava um valor seguro para a Alemanha". Propõe-lhes, em troca, mais um Pissarro, *Jardim em Pontoise*, procedente das coleções Rothschild e cuja avaliação é duas vezes superior ao Renoir. Para explicar sua contraoferta, Zeitschel escreve o seguinte em seu relatório: "Já que Pissarro é judeu, creio que esses quadros não apresentam interesse para a Alemanha, e que é preferível oferecer um Pissarro que tenha duas vezes mais valor que um Renoir."[17] Assim, os dois informantes, De Lestang e Perdoux, dispostos a colaborar com os alemães em seu trabalho de rapina, pensavam sair ganhando grandes somas de dinheiro, mas não contavam com o fervor e a disciplina nazista dos funcionários alemães.

Por sua vez, Paul Rosenberg deu início a suas atividades de *marchand* em Nova York. Entre os Estados Unidos, que manterão sua neutralidade até dezembro de 1941, e a guerra que se espalha pela Europa, Rosenberg decide fazer chegar a seus novos estabelecimentos os quadros depositados em sua galeria de Londres e espera fazer o mesmo com os abandonados em Floirac. Além disso, está convencido de que seus bens permanecerão bem protegidos e dissimulados nos cofres do Banco em Libourne, na zona não ocupada.

Como *mademoiselle* Roisneau, sua assistente de confiança na galeria de Paris, não pôde lhe enviar a correspondência, Rosenberg não tem ideia da amplitude do saque nazista de seus bens.

Em março de 1941, cerca de oito meses depois de sua rápida fuga da França, Rosenberg recebe, por fim, uma carta. As notícias são desastrosas. No estilo necessariamente telegráfico de muitas correspondências censuradas da época, a assistente parisiense anuncia: "Não resta nada, nada, nada", em Floirac. Mas a notícia mais dolorosa de todas é que os nazistas já sabem da existência da caixa-forte no Banco em Libourne: abriram-na, realizaram um inventário e fizeram avaliar seu conteúdo em sete milhões de francos pelo diretor da Escola de Belas Artes de Bordeaux, um tal senhor Roganeau. Em seguida, conta Roisneau, os funcionários alemães lacraram a caixa, à espera de ordens mais precisas de Paris.

Por outro lado, escreve a assistente, as duas caixas-fortes em nome de Braque tiveram a mesma sorte que as de Rosenberg. Mas, para completar, o grande pintor modernista sofre uma afronta adicional: pouco depois da ação alemã em Libourne, Braque recebe uma insólita fatura do próprio Banque Nationale pour le Commerce et l'Industrie na qual se exige dele o pagamento de mil francos pelos honorários do especialista encarregado de avaliar seus bens e duzentos francos adicionais pelos "problemas e diligên-

---

17 Correspondência nos arquivos de Paul Rosenberg, Nova York.

cias" ocasionados ao Banco pela intervenção dos confiscadores alemães. E, com esta descarada fatura, percebemos como, para algumas empresas francesas durante a ocupação, nunca existiram perdas.

Mademoiselle Roisneau foi testemunha ocular e privilegiada das arbitrariedades contra as galerias da *rue* de la Boétie efetuadas tanto pelos nazistas como por Vichy. Nessa primeira correspondência a seu chefe em Nova York, conta o que aconteceu quando os confiscadores chegaram ao local: não conseguiu impedir que os soldados alemães se apoderassem de todos os quadros e documentos que se encontravam na galeria e na casa de Rosenberg, mas um amigo conseguiu queimar o livro dos inventários para que não caísse nas mãos daqueles.

Acrescenta que a galeria Wildenstein, por sua vez, foi confiscada. Mas, indica com surpresa, que Roger Dequoy, braço direito de Georges Wildenstein, teve a sorte de negociar com funcionários franceses e não com intratáveis encarregados alemães. Escreve que a vizinha Galeria Bernheim-Jeune já havia sido registrada e colocada sob a direção de um administrador provisório não judeu. E conclui com a notícia de que Josse Bernheim, um dos célebres irmãos fundadores do estabelecimento, havia falecido por causas naturais.

Rosenberg responde imediatamente a sua assistente em Paris e procura obter novas informações sobre as telas roubadas. O *marchand* já sabe que, desde o início da ocupação, os nazistas começaram a confiscar os bens pertencentes a judeus, maçons e adversários políticos. Sabe, também, que o destituíram da nacionalidade francesa e de todos os seus direitos em nome das novas leis de Vichy referentes aos que fugiram do país. Entende, por fim, que existem outras leis recentes que limitam os direitos civis dos judeus na França de Pétain.

Mas sua resposta escrita demonstra que Rosenberg ainda não entende, assim como muitos outros, o significado dos confiscos empreendidos pelos alemães e por Vichy. Não imagina, tampouco, a amplitude deles. Ainda não percebe o plano, se não inteiramente secreto, totalmente confidencial, e com certeza metódico e sistemático, que os alemães tentam implementar em toda a França.

E, assim, nessa primeira carta a sua assistente, Rosenberg deseja saber para onde transportaram sua telas, por qual motivo foram confiscadas, se os alemães pagaram alguma coisa, se existe uma maneira de recuperá-las. Preocupa-se, particularmente, com o grande retrato de sua mulher e filha pintado por Picasso em Biarritz. E, por fim, deseja informar-se se é possível transferir quadros para a zona não ocupada, onde estarão mais seguros.

Rosenberg não pode imaginar que o confisco das obras que lhe pertencem faz parte de um projeto de saque coordenado e preparado no mais alto nível da hierarquia nazista; uma das implacáveis medidas impostas aos inimigos do Reich nos territórios ocupados pelo exército alemão.

O *marchand*, sempre consciente de seu ofício, não se esquece de seus reflexos profissionais, nem tampouco de seus pintores. Em sua carta, pergunta a *mademoiselle* Roisneau se Picasso e Braque poderiam transferir suas obras para os Estados Unidos; e se algum deles tem a intenção de vir acompanhá-lo no Novo Mundo.

Só alguns meses depois da resposta dirigida a Roisneau, Paul Rosenberg receberá o golpe de misericórdia: em 5 de setembro de 1941, um oficial alemão, representante do ERR, apresenta-se na sucursal de Libourne do Banque Nationale pour le Commerce et l'Industrie. Chega com uma carta que o autoriza a retirar os 162 quadros já inventariados e depositados no cofre número sete, alugado por Paul Rosenberg.

Naquele mesmo dia, o oficial despacha as obras para Paris, mas, desta vez, não vão parar nas dependências da embaixada. Seu destino final será o depósito do ERR no museu do Jeu de Paume. Ali estarão ao alcance do apetite de Goering. Quanto ao legítimo proprietário das obras, Paul Rosenberg, ele só descobrirá e entenderá toda a realidade dos fatos depois da libertação de Paris em agosto de 1944, quando a guerra já estará chegando ao fim.

Capítulo **5**

O SAQUE EXEMPLAR
DAS COLEÇÕES ROTHSCHILD

Na hierarquia dos bens a confiscar em toda a França, os quadros e coleções de arte do ramo francês da família Rothschild situavam-se, sob o ponto de vista dos dignitários nazistas, na mais alta posição. De Vermeer a Frans Hals, de Van Eyck a Velázquez, de Gainsborough e Ingres a Manet e Braque, as coleções dos Rothschild representavam o mais prestigioso e o mais cobiçado de toda a Europa.

Desde a chegada do barão James, fundador do ramo francês, à Paris de princípios do século XIX, os Rothschild haviam sido, até a guerra, uma sólida dinastia aristocrática de banqueiros e industriais. Com o berço da dinastia em Frankfurt e seus representantes familiares em Paris, Londres, Viena e Nápoles, os Rothschild dominavam uma intrincada rede de conexões financeiras e familiares estendidas por toda a Europa, que possuía vastas coleções de arte e fazia generosas e periódicas doações aos museus franceses.

A lendária sede do Banco Rothschild em Paris estava situada na *rue* Laffitte, o que era, no século XIX, o centro das galerias e o mercado de arte. Não por mera casualidade, perto do Banco, no Boulevard Haussmann, ficava a primeira sede do ERR, o serviço de confisco alemão, no que ainda hoje é o Hotel Commodore.

No início da guerra, os três descendentes principais da família na França, alvos certos da pilhagem nazista, residiam em palacetes em um perímetro parisiense central localizado entre a Praça da Concórdia e o Palácio de l'Élysée, a residência presidencial francesa.

O barão Édouard de Rothschild, diretor do Banco e chefe da família, mora com os seus no número 2, *rue* Saint-Florentin, em uma mansão que uma vez pertenceu ao político francês De Talleyrand e que foi comprada e restaurada em 1860 por seu pai, o barão Alphonse de Rothschild. Em uma das salas da residência de Édouard – que hoje abriga o anexo e a biblioteca da embaixada dos Estados Unidos em Paris – pendia, então, *O astrônomo* de Vermeer, tão cobiçado por Hitler e pelos nazistas. O barão Maurice residia, não muito longe, na *rue* du Faubourg Saint-Honoré, onde hoje em dia se encontra a casa principal do embaixador estadunidense. Finalmente, o barão Robert, então presidente do Consistório Israelita – organismo que agrupa as instituições judaicas da França –, residia no número 23 da *Avenue* de Marigny, onde ainda moram seus descendentes.

A imensa fortuna dos Rothschild, conservada até o dia de hoje como patrimônio financeiro comum durante cinco gerações, foi criada não apenas por meio de sábios investimentos bancários e financeiros, mas por oportunos negócios em estradas de ferro na França e no petróleo na Rússia. Entre as joias de sua coroa patrimonial encontram-se também os conhecidos vinhedos de Château Lafite, na região de Bordeaux, e famosas fazendas de animais reprodutores no norte da França.

Talvez o aspecto mais singular das coleções Rothschild em seu conjunto seja o fato inusitado de terem sido criadas com paciência e esmero através de gerações, cada uma muito poderosa e consciente da importância da continuidade familiar. Esta circunstância particular, raras vezes vista em uma coleção de arte familiar, permitia a cada nova geração a aquisição de obras que a anterior não pudera, não soubera ou não quisera comprar. Assim, com o tempo a seu favor, cada Rothschild enriquecia o legado artístico de seus descendentes.

O inventário do confisco da coleção estabelecido pelos especialistas do ERR no outono de 1940 alcança o enorme total de cinco mil e nove objetos. Nesse impressionante lote de arte e mobiliário de grande valor, os tesouros encontrados pelos nazistas são incontáveis. Das três coleções individuais, a maior e mais prestigiada é a do barão Édouard, que inclui peças como *O astrônomo* de Vermeer (ver ilustração A1), o *Retrato da marquesa de Pompadour* de Boucher (ilustração C9), *A Virgem com o menino Jesus* de Hans Memling (ilustração A9), o *Retrato de Isabella Coymans* de Frans Hals (ilustração A8), um *Filipe II, Rei da Espanha*, então atribuído a Velázquez, e o *Homem de chapéu vermelho* de Rafael.

A estas obras-primas devem-se acrescentar o *Retrato de menina de Henriqueta da França* de Van Dyck, uma *Dama com gato* por um pintor anônimo da escola flamenga, várias obras de Rubens, um Ticiano e dois Watteaus, o *Violonista de pé* e *Minueto*. Sem esquecer dois retratos dos meninos da família Soria, de Goya (vejam-se ilustrações A10 e A11), vários quadros de Joshua Reynolds e o famoso retrato da esposa do barão James, a baronesa Betty de Rothschild, de Ingres[1].

Embora a coleção do barão Robert de Rothschild tivesse tamanho menor, incluía peças de igual e importante valor estético, orgulhando-se de ter uma rara coleção de esmaltes do Renascimento de Limoges (ver ilustração A8) e várias peças de primeira ordem. Entre elas se contava um tríptico de Van Eyck, raras vezes visto então, *Virgem com o menino Jesus com santos e doador*, que hoje se encontra na Coleção Frick em Nova York, e o magnífico *Porta-estandarte* de Rembrandt, que o barão James havia comprado em 1840 na casa de leilões Christie's em Londres e atualmente ainda permanece com a família. A coleção incluía também *Festa campestre* de Fragonard, o *Retrato de Lady Alston* de Gainsborough e várias obras mais modernas entre as quais havia um Manet, uma natureza-morta de Braque, alguns quadros de Derain e outro de Van Dongen.

A coleção do barão Maurice continha, igualmente, obras de grande valor: um Rembrandt, vários Fragonards e, sobretudo, um grande número de quadros flamengos e holandeses que, como já sabemos, despertavam muito a cobiça de Hitler e Goering, grandes amantes da arte germânica da Europa Setentrional.

Faziam parte dessa coleção extraordinária de obras várias bibliotecas e conjuntos de livros antigos e manuscritos. Criadas com verdadeiro conhecimento através de muitas décadas, as bibliotecas incluíam milhares de manuscritos, incunábulos, livros de horas, livros encadernados de valor e uma rica coleção de livros religiosos e históricos judaicos.

Ao eclodir a guerra em 1939, os Rothschild, assim como muitos outros colecionadores e *marchands* franceses, temem acima de tudo a destruição

---

[1] A maior parte da informação neste capítulo procede de Herbert Lottmann, *The French Rothschilds: The Great Banking Dynasties Through Two Turbulent Centuries*. Nova York: Crown Publishers, 1995, assim como de longas entrevistas com a baronesa Liliane, os barões Élie e Guy de Rothschild e a senhora Kolesnikoff, arquivista e bibliotecária da família. Outros detalhes provêm dos arquivos familiares, e de *RG 331*, box 327 (NA), Washington (DC), que contém o depoimento juramentado do senhor Payrastre referente aos bens do barão Maurice de Rothschild, os inventários de confiscos estabelecidos pelo ERR e os apresentados pela família ao término da guerra em seus recursos de reclamações perante a CRA (Commission de récupération artistique).

O astrônomo, 1668. JAN VERMEER. Museu do Louvre, anteriormente coleção Guy de Rothschild. (*Cortesia Guy de Rothschild.*)

Uma das salas de exposição da Galeria Paul Rosenberg, 21, *rue* de la Boétie, Paris, por volta de 1930. (*Cortesia Paul Rosenberg & Co.*)

Paul Rosenberg em seu apartamento parisiense, em 1920. Coleção particular. (*Cortesia Paul Rosenberg & Co.*)

Retrato de Mademoiselle Diot (paradeiro desconhecido), pastel (61 X 44 cm), 1890. EDGAR DEGAS. Coleção Paul Rosenberg. (*Cortesia Paul Rosenberg & Co.*)

Mulher nua de pé (paradeiro desconhecido), pastel e desenho (110 X 73 cm), 1923. PABLO PICASSO – ©SPADEM 1995. Coleção Paul Rosenberg. (*Cortesia Paul Rosenberg & Co.*)

Mulher com blusa vermelha, anêmonas e ramo de amendoeira (paradeiro desconhecido), óleo, 1940.
HENRI MATISSE – © Descendência H. Matisse. Coleção Paul Rosenberg. (*Cortesia Paul Rosenberg & Co.*)

Odalisca sentada no chão ou *Oriental sentada no chão*, óleo (46 × 55 cm), 1927. HENRI MATISSE – © Descendência H. Matisse. Coleção Paul Rosenberg. (*Cortesia Paul Rosenberg & Co.*)

Um dos salões de exposição da Galeria Paul Rosenberg, 21, *rue* de la Boétie, Paris, por volta de 1930. (*Cortesia Paul Rosenberg & Co.*)

Mulher sentada em uma poltrona, óleo (55 X 46 cm), 1920. HENRI MATISSE – © Descendência H. Matisse. Coleção Paul Rosenberg. (*Cortesia Paul Rosenberg & Co.*)

O barão Robert de Rothschild sentado na sala de sua casa, 23, *Avenue* de Marigny, Paris, por volta de 1930. Atrás, na parede, aprecia-se sua coleção de esmaltes de Limoges do Renascimento. (*Cortesia E. e L. de Rothschild*.)

Retrato de Isabella Coymans, esposa de Stephanus Geraerdts, 1650-1652. FRANS HALS. Abaixo, cômoda do século XVIII com placas de porcelana de Sèvres do ebanista Bernard van Riesen Burgh, estampilhada *bvrd*. Coleção Édouard de Rothschild. (*Cortesia G. de Rothschild*.)

Acima, da esquerda para a direita: ***A entrada inesperada***, GABRIEL METSÚ (1630-1667); ***Dama com gato***, escola flamenga (1540); ***Interior***, PIETER DE HOOCH (1629-1683).
Abaixo, da esquerda para a direita: ***Mulher bebendo***, GERARD TER BORCH (1617-1681); ***O violinista***, GERRIT DOU (1613-1681); ***A virgem com o menino Jesus***, HANS MEMLING (1435-1494). Coleção Édouard de Rothschild. (*Cortesia G. de Rothschild.*)

Menino da família de Soria (112 × 80 cm), 1804-1806. FRANCISCO DE GOYA. Coleção Édouard de Rothschild. (*Cortesia G. de Rothschild.*)

Clara de Soria (112 X 80 cm), 1804-1806. FRANCISCO DE GOYA. Coleção Édouard de Rothschild. (*Cortesia G. de Rothschild.*)

La Goulue e seu par (Pausa antes da valsa) (paradeiro desconhecido) (80 × 65 cm), 1891-1892. HENRI DE TOULOUSE-LAUTREC. Coleção Josse Bernheim-Jeune. (*Cortesia Bernheim-Jeune.*)

La Goulue: em seus lugares para a contradança ou *O baile no Moulin Rouge* (paradeiro desconhecido) (80 × 65 cm), 1891-1892. HENRI DE TOULOUSE-LAUTREC. Coleção Josse Bernheim-Jeune. (*Cortesia Bernheim-Jeune.*)

Em um quarto mobiliado ou ***A carta*** (paradeiro desconhecido) (48 × 54 cm), 1890. HENRI DE TOULOUSE-LAUTREC. Coleção Josse Bernheim-Jeune. (*Cortesia Bernheim-Jeune.*)

Amêndoas (paradeiro desconhecido), óleo (21 X 26 cm), 1869-1871. ÉDOUARD MANET. Coleção Josse Bernheim-Jeune. (*Cortesia Bernheim-Jeune.*)

Rosas e pétalas (paradeiro desconhecido), óleo (15 X 22 cm), 1882. ÉDOUARD MANET. Coleção Josse Bernheim-Jeune. (*Cortesia Bernheim-Jeune.*)

Pote com pepinos em conserva (paradeiro desconhecido), óleo (33 × 25 cm), 1880. ÉDOUARD MANET. Coleção Josse Bernheim-Jeune. (*Cortesia Bernheim-Jeune.*)

de obras devido a batalhas e bombardeios sobre Paris. Naquele momento, era essa a primeira preocupação que surgia ao pensar na proteção das obras, já que poucos podiam imaginar o projeto maciço de saque alemão que ocorreria durante a ocupação. O primeiro reflexo foi, portanto, o de embalar as obras e transportá-las para fora de Paris o mais rapidamente possível para colocá-las a salvo armazenando-as em algum dos castelos no campo. Assim faz o barão Édouard, que envia as peças mais importantes de sua coleção, incluindo *O astrônomo*, para um dos castelos na Normandia.

A família utilizará, também, amigos e familiares não judeus, contatos diplomáticos e administrativos para proteger as obras. Seguindo o conselho de sua prima, a marquesa de Noailles, o barão Robert decide despachar uma parte de sua valiosa coleção para uma propriedade rural da região do Lot que pertence a seu amigo Maurice Aguillon. O valioso tríptico de Van Eyck – alvo importante da cobiça nazista devido à origem germânica do pintor – é confiado a Eduardo Propper de Callejón, primeiro-secretário na embaixada da Espanha na França, cunhado da baronesa Liliane de Rothschild (ver anexo I).

Outra parte das coleções fica sob a proteção do diretor dos museus nacionais da França. Arriscando a própria vida, o diretor Jacques Jaujard se encarrega de acolhê-las no Museu do Louvre e de garantir sua segurança, falsificando documentos que as descrevem como doações feitas ao Estado francês anteriores à declaração de guerra. É com esse tipo de doações em mente que se emite a ordem do Führer de 18 de setembro de 1940, que já comentamos, na qual se especifica que este tipo de cessões ao Estado francês será considerado sem valor.

E, uma vez que as obras se encontram bem protegidas, os proprietários se dispersam. Conscientes do avanço inelutável do exército do Reich, Édouard de Rothschild parte para se refugiar com toda sua família rumo aos Estados Unidos, enquanto Roberto segue seus passos pouco depois e Maurice se instala no Canadá.

Henri de Rothschild, um dos primos do ramo inglês da família residente na França, possuía igualmente uma coleção de quadros muito exclusiva do pintor francês Chardin. No início, decide refugiar-se com suas obras na Suíça e em Portugal. Mas, preocupado com a presença alemã no continente e com os consequentes riscos de destruição, Henri envia sua coleção de pinturas da Suíça para um lugar seguro, a cidade de Bath na Inglaterra, longe dos campos de batalha.

Os quatro herdeiros Rothschild serão despojados da nacionalidade francesa e seus bens confiscados por fugir do território nacional, segundo se estabelecia nas recentes leis de Vichy contra os judeus e resistentes que conseguiram fugir para a Inglaterra para se unir a De Gaulle.

Os jovens filhos dos barões Rothschild foram recrutados pelo exército em 1939, assim como o restante dos homens adultos franceses, e enviados à frente de batalha. Alain e Élie, filhos de Robert, oficiais do exército francês, montaram seus respectivos cavalos, integrando-se assim a seu antediluviano regimento de cavalaria francês para enfrentar centenas de inalteráveis e blindados tanques Panzer alemães. Como era de esperar, a cavalgada francesa dos dois irmãos não podia sustentar-se por muito tempo e eles foram capturados pelos alemães em maio de 1940 no maciço montanhoso das Ardenas. Passaram os cinco anos restantes do conflito em um campo de prisioneiros de guerra alemão. Comparados com outros, tiveram sorte. A Wehrmacht não enviou os dois irmãos Rothschild para os campos da morte por respeito à sua condição de oficiais do exército francês e por não dispor de um tratado de paz franco-alemão que determinasse exatamente o que fazer com os militares judeus prisioneiros.

No outono de 1940, o governo de Vichy anunciou com alarde o próximo confisco da fortuna e um leilão dos bens dos Rothschild. Os lucros da venda, proclamavam os funcionários franceses, seriam destinados ao Secours National – Seguridade Nacional –, uma organização filantrópica do Estado. Vichy já imaginava dispor de milhares de peças da coleção e obter grande proveito financeiro com elas. Mas os franceses não perceberam que haviam colocado o carro antes dos bois, anunciando a venda de objetos que ainda não tinham em mãos.

A maior parte da propriedade dos Rothschild encontrava-se na zona ocupada pelo exército alemão; e para os alemães as posses dos judeus, inimigos do Reich, não eram bens franceses. Além disso, o eficiente maquinário de saque nazista já estava em ação, arrebatando o que encontrava pelo caminho.

Durante meses, desenrola-se uma batalha de interesses, essencialmente epistolar para Vichy, entre franceses, ansiosos confiscadores, e alemães, convencidos de sua prerrogativa de vencedores, em que as vítimas sempre perdem de ambos os lados. E, é claro, os ganhadores serão os nazistas.

Quando, em novembro de 1941, o ERR finalmente se digna responder detalhadamente e por escrito às reivindicações francesas, a fabulosa coleção dos Rothschild já se encontra guardada em lugar seguro na Alemanha há mais de oito meses.

Em contrapartida, na zona não ocupada, as propriedades da família encontravam-se na seguinte situação paradoxal: confiscadas pelo governo de Vichy, mas, em muitos casos, e ao mesmo tempo, protegidas pela administração do próprio Museu do Louvre. No final, entre os bens imobiliários, o governo de Vichy só chegou a leiloar uma casa de praia em Cannes com todos os móveis e objetos em 1942. A jovem baronesa Liliane de Rothschild conseguiu assistir ao leilão com a intenção de resgatar algumas obras da família. Fez-se acompanhar por um amigo não judeu, Charles de Gramont, que comprou, às escondidas dos leiloeiros, já que ela estava proibida de fazê-lo, uma relíquia familiar: o retrato do barão Alphonse realizado por Ingres[2].

Na zona ocupada, um dos primeiros objetivos do ERR era, obviamente, o confisco das fabulosas coleções de obras de arte. Desde o outono de 1940, os alemães, diante do problema da dispersão das obras pelos próprios Rothschild – algumas se encontravam nas propriedades do campo, outras em cofres de banco e outras ainda em depósitos provinciais do Louvre –, começam a empregar métodos excepcionais para seguir seu rastro. Os domicílios parisienses são os primeiros a ser registrados, mas, como já explicamos, a maioria das obras haviam sido transferidas para outros lugares e os confiscadores encontraram pouca coisa.

Em busca da coleção do barão Édouard, os militares e funcionários do ERR vão pessoalmente aos castelos familiares de Ferrières e de Reux, localizados na região de Calvados, na Normandia. Para buscar as obras do barão Robert chegam ao castelo de La Versine; para encontrar as do barão Maurice, ao castelo de Armanvilliers no departamento francês de Seine-et-Marne.

Depois dos registros domiciliares, vem a busca sistemática, caixa por caixa, das obras confiadas aos bancos. É assim que se percebe o paradeiro de seis caixas de bens repletas de joias, objetos de arte do século XVI, miniaturas do século XV e manuscritos da coleção do barão Maurice depositadas nos cofres do Banque de Paris et des Pays-Bas[3]. Todos os trâmites serão efetuados com grande precisão e surpreendente formalismo burocrático

---
2 Entrevista com Liliane de Rothschild.
3 Depoimento juramentado do senhor Payrastre, *RG 331, box 327, folder 246* (NA), Washington (DC).

que, de certa maneira, contribuirão para proteger esses tesouros artísticos de qualquer dano bélico.

No Banque de Paris et des Pays-Bas, um certo tenente Mewe, representante do Devisenchutzkommando, lavra a seguinte ata:

> [...] aqui se encontram seis caixas de bens que pertencem ao senhor Maurice de Rothschild, que foram abertas e, depois de estabelecer um inventário de seus conteúdos, foram novamente fechadas. Em seguida, as caixas foram lacradas e colocadas em uma sala blindada sob o controle do Devisenchutzkommando, na presença do senhor Peyrastre, funcionário de Vichy, representante da Administração de Bens do Estado, que, entre outras coisas, protestou indicando que esses bens já não pertencem a Maurice de Rothschild, mas ao Estado francês.

Quanto às obras confiadas como doações à administração do Louvre e armazenadas em seus depósitos de província, os agentes do Reich não tardarão em encontrar sua pista. O procedimento já estava suficientemente generalizado para que a rede de informantes do ERR, que incluía funcionários públicos, especialistas e *marchands* de artes, não percebesse rapidamente a artimanha.

Finalmente, ao término de vários meses de implacável busca, o ERR consegue encontrar a grande maioria das obras. No fim de janeiro e início de fevereiro de 1941, transfere-as para o museu do Jeu de Paume, e seus historiadores de arte começam, então, a preparar os longos inventários de confisco. Uma vez de posse das coleções, Alfred Rosenberg escreve ao Führer anunciando-lhe a boa-nova da captura de *O astrônomo* de Vermeer. E, é claro, Goering se deslocará imediatamente de Berlim para Paris para inspecionar o excepcional butim e selecionar peças para sua coleção.

Em 3 de fevereiro de 1941, a quase totalidade das obras de arte dos Rotschild – ainda nos mesmos caixotes de embalagem nos quais os alemães os haviam encontrado – são despachadas em direção à Alemanha no trem pessoal do marechal Goering.

O butim será dividido da seguinte maneira: dezenove caixotes lacrados e numerados do *H1* ao *H19* são destinados a Hitler, enquanto os numerados de *G1* a *G23* serão destinados a Goering. Os dois grupos de caixotes encerram, naturalmente, as peças mais importantes da coleção dos Rothschild.

O caixote numerado *H13*, por exemplo, contém *O astrônomo* de Vermeer, o caixote *H6* o Frans Hals previamente mencionado da coleção do barão Édouard de Rothschild, e o caixote *H3*, o *Retrato da marquesa de Pompadour* de Boucher (ver ilustração C9).

Com a assombrosa meticulosidade e perturbadora banalidade que caracterizam este enorme ato de rapina do princípio ao fim, o barão Kurt von Behr, diretor do ERR e responsável pelo envio dos dois grupos de caixotes, especifica em uma nota: "Infelizmente, não conseguimos achar os tampos de mármore que correspondem aos móveis antigos", desculpando-se perante seus chefes por não tê-los encontrado.

A divisão dos caixotes em grupos separados e a estampilha – a letra *H* para Hitler e a letra *G* para Goering – foram uma recomendação explícita do *Reichsmarschall* a seus subalternos do ERR. Mas a coleção Rothschild é demasiado prestigiada e importante, e Goering se vê obrigado, antes de se servir de sua porção, de se inclinar perante o Führer e seu projeto de museu em Linz[4].

Porque desta vez Goering terá de se contentar com o que sobra, pois Hitler levará o melhor para si. Para Goering serão, portanto, uma *Alegoria da Virtude* da escola de Cranach, dois Isaac van Ostade – o pintor holandês conhecido por suas paisagens de inverno –, uma *Jovenzinha diante de uma estatueta chinesa* de Fragonard e um desenho a pena de Lucas van Leyden.

A remessa destinada a Goering inclui também outros quatro caixotes repletos de objetos de arte que o marechal havia selecionado em uma exposição organizada anteriormente pelo ERR no Jeu de Paume em novembro de 1940.

A valiosa carga parte de Paris e em 12 de fevereiro de 1941 chega à estação ferroviária de Kurfürst. Em março do mesmo ano será transferida e escoltada em sua totalidade pela Kriminalpolizei (polícia criminal) para o castelo de Neuschwanstein, um dos lendários castelos de Luís II da Baviera que serviria ao ERR de depósito e oficina de restauro na Alemanha para obras confiscadas e selecionadas pelo Reich.

O último embargo efetuado sobre as coleções Rothschild ocorreu meses mais tarde, em julho de 1941, mas já não restam muitas coisas de importância. Nas províncias francesas da zona ocupada são raras as obras que se livram da determinação do ERR.

Contudo, no castelo de Ferrières, pertencente ao barão Édouard, uma parte das tapeçarias dos séculos XVI e XVII se salva do confisco graças ao descuido dos homens do ERR.

---

4 Inventário de confisco ERR, *RG 331, box 325, Looting; Einsatzstab Rosenberg*.

Com a única intenção de protegê-los do sol, e muito antes da chegada do ERR, os empregados do castelo cobriram as delicadas tapeçarias com amplos pedaços de tela, dando-lhes o aspecto de bastidores de quadros desmontados. E assim – e ali – permaneceram as tapeçarias até o final da guerra.

No castelo de La Versine, propriedade do barão Robert, uma parte dos móveis e os relógios de lareira da casa parisiense escapam ao ERR quando os empregados tomam a iniciativa de escondê-los em um edifício agrícola da propriedade. Infelizmente, um bombardeio aliado em 1944 destruirá o pequeno edifício e seu precioso conteúdo.

Finalmente, a totalidade das obras de arte do barão Maurice que se encontram no depósito do Louvre no castelo de La Treye, na zona não ocupada, escapam à busca alemã.

Por outro lado, os vinhos finos colhidos e envelhecidos nos vinhedos de Bordeaux não são menos cobiçados que os quadros. E os alemães, grandes apreciadores de vinho, estavam à espreita da primeira justificação jurídica para embargá-los. Assim, no castelo Lafite, na região de Bordeaux, ocupado pelos alemães, Gaby Faux, gerente do vinhedo, tem a sagacidade de transferir para o nome dos filhos, Alain e Élie, os milhares de litros de vinho da reserva que pertenciam ao barão Robert. A gerente sabia que os dois irmãos, por serem oficiais do exército francês prisioneiros de guerra, não podiam ser despojados de sua nacionalidade, como já o havia sido seu pai. Graças a essa artimanha, os vinhos dos Rothschild atravessaram na maior tranquilidade os turbulentos anos da guerra. É também no mesmo castelo que se esconde, dentro de uma parede oca e tapada, o conjunto dos objetos litúrgicos judaicos da família.

Mas será em Paris, muito perto dos escritórios do ERR, que algumas peças escaparão à rapina nazista particularmente enfurecida contra os Rothschild. De fato, o barão Robert, em seu palacete parisiense da *Avenue Marigny*, é um dos raros colecionadores que antecipa a ocupação alemã. Em 1872, depois da guerra franco-prussiana e da Comuna, seu pai fizera construir uma sala secreta contígua à lavanderia do sótão. Seu fiel mordomo deposita na sala uma série de estátuas, relógios de lareira e bronzes e, em seguida, tem a presença de espírito de rodear os objetos com baldes cheios de cal para absorver a umidade.

Logo depois a sala foi fechada com tijolos, as paredes foram pintadas com cal e dissimuladas com grandes guarda-roupas. E o pessoal da Luftwaffe, que ocupou a mansão durante toda a guerra, jamais suspeitou da existência desse esconderijo no local.

O general Friedrich-Carl Hanesse, comandante da Luftwaffe em Paris, era um oficial alemão muito ligado a Goering que, além disso, mandava pagar suas numerosas compras de obras de arte. Apreciador da boa vida e desejoso de ter boa presença na estimulante vida social da ocupação parisiense, Hanesse confiscou rapidamente o palacete abandonado do barão Robert onde organizava abundantes jantares e serões nos quais militares alemães se misturavam com figuras da colaboração francesa. Mas aquela boa sociedade que desfrutava ilegitimamente o que havia pertencido aos Rothschild se encontra, muito sutilmente, privada dos belos objetos que conferiam toda a pompa às belas noites de gala na nova residência do general. Os desmancha-prazeres, resistentes à sua maneira, serão dois verdadeiros personagens inacreditáveis que haviam servido desde sempre na casa dos Rothschild. Em primeiro lugar está Madeleine Parnin, a fiel encarregada da roupa branca da família Rothschild. Ela continua trabalhando com Hanesse e, dia após dia, consegue esconder os guardanapos e roupas de cama com o escudo de armas, retirando-os pouco a pouco de circulação e substituindo-os por roupa branca comum. Quando o general Hanesse estranha os misteriosos desaparecimentos, Madeleine responde que aquela roupa branca fina se desgastou e passou a servir de panos de limpeza.

Quanto a Félix Pacaut, o mordomo da residência, que continuou trabalhando com *ação a distância* entre os ocupantes alemães, criou um brilhante estratagema com seu primo bombeiro: depois de iniciar propositalmente um incêndio em uma lareira da mansão, um batalhão de bombeiros cúmplices chega para apagar, junto com os alemães, o suposto sinistro do lado da entrada principal da *Avenue* Marigny. Enquanto todos os novos moradores da casa se distraem apagando o fogo, Pacaut, seu primo e o restante dos bombeiros saem pela porta de trás da residência, na *rue* du Cirque, com todos os objetos de prata dos Rothschild. O pequeno butim salvo com muita criatividade passará o resto da ocupação em um sótão parisiense, longe do alcance dos nazistas.

É verdade que essas histórias anteriores narram lutas aparentemente insignificantes, talvez banais. Mas, emblematicamente, esses atos adquirem um grande significado em tempos de ocupação, pois realçam as pequenas formas de resistência executadas cotidianamente, nas quais se arrisca muito por um ínfimo símbolo. Sem contar, é claro, o que esses atos demonstram de fidelidade e de devoção por parte dos empregados da família que acreditavam firmemente em uma definição muito literal do lema que diz *quem herda não furta* e, em sua conclusão lógica, quem não herda não deve furtar.

Apenas um dos empregados não será leal como os outros. O jardineiro do elegante palacete Rothschild indica para os alemães a existência de um depósito escondido em algum ponto do jardim da casa onde se encontram enterrados objetos de valor. Mas sua informação é imprecisa. O general Hanesse ordenará que se escavem grandes buracos por todo o terreno e não encontrará absolutamente nada.

Seja como for, já não resta muito mais a descobrir. A maior parte das coleções Rothschild encontram-se espalhadas, desde o começo de 1941, entre os refúgios antiaéreos do Führerbau em Munique, o depósito do ERR no castelo bávaro de Neuschwanstein e o castelo de La Treyne, depósito do Louvre na zona não ocupada.

Em Munique e Neuschwanstein, uma vez concluído o inventário e a peritagem em Paris, alguns dos caixotes assinalados com um *H* jamais serão abertos por falta de pessoal e de tempo. Quando, em 1944, começa o bombardeio total da Alemanha pelos aliados ocidentais, essas valiosas coleções serão transportadas para minas de sal abandonadas perto de Alt Aussee na Áustria. Será ali que as encontrarão intactas o exército estadunidense e o soviético no fim da guerra.

O saque metódico pelos alemães das coleções Rothschild é um modelo em seu gênero. A estética geral da coleção, repleta de obras-primas da arte alemã, holandesa e flamenga, incitava ideologicamente a sua apropriação. O mais elevado grau nazista de celeridade, eficácia e sistematicidade era necessária para seu confisco, já que a mais alta cúpula do poder – Hitler e Goering – exigia que se localizassem e se obtivessem as peças. Teria sido impossível imaginar que algum confiscador qualquer se apropriasse delas, vendesse uma a uma ou participasse do butim para seu proveito pessoal, como aconteceu com outras coleções, especialmente as compostas de obras de *arte degenerada*.

Seria possível argumentar que foram esses os motivos que mantiveram as coleções juntas e intactas durante todo o decorrer da guerra. Foram, certamente, os motivos que impediram sua apropriação, venda pública e provável dispersão nas mãos do governo colaboracionista de Pétain.

Enfim, perfeitamente identificadas e rastreadas pelos serviços de recuperação aliados, desde antes do desembarque na Normandia em junho de 1944, a grande maioria desses objetos excepcionais serão resgatados sãos e salvos, repatriados para a França e restituídos aos Rothschild ao final da guerra.

Capítulo **6**

A COLEÇÃO BERNHEIM-JEUNE OU A DESTRUIÇÃO DO
*RETRATO DO PINTOR COM CABELOS COMPRIDOS**

Desta que talvez seja a mais antiga dinastia de *marchands* de arte na França e na Europa pode-se dizer que começou como muitas outras, com uma loja de materiais de pintura.

Em 1795, o antepassado familiar, Joseph Bernheim, o primeiro da família, se estabelece na cidade de Besançon, a leste da França, onde, modestamente, vende e fabrica telas, tintas e pincéis; e deve-se imaginar que obtém seus primeiros quadros de alguns de seus clientes como pagamento de material.

Mas o verdadeiro fundador da dinastia, estabelecido diretamente como negociante de arte, é Alexandre Bernheim. Nascido em 1839, o ambicioso jovem transforma o negócio de seu pai no de *marchand* de arte. Em 1863, seguindo o conselho de seu amigo e vizinho de Besançon, o grande pintor Gustave Courbet, Alexandre transfere sua empresa para Paris, onde o mundo do mercado da arte se encontra em pleno auge.

É a época em que o sistema de galerias que hoje conhecemos, ligado à burguesia colecionadora e decoradora, a suas modas e gostos variáveis, se expande e se fortalece até se converter em um importante pilar da sociedade e do comércio.

Pouco tempo depois de sua chegada à capital francesa, e assim como muitos de seus colegas, a casa de leilões do Estado – o Hotel Drouot – e os novos estabelecimentos financeiros, Alexandre instala sua galeria em pleno

---

* Os títulos dos quadros da coleção Bernheim-Jeune utilizados neste capítulo são os criados ou empregados pela própria família. Para conhecer outros títulos possíveis, ver os catálogos *raisonnés* de cada pintor ou catálogos de exposições principais deles; por exemplo, no caso de Toulouse-Lautrec, o catálogo da grande exposição do mesmo nome, RMB, Paris, 1992.

bairro do mercado de quadros do novo distrito da cidade, no número 8, *rue* Laffitte. Em suas memórias, o comerciante de arte Ambroise Vollard descreve a rua assim: "A *rue* Laffitte era a rua dos quadros [...] para todos os jovens pintores era um lugar de peregrinação." Em meio a esse pujante ambiente, Alexandre Bernheim se especializará, por sua vez, no pintor realista Courbet, em Corot e nos pintores da escola de Barbizon, o grupo de paisagistas franceses que se reúne em torno do pintor Théodore Rousseau.

Durante seus anos de *marchand*, Alexandre presenciará o surgimento em Paris dos jovens pintores radicais impressionistas e a difusão e implantação de suas novas ideias sobre a pintura e a luz.

Sem muito sucesso no início, o visionário *marchand* e colecionador Paul Durand-Ruel havia começado a promover Monet e Pissarro, desde os anos 1870, mas muitos aficionados franceses preferiam o bem instalado realismo ou a arte francesa dos séculos anteriores. Será apenas lentamente que a nova forma de pintar adquirirá seus próprios direitos e convencerá colecionadores e seguidores. Entre os mais interessados, como grupo, encontram-se os compradores norte-americanos; e os negócios seguem tão bem o seu curso nos Estados Unidos que, em 1888, Durand-Ruel inaugurará uma galeria em Nova York. Por volta daquela época fará também grandes exposições em Paris, que ajudarão a forjar o gosto de seus clientes. E, finalmente, ao final de décadas contínuas de uma batalha estética com seu grupo de pintores, o *marchand* alcança a ambicionada consagração: a primeira grande exposição museística do impressionismo no Museu de Luxemburgo, adjunto ao jardim do mesmo nome. O selo do sucesso internacional inexorável virá, três anos mais tarde, com a grande mostra impressionista no âmbito da Exposição Universal de 1900.

O conflito entre realistas e impressionistas, que dividirá o mundo da arte francês do final do século XIX, também se manifestará, como disputa entre gerações, no próprio seio da família Bernheim. Assim, nos anos 1890, os dois jovens filhos de Alexandre, Josse e Gaston, decidem romper com o estilo de pintura realista que seu pai vende e patrocina para se introduzir no mercado de quadros impressionistas e pós-impressionistas. A inovação pictórica dos impressionistas e de seus seguidores e a nova, rica e refinada clientela que os patrocina atrairão os dois irmãos. Através de mais de quatro décadas, os Bernheim acompanharão esses movimentos artísticos, desde seus anos de extremismo político e de renovação contínua até os posteriores de glória e de consagração universal.

Depois do eminente *marchand* Durand-Ruel – e junto com Vollard –, Josse e Gaston encarnarão a segunda geração de comerciantes de arte do impressionismo. Com o objetivo de se diferenciar da galeria de seu pai e de demonstrar ao mundo parisiense que representam o futuro, os irmãos Bernheim acrescentam oficialmente a palavra *Jeune* – jovem, em francês – a seu sobrenome. De agora em diante, e para que não exista confusão com seu passado, o estabelecimento dos dois irmãos será conhecido com o nome de Galeria Bernheim-Jeune.

Logo, Josse e Gaston começam a comprar diretamente das mãos de Monet, de Renoir, de Pissarro, de Sisley e de Cézanne; mas, já conscientes do florescimento de uma nova pintura que substituirá o impressionismo, não se contentarão apenas em vender pintores que começam a ser reconhecidos mas, rapidamente, voltarão também os olhos para as obras de pintores jovens que quase não se destacam no meio; assim, entre outros, Seurat, Signac, Bonnard e Félix Vallotton – que se casará com a irmã dos Bernheim – também exporão suas obras na galeria.

Além disso, os irmãos desenvolvem relação de amizade com conhecidas figuras literárias e políticas da França daquela época. São eles que, em 1898, em pleno caso Dreyfus, no automóvel que leva o romancista Émile Zola ao Tribunal de Versalhes para ser julgado pela segunda vez por calúnia, acompanham o escritor, junto com Albert e Georges Clemenceau, com quem manterão laços de amizade por mais de trinta anos.

É durante aqueles anos próximos à mudança de século que, acompanhando o deslocamento de colecionadores e aficionados através de Paris, a galeria se instala no número 25 do *boulevard* de la Madeleine, esquina com a *rue* Richepanse. A partir de 1900, os dois irmãos tiram muito proveito da internacionalização do mercado e ampliam sua já importante clientela. Em uma época em que se espera que a própria galeria entregue e pendure na casa de cada comprador os quadros que vende, os mensageiros da galeria partem, frequentemente, de trem rumo à Rússia, Suíça, Alemanha e Inglaterra para entregar quadros em domicílio por toda a Europa.

O *marchand* parisiense Alfred Daber, que conheceu os dois irmãos, descreve-os da seguinte maneira: "Josse era o sério, parecia-se com os síndicos pintados por Rembrandt. Gaston era o vendedor que seduzia as mulheres." Em 1901, os dois irmãos se casam com duas irmãs, Mathilde e Suzanne Adler. De presente de casamento, pedem a Renoir que pinte os respectivos retratos de suas jovens esposas. As duas cerimônias de casamento acontecem no mesmo dia, e o padrinho de casamento dos dois casais é o então conhecido dramaturgo Georges Feydeau. Durante quase três décadas, os dois casais morarão juntos, dividindo o mesmo palacete situado na elegante avenida Henri-Martin, perto da Torre Eiffel.

No começo do século XX, o destacado precursor Durand-Ruel, já idoso e bem estabelecido, irá, lentamente, detendo seu gosto exclusivamente nos pintores do impressionismo, sem tentar entender a pintura posterior. O desinteresse pela novidade do *marchand* descobridor do impressionismo chega a ponto de levá-lo a desdenhar a organização de uma exposição póstuma de Van Gogh. Desde a morte deste, Durand-Ruel conhecia a obra do pintor holandês, que não apreciava; portanto, hesitava em se comprometer, uma vez que, ao organizar uma mostra, temia dar início a alguma controvérsia ou escândalo sobre o valor artístico de Van Gogh; inquietava-o, sobretudo, que o público em geral – incluindo seus clientes – pudesse tomar posições contrárias ao pintor que, por conseguinte, lhe seriam desfavoráveis para o bom funcionamento do negócio de sua galeria. Mas os Bernheim-Jeune, que não retrocedem diante da oportunidade de exposições tumultuosas, acolherão com prazer a bem-sucedida mostra em 1901, apenas onze anos depois do suicídio do pintor holandês. A bem-sucedida exposição revelou-se uma grande influência entre os jovens pintores, sobretudo para Vlaminck e o fauvismo.

Entre os impressionistas e seus herdeiros imediatos, o prestígio dos irmãos Bernheim-Jeune não para de aumentar. Em 1905 dirigem o leilão da herança Paul Bérard, uma das mais admiradas coleções de obras impressionistas criadas por este banqueiro e diplomata amigo de Renoir, que incluía a famosa obra *A tarde das crianças em Wargemont*. Os Bernheim-Jeune, já muito influentes nos círculos do mercado da arte, conseguem excluir Durand-Ruel de participar na organização do importante leilão. Graças a essa venda e a muitas outras, os vínculos entre os irmãos e Renoir se estreitarão com o tempo. Josse se encarregará de cuidar da saúde de Renoir, já idoso, e de encontrar o médico vienense que curará o terrível reumatismo que afetava o pintor nos últimos anos de sua vida.

Os irmãos *marchands* também se interessam, desde 1905, pelo fauvismo e por seus expoentes mais importantes, Matisse e Van Dongen, incluindo-os entre os pintores da galeria em 1909. Em 1906, os dois irmãos contratam como diretor artístico o conhecido e polêmico crítico de arte Félix Fénéon, líder anarquista, amigo de Toulouse-Lautrec, de Signac e de

Seurat, que havia cunhado o termo "pontilhismo" para descrever o trabalho deste último. A inverossímil, mas extensa, associação entre os três se mostrará muito proveitosa para a galeria, pois Fénéon, que reinará nela até 1925, atrairá, com inteligentes exposições e manifestos, jovens artistas da vanguarda parisiense e internacional; de 1919 a 1926, o crítico publicará também, juntamente com os dois irmãos, a influente revista bimensal *Bulletin de la vie artistique*.

Em junho de 1907, os dois comerciantes de arte expõem uma série de setenta e nove aquarelas de Cézanne, em comemoração à morte do artista no ano anterior. A singular exposição das obras em papel, procedentes diretamente do falecido e esquivo pintor, será uma revelação para o meio artístico parisiense. A maioria das aquarelas eram desconhecidas do público, e é ali, na galeria Bernheim-Jeune, que muitos jovens pintores como Picasso – justamente nos começos do cubismo e em plena realização naquele ano de *As senhoritas de Avignon* – as descobrem.

A galeria Bernheim-Jeune situa-se, portanto, na polêmica encruzilhada da arte de princípios do século XX e as obras que os dois irmãos exibem em seus estabelecimentos serão regularmente objeto do indignado repúdio de uma parte conservadora do público. Por volta do ano de 1910, um senhor muito elegantemente vestido apresenta-se na galeria e pede para falar com Josse. Quando o *marchand* chega, o orgulhoso cavalheiro o cobre de insultos protestando pelos "cadáveres em decomposição expostos na vitrine". Naquele mesmo ano, outro cavalheiro, acompanhado por uma senhora grávida, se detém diante da vitrine onde está exposto um magnífico *Nu na banheira* – também conhecido como *Efeito de espelho* ou *A tina* – de Bonnard. O casal entra precipitadamente na galeria e, ofendido, o cavalheiro exige perante os irmãos que se retire o quadro exposto de imediato, pois, insiste, "poderia provocar um aborto natural" em sua mulher.

Em 1910, os *marchands* encomendam novamente a Renoir dois retratos de família. Um deles representa *A senhora Josse Bernheim-Jeune e seu filho Henry*, mas o retrato realizado deixa Mathilde, a esposa de Josse, muito contrariada, pois, pretensiosamente, julga demasiado gordo o braço pintado que segura a criança. Mathilde confia seu descontentamento a Rodin, o escultor, e, em seguida, convida-o para almoçar em sua casa junto com Renoir, com a esperança de que Rodin convença o pintor a retocar o roliço membro. Depois de um amistoso almoço, com o desejo de Mathilde em mente, Rodin pede para ver o retrato objeto da desavença. Ao estudá-lo, Rodin fica agradavelmente surpreso com o quadro e elogia Renoir espontaneamente, exclamando: "Este é o melhor braço que você pintou." Renoir concorda com Rodin e replica: "É verdade, gosto da carne!" E os dois artistas, satisfeitos com o quadro, puseram-se a rir. Assim, o braço de Mathilde permaneceu gordinho por toda a eternidade. Hoje, pode ser admirado entre os quadros da coleção de pintores impressionistas do Museu d'Orsay.

Em fevereiro de 1912, acontecerá, também, no estabelecimento dos dois irmãos, a grande exposição – multimídia antes do tempo – do futurismo italiano. Marinetti, Boccioni, Carrà e Severini expõem ou leem suas obras, manifestos e textos diante de um público parisiense entusiasmado que os acolhe entre suas vanguardas.

Os irmãos conseguem criar ligações muito estreitas e duradouras com seus pintores jovens. Matisse parece ter grande confiança no tino comercial dos dois irmãos. Para cumprir o contrato de exclusividade que havia assinado com os dois *marchands*, Matisse levava regularmente para a galeria os quadros que acabava de terminar ou abria seu estúdio para que os irmãos selecionassem sua parte. Mas, de acordo com o contrato de exclusividade, o pintor tem o direito de conservar toda obra que deseja e dispor dela como lhe aprouver. E assim, nessas sessões comerciais, assim que um dos irmãos escolhia um dos quadros, Matisse automaticamente decidia conservá-lo; pensando, sem dúvida, que, se Josse e Gaston o haviam selecionado, aquela tela era de qualidade superior.

Depois de algum tempo, os irmãos percebem a artimanha do pintor que os impede de obter as melhores obras e imaginam uma maneira de resolver a absurda situação. Nas visitas seguintes, começam, então, a escolher as obras medíocres ou mais difíceis de vender do artista. E, automaticamente, Matisse decidia conservá-las para si; e os Bernheim-Jeune retinham para a galeria a produção restante, ou seja, os melhores quadros do pintor.

As relações entre Matisse e a galeria foram excelentes durante décadas. Tanto é verdade que o pintor continuava a fotografar todos os seus quadros nos estúdios fotográficos da galeria Bernheim-Jeune, apesar de ter concluído um novo contrato de exclusividade com Paul Rosenberg no final dos anos 1930. Em março de 1940, por exemplo, Rosenberg não poderá, devido à guerra, enviar dois quadros recentes de Matisse para ser fotografados na galeria Bernheim-Jeune. O novo *marchand* de Matisse terá de se conformar com duas fotos de tamanho pequeno, antes de levá-los para Floirac.

Naquela época começa, também, a longa associação entre os Bernheim-Jeune e Pierre Bonnard, que durará cerca de quarenta anos, até o início da Segunda Guerra Mundial. O vínculo comercial entre os *marchands* e o pintor é de inteira confiança e amizade e, surpreendentemente, nunca existirá entre eles nenhum contrato escrito oficializando-o. Nesta relação excepcional, Bonnard levará ou enviará regularmente para a galeria suas faturas e recibos de aluguel, de despesas com alimentos, de gás, de eletricidade, de materiais de pintura e de viagens, e os Bernheim-Jeune se encarregarão de pagá-los diretamente.

Este apoio incondicional de uma galeria ao longo da carreira de um pintor não é comum na história da arte. Recordemos mais uma vez que, entre finais do século XIX e as primeiras décadas do século XX, as pinturas pós-impressionista e moderna só eram aceitas por uma parte muito reduzida da sociedade francesa. Em virtude da escassez relativa de fontes de renda, um pintor jovem e desconhecido, como era Bonnard na época, podia passar por momentos difíceis no âmbito financeiro.

Também é verdade que nem tudo é sempre paradisíaco nas relações entre *marchands* e artistas; que, muitas vezes, pode existir o aproveitamento grave ou que as condições impostas são, com frequência, muito desiguais para o pintor. Mas, apesar disso, um testemunho pictórico da importante colaboração entre Bonnard e seus comerciantes de arte é o retrato dos dois irmãos Bernheim-Jeune, realizado em 1921, e que hoje se encontra no Museu d'Orsay em Paris.

Josse e Gaston compram quadros não apenas para revender, mas também para criar uma coleção pessoal própria. Logo esta atrai tanto a atenção dos aficionados, devido às peças extraordinárias que se encontram e ao número de obras, que os irmãos se veem obrigados a abrir as portas de sua casa e a organizar visitas nas quais se cobra a entrada, como quando se vai a um museu.

As obras-primas encontravam-se na sala de jantar e na grande sala de estar do palacete. De uma parede da sala de jantar pendia o *São Martinho dividindo seu manto com um pobre*, que El Greco havia executado entre 1597 e 1599 para a capela de São José em Toledo. Um detalhe que confere ainda mais valor a esse quadro e ao conhecimento estético dos irmãos é que a tela era uma grande novidade naquela época, pois a França acabava de descobrir o pintor espanhol.

Ao lado deste quadro encontrava-se uma das principais atrações da admirada coleção, *A parada do circo*, de Seurat. Ao lado dela, *O lago das ninfeias* de Monet, o *São Sebastião* de Corot e um belo *Julgamento de Paris* de Cézanne (ver ilustração B14). Sobre outra parede do mesmo cômodo encontravam-se seis ou sete Toulouse-Lautrec, entre os quais *La Goulue e seu par* (ver ilustração A12) e *La Goulue: em seus lugares para a contradança* (ver ilustração A13). Perto deste estava *Agostina* de Corot e uma dezena de pinturas de Cézanne, com *Jas de Bouffan* (ver ilustração B11) e o pequeno *Retrato do pintor com cabelos compridos* (ver ilustração B12). A última parede da sala de jantar desse pequeno museu doméstico estava decorada com outros doze Cézannes, que incluíam um dos famosos *Jogadores de cartas* e um *Efeito de neve em Auvers-sur-Oise* (ver ilustração B9), outros Toulouse-Lautrec e um Gauguin. A sala de estar contígua, conhecida como "a sala de Renoir", abrigava cerca de quarenta e cinco pinturas do pintor, que incluíam sete nus[1].

Durante os anos imediatos ao fim da Primeira Guerra Mundial e nos anos entreguerras, os Bernheim administram pacientemente suas vastas reservas de quadros. Suas duas últimas apostas vanguardistas serão o pintor russo Marc Chagall, sob contrato desde os anos 1920, e o franco-espanhol Maurice Utrillo. A galeria se encarregará então da obra do pintor Vlaminck, já muito distante de seu período fauvista. Em princípios dos anos 1920, os dois *marchands* compram, em associação com Étienne Bignou, o comerciante de arte cujos estabelecimentos se encontravam na *rue de la Boétie*, a antiga galeria impressionista Georges Petit e a transformam, seguindo a tendência daquela época, em uma bem-sucedida e concorrida sala de leilões.

Ao final dos longos anos passados no ofício, os Bernheim-Jeune se converteram nos *marchands* indiscutíveis dos pintores da cor, segundo sempre a venturosa orientação estabelecida na época moderna pelos primeiros impressionistas. No entanto, os dois irmãos nunca conseguiram se interessar pela outra vertente da arte moderna francesa daquela época – os pintores do desenho –, sobretudo pelo cubismo de Picasso e de Braque.

Naqueles anos posteriores à Primeira Guerra, o mercado da arte e o mundo da moda e da alta costura começam a se deslocar para a elegante

---

1 Ver as ilustrações da residência em Jean Dauberville, *En encadrant le siècle*. Paris: Éditions J. et H. Bernheim-Jeune, 1967.

rue du Faubourg Saint-Honoré, na vizinhança da *rue* de la Boétie. Em 1925, mais uma vez seguindo sua clientela, a galeria se transfere do bairro de La Madeleine para um novo local, no número 83, *rue* du Faubourg Saint-Honoré, esquina com a *Avenue* Matignon, onde permanece até o dia de hoje.

Os Bernheim compram todo o edifício de um corretor de imóveis chamado Borionne. A galeria encontra-se agora no oitavo distrito de Paris, em plena margem direita, perto das dinâmicas galerias de Paul Rosenberg, de Georges Wildenstein e de Paul Cailleux.

Bem em frente dos novos locais encontra-se o prestigiado modista Worth, enquanto Vionnet, umas das grandes modistas do período entreguerras, tem sua loja e oficina, não muito distante, na famosa *Avenue* Montaigne. Os decoradores mais solicitados da época, como Poiret, Groult e Mare, também se encontram no mesmo bairro.

Em 1929, os dois irmãos e suas famílias decidem morar separadamente. Gaston instala-se na *Avenue du* Géneral-Maunoury, no fim do Bois de Boulogne, e Josse em um palacete no número 17 da *rue* Desbordes-Valmores. A magnífica coleção também se divide entre os dois domicílios. Já por volta dessa data, Jean e Henry, os dois filhos de Josse, pouco a pouco tomam a direção do negócio das mãos de seu pai e de seu tio.

Quando começou a ocupação, o grande número de galerias pertencentes a judeus no bairro do Faubourg Saint-Honoré põe a vizinhança na linha de mira das cobiças cruzadas dos alemães e de Vichy.

Certo tipo de oficial do exército alemão, aristocratizante, culto, distinto, elegante, aprecia muito a vizinhança, com suas lojas de luxo, seus clientes e as distrações que oferece. Um dia de folga do escritor Ernst Jünger, então tenente do exército de ocupação alemão, descrito em seu *Diário de guerra*, revela-se uma espécie de resumo dessa forma "esteta" da ocupação de que o escritor tanto gostava e pela qual muitos o criticaram posteriormente: apreciador, naturalmente, dos livros e das livrarias, Jünger visita, em primeiro lugar, a livraria Bérès, especializada em livros antigos e bibliotecas e localizada na *Avenue* de Friedland, não longe do Arco do Triunfo; continuando o ameno passeio a pé, o escritor logo vai à excelente confeitaria Ladurée no número 15 da *rue* Royale, perto da Praça da Concórdia e da igreja de La Madeleine, conhecida por seus extraordinários *macarons*. E, mais tarde, enquanto espera para se preparar para uma noitada em uniforme de gala no exclusivo Hotel Georges V nos Champs Élysées, o escritor alemão passeia, em trajes civis, pela extensa *rue du* Faubourg Saint-Honoré. É por esse bairro, escreve em seu diário, que pode "experimentar sempre um sentimento de bem-estar"[2].

Assim como fizeram com as outras propriedades do bairro pertencentes a judeus, os alemães embargam a galeria Bernheim-Jeune. Entre o outono de 1940 e a primavera de 1941, o ERR confisca a parte da coleção e dos bens que se encontram na galeria e no edifício. Mas o edifício em si é requisitado pelo Comissariado Geral para Assuntos Judaicos do governo de Vichy, que logo o coloca à venda. Por uma dessas casualidades, é o senhor Borionne – o mesmo corretor de imóveis que, em 1925, vendera o edifício aos irmãos Bernheim – que dá um jeito, por meio de seus contatos colaboracionistas, de comprar a propriedade pelo mesmo preço pelo qual a havia vendido quinze anos antes. Borionne aproveita a localização central para subdividir os andares da galeria em escritórios e alugá-los a uma infinidade de inquilinos durante a guerra. No andar térreo se instala um jovem alfaiate que utiliza como sala de provas o escritório que se costumava reservar para os clientes especiais da galeria.

Durante o período da *guerra boba*, anterior à derrota e à ocupação, Gaston se transfere junto com seus quadros para Montecarlo, no principado de Mônaco. Ali, tanto o *marchand* como seus quadros atravessarão a ocupação sem encontrar maiores obstáculos nem empecilhos.

Claude, o filho de Gaston, se refugia rapidamente em Saboya, no sudeste alpino da França. Mas adoece em 1942, e a enfermeira francesa que cuida dele revela sua identidade judaica para as autoridades locais e Claude é preso e deportado para o campo de extermínio de Auschwitz. Ali morre, ao final da guerra, durante a transferência maciça de prisioneiros pela SS (SchutzStaffel, polícia militarizada que garantia a gestão e a vigilância dos campos de concentração) diante do iminente avanço das tropas do exército soviético em 1945.

Seus primos irmãos, Jean e Henry, filhos de Josse, sobrevivem às perseguições alemã e francesa. No início da guerra ambos haviam ingressado na força aérea. Jean cai ferido no povoado de Chantilly e, em seguida, é desmobilizado, assim como seu irmão. Juntos se reúnem com seu pai Josse

---

[2] Ver de Ernst Jünger, *Journaux de guerre*. Paris: Juilliard, 1990, suas visitas ao livreiro Bérès, pp. 235 e 269; seus passeios pelo *Faubourg* Saint-Honoré, p. 260; suas visitas à confeitaria Ladurée, *rue* Royale, p. 218.

em Lyon, onde este se refugiara com alguns poucos quadros da coleção. Mas, em 1941, Josse morrerá de morte natural nesta cidade.

Jean e Henry então decidem sair de Lyon, e, após várias tentativas infrutíferas de cruzar a fronteira clandestinamente, conseguem refugiar-se na Suíça. Uma vez ali, em 1942, introduzem de contrabando vários quadros da coleção, graças à imunidade diplomática e à cumplicidade de um diplomata japonês, antigo companheiro de classe dos irmãos em seus anos de liceu em Paris.

O amigo diplomata, trabalhando na embaixada do Japão em Paris, havia recebido os quadros da leal secretária da galeria, cujo estatuto como *ariana* lhe permitia entregá-los sem medo. Esses quadros servirão de garantia bancária para os dois irmãos durante sua forçada estada na Suíça.

Embora seja verdade que os filhos de Josse tiveram muito mais sorte que seu primo Claude, a coleção daquele recebeu de frente todo o impacto da guerra.

Seguindo as conhecidas tradições bélicas, os vencedores, seus colaboradores e as pragas que os rodeiam dividirão o butim dos vencidos.

Uma boa parte das obras de Josse havia permanecido no palacete da *rue* Desbordes-Valmore no décimo sexto distrito de Paris. A primeira a se servir dos despojos da residência será a embaixada da Alemanha. Em seguida, chegará o ERR para examinar o que sobra e selecionar o que lhe possa interessar, acompanhado de perto pelo Comissariado Geral de Assuntos Judaicos e do administrador provisório da coleção. Os ocupantes posteriores dividirão o resto.

Os nazistas encontram na residência consideráveis bens confiscáveis abandonados pelas famílias: estatuetas medievais, máscaras e estatuetas egípcias, bustos e torsos gregos. Também acharão um *L'Estaque* de Cézanne e duas telas de Corot, *Veneza, gôndola no Grande Canal diante da igreja de San Giorgio Maggiore* e *Mulher turca*, além de vários quadros modernos de Dufy, Marquet, Vlaminck, Vallotton e Roussel. Espalhadas pela casa se encontram coleções de moedas e medalhas, notavelmente a do grão-duque Cosme de Médicis, e várias cartas autógrafas.

Uma vez despojado das obras em sua quase totalidade, o governo de Vichy consegue se apoderar do edifício para seus funcionários políticos. Em abril de 1941, o regime atribui a mansão embargada ao estado-maior da Rassemblement National Populaire (RNP, Reunião Nacional Popular, partido operário de tendência fascista que apoia o regime colaboracionista de

Vichy). No dia 9 daquele mês, os líderes do partido, Marcel Déat e Eugène Deloncle, apresentam-se na propriedade com a intenção de ocupá-la oficialmente. O casal Deloncle espera converter, por muito tempo, uma bela mansão em seu domicílio.

Um vizinho aproveitador ocupa a garagem do palacete enquanto o antigo jardineiro e motorista de Josse reside em uma das alas da casa, onde se apropriará de algumas das estátuas da coleção. Convertida, mais tarde, na sede da Associação de Prisioneiros de Guerra da RNP, a mansão terminará sendo ocupada pelos alemães. Entre os quadros que desaparecerão, há um belo painel pintado por Bonnard em 1920. Muito apreciado pela família, o quadro, que mede 60 por 130,5 cm, cobria o entrepano entre as portas da sala de estar e a porta da sala de jantar. Seu título é *A Vênus de Cirene* e representa uma mesa com um vaso de flores e livros, entre os quais um que traz escrito o nome do quadro em sua capa, que era, por sua vez, o título de um romance escrito por Josse Bernheim. O título do romance tomava seu nome de uma escultura grega do século IV a.C. descoberta na Líbia em 1912. O painel de Bonnard é roubado por um dos administradores provisórios da coleção.

A depredação e a rapacidade deixarão muito pouco em pé na casa. Só duas peças sobrevivem ao saque. Outro Bonnard, *O Mediterrâneo*, que estava escondido em um nicho coberto por um espelho, e uma estátua do escultor francês Maillol, *O desejo eterno*, dissimulada atrás de uma parede falsa desde o começo da guerra. Ao que parece, os múltiplos e vorazes ocupantes da resistência nunca suspeitaram de sua existência.

Quanto ao restante da coleção, mais ou menos trinta quadros magníficos, Josse e seus filhos a mudam antes de partir da mansão parisiense e a confiam a uma família anglo-americana, os Lauwick, amigos da esposa norte-americana de Jean Bernheim.

Os Lauwick possuem um castelo em Rastignac, na Dordonha, longe da Paris dos nazistas, na zona não ocupada no sudoeste da França. Haviam convencido os Bernheim-Jeune de que os quadros estariam mais bem protegidos ali do que em qualquer outro lugar.

Com a ajuda do marido da fiel secretária da galeria, conseguem transportar clandestinamente as telas da zona ocupada para a não ocupada, depois de tê-las desmontado de seus bastidores, enrolado e coberto com papel de embalagem.

Assim, ocultamente, e em plena guerra, transferem os quadros da conhecida coleção doméstica para a zona sul do país: entre outros, o *Retrato do pintor com cabelos compridos*, *As banhistas* e *Antuérpia na neve* de Cézanne; *A argelina sentada* e *Retrato de Coco*, presente de Renoir à esposa de Josse; três Toulouse-Lautrec: *La Goulue e seu par*, *Em um quarto mobiliado* e *O baile do Moulin Rouge*, e um Van Gogh da importante época de Arles, *Flores com fundo amarelo* (ver ilustrações A12 e B15).

Situado entre as colinas arborizadas da região, junto ao povoado de La Bachellerie, o castelo de Rastignac que os abriga é uma construção que data de 1811 e imita a residência presidencial da Casa Branca em Washington. Ao chegar a seu destino, os quadros enrolados e cobertos encomendados aos Lauwick são depositados como estão no sótão do castelo, onde são escondidos cuidadosamente em um velho baú de uniformes de fundo duplo; são poucos, então, os que conhecem o esconderijo do precioso tesouro.

Os guardiães voluntários dele eram os proprietários da residência: a senhora viúva de Lauwick, seu filho Jacques Lauwick, que trabalhava na revista de modas *Vogue* em Paris, sua filha, a senhora Fairweather, e o filho desta.

Enquanto o palacete de Josse Bernheim em Paris é submetido à pilhagem dos confiscadores, o melhor de sua coleção se encontra aqui ao abrigo de tudo. Até o ponto de que, mais tarde, convencidos de que o esconderijo de Rastignac era o mais seguro, os Bernheim decidem enviar um pequeno Renoir, *As rosas*, para o castelo de Rastignac. O quadro encontrava-se na casa da família de Jean que, quando este fugiu para a Suíça, se havia refugiado no povoado de Terrasson, não longe do castelo.

No final de 1943 e princípios de 1944, com os reveses sofridos pelo exército alemão com a invasão aliada da Itália e, localmente, com o desenvolvimento maciço da resistência armada no sudoeste da França, as arbitrariedades e os abusos nazistas se multiplicam na região. Os soldados alemães sentem-se em casa e a Dordonha encontra-se praticamente sob controle militar permanente.

Em 30 de março de 1944, por volta dos oito da manhã, uma coluna alemã passa pela estrada que o castelo de Rastignac domina. É a divisão Brehmer, em busca de grupos de resistentes armados, e cujos comandantes se instalam no povoado de La Bachellerie. Entrementes, uma seção da Sicherheitspolizei (SP), polícia de segurança alemã, ocupa a prefeitura de

Azerat, outro povoado vizinho. E o castelo de Rastignac encontra-se, repentinamente, preso entre as duas guarnições.

Às nove da manhã, um automóvel da SP apresenta-se no castelo com cinco homens a bordo: o *Obersturmführer* (primeiro-tenente SS) Thalman e outros quatro militares. Segundo Jacques Lauwick, Thalmann, "jovem, moreno, magro, arrogante, com grossas lentes sem armação", ordena que todos os ocupantes do edifício saiam imediatamente para o pátio.

Assim, os proprietários de Rastignac se unem aos serventes e empregados que já se encontram em fila diante da porta das dependências. O grupo permanecerá de pé durante três horas no pátio sob a custódia de dois dos soldados. Enquanto isso, os outros três militares revistam o castelo de cima a baixo. "Ouvíamos as gavetas serem esvaziadas rapidamente, as portas sendo arrombadas e móveis lançados ao chão", declarará Jacques Lauwick mais tarde.

Por volta das onze horas, ouve-se uma série regular de preocupantes disparos procedentes do povoado de Azerat, abaixo no vale. Os prisioneiros se perguntam e se inquietam sobre seu significado. Ao meio-dia, Thalmann sai do castelo e faz conduzir sob escolta à prefeitura de Azerat, de onde viera o barulho de armas, a senhora Fairweather, seu filho, assim como Jacques Lauwick. A senhora viúva de Lauwick e os empregados, por sua vez, recebem ordens de partir para La Bachellerie. Os alemães proíbem a senhora Lauwick de entrar no castelo para pegar seus documentos de identidade e seu dinheiro.

Ao descer caminhando para o povoado de Azerat, os Lauwick descobrem que os inquietantes disparos ouvidos previamente provinham da execução sumária pelos alemães do prefeito, do vice-prefeito e do secretário do município. Ao final de outras três tensas horas de espera nas dependências da prefeitura, os alemães submetem Jacques a um extenso interrogatório. No princípio, este pensa que os alemães, ao não descobrir o cofre escondido atrás de uma porta falsa e ter encontrado apenas dois mil francos em todo o castelo, desejam saber onde se encontra o resto do dinheiro da família. Mas, para sua surpresa, os oficiais tentam obter uma informação que o desconcerta; interrogam-no sobre a data de construção do edifício, pretendem saber detalhes precisos sobre a estrutura e outros aspectos de sua arquitetura. O interrogatório leva Jacques a pensar que os SS buscam esconderijos ou compartimentos secretos onde pensam encontrar armas ou dinheiro da Resistência.

Detidos nos povoados de Azerat e de La Bachellerie para interrogatório, os Lauwick não podem presenciar então o que se desenrola no castelo simultaneamente: pouco depois do meio-dia, ao fim do saque metódico de todos os cômodos da mansão, uma equipe de soldados vestidos de macacões revestidos de amianto chega para incendiar o castelo com enxofre.

Previamente, os alemães haviam roubado toda a roupa branca e a roupa de cama do castelo; haviam enrolado e carregado em grandes caminhões tapeçarias de Flandres e antigos tapetes da Pérsia. A prata e os talheres da casa haviam sido divididos entre os soldados; a roupa de vestir havia sido repartida entre os civis presentes. Um vaqueiro do lugar, obrigado pelos soldados a ajudá-los na pilhagem, declarará mais tarde: "no castelo, os alemães levavam pacotes de todos os tipos e os transportavam nos automóveis".

Alguns vizinhos do lugar veem descer pela estrada cinco caminhões militares com móveis e objetos roubados da mansão. Enquanto isso, o castelo está em chamas.

A Divisão Brehmer decide partir. Os militares libertam os Lauwick, sem causar-lhes dano; só o castelo foi destruído.

Aparentemente, o saque e o incêndio de Rastignac têm motivo apenas estratégico: destruir um lugar que tivesse servido ou pudesse servir de abrigo para a Resistência. De acordo com Jacques Lauwick, em seu relatório escrito da terrível jornada dos irmãos Jean e Henry Bernheim: "os alemães não pareciam ser conhecedores. Tenho certeza de que, se encontraram os belos quadros no esconderijo, não os levaram embora, por desconhecerem seu valor. Não os encontraremos, infelizmente. Foram destruídos com todo o resto"[3].

No entanto, o mistério permanece intacto até o dia de hoje: o que buscavam os alemães em Rastignac com tanto empenho? Seria apenas dinheiro? Procuravam destruir um foco secreto de resistência ou um depósito secreto de armas? Por fim, sabiam da existência dos conhecidos quadros? E, se sabiam, será que os encontraram e os transportaram? E o implacável incêndio com enxofre terá sido provocado em represália pela ocultação das telas? Ou, ao contrário, por despeito, ao não ter encontrado nada?

---

3 Carta de Jacques Lauwick que se encontra no processo Bernheim-Jeune da CRA e da DGER (Serviço Gaullista de Inteligência durante o pós-guerra), *RG 239*, *box* 74 (NA), Washington (DC).

Ninguém sabe se os caminhões militares levaram embora as pinturas enroladas, talvez protegidas dentro dos grandes tapetes.

Esta última hipótese não é infundada. Por certo, alguns sinais indicam, de fato, que as trinta obras-primas, entre as quais se encontram o *Retrato do pintor com cabelos compridos* de Cézanne, não arderam no incêndio que destruiu o castelo de Rastignac.

Capítulo **7**

DAVID DAVID-WEILL
OU O MECENAS DESPOJADO

O relato neste capítulo tem início na costa oeste dos Estados Unidos; na cidade de San Francisco, para ser mais preciso[1]. Começa nessa cidade portuária do norte do estado da Califórnia porque foi ali que nasceu, em 30 de agosto de 1871, David Weill, filho de Alexandre Weill. Em 1853, este último, um jovem negociante francês, havia deixado a cidade de Phalsbourg, em sua Lorena natal, para reunir-se nos Estados Unidos com seus primos, os irmãos Lazard e Cahn.

Os Lazard e Cahn, por sua vez, haviam fundado inicialmente uma casa comercial em New Orleans. Apesar da incessante atividade da dinâmica cidade sobre o Mississipi, os primos se deixam atrair pelo inexplorado oeste americano e, em 1848, mudam-se para a incipiente cidade de San Francisco, no mesmo ano da descoberta do ouro na Califórnia. Uma vez ali, Alexandre se unirá a eles.

Em suas origens, a casa dos irmãos Lazard exporta algodão sem processar e importa telas e objetos manufaturados da Europa para uma clientela cada vez mais opulenta. Mas, depois da Guerra da Secessão, na década de 1860, o forte desenvolvimento da economia norte-americana transformará a casa comercial em banco comercial.

Com olho clínico para os negócios e investimentos futuros, o seleto banco Lazard Frères estabelece sua sede na cidade de Nova York, criando

---

[1] A informação neste capítulo procede, em sua maior parte, de entrevistas com membros da família e dos organizados arquivos familiares David-Weill. Ali se encontram os inventários de confisco estabelecidos pelo ERR, os processos de reclamação das coleções, com as listas estabelecidas em 1946 e atualizadas em 1958, além dos documentos e arquivos de *Mlle.* Minet, a encarregada da coleção.

filiais em Londres e, é claro, em Paris. Em poucos anos, os primos empreendedores conseguem estabelecer uma crescente rede internacional de banco e de comércio, onde os diferentes setores ajudam, um ao outro, a se desenvolver mutuamente. Será assim que, graças a esse apoio financeiro, e seguindo o imitado modelo das grandes lojas parisienses para senhoras, o irmão de Alexandre Weill, Raphael, se converterá no proprietário de uma das primeiras lojas de departamento da costa oeste, a exclusiva White House.

Em 1884, apesar de seus prósperos negócios norte-americanos, Alexandre Weill decide voltar para a França com toda a sua família. Durante a guerra franco-prussiana de 1870, quando a Alemanha havia ocupado as duas províncias francesas de Alsácia e Lorena, Alexandre havia optado pela nacionalidade francesa, por seu profundo sentimento patriótico. Agora voltava para seu país, com o desejo de que seu filho David fosse, assim como ele, educado na França.

No entanto, antes de estabelecer sua residência em Paris, Alexandre e sua família realizam um grande giro pelos vários países da Europa na qual o jovem David visita, cidade por cidade, os grandes museus do continente. Esta precoce e ansiada viagem artística abrirá o mundo para o jovem franco-americano e o sensibilizará para uma longa vida de aficionado, colecionador e mecenas.

Uma vez na cidade de Paris, David estudará no exclusivo liceu público Condorcet, onde o escritor Marcel Proust e o colecionador Alphonse Kann serão seus colegas de classe; e este último, seu amigo. Aos 18 anos, visando estabelecer sua primeira coleção, David já compra suas primeiras miniaturas e esmaltes.

Em 1897 casa-se com Flora Raphaël, que compartilhará, ao longo de sua vida, seus diversos gostos artísticos. Um ano mais tarde, David é nomeado representante do Banco da família e, pouco a pouco, começa, juntamente com a geração seguinte de primos Lazard e Thibaut-Cahn, a assumir a direção dele. O grande número de banqueiros na própria família Weill incentiva-o, para se distinguir do restante de seus familiares no mesmo negócio, a acrescentar seu nome a seu sobrenome. Assim, a partir desse momento, será conhecido como David David-Weill.

Mas a grande história de sua esplêndida coleção começa, quase com certeza, em 1904. É naquele ano que David David-Weill faz construir um luxuoso palacete no número 14 da *rue* de Chezy, em Neuilly, o elegante povoado dos arredores, a oeste de Paris. É para mobiliar a enorme mansão que o banqueiro e sua esposa começam a comprar numerosos móveis, quadros e objetos dos séculos XVII e XVIII.

Através dos anos, a coleção continuará a se enriquecer com obras de artistas de renome, desde os irmãos Le Nain, pintores franceses do século XVII conhecidos por suas cenas campestres, até os modernos Dufy e Picasso, passando por Delacroix, Ingres, Corot, Courbet, Degas, Monet e Renoir. A coleção inclui, é claro, inúmeras obras do século XVIII, entre as quais se encontra *O touro branco* de Fragonard.

Em muito pouco tempo essa coleção familiar, reunida com inteligência e apoiada por uma inesgotável fortuna, começa a se diversificar profundamente e a alcançar os mais diversos campos: desde a louça e os bronzes chineses, até a ourivesaria europeia dos séculos XVI e XVII, passando pela prata e pelas miniaturas.

O aspecto que caracterizará a origem da coleção David-Weill será o fato de ter sido criada, muito rapidamente, por um só homem, que, além do mais, possui um gosto apuradíssimo guiado por uma curiosidade eclética e polimórfica; porque, por mais heterogênea que possa parecer a princípio, cada nova compra parece integrar-se perfeitamente dentro de um conjunto. Se a coleção Rothschild representa o amadurecimento e o aperfeiçoamento corrigidos e revisados geração após geração, a de David-Weill representa a segurança eclética que se torna nobre e aristocrática em poucos anos.

Esmaltes de Limoges e porcelanas do Japão convivem com antiguidades egípcias ou cerâmica e ourivesaria do Oriente muçulmano. A esplêndida seção de estampas reúne obras únicas de Degas, Manet, Renoir, Toulouse-Lautrec, Gauguin, Bonnard e, também, do pintor Vuillard, amigo da família. A coleção de esculturas inclui peças de escultores clássicos como Sarrazin, principal escultor francês do século XVII, Houdon, Caffieri e Carpeaux, e, ao mesmo tempo, cavalos e bailarinas de Degas ou estatuetas de mulher de Maillol. No próprio jardim do palacete de Neuilly, pode-se admirar *A idade do bronze* de Rodin.

Bibliófilo, David-Weill acumula também uma rica e variada coleção de centenas de exemplares de incunábulos, de edições raras e de livros encadernados pelos melhores artesãos contemporâneos.

Devido à reunião universal de objetos de arte de todos os tipos, a mistura lembra mais as grandes coleções imperiais, aristocráticas e papais do Renascimento e dos séculos XVII e XVIII que aquelas, exclusivamente de pintura, criadas pela grande burguesia do século XIX.

Mas David-Weill também será um precursor. O banqueiro logo se interessará pela arte pré-colombiana do México e dos índios tainos do Caribe. Antes de a arte anterior à conquista da América entrar na moda, e mesmo quando muitos desses objetos ainda eram considerados objetos arqueológicos ou anedóticos de pouco valor fora de seu campo, David-Weill já os considerava arte e totalmente dignos de fazer parte de sua coleção.

Da arte dos índios tainos de Porto Rico e Santo Domingo, por exemplo, David-Weill comprará peças autóctones de grande qualidade: cinturões rituais de pedra, *cemíes* – figuras representativas de divindades – e *dujos* – assentos cerimoniais indígenas – esculpidos em mogno. Em 1928, além disso, ajuda o financiamento e a organização em Paris da *Exposição das Artes Antigas da América*. Essa concorrida mostra foi, na época, uma revelação não apenas para o grande público francês, mas também para o grupo de artistas surrealistas e para os jovens escritores latino-americanos que, como Miguel Ángel Asturias e Alejo Carpentier, moravam na Europa e começavam, por aqueles anos, a tomar plena consciência de sua história e origens próprias. Anos mais tarde, por doação, as peças tainas de David--Weill integrarão as coleções do Museu do Homem de Paris e, hoje, estão expostas nas salas de arte primitiva do Museu do Louvre.

Seu profissionalismo de colecionador leva David David-Weill a contratar uma conservadora particular, Marcelle Minet, que, ao começar nos anos 1930, se dedicará exclusivamente à conservação e ampliação da coleção. Por outro lado, o banqueiro se faz assessorar por *marchands* e especialistas em cada campo artístico. Sua coleção de pratarias, por exemplo, é constituída com a ajuda contínua do antiquário e especialista em prata Jacques Helft. Este obtém para a coleção centenas de peças excepcionais, desde uma sopeira do século XVIII do ourives de reis François-Thomas Germain até uma curiosa mamadeira para doentes em prata do século XV procedente do hospital da cidade de Reims.

Um aficionado do singular calibre de David-Weill passa obrigatoriamente grande parte de sua vida assistindo a leilões e visitando galerias. Todas as manhãs, logo cedo, antes de chegar ao seu escritório no Banco, David-Weill faz uma visita a antiquários e comerciantes de arte para descobrir e examinar quadros ou objetos que possam ser de seu interesse. Seu escritório, na *rue* Pillet-Will, no novo distrito de Paris, está decorado com estatuetas da Idade Média, entre as quais se encontra uma de São João em cobre dourado do século XVI e, sua preferida, uma virgem borgonhesa em mármore do século XV, com muita pátina.

Jacques Helft afirma o seguinte em suas memórias, escritas depois da morte do grande colecionador e, portanto, isentas de segundas intenções aduladoras: "[...] David David-Weill, um dos mais fiéis clientes por quem eu professava uma verdadeira veneração... Além das inúmeras visitas que lhe fazia em Neuilly, o senhor David-Weill me recebia com frequência em seu Banco e se comprazia, entre uma reunião e outra, ouvindo o último boato da profissão". Helft insiste, também, em sua grande lealdade. Recorda que, um dia depois de ter revelado a David-Weill o considerável lucro que havia obtido em um objeto que acabava de lhe vender, um concorrente invejoso, querendo prejudicar o antiquário, informa ao banqueiro o custo inicial que Helft havia pago. David-Weill, perfeitamente a par da margem de lucro de Helft, mas indignado com a forma pérfida empregada pelo delator, pede cortesmente a este que não volte mais a seu escritório.

Seu sentido do patrocínio é particularmente característico. Os conservadores dos diferentes museus franceses com os quais David-Weill está comprometido periodicamente indicam-lhe peças raras disponíveis no mercado que deveria comprar e doar. E, na maioria das vezes, David-Weill segue seus conselhos.

Efetivamente, o grande *amateur d'art* será um dos raros colecionadores na França a efetuar, em vida, doações importantes e consideráveis. Inaugura uma longa tradição em 1912, quando, pela primeira vez, doa objetos ao Museu do Louvre: um prato hispano-mourisco e várias esculturas chinesas de bronze, entre as primeiras a chegar do Império Médio ao Ocidente.

Quando de sua morte, o catálogo de doações efetuadas – e reconhecidas – aos museus franceses constará de mais de trezentas páginas que enumeram mais de mil doações. Na lista se encontram obras excepcionais. Por exemplo, para o departamento de pinturas do Museu do Louvre, David--Weill presenteou as seguintes obras-primas: *O banho turco* de Ingres, *O ateliê do pintor* de Cranach, o *Retrato de Stéphane Mallarmé* de Manet, *Em La Grenouillère* de Renoir, e desenhos, como os três *Estudos de jovens negros* de Watteau e vários de Constable.

A prova de seu desprendimento é confirmada ao verificar que a maioria de suas doações e presentes permanecerão anônimos ao longo de toda sua vida. Até o ponto de, quando algum novo objeto doado chega aos museus, os conservadores que já conhecem a verdadeira identidade do doador costumam dizer: "É uma doação do Anônimo."

E, de fato, David-Weill converte-se em uma verdadeira instituição complementar para os museus franceses, chegando, às vezes, a completar o modesto salário de alguns conservadores e funcionários.

Muitos conservadores franceses deverão a ele até mesmo suas carreiras. Deste modo, nos anos 1920, David-Weill propõe a René Huyghe, um conservador principiante de recursos financeiros exíguos, empreender uma extensa viagem de estudos pela Europa para estudar os grandes museus e seus métodos de conservação. A viagem lembrará aquela realizada em 1884 pelo jovem David em sua chegada dos Estados Unidos à Europa. Com os anos, Huyghe continuará sendo um protegido do banqueiro, se converterá em um reconhecido historiador da arte e ocupará o invejado cargo de diretor do departamento de pinturas do Museu do Louvre.

Como era de esperar, em 1931, David David-Weill é nomeado presidente do conselho diretor dos museus nacionais, um posto de grande prestígio social que coroa, na França, a carreira de muitas personalidades do mundo dos negócios, do banco ou da cultura. Nesse cargo, exercerá um intenso trabalho ajudando a gestão e o aumento das coleções.

Como verdadeiro admirador da arte que era, David-Weill interessa-se também pela proteção da arte e dos museus, onde quer que se encontrem. Quando se inicia a sublevação de Franco contra a República espanhola, em julho de 1936, a preocupação da comunidade internacional de conservadores, historiadores da arte e mecenas se concentrará em ajudar a salvaguardar as obras e tesouros que se encontram no Museu do Prado em Madri. Era necessário proteger o edifício, pois com as diferentes batalhas, o sítio e o constante bombardeio de Madri, as obras de Velázquez, El Greco, Murillo, Van Eyck, Rogier van der Weyden e Bosch corriam perigo irreparável de ser destruídas.

No entanto, as circunstâncias mudam rapidamente, e a cada nova vitória das forças franquistas o governo republicano espanhol se vê obrigado a transferir, sob fogo, o conteúdo artístico do museu para um novo lugar: de Madri viaja para Valência e, dali, diante do avanço final franquista, é transportado para a Catalunha.

Diante da urgência, David-Weill utilizará todo o peso de sua influência internacional para ajudar a criar, em 1938, o Comitê Internacional para o Salvamento dos Tesouros de Arte Espanhóis, com um mandato imediato da Liga das Nações. Assim, especialistas e peritos da Europa e da América, vendo a necessidade de retirar os objetos do palco da guerra, tentarão transportá-los para um país neutro. Seria a primeira vez na história que, utilizando técnicas modernas, seria realizado um deslocamento de arte de tal magnitude, de uma só vez e com tanta urgência, com o único objetivo de proteger obras-primas. A arte do Prado seria transferida para Genebra, onde, uma vez a salvo, seria organizada uma grande exposição pública internacional.

Os membros franceses do comitê praticamente assumirão o comando da operação, pois o precioso carregamento transportado em trens e caminhões nos últimos meses de vida da República terá de passar pela França em seu trajeto da Espanha para a Suíça. Além do banqueiro parisiense, participarão do inovador projeto Jacques Jaujard, diretor dos museus da França, Gabriel Cognacq, membro assíduo do conselho diretor dos museus nacionais, Albert S. Henraux, presidente da Sociedade de Amigos do Louvre. David-Weill recomenda a René Huyghe, seu protegido, que também faça parte da equipe. Todos os mencionados – sem saber, naturalmente – terão papéis de importância nos meses e anos vindouros, com a eclosão da Segunda Guerra Mundial em setembro de 1939.

Em janeiro de 1939, com a maior das precauções, vinte caminhões carregados de obras de arte procedentes quase inteiramente do Museu do Prado realizaram mais de setenta e uma viagens entre os depósitos da Catalunha e a fronteira com a França. Antes de ser carregadas em vagões de trem com destino a Genebra, onde aguardarão o fim das hostilidades, Huyghe e o próprio David-Weill ajudarão a estabelecer novos inventários das obras. Apesar dos grandes preparativos e esforços realizados, a viagem para a Suíça durará muito pouco. Apenas alguns meses mais tarde, com a vitória nacionalista em abril de 1939, as coleções do Prado terão de voltar de Genebra para Madri, onde passarão para as mãos do governo de Franco.

Anos depois, diante de um jornalista, Huyghe lembraria que essa transferência artística espanhola foi uma espécie de ensaio geral do que se aproximava em Paris com o início da Segunda Guerra Mundial: o transporte dos milhares de obras das coleções do Museu do Louvre, incluindo as de David-Weill, para depósitos provinciais com a finalidade de protegê-las de possíveis estragos ocasionados pelos bombardeios e pelas batalhas. Acrescentará que, não fosse pela cuidadosa experiência da mudança dos objetos do Prado, a transferência do Louvre, da qual também participou de perto, teria sido realizada com mais dificuldade. A grande mudança do Prado, a primeira de seu porte na época moderna, havia transformado profundamente o pensamento dos conservadores europeus.

Em 1939, quando explode a guerra, David David-Weill, assim como outros colecionadores franceses, teme os bombardeios. Sua conservadora, Marcelle Minet, inventaria, prepara e embala grande parte das telas. Alguns quadros importantes da coleção, como os Corot, Renoir e Goya, são embalados e enviados imediatamente para os Estados Unidos.

Cento e trinta dos caixotes preparados por Minet, repletos com os objetos mais valorizados, e marcados com as iniciais DW, também partem em direção dos depósitos das coleções nacionais francesas no castelo de Sourches, ao norte do rio Loire, no sudoeste de Paris. Esta medida ocorrerá graças a Jaujard, o diretor dos museus da França, que, no início da guerra, havia proposto a David-Weill tomar suas coleções para guardá-las em Sourches, fazendo-as passar como doações anteriores ao início das hostilidades. Assumindo um grande risco pessoal, Jaujard falsifica, antedatando, as datas dos documentos de transferência.

Sourches abrigará a coleção de ourivesaria antiga, de esculturas, uma parte da coleção de gravuras e várias pinturas; outra parte da coleção sai rumo à cidade de Lyon; outra permanecerá no palacete de Neuilly: os móveis, alguns quadros, mais esculturas e a grande biblioteca de arte. Finalmente, um grupo de vinte e dois caixotes é transferido para o castelo da família em Mareil-le-Guyon, perto de Paris. Ele contém tapetes, estampas japoneses e mais pinturas.

Durante o êxodo de 1940, David-Weill parte com sua mulher e alguns de seus filhos para a cidade termal de Évian. Ali fica sabendo que a sede do banco Lazard-Frères, na *rue* Pillet-Will em Paris, acabava de ser embargada e que seu palacete de Neuilly havia sido confiscado. Não deseja sair do país, mas as circunstâncias parecem estar obrigando-o a fazê-lo. Em Évian consegue obter documentos para se refugiar na Suíça, mas muda de ideia no último minuto e decide partir para mais longe, rumo aos Estados Unidos, através de Portugal. Mas, ao chegar a Portugal, ao inteirar-se na última hora da existência da zona não ocupada, regressa definitivamente para a França. Uma vez ali, transfere-se para Lyon, onde se encontra com sua conservadora, Marcelle Minet, que está a par dos confiscos que estão prestes a acontecer e já prepara novos envios de caixotes para os Estados Unidos.

Em Lyon, acatando a legislação antissemita promulgada desde a derrota, David-Weill inscreve-se como judeu. Apoiando-se nas novas leis, o governo de Pétain destitui David-Weill do cargo de presidente do conselho diretor dos museus nacionais. No prestigioso posto será substituído por um de seus concorrentes secretos, o comerciante Gabriel Cognacq, proprietário das lojas de departamento La Samaritaine, que apenas alguns meses antes, e juntamente com o próprio David-Weill, havia ajudado, como vimos, no transporte dos tesouros do Museu do Prado. Cognacq executará cabalmente suas novas funções sob Vichy e participará ativamente, sem nenhum tipo de escrúpulo, da colaboração com os ocupantes alemães. Como consequência disso, será afastado do conselho e das atividades dos museus depois da libertação.

Enquanto se encontra temporariamente em Lyon, David-Weill recebe uma mensagem de um amigo, o senhor De Fontenille, convidando-o a ele e a toda sua família para refugiar-se em sua casa, no campo, perto da cidade de Montauban, no sudoeste, longe de olhos e ouvidos indiscretos. David--Weill, já consciente dos riscos de prisão e humilhações a que se expõe nas grandes cidades da zona não ocupada, aceita o convite. A filha de David--Weill, a senhora de Bastard, também se unirá a eles. Seu marido é o proprietário do castelo de Hautefort, onde – já mencionamos – se encontram depositadas pelo governo francês as coleções dos museus e igrejas de Alsácia e de Lorena, que os alemães reivindicarão como propriedade do Reich. Para não levantar suspeitas, a filha e seus pais viajam separadamente para a região próxima a Montauban; e compareçam a uma loja de mantimentos da cidade de Périgueux para avisar De Fontenille de sua próxima chegada.

Entrementes, no norte da França, os cento e trinta caixotes depositados no castelo de Sourches começam a correr perigo, pois o ERR estende suas operações por toda a zona ocupada e começa a se interessar pelas obras de inimigos do Reich que poderiam encontrar-se nos depósitos do Louvre em províncias.

Em 8 de abril de 1941, o Kunstschutz, o pequeno serviço do exército marginalizado pela onda de confiscos, avisa, por telefone, à direção de museus da França que o ERR planeja para os próximos dias ir até o castelo de Sourches para confiscar a coleção David-Weill. Sem conhecer ainda a data exata da depredação do ERR em Sourches, Jaujard, desde seus escritórios em Paris, envia imediatamente seu assessor ao castelo para tentar impedir o saque. Não satisfeito com esta medida, em 10 de abril, Jaujard se apresenta, pessoalmente, diante de Fernand de Brinon, delegado geral do governo de Vichy na zona ocupada, para informá-lo de viva voz da ameaça que paira sobre a coleção.

No entanto, Jaujard esgota inutilmente as vias burocráticas e políticas disponíveis. Sem prestar a menor atenção aos repetidos protestos dos museus franceses, em 11 de abril, ao meio-dia, um representante do ERR chega ao castelo de Sourches com quatro caminhões e a intenção explícita de realizar o confisco da coleção David-Weill. O assessor de Jaujard e o encarregado do depósito, o conservador Germain Bazin, recebem o grupo de alemães tentando impedir a manobra. Incapazes de detê-la, os dois funcionários só conseguem exigir, como último recurso, o estabelecimento de um inventário duplo de confisco; um a ser efetuado pelos alemães; outro realizado em contrapartida, e simultaneamente, pelos franceses. Estes conservarão o documento como recibo e prova fidedigna do confisco alemão, com vistas a um futuro litígio e uma reclamação.

Rapidamente, os alemães do ERR carregam os cento e trinta caixotes nos caminhões e partem em direção a Paris. Jaujard protesta oficialmente perante as forças alemãs de ocupação e perante o Kunstschutz, mas já sabemos que este serviço da Wehrmacht não tem, definitivamente, nenhum poder diante do ERR. Os caixotes marcados com as iniciais DW chegam ao depósito do museu do Jeu de Paume, onde seu conteúdo é selecionado e enviado para a Alemanha.

O fato consumado enche de indignação vários funcionários do governo de Vichy. O ministro da Educação, sob cuja autoridade se encontram os museus franceses, protesta por escrito ao vice-primeiro-ministro do governo de Pétain, o almirante François Darlan. Pede-lhe que intervenha perante as autoridades de ocupação e exija a devolução das obras. Mas, a esta altura dos acontecimentos, os funcionários franceses não conseguirão obter nada dos alemães; para dizer a verdade, neste caso, assim como com todo projeto importante para a alta hierarquia nazista, a margem de manobra dos colaboradores do governo de Vichy será mínima, para não dizer inexistente.

No castelo familiar de Mareil-le-Guyon, o confisco terá lugar em circunstâncias mais indiretas; circunstâncias que ilustram facilmente a conhecida máxima de que de boas intenções o inferno está cheio.

Um dia do verão de 1940, o diretor do liceu da cidade de Neauphle-le--Vieux, um certo René Lasne, vizinho do lugar, percorria a região anunciando aos estudantes a reabertura do colégio após o armistício assinado em 22 de junho. Em seu trajeto, Lasne se detém diante do castelo. Ali fica sabendo que este acabava de ser saqueado por ladrões da comarca; e, acrescentam os boatos, na propriedade ainda estão depositados quadros pertencentes aos museus nacionais. Intrigado com essa informação tão importante, e sempre com a mais clara intenção de fazer o bem, o professor se apresenta rapidamente no castelo para lavrar ata, em companhia de dois prefeitos de municípios vizinhos.

Os três homens encontram o castelo com as portas abertas e despojado. Notam, entre uma sala e outra, vários quadros pendurados nas paredes e os vinte e dois caixotes já mencionados, que se encontram em perfeito estado. Ignorando seu verdadeiro valor, os saqueadores locais os haviam negligenciado. Em uma das salas, o trio depara com outros caixotes quebrados e, do interior, retira dois monotipos de Degas. Funcionário consciencioso e pintor em suas horas de lazer, Lasne considera mais que nunca que seu dever de cidadão é salvar estas obras de arte abandonadas. Com a nobre intenção de proteger o que julga ser propriedade do Estado, Lasne transporta algumas para sua casa, onde as armazena. Notifica, também, a direção dos museus nacionais da presença das obras no castelo. Devido a alguma confusão burocrática, os museus não respondem, isentando-se de responsabilidade sobre o caso.

Diante da recusa das autoridades francesas, Lasne sente-se ainda mais pessoalmente responsável pela situação. Volta ao castelo, portanto, com uma carreta na qual carrega toda a coleção para sua casa. Ao entrar novamente em contato com os museus, a direção do Louvre lhe informa, desta vez sem explicações, que aquelas obras não pertencem ao Estado, mas ao senhor David-Weill, dono do castelo.

Pois o bom cidadão Lasne continua determinado em seu empenho de proteger as obras, custe o que custar. Fica sabendo então que uma ordenança emitida pelo exército de ocupação exige a declaração às autoridades alemãs de toda coleção com um valor superior a 100 mil francos. O aplicado diretor de liceu, dando ouvidos apenas a seu obtuso legalismo, ignorando os museus, com grande espírito de subserviência, cumpre a ordenança militar e, em sua ingenuidade, informa os alemães sobre a existência dos caixotes no castelo. O simplório Lasne chega a pedir aos alemães que coloquem a sua disposição os meios para que ele mesmo os transporte para o Museu do Louvre.

Sem perder tempo, os alemães responderão, a sua maneira, ao pedido de Lasne. Poucos dias depois, no mês de agosto de 1940, assim que o ERR recebe a notícia, uma equipe se apresenta em Mareil-le-Guyon, requisita a totalidade dos caixotes e os transporta para Paris. E assim, sem a escrupulosidade ingênua de um diretor de escola ofuscado pela ideia de proteger as obras encontradas, e que não vislumbra as verdadeiras intenções dos ocupantes alemães, os caixotes abandonados talvez tivessem passado os anos da guerra tranquilamente no castelo.

No que diz respeito aos objetos abandonados no palacete de Neuilly, uma vez que se embargou a mansão em 9 de julho de 1940, uma série de confiscos e ocupações do lugar se sucederão regularmente até a libertação em 1944.

A imponente coleção do chefe de família não será a única a se converter em presa dos confiscadores. Dentre os sete filhos de David David-Weill, seu filho Pierre seguiu os passos do pai, tanto no banco familiar como no campo da arte. Com um estilo muito diferente, decididamente vanguardista, o herdeiro, nascido em 1900, rapidamente se rodeia de um pequeno museu pessoal.

Em plena década de 1920, Pierre deseja decorar seu apartamento de solteiro no novíssimo estilo *art déco*. Este estilo internacional, nascido do *art nouveau*, e sob a influência conjunta do cubismo, do neoclassicismo e do *design* industrial, se populariza em 1925 com a concorrida exposição parisiense *Artes decorativas e industriais modernas*. Naqueles anos também, Pierre começa a criar sua própria coleção de pinturas e desenhos, muito diferente da de seu pai, e que inclui os pintores La Fresnaye, Matisse, Picasso, Derain e Balthus.

Além disso, o jovem banqueiro logo se interessa pela pintura do movimento surrealista e pela dos artistas de Montparnasse. Em 1929, possuidor de um bom olfato artístico, encomenda ao pintor surrealista André Masson dois murais feitos sob medida para seu novo apartamento. Encomenda, também, um desenho de tapetes a Jean Lurçat, o revitalizador surrealista nesse meio, e dois suportes para a chaminé ao escultor Jacques Lipchitz.

O jovem banqueiro deseja encontrar um escultor para terminar a decoração e pede a Masson que lhe indique um; este se comunica com Alberto Giacometti, que se mostra interessado em participar do atraente projeto. Mas, como se trata de uma encomenda, Giacometti pede a Masson que sugira o tipo de escultura que deverá realizar. Masson não sabe o que responder e o deixa para a imaginação de Giacometti. Giacometti encontra o tipo apropriado: algumas tampas de aquecedores para a calefação do apartamento (ver ilustrações C2 e C3). As duas encomendas ocorrem em 1929, ano muito importante tanto para Masson como para Giacometti, pois o primeiro está prestes a se declarar dissidente do movimento surrealista, enquanto o segundo se une ao grupo naquele ano.

Os dois grandes murais de Masson, um, dominado pela cor verde, *Animais devorando uns aos outros*, e o outro, dominado por tons de amarelo outonal, *A família em metamorfose* (ilustrações C2 e C3), foram pendurados, respectivamente, nas paredes da sala de jantar e do *fumoir* do novo apartamento. Cada tela possui proporções muito grandes, pois mede 450 por 175 cm, o tamanho exato da largura das paredes. Esses quadros são muito característicos em toda a obra de Masson, já que são as maiores peças que o pintor realizou. Masson chegou a preparar um estudo para *Animais devorando uns aos outros*, que se encontra hoje nas coleções do Museu de Arte Moderna de Nova York.

Em 1939, a rápida mobilização militar na França impede Pierre David-Weill de colocar suas obras a salvo. Desmobilizado prontamente depois do armistício, Pierre se refugia imediatamente nos Estados Unidos, onde passará o resto da guerra dirigindo a sucursal nova-iorquina de Lazard-Frères.

Assim como aconteceu com a casa de seu pai, o apartamento parisiense de Pierre, *Avenue* Émile-Accolas, no sétimo distrito de Paris, também será embargado e seus bens confiscados desde 1940. A casa servirá de escritório, ao longo da guerra, para vários oficiais superiores da Wehrmacht, que disporão da coleção e dos objetos decorativos como bem lhes aprouver.

Capítulo **8**

A COLEÇÃO SCHLOSS
OU MESTRES GERMÂNICOS PARA HITLER

Importante representante da corte imperial russa e de lojas de departamento na França e nos Estados Unidos, Adolphe Schloss possui uma fortuna e um patrimônio consideráveis[1]. Entre eles se encontra uma importante coleção de trezentas e trinta e seis obras dominada por mestres flamengos e holandeses dos séculos XV, XVI e XVIII.

Nela quadros de Frans Hals e outros, então atribuídos a Rembrandt, estão próximos de tábuas e telas de Petrus Christus – o retratista flamengo do século XV, provável discípulo de Jan van Eyck –, de Corneille de Lyon – o pintor holandês atuante naquela cidade do Ródano, representado pelo *Retrato de Clément Marot* – e dos paisagistas e primos Van Ruysdael.

No início do século XX, Schloss instala a reconhecida coleção no palacete residencial do número 38 da *Avenue* Henri-Martin, uma das avenidas residenciais mais exclusivas de Paris, próxima da Praça do Trocadéro e da Torre Eiffel.

Os quadros ocupam então as paredes de todos os cômodos da mansão. A sala de jantar, seguindo a decoração temática muito comum na época, é ornamentada com um grupo de naturezas-mortas com frutas e vegetais. A sala de estar, em um tom mais sério, é decorada com quadros de pintores primitivos e do Renascimento da Itália e da Europa do Norte (ver ilustração

---

1 A história da coleção de Adolphe Schloss e de seu confisco foi reconstruída com a ajuda do importante relatório da promotoria de 3 de agosto de 1945 sobre Jean-François Lefranc, dos recursos da DGER e de Rose Valland sobre o caso Schloss que se encontram em *RG 331*, box 326 (NA), Washington (DC). Obtiveram-se informações suplementares através de inúmeras entrevistas com os herdeiros, Alain Vernay, o neto do colecionador, e Henri de Martini, filho adotivo de Henri Schloss.

C6). Uma longa galeria, construída especialmente pelo ambicioso colecionador para expor seus quadros, abriga os grandes pintores flamengos e holandeses e uma já bem abastecida biblioteca de referência (ver ilustrações C4, C5 e C6).

Nascido no Império Austro-Húngaro e naturalizado francês em 1871, ao final da guerra franco-prussiano Schloss havia reunido, pacientemente, estas obras-primas depois de tê-las acompanhado durante muitos anos através do continente, graças a uma rede de intermediários. A procedência – a história de seus proprietários – de muitos é prestigiosa. Alguns dos mais célebres, por exemplo, haviam sido adquiridos por ele do filho da condessa Hanska, a companheira de Balzac.

No momento de seu falecimento, em 1911, Adolphe Schloss negociava o intercâmbio de cerca de cinquenta de seus quadros por um Vermeer. O Vermeer, devido à morte inesperada do colecionador, nunca chegou à casa parisiense. Mas os herdeiros de Schloss hoje dizem não lamentar tanto o fato, pois uma boa quantidade dos quadros que naquela época eram generosamente atribuídos ao grande pintor holandês hoje deixaram facilmente de ser creditados a ele por especialistas contemporâneos.

A partir de 1911, a viúva e os quatro filhos do falecido conservam religiosamente a coleção. Durante mais de um quarto de século, passando pelos anos da Primeira Guerra Mundial, a grande galeria e sua biblioteca de referência permanecem no mesmo estado em que as deixou o colecionador; os quadros, no mesmo lugar nas paredes, seguindo a mesma ordem e obedecendo à mesma distribuição.

O grande transtorno na vida da coleção surge com o início da Segunda Grande Guerra europeia. Durante a *guerra boba*, entre setembro de 1939 e a ofensiva alemã da primavera de 1940, Lucien Schloss, o primogênito, muda discretamente a coleção de Paris, temendo os bombardeios e sem imaginar, por nada do mundo, o futuro saque nazista.

Uma companhia geral de mudanças transporta, em vários caminhões, a totalidade das obras para o pequeno castelo de Chambon, perto de Tulle, na região central de Corrèze. O castelo que serve de esconderijo para os quadros, localizado na zona não ocupada da França, pertence a um amigo íntimo da família: o senhor Renaud, diretor do Banco Jordaan de Paris. Com a derrota francesa, e com a coleção bem protegida, os membros da família se dispersam e partem para se instalar no sul do país, na mesma zona não ocupada, administrada pelo governo de Vichy.

Diferentemente do que ocorre com outras coleções escondidas, poucos são aqueles que, dentro dos círculos de *marchands* e especialistas em arte, têm conhecimento da mudança urgente dos quadros. A pouca quantidade de informação disponível, além disso, não favorece muito a delação, tão comum na época, pois até mesmo a própria empresa de transportes que havia carregado os quadros até seu esconderijo final não pertence ao mundo da arte, já que apenas realiza mudanças em geral.

Antes da ocupação, a coleção Schloss já era conhecida e desejada por Hitler e Goering graças a seus tesouros holandeses e flamengos. Assim como a coleção Rothschild, a da família Schloss coincidia, no plano estético, com os gostos e a ideologia nacional-socialista de supremacia da atividade cultural germânica. As obras despertavam ainda mais cobiça, é claro, devido a seu caráter particular de pertencer a um judeu e de se situar, portanto, no ponto de mira do grande projeto nazista de intimidação, ataque e confisco do patrimônio cultural.

Já que as obras interessavam a Hitler particular e imperativamente para seu projeto de museu em Linz, os *marchands* e especialistas de arte de Paris podiam aspirar a grandes comissões e favores para quem informasse sobre seu paradeiro. O valor total da coleção situava-se, então, em torno de 50 milhões de francos da época (12 milhões de dólares). Alguns *marchands* franceses que colaboram com os confiscadores alemães, como Roger Dequoy, um dos ex-diretores da galeria Wildenstein, e um certo Destrem, iniciam, logo após a chegada dos alemães, uma série de trâmites para localizar os ambicionados quadros, alternando ofertas e ameaças a vários membros da família.

Segundo Alain Vernay, neto do colecionador, pouco depois da derrota da França, o comerciante de arte francês Georges Wildenstein – já mencionado anteriormente no capítulo sobre Paul Rosenberg – apresentou-se no Hotel Royal de Nice, onde se havia refugiado seu pai, o doutor Prosper-Émile Weill. Uma vez ali, o *marchand* propõe à família a compra integral da coleção. As condições que Wildenstein oferece são tentadoras, e são as seguintes: em troca dos quadros da coleção, a família Schloss receberia uma soma muito elevada de dinheiro, a ser paga em dólares na Suíça, além da concessão do estatuto honorífico de cidadão ariano para o pai de Vernay, para sua esposa – quando solteira, Schloss – e para os irmãos dela. A rara oportunidade de obter o estatuto honorífico, outorgado pelo governo de Vichy, era então muito atraente, pois permita que seus possuidores fugissem do restritivo regime de leis antissemitas do governo de Vichy e circulassem livremente pela zona não ocupada. Embora a aceitação de Wildenstein tivesse melhorado muito a vida de sua família naqueles dias, o doutor Weill recusou a deslumbrante oferta.

O influente *marchand* de arte alemão, Karl Haberstock, assessor de Hitler e muito atuante na França durante a ocupação, observa as vicissitudes muito de perto e, por meio de sua própria rede de informantes, consegue reunir alguns dados de importância sobre os possíveis esconderijos. Em dezembro de 1942, Destrem o informa que a família Schloss mudou de opinião e agora deseja vender toda a coleção. Haberstock se apressa em responder que deseja adquiri-la por um bom preço. Mas a notícia se mostra falsa; mais uma, entre outras.

Os anos passam, e localizar os quadros holandeses e flamengos da coleção Schloss será muito mais difícil que o previsto. Ao final de várias tentativas infrutíferas, Louis Darquier de Pellepoix, o diretor do Comissariado Geral para Assuntos Judaicos, serviço do governo de Vichy encarregado da arianização e do confisco de bens pertencentes a judeus, consegue, por fim, adiantar-se aos alemães.

Habitualmente, o serviço de Darquier devia conformar-se com as migalhas, uma vez que, na maioria das vezes, se via obrigado a permanecer em segundo plano ou a colaborar desigualmente com os eficazes nazistas para poder desempenhar algum papel de importância no confisco de bens maiores. Mas desta vez, com tenacidade, Darquier tenta obter o que queria, oferecendo-lhes em bandeja de prata o que os alemães haviam ansiado durante anos sem conseguir encontrar. O diretor do Comissariado havia negociado previamente com os ocupantes os termos de um acordo conjunto muito favorável, associando-se diretamente com eles. Do mesmo modo, em sua vontade de encontrar as obras, se coligara com Jean-François Lefranc, um *marchand* de quadros nomeado administrador provisório da coleção arianizada ainda não encontrada. Para levar a cumplicidade a suas últimas consequências, Darquier e Lefranc terão de agir contra o próprio governo de Vichy e a favor dos confiscadores alemães.

Já que à primeira vista ninguém no mundo da arte podia fornecer-lhe o nome da empresa de mudanças não especializada que realizara a transferência, Darquier se lança com enorme empenho no rastro dos quadros. Durante meses, visita as dependências administrativas de dezenas de companhias de mudanças em toda Paris e interroga igual número de motoristas de caminhão e de funcionários. Ao mesmo tempo, ativa, igualmente, sua rede de informantes para obter novos dados sobre o caso.

Infelizmente para a coleção, no início de 1943, seus limitados mas abrangentes esforços dão resultado. Um certo Jean Liénard, um dos informantes frequentes de Darquier, lhe oferece dois dados de informação realmente novos: um tal Jean Nériec, motorista profissional, garante ter transportado a coleção em 1940 de Paris para um castelo nas províncias. No entanto, por enquanto existe uma enorme e inconveniente lacuna nas eloquentes lembranças do motorista: ele não consegue recordar nem o nome do castelo nem o nome exato do lugar, no centro do país, onde aquele se encontra.

Por outro lado, o informante Liénard diz saber onde estão refugiados os membros da família na zona não ocupada francesa. Encontrá-los facilitaria descobrir o nome do castelo. Liérnard acompanha o desenrolar das investigações de Darquier e do comerciante de arte Lefranc sobre o rastro dos herdeiros Schloss.

O informante fica sabendo, então, que, a partir de sua informação, Darquier conseguira localizar precisamente um dos filhos de Adolphe Schloss e planeja prendê-lo. Numa espécie de brusca reviravolta moral e, talvez se pudesse conjecturar, tomado por algum remorso de última hora, o então reticente informante revela a notícia a uma de suas amigas na Costa Azul. Esta, com a louvável intenção de evitar uma inexorável prisão, escreve e envia uma carta anônima a Henri Schloss, um dos filhos, avisando-o de sua iminente detenção. Mas este, para sua infelicidade, incrédulo, ignora a carta e não foge de casa.

Assim, em 8 de abril de 1943, agentes do CGQJ de Marselha, chefiados pelo próprio *marchand* Lefranc, detêm Henri Schloss em sua residência, perto de Nice. O meticuloso registro dos cômodos da casa de Saint-Jean Cap Ferrat não tem nenhum resultado importante.

Graças às confidências do motorista Nériec, Lefranc já sabe que as obras estão escondidas em algum lugar da região de Corrèze. No entanto, e apesar de agora ter prendido um dos herdeiros, o comerciante francês ainda não sabe o destino exato da coleção.

Sob ameaças realizadas em um interrogatório, Lefranc insistirá em tirar de Henri Schloss o ignorado nome do castelo. Além disso, tenta saber onde se encontra o irmão mais velho, Lucien. Henri finge ignorar seu paradeiro.

No entanto, durante a improdutiva invasão de domicílio, numa fatal coincidência, o carteiro chama à porta. Vem fazer a entrega de uma remessa urgente. Em suas mãos, traz um telegrama de Lucien destinado a seu irmão Henri. Naturalmente, o envelope traz inscrito o endereço do remetente: Lucien Schloss, Hotel du Commerce, Lamastre, Ardèche, um povoado muito próximo do próprio castelo onde se escondeu a coleção.

Diante do descuidado carteiro, o *marchand* Lefranc pula, literalmente, de alegria pela sorte que parece favorecê-lo. Com a inesperada informação em mãos, sabe que se aproxima cada vez mais do tão desejado esconderijo. Determina que, agora, enquanto se dirige para a residência de Lucien, o importante será manter Henri preso e incomunicável, de modo que não possa avisar nenhum outro membro da família. Com o falso pretexto de verificar a identidade do herdeiro, Lefranc levará Henri consigo para Marselha. Uma vez ali, ordena sua prisão.

Entre os agentes do CGQJ que o acompanham, Lefranc acrescenta: "Não se ocupem de Lucien Schloss, os alemães se encarregarão dele". Os agentes ficam surpresos com a notícia, pois o povoado de Lamastre encontra-se na zona não ocupada do país e, de acordo com as disposições determinadas no armistício, os alemães não podem circular livremente por ela.

Sem que os acordos entre a França e a Alemanha os atrapalhem, na manhã seguinte um grupo de alemães se apresenta no povoado de Lamastre onde se encontram refugiados Lucien, seu irmão Raymond, seu cunhado, o doutor Prosper-Émile Weill, e suas famílias. Lucien, irado ao ser descoberto, agride o portador da ordem de prisão. Devido a circunstâncias quase milagrosas, no momento em que os alemães chegam, Raymond, o doutor Weill e suas respectivas famílias estão dando um passeio pelos arredores do povoado. Todos conseguem fugir. Lucien será o único preso.

Em 10 de abril, dois dias depois da invasão da residência de Henri na Costa Azul, Lefranc e os alemães, graças ao interrogatório de Lucien, obtêm a informação esperada: a cobiçada coleção Schloss está depositada no castelo de Chambon, perto da cidade de Tulle.

Lefranc apresenta-se, portanto, diante do governador civil do governo de Vichy na cidade de Tulle, capital da região de Corrèze, munido de uma credencial assinada por Darquier de Pellepoix, diretor do CGQJ. O *marchand* parisiense expõe o caso Schloss. O governador, que ignora o jogo duplo e a falsa lealdade de Lefranc a Vichy, concede-lhe uma ordem de invasão domiciliar. Este, rapidamente, se dirige ao castelo. E ali, naquele mesmo dia, encontra finalmente a coleção. No castelo, para sua grata surpresa e como se se tratasse de uma gratificação inesperada, as obras da família

Schloss encontram-se armazenadas junto com a coleção do doutor Weill, composta por obras modernas de Vuillard, Bonnard, Toulouse-Lautrec e Odilon Redon. Lefranc deseja transportar o conjunto imediatamente para Paris, para a zona não ocupada; mas surgirão novos obstáculos que o impossibilitarão de fazê-lo.

De fato, Darquier, na mesma noite do dia 10 de abril, ao se inteirar da descoberta da coleção, envia um telegrama pedindo ao governador civil de Tulle que tenha a bondade de autorizar a transferência da coleção para Paris para sua identificação e avaliação.

O governador civil lê o pedido e pressente uma manobra de saque ilegal pelos alemães na zona não ocupada. Telefona rapidamente para o ministério do Interior de Vichy e insiste em obter aprovação oficial da autorização antes de outorgá-la. A resposta de Vichy é negativa: o ministério não deixará que tão preciosa coleção lhe escape das mãos. Em decorrência disso, o governador civil ordena que a gendarmaria francesa local ocupe o castelo de Chambon, proteja a coleção e impeça que saia de sua jurisdição.

Ao mesmo tempo, e como que para acrescentar novos elementos à confusão reinante, chega às mãos do governador um informe urgente dos escritórios do CGQJ da zona não ocupada, que nem sempre acatam as ordens procedentes de Darquier, situado na zona ocupada.

O documento exige que a coleção não seja transferida para longe do castelo, pois se preconiza uma avaliação na própria cidade de Vichy e, já que se trata de uma propriedade pertencente a judeus franceses situada na zona não ocupada, um futuro leilão pelo próprio governo.

Diante de tantos empecilhos de última hora, Lefranc adverte e lembra ao governador civil que o próprio primeiro-ministro de Vichy, Pierre Laval, está muito interessado na coleção. Acrescenta que o marechal Goering também pôs os olhos nas obras. Ao se dar conta de que o governador não cede em sua posição e concluir que não obterá os resultados desejados, Lefranc abandona o castelo e parte para Paris em busca de novas ordens. Uma vez na capital, repete para seus colegas que trabalha para os alemães e que acabará transportando as obras para Paris em benefício destes. Dá a entender, além disso, que, se a complicada operação for bem-sucedida, terá substanciosas comissões.

A calma volta à região durante vários dias. A coleção permanece no castelo sob controle dos gendarmes franceses. Mas, pouco depois da precipitada partida de Lefranc, um carro de passeio marca Samsom, seguido de perto por um caminhão, chega de improviso ao castelo de Chambon.

Os ocupantes do automóvel civil descem, identificam-se como membros da polícia nacional francesa e mostram seus documentos de identidade para o guarda na entrada do castelo. Os agentes estão muito bem armados. Seguem as ordens de um oficial que se apresenta como francês de origem alsaciana, que, assim como muitos oriundos daquela região da França, fala o idioma francês com desenvoltura, mas com um forte sotaque alemão. O oficial e seu grupo alegam ter ordens do governo de Vichy de transportar a coleção para um lugar seguro.

No interior do castelo encontram-se vários representantes do Banco Jordaan, proprietário da mansão, além de vários funcionários dirigidos por um de nome Petit, representante do escritório do CGQJ da cidade de Limoges, e designado por Lefranc como administrador provisório do castelo. Apesar de suas ligações com Lefranc, a lealdade de Petit está com o governo de Vichy. Assim, este informa ao grupo de indesejados visitantes que seu dever é proteger a coleção para que permaneça no mesmo lugar onde se encontra; acrescenta que o próprio governador civil determinou que os quadros não deverão sair do castelo sob nenhuma circunstância.

A oposição a esta imprevista mudança é tanta que, quando o grupo de policiais franceses recém-chegados tenta levar as obras para o caminhão, Petit e os agentes do Comissariado se interpõem. Então, estes últimos logo compreendem que o grupo de franceses que acabou de chegar não era o que dizia ser. O suposto alsaciano se desmascara e revela sua verdadeira identidade: é tenente da polícia alemã de ocupação e responde pelo nome de Hess.

Os franceses que o acompanham também se identificam, embora apenas com seus nomes de batismo: Charles, Abel, Lucien e Edmond. Os quatro bandidos eram membros da temível e infamemente famosa quadrilha de Bony-Lafont, conhecida como a "Gestapo francesa". Este brutal serviço de reforço e apoio policialesco, dirigido por Pierre Bony e Henri Lafont, havia sido criado pelos alemães no início da ocupação com sede em um palacete confiscado do número 93 da *rue* Lauriston em Paris. Seus insolentes membros, selecionados pelos alemães nas prisões francesas, eram condenados, ex-condenados e membros ativos da quadrilha que cometiam roubos e regularmente auxiliavam os alemães e o governo de Vichy no saque, perseguição, tortura e assassinato da população.

Quanto ao carro de passeio, este era propriedade de um tal Charles-Hubert Cazauba, amigo dos delinquentes franceses e proprietário do Bijou Bar, localizado no número 58 da *rue* des Rosiers em Saint-Ouen, povoado operário ao norte de Paris, onde se localizava o mercado e por onde transitava mercadoria da guerra, quase sempre, ilegal.

A presença desses indivíduos de caráter duvidoso na propriedade de Chambon é explicada pelo fato de que, para proceder ao confisco da coleção Schloss na zona não ocupada, os alemães precisavam de uma fachada francesa. E assim haviam recorrido à falsa identidade de Hess e aos irrefreáveis delinquentes franceses da quadrilha de Bony-Lafont para organizar a operação.

O recrutamento e os contatos com a quadrilha francesa haviam sido realizados pelo distinto barão Kurt von Behr, diretor do ERR em Paris, que não tivera escrúpulos em se associar com esse tipo de malfeitores para realizar um bem-sucedido confisco. Por sua vez, o *marchand* Lefranc, escondendo permanentemente seu jogo pró-alemão diante de Vichy, havia dirigido – e continuaria a dirigir – a complicada coreografia do começo ao fim.

No castelo, diante dos novos elementos de informação, os verdadeiros funcionários franceses temem por suas vidas. O tenente Hess, apoiando-se na autoridade fortalecida que lhe é outorgada por sua verdadeira identidade de ocupante, ordena que os quadros sejam carregados no caminhão, desta vez sem objeções. Apesar de não ter jurisdição na zona não ocupada, Hess leva Petit e os outros do interior do castelo a acreditar que se encontram oficialmente detidos. Com o precioso carregamento em mãos, Hess, acompanhado por seus comparsas franceses, leva Petit como refém.

Enquanto os alemães se afastam pelas estradas da região, os homens de Petit abandonados no castelo notificam imediatamente os acontecimentos ao governador civil em Tulle. Este envia seu diretor de gabinete para perseguir os intrusos e ordena que os gendarmes detenham o caminhão em qualquer ponto do caminho. Hess se dirige para Limoges e replica prevenindo e mobilizando os escritórios da Gestapo (*Geheime Staatspolizei*, Polícia Secreta do Estado) naquela cidade.

Na estrada para Limoges se encontram, de repente, de um lado com o tenente Hess e sua comitiva com as obras e, de outro, com o diretor de gabinete do governador e o chefe de polícia de Tulle. Quando os dois lados se dão conta da probabilidade de um xeque-mate por parte do adversário a qualquer instante, chega-se a um acordo temporário: o caminhão carregado de obras não deixará a zona não ocupada e se dirigirá para o quartel-general da polícia em Limoges. O valioso butim provocará, então, uma longa e absurda escolta composta de veículos da polícia francesa, da polícia alemã, automóveis da gendarmaria e o automóvel oficial do diretor de gabinete do governador. Para terminar, rodeia e protege o extenso comboio de veículos uma copiosa esquadra de membros da Milícia, uma organização paramilitar do governo de Vichy que também cumpre funções policialescas na zona não ocupada.

O motorista do caminhão e os membros da Milícia decidem ignorar a localização do quartel-general da polícia em Limoges e se deixam guiar pelos veículos alemães. E, subitamente, em vez de tomar o caminho indicado pelo diretor de gabinete, os alemães e o caminhão com as obras se detêm diante de um casarão em que estão acampados soldados alemães; e entram imediatamente no pátio interior deste.

Por se encontrar sob comando oficial do exército alemão, nenhum dos representantes de Vichy pode entrar na propriedade sem causar um incidente de proporções quase bélicas. Os funcionários franceses são obrigados a se retirar. No dia seguinte, na ausência de olhares indiscretos, o motorista de caminhão transporta o carregamento de quadros para um quartel militar alemão da região. Três dias mais tarde, volta com o veículo vazio e declara aos franceses que os alemães descarregaram os quadros na sede do Banco da França em Limoges, dirigido, desde o armistício, pelas autoridades de ocupação alemãs.

Os meses seguintes verão os funcionários de Vichy e os confiscadores alemães e seus associados empreender, por meio de chamadas telefônicas, reuniões e cartas de protesto, um cabo de guerra administrativo pelo espólio descoberto.

Até que, na noite de 9 de agosto de 1943, o governador civil de Limoges recebe uma chamada telefônica do diretor de gabinete de Pierre Laval, o então primeiro-ministro do governo de Vichy. Este lhe ordena que deixe partir as obras para Paris. A decisão, executada no mais alto nível do governo, havia sido solicitada por Abel Bonnard, ministro da Educação encarregado dos museus nacionais. A pressão alemã havia sido intransponível para os colaboradores franceses.

É o próprio Lefranc, com uma ordem de autorização em mãos, quem se encarregará da transferência da coleção. No dia seguinte, os caixotes repletos de obras das coleções Schloss e Weill serão transportados centenas de quilômetros desde Limoges até Paris. Previamente, os quadros haviam sido reunidos em um novo caminhão, desta vez dirigido pelo mesmo motorista Nériec que, três anos antes, fizera o mesmo percurso, mas sem sentido inverso, da mansão parisiense da família Schloss na *Avenue* Henri-Martin até o castelo de Chambon.

Ao chegar à capital francesa, os caixotes serão armazenados nos cofres da sede do CGQJ, situado nas dependências do antigo Banco Dreyfus confiscado, na *rue* de la Banque, nas proximidades da Bolsa de Paris.

Naquele mesmo dia, Jaujard, o diretor dos museus da França, fica sabendo do confisco e da chegada da coleção ao Comissariado. Com a intenção de evitar pelo menos um saque total por parte dos alemães, exige seu direito preferencial de comprar as obras classificadas como patrimônio nacional que desejar. O conservador René Huyghe, diretor do departamento de pinturas e esculturas do Museu do Louvre, viaja diretamente do depósito provincial do museu em Montauban e, juntamente com Germain Bazin, chefe do depósito do castelo de Sourches, apresenta-se nos escritórios do Comissariado para selecionar as obras que serão integradas às coleções do museu.

O exame e a avaliação dos quadros terão lugar no antigo porão dos cofres do Banco, na presença de Darquier de Pellepoix, de Lefranc e de vários alemães. Huygue e Bazin exercem o direito preferencial de compra sobre quarenta e nove quadros com um valor aproximado de 19 milhões de francos (4 milhões de dólares). Entre os selecionados encontram-se *A ilha encantada* de Jan Brueghel, várias obras de Adriaen Brouwer, o pintor flamengo conhecido por suas cenas de gênero da vida do submundo, *A lamentação* de Petrus Christus, algumas *Paisagens com cisnes*, então atribuídas a Rembrandt, *O mangue* de Van Ruysdael, o paisagista holandês, e o *Retrato de Clément Marot* de Corneille de Lyon, mencionado anteriormente.

Anos mais tarde, o conservador Bazin narrará em suas memórias que, pouco depois desse incidente, ele e Huyghe apresentaram os quadros selecionados para aprovação perante o conselho diretor dos museus nacionais. O conservador escreve que, durante a reunião de deliberação, o conhecido poeta Paul Valéry, membro do conselho, desdenhou da seleção de quadros com sarcasmo, "colocando em dúvida a conveniência de gastar tanto dinheiro para comprar tantos autores menores da pintura"[2]. No entanto, o conselho aprova a escolha e o Museu do Louvre pagará ao Comissariado a quantia requerida, limitando assim os estragos do saque.

No museu, depois de ser desembalados, os quadros foram fotografados e examinados com atenção. Os conservadores do Louvre comprovam então que a estada sem proteção durante três anos no castelo de Chambon produ-

2 Germain Bazin, *L'exode du Louvre*. Paris: Somogy, 1992, pp. 89-98.

ziu importantes danos. Uma camada opaca cobre muitas das obras e, até então, não havia permitido que se apreciasse corretamente o grande valor estético delas. Além disso, a iluminação da sala dos cofres no antigo Banco Dreyfus, onde havia sido finalizada a triagem, não era propícia para a boa visibilidade.

Os alemães, que acima de tudo se viram obrigados a fazer sua seleção apenas depois dos franceses, escolhem apenas duzentos e sessenta quadros dos trezentos e trinta e três originais.

Desejoso de possuir alguns dos tesouros de Adolphe Schloss, o marechal Goering acompanha as atividades de perto. No entanto, uma vez mais, deverá inclinar-se diante de Hitler. É certo que o poder do *Reichsmarschall* diminuiu em 1943 e já não goza do mesmo prestígio e influência de alguns anos antes entre os hierarcas nazistas; Goering não pode dar-se o luxo de entrar em conflito frontal com o Führer a esta altura da guerra.

Já que se trata de uma negociação direta com o governo francês de Vichy por meio do Comissariado Geral de Assuntos Judaicos, os representantes alemães presentes no antigo banco são de importante categoria. O cônsul-geral Gerhardt, da embaixada da Alemanha em Paris, realiza as negociações diretamente com o ministro da Educação, Abel Bonnard. O historiador de arte doutor Erhard Göpel, representante da importantíssima Comissão Especial para o Museu de Linz – Sonderauftrag Linz –, sob o controle direto do escritório de Hitler, se encarrega de examinar a coleção. Além disso, os dois funcionários instam que o oficial Bruno Lohse, então serviçal subdiretor do ERR em Paris e conhecedor da arte holandesa, assista à reunião.

Uma vez efetuada a seleção, os alemães encaminham os quadros para o depósito do museu do Jeu de Paume, por onde já transitaram, confiscadas, muitas coleções de primeira qualidade.

Lefranc receberá as substanciosas comissões que havia anunciado anteriormente. O saldo da coleção Schloss, cerca de vinte e duas obras restantes, é recebido pelo *marchand* das mãos dos alemães em pagamento em espécie por sua ajuda. O astuto homem de negócios também se apropria da coleção do doutor Prosper-Émile Weill, que não interessa aos confiscadores nazistas, pois em sua maior parte consiste de obras de *arte degenerada* que consideram indesejáveis. Lefranc venderá as obras modernas por um bom preço para seu colega Raphaël Gérard, negociante atuante no mercado parisiense de arte confiscada.

TERCEIRA PARTE

ARTE À VENDA

Capítulo 9

OS VISITANTES DO JEU DE PAUME

Construído durante o Segundo Império por Napoleão III em 1861, o pequeno edifício conhecido hoje como Galeria Nacional do Jeu de Paume, no Jardim das Tulherias, foi, em suas origens, um pavilhão coberto do aristocrático jogo de bola precursor do tênis de nossos dias.

Ao contrário do que muitos acreditam, o Jeu de Paume só se converteria no Museu dos Impressionistas depois da Segunda Guerra Mundial. No entanto, no início do século XX, já em desuso como local de esportes, a construção retangular foi dividida em salas, muito concorridas, para exposições itinerantes de arte.

Na década de 1930, a estrutura se transformará no museu das escolas estrangeiras contemporâneas. O térreo abrigará, então, uma coleção própria de artistas vinculados às tradições do passado e, no andar de cima, serão expostas as obras dos numerosos artistas estrangeiros que residiam na Paris da época; aqueles que os historiadores de arte franceses ainda não consideravam parte da arte da França: Picasso, Modigliani, Gris, Chagall, Zadkine e outros.

O museu do Jeu de Paume é conhecido também entre os apreciadores da literatura, graças a uma das cenas emblemáticas da quinta parte de *Em busca do tempo perdido*, do escritor Marcel Proust: uma visita que acontece em uma de suas salas. Proust situa um dos personagens, o romancista Bergotte, no próprio museu, em uma exposição de arte holandesa que realmente aconteceu em maio de 1921. Bergotte, já muito doente, vai até o Jeu de Paume para contemplar a *Vista de Delft*, quadro de Vermeer, e descobrir um "pequeno pedaço de parede amarela" evocado por um crítico de arte, igualmente fictício, que havia descrito recentemente o quadro em um artigo. Poucos instantes depois, sentado diante do quadro, Bergotte morre no próprio museu, murmurando a frase "pequeno pedaço de parede amarela", uma forma de pintar que representava aquilo que ele sempre quisera manifestar, sem conseguir, em sua inacabada obra escrita.

Já no âmbito da realidade, em julho de 1938, os conservadores do Jeu de Paume, motivados pela situação política na Europa, organizam uma importante exposição de arte contemporânea chamada *As origens e o desenvolvimento da arte internacional independente*. Com suas dezenas de quadros e esculturas modernas, esta certamente não teria sido do gosto dos nazistas. Inaugurada apenas alguns meses depois, e em contraposição à furiosa exposição propagandística nazista sobre arte degenerada em Munique, *Entartete Kunst*, esta provocadora exposição parisiense oferecia um amplo contrapanorama das origens e da situação da arte moderna no mundo. Nela, alguns dos mesmos artistas cujas obras eram vaiadas e ridicularizadas por fanáticos na Alemanha eram, ao mesmo tempo, glorificados e admirados na França. Quadros de Degas, Renoir, Cézanne, Seurat, Van Gogh e do aduaneiro Rousseau eram exibidos ao lado das obras de Matisse, Picasso, Braque, Ernst, Dalí, Tanguy, Miró, Klee e Kandinsky.

Antes da segunda guerra com a Alemanha, a última exposição de importância organizada no museu foi uma inovadora mostra, *Três séculos de arte nos Estados Unidos*, que teve lugar de maio a julho de 1938 e foi criada conjuntamente com o Museu de Arte Moderna de Nova York. Esta era a primeira grande retrospectiva sobre a arte norte-americana na França. Trezentas e oitenta obras mostravam aos visitantes a arte daquele país desde as telas de James Whistler e Winslow Homer até os fotogramas surrealistas de Man Ray e as esculturas móveis de Alexander Calder.

A animada exposição, uma das primeiras mostras multidisciplinares organizadas na capital francesa, deu a conhecer a um público europeu os trabalhos dos fotógrafos norte-americanos Berenice Abbott, Alfred Stieglitz e Edward Steichen. Além disso, os visitantes podiam familiarizar-se com as grandes obras dos cineastas ou atores estadunidenses D. W. Griffith, Charlie Chaplin, Buster Keaton e Erich von Stroheim.

No entanto, com a chegada do exército alemão a Paris, o Jeu de Paume será confiscado para cumprir outra função, muito distante da liberdade e da despreocupada inovação das vanguardas. No final de outubro e princípios de novembro, o ERR – e sua divisão *Sonderstabe Bildende Kunst*, Pessoal Especial para Artes Pictóricas – utilizará as dependências do museu para exercer as funções de depósito central da arte confiscada na França.

Com a súbita derrocada do exército francês no verão de 1940, os confiscadores alemães, que ocupam a capital francesa antes do planejado, destinam um espaço improvisado na embaixada alemã, e em três salas do primeiro andar do Museu do Louvre, para a entrega, o inventário e a seleção do butim que se vai acumulando. Mas, com a chegada do outono, o serviço ERR, sob a chefia do ideólogo Alfred Rosenberg e do férreo domínio de Goering, começa a ter o poder absoluto sobre os confiscos e a ganhar claramente a batalha contra o ministro de Relações Exteriores Joachim von Ribbentrop e o embaixador Otto Abetz. Esta centralização do trabalho de espoliação coincide, além disso, com o momento em que a quantidade inimaginável de obras confiscadas começa a fluir exageradamente e sem obstrução, quando os alemães requerem lugares mais amplos ainda que mais discretos dedicados exclusivamente a esta operação semimilitar que devia continuar secreta.

Além de possuir uma excelente localização, em pleno centro de Paris, perto dos bairros abastados onde residiam os colecionadores e funcionavam as galerias de arte, o pequeno museu construído sobre um terraço artificial que domina a Praça da Concórdia, na esquina noroeste do Jardim das Tulherias, encontra-se discretamente situado, em um lugar afastado, à margem dos caminhos centrais e de pedestres do concorrido jardim. Em tal lugar, o controle do pessoal, de veículos e de intrusos era, por meio de barreiras e guardas de segurança, mais facilmente controlável.

A simples construção oferecia ao ERR outras duas vantagens singulares: o acesso livre desde a Praça da Concórdia permitia a entrada e saída de caminhões e automóveis para efetuar numerosas entregas de obras e, segundo, suas amplas salas dispostas à francesa se prestavam adequadamente para o depósito e armazenamento da arte confiscada na zona ocupada.

A direção dos museus franceses observa e compreende as mudanças que ocorrem no serviço alemão de confiscos e se propõe obstruir as novas manobras nazistas. Seu primeiro objetivo será tentar se manter informada das intrigas confiscatórias nazistas e, ao mesmo tempo, reduzir seu ritmo. Para tanto, exige dos nazistas o estabelecimento de um duplo inventário de confisco que compreenderia cada um dos objetos que entra e sai do museu; os documentos seriam executados simultaneamente, um pelos alemães, outro pelos franceses. Os alemães concordam em respeitar o princípio da ideia e a toleram durante os primeiros meses da ocupação, mas logo mudam de opinião e excluem os franceses do trabalho. Paralelamente à recusa alemã, a francesa Rose Valland, obstinada diretora do Jeu de Paume antes de sua requisição, consegue fazer-se aceitar pelos confiscadores do museu, juntamente com os guardas e operários franceses. Apesar de constantes obstáculos e de dificuldades criados pelos alemães, e arriscando a própria vida, a conservadora empreende um trabalho clandestino de resistência que durará toda a ocupação. Durante as noites, às escondidas, a intrépida Valland copiará secretamente as listas de objetos dos inventários de confisco nazistas; fará cópias dos negativos das fotos das obras roubadas; acumulará informação escrita sobre o destino final das coleções na Alemanha. E, clandestina e periodicamente, transferirá a valiosa informação acumulada para seu pequeno apartamento perto do Jardin des Plantes[1].

Naqueles primeiros dias de ocupação do museu, os nazistas descarregam e desembalam nas grandes salas de entrada mais de quatrocentos caixotes de obras roubadas. Em seguida, iniciam o longo e meticuloso processo de inventariá-las. Os quadros, desenhos, gravuras, esculturas, tapeçarias e objetos de arte selecionados pelos alemães são acomodados nas primeiras salas. Na sala do fundo do museu, uma espécie de anexo batizado com imaginação e compaixão de "sala dos mártires" pelos conservadores franceses, se depositam e expõem as obras de arte moderna classificadas como *arte degenerada* que os alemães rejeitaram e destinam à troca no mercado parisiense ou no exterior. Naturalmente, entre os mártires encontram-se obras de Picasso, Matisse, Braque, Léger, Chagall e Max Ernst (ver ilustração C12).

Catalogando e avaliando os quadros, funcionários, especialistas e administradores nazistas, comerciantes de arte alemães e franceses trabalham em estreita colaboração. Mas o tamanho de Paris, o número de judeus franceses e de maçons *marchands* e colecionadores que residem na cidade e sua importância como centro mundial do mercado da arte fazem com que se reúna nas dependências do museu uma imprevisível quantidade de obras confiscadas que necessitará de uma estrutura administrativa bem organizada. A estrutura reproduzirá os bem-sucedidos modelos da organização industrial moderna. Os nazistas contam na capital com uma série de depósitos que recebem as primeiras remessas e onde se efetua uma seleção preliminar das peças de qualidade, dignas de ser transferidas para a Alemanha. Mais tarde, essa seleção é transportada para o Jeu de Paume.

1 Rose Valland, *op. cit.*

Entre o outono de 1940 e o inverno de 1941, o fluxo de obras confiscadas tem tal magnitude que o pessoal do ERR – cerca de sessenta pessoas, entre historiadores de arte, peritos, fotógrafos, secretárias e outros – não é suficiente. É durante esse período que chega ao Jeu de Paume, como já escrevemos, a parte principal das coleções Rothschild, Paul Rosenberg, Bernheim-Jeune, David-Weill e Alphonse Kann.

As primeiras grandes transferências para solo alemão começam em fevereiro de 1941. De fato, na primavera do ano de 1941 a maior parte das coleções terá sido confiscada, inventariada e despachada para a Alemanha, comprovando a extrema capacidade do serviço.

Em fevereiro e março de 1941, ocorrem remessas de Paris para o depósito alemão do castelo de Neuschwanstein na Baviera, que transportarão parte das coleções Rothschild, Bernheim-Jeune e David-Weill. Testemunho da importância atribuída pelos nazistas a esses primeiros comboios repletos de obras de arte confiscadas é o fato de que o ERR, com a ajuda de Goering, utiliza vinte e cinco vagões de primeira classe com aquecimento, originariamente destinados ao transporte de passageiros de luxo.

Logo após a chegada da valiosa carga a Neuschwanstein, o *Reichsleiter* Alfred Rosenberg escreve um *Relatório ao Führer*, em 20 de março: "Informo-lhe que chegou a remessa principal de bens culturais vacantes (*herrenlose*), que pertenceram a judeus e que foram custodiados por meu Destacamento Especial (*Einsatzstab*) em Paris... O trem especial, colocado à nossa disposição pelo *Reichsmarschall* Hermann Goering, era composto de vinte e cinco vagões que continham quadros, móveis, tapeçarias, objetos de arte e joias do mais alto valor." Com característica linguagem asséptica, o relatório menciona outras coleções confiscadas: Halphen, Kann, Veil-Picard, Wildenstein, Lévy de Benzion, além das que já conhecemos. Finalmente, o *Reichsleiter* se vangloria do trabalho levado a termo pelo ERR: "Os historiadores de arte de meu Destacamento Especial estabeleceram um inventário científico de todo o material de arte e todas as obras de valor foram fotografadas [...] e eu, pessoalmente, poderei enviar-lhe muito brevemente uma lista completa de todas as obras confiscadas."[2]

Apesar de toda essa eficiência, o ERR não se destaca por sua direção. O barão Kurt von Behr, que não usa uniforme militar e sim o uniforme da Cruz Vermelha alemã, com as grandes vantagens de suposta neutralidade e

---

2 Cassou, *op. cit.*, pp. 108-9; e *CIR 1*.

benevolência que isto lhe proporciona, dirige o serviço de forma um tanto anárquica. A conservadora francesa Rose Valland, que trabalhava com ele diariamente, descreve-o da seguinte maneira: "Grande, de boa presença, trazia a boina de lado cobrindo-lhe o rosto, o que, para esse homem maduro, tinha a vantagem de esconder um de seus olhos, que era de vidro. Não lhe faltava encanto e falava bem o francês."[3]

Pouco respeitado por seus subalternos, Von Behr tinha a má reputação de ser pouco profissional, combinada com uma grande ambição. Diante dos historiadores de arte de sua equipe, a ignorância do barão em matéria de arte era enorme; o que representava, sem dúvida, um inefável inconveniente para o chefe de um serviço especializado no confisco de arte. Em suma, Von Behr, que levava uma vida social de pompas, prazeres e suntuosidade na Paris noturna da ocupação, parece ser um mero aventureiro que organiza admiráveis reuniões e recepções em sua residência com o objetivo de se fazer conhecer e aumentar sua influência entre as autoridades alemãs da França.

No que diz respeito ao ambiente que se vislumbra entre o pessoal do Jeu de Paume, este é, como era de esperar, execrável; e sustentado por um complicado fundo de ciúmes, de invejas e de enredos amorosos instigados pelo próprio barão.

A tarefa primordial do ERR, o confisco, é realizada de forma simultaneamente sistemática e caótica. Em um claro exemplo do que poderia ser qualificado de banalidade burocrática do mal, os funcionários alemães do Jeu de Paume agem, hora após hora, sem escrúpulos ou afetações morais desnecessárias que poderiam dificultar o trabalho a ser feito, com vistas à maior eficácia, sem considerações éticas nem delongas, sem aparente consciência humana, indignando-se apenas quando não se consegue alcançar o objetivo.

Constantemente, os historiadores de arte do serviço protestam verbalmente e por escrito por não poderem desempenhar devidamente sua missão – o saque – em condições ideais, pois consideram que não dispõem de pessoal suficiente para fazê-lo. Acrescentam, contrariados, que, com o ritmo acelerado dos confiscos, é impossível fazer um trabalho de historiador e especialista sério. Descontentes, demonstrando grande consciência profissional amoral, queixam-se diante de Von Behr por não poderem efetuar os

---

[3] Valland, *op. cit.*, p. 58.

detalhados inventários e redigir os catálogos corretamente por não dispor de uma sortida biblioteca de arte de referência que lhes permita compor anotações e redigir verbetes mais precisos.

Demasiadas vezes, acrescentam, são interrompidos por pessoas desconhecidas que, no meio de suas avaliações e sua catalogação, aparecem no museu com um caminhão abarrotado de obras, anunciando: "Isto vem dos Rothschild", ou avisando: "Estas vêm de *l'Avenue du Bois*". Os entregadores descarregam as peças que trazem, abandonando-as na primeira sala que encontram e em seguida desaparecem sem se saber quem eram. Além disso, raras vezes são os mesmos, lamentam-se os insatisfeitos historiadores.

Apesar desses inconvenientes, o serviço avança, com algumas exceções. Mais tarde, quando sua estrutura for reorganizada e se estabelecer um inventário geral, será impossível detectar a origem de uma parte das obras confiscadas. A única alternativa disponível para os funcionários do ERR será, então, a de classificá-las como obras de *origem desconhecida*[4].

O jovem assistente de Von Behr, Bruno Lohse, havia realizado estudos de história da arte com especialização na arte holandesa do século XVII. Nos anos anteriores à guerra trabalhava como *marchand* de arte na Alemanha e, além disso, assim como todo alemão que desejava continuar a fazer carreira no Terceiro *Reich*, professava lealdade ao regime como membro atuante do Partido Nazista. Ao chegar ao museu, o jovem historiador será rapidamente incumbido de ajudar no inventário e na catalogação das obras da coleção de Alphonse Kann, o grande aficionado da arte moderna.

A maior parte da coleção Kann havia sido espoliada pelos nazistas entre 16 de 24 de outubro de 1940, no próprio palacete de seu proprietário – o número 7 da *rue* des Bûcherons – no povoado de Saint-Germain-en-Laye, a oeste de Paris. O restante dos objetos que os alemães abandonam na residência será confiscado pela prefeitura do povoado, que acabará leiloando-os.

A coleção, essencialmente de arte moderna, era singular, mesmo ao ser comparada com outras da Paris de entreguerras. A refinada mistura de obras criada por Kann colocava os tradicionais mestres da pintura e os quadros impressionistas e modernistas ao lado de esculturas e tapeçarias do Renascimento, de objetos de arte da América, da África e do Extremo Oriente, e de livros e manuscritos. O inventário de confisco do ERR, concluído tardiamente por um pessoal sobrecarregado pela quantidade de traba-

---

[4] Ver os interrogatórios de Lohse, *RG 331*, box 13 (NA), Washington (DC).

lho, descreve detalhadamente 1.202 objetos. Infelizmente, muitas dessas peças pareceram cair do céu para o projeto de troca e barganha criado pelos nazistas, que acabaria dispersando-as pela Europa e pelo mundo.

O homem elegante, impecável, de caráter difícil que havia conseguido juntar, com supremo cuidado e conhecimento, tantas obras diferentes em um harmonioso conjunto, Alphonse Kann, havia nascido em 1870. Banqueiro de profissão, solteiro, era também uma figura chave no mundo dos colecionadores franceses; famoso por sua ira, era respeitado e admirado por seu olho excepcional e pelo seu bom gosto. Os historiadores de arte, conservadores e críticos disputavam os convites para sua residência para poder admirar tão famosa coleção.

Na admirável disposição das obras, Kann rompera com os esquemas tradicionais homogêneos da época, justapondo obras à primeira vista díspares. O colecionador pendurava, portanto, um Matisse ao lado de uma tapeçaria medieval, colocava uma peça de arte pré-colombiana ao lado de uma escultura renascentista, bronzes arcaicos da China ao lado de um Bonnard ou expunha um Picasso da época cubista na parede acima de um móvel francês do século XVIII, temperando a estranheza entre as duas peças com a proximidade de uma cabeça africana.

Na época, a alta sociedade parisiense qualificava Alphonse Kann como *le plus chic du chic*, o mais refinado do refinado. Em sua juventude, havia sido colega de David David-Weill no liceu Condorcet e amigo de brincadeiras de Marcel Proust.

O abastado e ocioso Kann fascinava o grande romancista francês que havia integrado alguns dos traços do colecionador no personagem de Charles Swann e em outros de seu romance *Em busca do tempo perdido*.

Kann sentia um grande aborrecimento na presença de seu antigo colega de brincadeiras de infância nos jardins dos Champs Élysées. Aos 16 anos, Proust costumava ler para Kann seus primeiros escritos, ainda não publicados. Anos mais tarde, o colecionador afirmava que o romancista havia sido um esnobe insuportável desde muito jovem e dizia que, em seus primeiros livros, Proust descrevia incorretamente as pessoas da alta sociedade porque ainda não as conhecia bem.

Quando jovem, o romancista costumava apresentar-se logo cedo na luxuosa residência de Kann e permanecia imperturbavelmente ao lado dele observando detalhadamente como este se arrumava e se vestia. Nesse meio-tempo, a irritação de Kann aumentava a cada segundo que passava, mas não conseguia se livrar facilmente da obstinada presença de Proust. Um dia, por fim, o colecionador se decide e praticamente o expulsa.

Os antigos amigos só voltarão a se ver muitos anos depois, sem conseguir retomar a seca amizade de outrora. Talvez com pesar, Kann concluía suas lembranças de Proust da seguinte maneira: "Se eu não tivesse conhecido o homem, talvez tivesse apreciado sua obra."

A época anterior à Segunda Guerra, como vimos, era de estrita divisão e desavenças no mundo da arte entre os aficionados da arte clássica e os que preferiam a arte de vanguarda. E nesse campo artístico Kann havia cometido, em 1927, uma falta imperdoável diante dos olhos dos colecionadores da época apreciadores dos grandes mestres: em um leilão em Nova York, se desfizera, de uma só vez, da maior parte de sua então tradicional coleção – composta de pinturas de Tintoretto, Brueghel, Rubens, Fragonard, e de italianos dos séculos XIII ao XV como Cimabue e Pollaiulo – para abrir espaço nas paredes de sua residência e comprar apenas obras modernas. Assim começa a reunir a grande quantidade de quadros vanguardistas que possui quando os nazistas invadem sua casa.

Mas esta inusitada decisão revelou-se desastrosa para o futuro da coleção, pois Lohse, o ERR e Goering não teriam uso para ela sem antes desmembrá-la em lotes da melhor qualidade, fáceis de vender ou de trocar por obras próximas de seus gostos.

Alphonse Kann era dono de obras da arte "mais degenerada" que os nazistas, em seu pior pesadelo modernista, puderam sonhar; mais de vinte quadros de Picasso – entre eles um conhecido *Arlequim* de 1915 e *Cabeça de mulher* (ver ilustração C11) –, vários Matisses – entre eles *A cortina azul* e *O rio com aloés* –, outros Braques – entre os quais *Homem com violão* –, vários Légers – como *Fumaça sobre os telhados* –, obras de Gris, Klee, Masson, Degas – sobretudo *A senhora Camus ao piano* (ver ilustração C10) – e quadros de Cézanne, Courbet, Manet, Renoir e de muitos outros.

Depois que Lohse conclui o inventário, adapta-se rapidamente à confusão reinante no serviço e faz todo o possível para subir na hierarquia e permanecer em Paris, pois não deseja voltar para a Unidade Sanitária de onde provinha.

Como é lógico, é no próprio Jeu de Paume, durante uma das muitas exposições privadas, que o jovem Lohse conhece o marechal Goering, que, percebendo seu espírito empreendedor, o encarrega de procurar obras no mercado parisiense para sua coleção em Carinhalle. Lohse se lança ativamente nesta nova empresa e obtém privilégios especiais, incluindo cartas de apresentação do próprio *Reichsmarschall*, que podiam, naquela época, abrir praticamente qualquer porta na Europa.

Com a ajuda de Günther Schiedlausky, outro consciencioso historiador de arte empregado no ERR, Lohse se encarrega de organizar as exposições privadas para o marechal. Não é pouco trabalho, pois, entre novembro de 1940 e dezembro de 1941, serão realizadas não menos de dez mostras exclusivas para Goering (ver ilustração C10).

O tempo de que o ocupado dignitário dispõe durante suas visitas a Paris é limitado e nada nas exposições será deixado ao acaso. É preciso, portanto, agir com muita diligência. Walter Andreas Hofer, o conservador da coleção de Carinhalle, vem frequentemente durante suas visitas a Paris para realizar uma seleção prévia das obras. Primeiro, assiste aos leilões públicos, em seguida se apresenta no Jeu de Paume para avaliar com atenção as coleções confiscadas recentemente. À sua chegada, Lohse tem as obras preparadas.

Em uma longa carta de 26 de setembro de 1941, Hofer descreve a seu chefe os achados que acaba de fazer no depósito depois de uma de suas visitas. Interessa-se particularmente por aqueles da coleção Rosenberg, confiscada em 7 de setembro no Banque Nationale pour le Commerce et l'Industrie de Libourne e já exposta em Paris cerca de vinte dias depois:

> A coleção do judeu Paulo Rosenberg, Paris.
> Escolhi e reservei para o senhor, perante Von Behr, os desenhos de Ingres, sete quadros e um desenho de Corot, quatro desenhos em pastel e um quadro de Degas, um Pissarro, uma tela de Van Gogh e um quadro de Toulouse-Lautrec. São todos de uma qualidade excepcional, excessivamente baratos e particularmente adequados para a troca. Conseguirei compradores bem animados! [...]
> Deixei no ERR as pinturas restantes de propriedade do judeu Paul Rosenberg. São, em sua maioria, telas de arte *degenerada* e do século XIX e não são, a meu ver, apropriadas para a troca.

Nesta última frase, Hofer se refere, sem dúvida, às excepcionais obras de Picasso, de Matisse e a outros da coleção que já conhecemos. Depois de descrever a coleção do "judeu Seligmann", antiquário parisiense de renome, o diretor de Carinhalle menciona a coleção de arte de Braque que, a pedido do próprio Paul Rosenberg, o pintor havia depositado nas caixas-fortes do Banco de Libourne, e que acabou confiscada por engano:

Braque é um ariano que mora em Paris como pintor. Portanto, será preciso desembarcar sua coleção de Bordeaux (Libourne). Negociei pessoalmente com ele seu *Retrato de moça* de Cranach e o fiz vislumbrar a possibilidade de uma suspensão rápida do embargo, se estivesse disposto a vender seu Cranach [...]. Ele nos reservará o quadro, que não pensava em vender e nos notificará sua decisão [...]. Seus outros quadros não têm nenhum interesse para nós.

Hofer nunca perde a oportunidade de demonstrar a Goering sua habilidade como *marchand* e como negociador. Com uma mistura de adulação de subalterno e de chantagem de vulnerador, Hofer faz bem sua suja tarefa e não perde de vista nada que possa agradar o marechal. Novamente, nesta última frase, comprovamos que Hofer, influenciado pelos padrões estéticos do nacional-socialismo, não consegue compreender a importância da arte moderna e talvez deixe passar o melhor da coleção criada por Braque: os quadros comprados ou trocados com seus colegas cubistas e modernistas.

No mesmo relatório, Hofer conclui:

> Inspecionei os quadros da baronesa Alexandrine R. (de Rothschild). Eram realmente *sensacionais*! Esta coleção é composta por vinte e cinco telas de suprema qualidade e da mais alta importância. Entre elas existe um encantador *Retrato da Infanta Margarita* de Velázquez que o senhor deveria de todos os modos adquirir para sua coleção. O senhor nunca obterá um Velázquez de qualidade tão excepcional e em tão perfeito estado. Esse quadro seria uma contribuição maravilhosa para sua coleção, na qual Velázquez, talvez o maior pintor, ainda não está representado... Esta coleção, que inclui também um lote volumoso de joias modernas, permanecerá, é claro, onde está à espera de sua decisão.[5]

Pouco depois, o *Reichsmarschall* virá admirar as belas peças descritas por seu conservador e se apropriará para Carinhalle do Velázquez de *"uma qualidade tão excepcional"*. Embora, depois da guerra, um inesquecível percalço manchará a reputação do quadro que tantos elogios suscitava por parte de Hofer: será descoberto que a celebrada obra era uma mera cópia do original.

Goering utilizará as pinturas confiscadas do *marchand* Paul Rosenberg como moeda de troca em um amplo esquema de barganha que acabará dispersando milhares de obras por todo o mundo.

---

[5] Carta escrita por Walter Andreas Hofer, encontrada nos arquivos de Paul Rosenberg, Nova York.

A necessidade é a mãe da invenção; e, como que para confirmar a máxima, o engenhoso programa de intercâmbio e permuta de quadros roubados, construído em torno do marechal, nasce, pois, por pura necessidade.

Como dissemos até agora, a ocupação alemã da Europa expande o irrefreável anseio de Goering de ampliar sua coleção, despertando nele pretensões monárquicas de colecionador de arte. Para aumentar o grande número de peças que já possui, o marechal precisará comprar obras no exterior, sobretudo na França e na Suíça. Para atingir seu imodesto objetivo, tem de obter valiosas divisas. Com isso em mente, Goering solicitará oficialmente a escassa moeda aos funcionários do ministério da Economia alemão.

Em sua resposta, estes lembram ao *Reichsmarschall* que a Alemanha se encontra em meio a uma longa guerra e que qualquer preciosa divisa deverá ser destinada a esforços puramente bélicos. Diante da inapelável negativa dos funcionários das finanças do Reich, Goering e seus agentes planejam o bem-sucedido projeto de troca de quadros *degenerados* confiscados que se encontram no Jeu de Paume por quadros desejados que estão nas mãos de *marchands* e especialistas na Europa.

Por meio deste simples e inédito arranjo, o marechal terá a sua livre disposição, automaticamente, um fundo quase inesgotável de recursos à mão, sem a incômoda necessidade de administrar ou ter de providenciar um único centavo em divisas.

Muitos comerciantes de arte e peritos logo se dão conta dos fáceis ganhos a ser obtidos e das numerosas permutas a ser efetuadas no extraordinário depósito de objetos roubados. Para um *marchand*, a inusitada situação que se apresentava no Jeu de Paume talvez pudesse ser comparada apenas – devido à quantidade de arte confiscada que se acumulara em alguns poucos meses – à inimaginável circunstância de uma liquidação definitiva de algum museu que estivesse prestes a fechar suas portas, no qual milhares de obras de arte excepcionais que haviam estado durante anos fora do alcance de compradores irrompiam, todas ao mesmo tempo, no mercado.

Um dos primeiros espertos a fazer uma visita ao antigo museu é Gustav Rochlitz, comerciante de quadros estabelecido no número 22 da *rue* de Rivoli, perto do depósito do Jeu de Paume e próximo da atual livraria anglo-americana Gallignani.

Rochlitz logo se converte em um dos mais assíduos visitantes do lugar. O hábil *marchand* teria obtido o prêmio de maior visitante do Jeu de Paume, caso algum prêmio tivesse sido outorgado. Dos vinte e oito intercâmbios oficiais efetuados no museu durante a ocupação – na maioria deles, telas modernas foram trocadas por arte mais tradicional –, Rochlitz esteve envolvido em dezoito deles; estes lhe permitirão apoderar-se de, pelo menos, oitenta e dois quadros – até onde sabemos. Durante os quase quatro anos de colaboração com os funcionários do ERR, o comerciante de arte alemão venderá o butim obtido no museu para colegas e para colecionadores no mercado de Paris e da Europa. A maioria das obras permutadas pelo ativo alemão são peças conhecidas; rastrearemos algumas delas mais adiante nesta investigação.

Outras duas trocas foram organizadas por Adolf Wüster, adido cultural da embaixada alemã em Paris, duas outras pelo *marchand* alemão Max Stoecklin, uma pela galeria Maria Dietrich de Munique e o restante por comerciantes de arte suíços.

Alemão de origem, o *marchand* Rochlitz residia em Paris desde 1933, onde havia estabelecido extensos contatos no mundo da arte. Devido a sua condição de cidadão de nacionalidade alemã, ao eclodir a guerra em 1939 o comerciante é preso e encerrado pelas autoridades francesas em um campo de detenção para estrangeiros; com a vitória do exército alemão é rapidamente posto em liberdade. Logo, sob circunstâncias sem precedentes criadas pela derrota, Rochlitz aprende a tirar proveito de sua nacionalidade alemã e da nova demanda em matéria de arte, vendendo obras por meio de seus conhecidos na embaixada alemã.

Sua estreita colaboração com Lohse e suas visitas ao ERR começam no início do ano de 1941, quando o *marchand* vende seis obras para o próprio Goering. Satisfeito com a compra, o marechal lhe fornece um salvo-conduto (*Ausweispass*) que lhe permitirá transitar livremente entre as zonas ocupadas e não ocupadas de Paris. No entanto, Goering não concede privilégios sem exigir nada em troca, e Rochlitz deverá reservar-lhe a primeira escolha de toda obra ou objeto que encontrar. O *marchand* se converterá, assim, em uma espécie de viajante exclusivo de Goering por toda a França.

O astuto comerciante entra no Jeu de Paume desde o primeiro período da ocupação, quando a onda de confiscos crescia sem cessar, no momento em que o serviço do ERR acumula um número máximo de obras que, ou não se adaptam aos gostos estéticos dos alemães, ou são obras modernas consideradas *degeneradas*. É também o momento, é claro, em que Goering e os seus acabam de conceber um sistema de permuta.

Em fevereiro de 1941, realiza-se o primeiro intercâmbio; e, por meio deste, os laços entre Rochlitz e o *Reichsmarschall* se estreitarão ainda mais. O *marchand* soubera da próxima visita de Goering a Paris e insiste com Lohse para que inclua duas obras que lhe pertencem – um *Retrato de cavaleiro* então atribuído a Ticiano e uma *Natureza-morta* do holandês Jan Weenix – na exposição exclusiva que se organiza para ele no Jeu de Paume. Lohse concorda e acrescenta os quadros. O marechal os examina, os aprecia e decide comprar mediante um intercâmbio.

Ao contrário de Hofer, o assessor de Goering, Rochlitz avalia bem o valor real da arte moderna no mercado parisiense e europeu. Graças ao soberano desprezo e ao desconhecimento dos nazistas pela cultura moderna, a seu obscurantismo e a sua profunda ignorância em matéria de arte moderna, que os leva a se interessar por toda a arte nova da Europa no século XX, Rochlitz obterá peças extraordinárias dos melhores pintores vivos da época.

Naquele primeiro intercâmbio com Goering, Rochlitz negociará *tipos de permuta* insuperáveis. A bem-sucedida troca lhe permite entregar as duas pinturas mencionadas e obter, em contrapartida, onze quadros franceses dos séculos XIX e XX; entre eles, um importante Degas, um Braque e um Cézanne da coleção de Alphonse Kann e um Corot, três Matisses e dois Picassos da coleção de Paul Rosenberg.

Em outra permuta, em 2 de fevereiro de 1942, Rochlitz entrega uma *Adoração dos Reis Magos*, de um pintor flamengo desconhecido, e recebe em troca oito quadros modernos que incluem uma natureza-morta de Picasso, dois Matisses e um Braque; todas da inesgotável coleção de Alphonse Kann. Recebe, além disso, um Pissarro intitulado *Cena campestre*, assinado e datado de 1887, procedente da coleção Meyer e cujo paradeiro é desconhecido até o dia de hoje. E, finalmente, uma pintura a óleo de Léger que figura na lista de intercâmbio nazista sob o título de *Cavaleiro com armadura*, com dimensões de 105 centímetros de altura por 82 de largura. Incapazes de compreender a pintura moderna de Fernand Léger, os alemães do ERR cometeram, muito provavelmente, um erro de observação e de entendimento ao identificar e inscrever esta tela cubista em suas listas. Nada na obra desse pintor corresponde àquele tema medieval, àquela descrição e àquelas dimensões.

Alguns meses mais tarde, em 21 de maio de 1942, Rochlitz recolhe três obras de Matisse, datadas de 1937, as três procedentes da coleção de Paul

Rosenberg: *Mulher sentada com roupa azul, Mulher sentada com blusa branca e casaco vermelho* e *Mulher deitada com natureza-morta de flores e frutas*. A esses quadros se junta um Corot, *Campo boscoso*. Em troca, Rochlitz entrega duas naturezas-mortas, uma do holandês Floris van Schooten e outra de Peter Klaes. Estes dois últimos quadros serão transferidos para a Alemanha e acabarão decorando o Reichstag, o antigo parlamento alemão em Berlim. O próprio Martin Bormann, mão direita de Hitler, aprovou a troca.

Outro interessante intercâmbio ocorreu em 24 de julho de 1942. Rochlitz consegue um *Cristo amarelo* da época bretã de Gauguin e outros dois Matisses, um deles um óleo conhecido como *Oriental sentada no chão* ou *Odalisca sentada no chão*, quadro de 1927. Em troca, o *marchand* alemão traz para o museu *As três graças*, um quadro de autor desconhecido, embora atribuído à escola renascentista francesa de Fontainebleau.

Atraídos pelo incessante rumor dos negócios clandestinos, funcionários e *marchands* franceses colaboradores também visitam o Jeu de Paume. Assim, em 10 de setembro de 1942, Von Behr e Lohse recebem Louis Darquier de Pellepoix, diretor do Comissariado Geral para Assuntos Judaicos (CGQJ), e Jean-François Lefranc, o comerciante de arte que ainda naquela época seguia a pista desconhecida da coleção Schloss. Lefranc se apresenta como o adido de Darquier e como assessor artístico de um conhecido colecionador suíço.

Os dois franceses propõem indicar aos dois confiscadores alemães os esconderijos de coleções judaicas que poderiam interessá-los. Em troca, os dois astutos cúmplices exigem uma comissão em espécie de vinte e cinco por cento do valor de cada coleção, em princípio destinada ao governo de Vichy, embora, na realidade, seria dividida entre os dois franceses.

Os dois alemães ficam muito interessados na proposta, a ponto de Lohse escrever ao secretariado de Goering na Alemanha, insistindo para que a colaboração com Darquier e Lefranc comece sem demora, acrescentando: "Esses franceses são traidores de seu país. E um traidor quer ser pago".

Por sua vez, e poucos dias depois da reunião, Von Behr convida a doutora Eggemann para jantar no conhecido restaurante Maxim's, localizado muito perto do Jeu de Paume, na *rue* Royale. Eggemann era uma das historiadoras de arte destacadas no serviço ERR; havia dirigido e concluído, com esmero e diligência nazistas, o inventário da coleção de Alphonse Kann. Von Behr deseja conversar naquela noite sobre a cobiçada coleção Schloss que se encontra na zona não ocupada e que, há dois anos, não consegue localizar. Durante o jantar, o confiscador alemão apresenta Darquier à doutora Eggemann e os três avaliam e buscam meios de encontrar a coleção. No ano seguinte, como pudemos comprovar anteriormente, esta colaboração franco-alemã entre os confiscadores do ERR e o Comissariado dará excelentes resultados; culminará com o achado da coleção Schloss em sua totalidade na zona administrada pelo governo de Vichy[6].

Poucas são as obras e as coleções que escapam aos olhos atentos dos agentes de Goering e aos ávidos oficiais do ERR. Estas incluem, em uma diabólica ironia do destino, mesmo aquelas cujos proprietários europeus haviam enviado para a França com a intenção de protegê-las dos estragos da guerra.

O banqueiro de origem neerlando-alemã Friedrich (Fritz) Gutmann foi o desafortunado dono de algumas dessas obras confiscadas. Colecionador conhecido, residente com sua esposa e dois filhos, Bernard e Lili, perto da cidade de Haia, Guntmann era também o filho mais novo do fundador do Banco Dresdner Bank na Alemanha, que se havia instalado nos Países Baixos para continuar o negócio familiar (ver ilustração C8).

Seus pais haviam pertencido às mais altas esferas da sociedade cosmopolita da Berlim de princípios do século XX, que mantinha estreitos vínculos com a alta burguesia e a aristocracia de toda a Europa. Assim, uma irmã de Fritz Gutmann se casara com Luca Orsini Baroni, embaixador da Itália em Berlim, enquanto a outra era a esposa do barão Von Essen, embaixador da Suécia; sua sobrinha, por outro lado, havia contraído matrimônio com o chefe de família do ramo alemão dos Rothschild.

Muitos anos antes da Segunda Guerra, a coleção familiar de joias, bronzes e objetos de prata e ouro do Renascimento havia sido encomendada por sua família a Fritz. A peça maior da coleção era uma esplêndida xícara trabalhada por Wenzel Jamnitzer, o engenhoso ourives imperial do maneirismo renascentista alemão. Com a ocupação nazista da Holanda em maio de 1940, essas peças de ourivesaria germânica serão abertamente cobiçadas por Goering e outros dignitários nazistas.

A esposa de Fritz, Louise von Landau, possuía, além disso, uma série de pinturas de grandes mestres, o *Retrato de um jovem* de Botticelli, um *Hércules e o leão* de Cranach, uma *Virgem sentada e menino* de Hans Memling,

---

[6] Interrogatório de Bruno Lohse, relatório do processo sobre Jean-François Lefranc e *CIR Bruno Lohse, RG 331*, box 13 (NA), Washington (DC).

uma paisagem do holandês Van Goyen e o pequeno *Retrato de homem* de Dosso Dossi, o destacado pintor da escola de Ferrara do século XVI.

No final da década de 1920, Gutmann havia acrescentado a sua clássica coleção três obras que poderíamos classificar de modernas: *Paisagem com chaminés* de Degas, um desenho em pastel sobre monotipo (ver ilustração C8), *Mulher enxugando-se*, outro desenho de Degas, e *Macieira em flor*, uma tela pequena de Renoir. As três pendiam das paredes do salão da senhora Gutmann no andar térreo da casa.

Em 1939, Gutmann, pressentindo a guerra na Europa, mantém uma parte da coleção em sua residência holandesa, vende outra e envia outra ainda para a cidade de Nova York, onde, esperava, estariam seguras. Mais tarde, acreditando ingenuamente, como muitos na Europa, na invencibilidade do exército francês, Gutmann decidiu consignar cerca de trinta pinturas, esculturas e objetos de arte à galeria Paul Graupue et Compagnie, situada no número 16 da Praça Vendôme em Paris.

Ao explodir a guerra, e prevendo um futuro incerto, o banqueiro envia uma curta nota a sua filha Lili, que reside com seu marido em Florença, certificando-se de que esta permaneça a par das peças enviadas para a França:

> Muito importante! Para sua informação mais tarde, lembre-se que [...] a empresa Paul Graupe em Paris [...] conserva muitas peças de valor [...] (e, em seguida, as descreve, antes de se despedir).

Ao ocupar a Holanda, os alemães se descontrolam lançando-se contra a pessoa e a ansiada coleção do banqueiro. O itinerante Hofer se empenhará em assediar Gutmann, forçando-o a vender para Goering vários bronzes e objetos de prata da coleção.

Quando os alemães entram na capital francesa, a galeria Graupe havia acabado de transferir a maior parte das obras consignadas para um armazém da empresa Wacker-Bondy, localizado no *Boulevard* Raspail. Algumas poucas permanecem nas dependências da Praça Vendôme; mas, em julho de 1940, com a França já ocupada, estas obras pertencentes ao banqueiro que se encontravam na galeria terão sido confiscadas pelos alemães.

Quanto ao restante, no início de 1941, o *marchand* de quadros Karl Haberstock, próximo de Hitler e dos altos círculos do poder nazista, conseguira arrancar de Gutmann, na Holanda, uma carta dirigida a Paul Graupe por meio da qual se permitiria ao *marchand* alemão tomar posse de algumas das pinturas depositadas no armazém do *Boulevard* Raspail. No depósito, Haberstock apodera-se do Cranach, do Memling e de outros seis quadros.

Finalmente, entre 1942 e a primavera de 1943, os confiscadores do ERR visitam o depósito de Wacker-Bondy e se apropriam dos quadros restantes da coleção. Como sempre, os alemães inscrevem as obras em um inventário de confisco; mas desta vez não o colocam com o nome de Gutmann, e sim com as iniciais MUIR, cujo significado até hoje se desconhece. Os quadros de Degas e de Renoir, impressionistas sem interesse para o gosto nazista, serão designados para o intercâmbio. Quanto ao pequeno Dosso Dossi, este se somará oficialmente à coleção do marechal Goering em 25 de novembro de 1942.

Nem todos os visitantes do museu do Jeu de Paume tinham de ir até o próprio depósito para fazer negócios. É o que ocorre com Maria Almas-Dietrich, a *marchand* amiga de Eva Braun – amante de Hitler –, e com Heinrich Hoffmann, o fotógrafo pessoal do Führer.

Durante a guerra, Almas-Dietrich comprou arte em quantidades quase industriais. A comerciante de arte de Munique era famosa entre seus colegas por seu grande desconhecimento da pintura e por bater o recorde do número de quadros falsos que havia passado pelas mãos de um mesmo *marchand*. Devido aos acessos exclusivos que possuía, Almas-Dietrich comprava e vendia a torto e a direito; imagine-se que, para o projeto especial do museu de Hitler na cidade de Linz, a *marchand* vendeu cerca de 270 obras ao Führer. Em Paris, apenas, comprou aproximadamente 320 quadros.

O relato a seguir descreve como chegou a adquirir uma das muitas obras que passaram por suas crédulas e ineptas mãos. Desde sua base em Paris, o desenvolto Lohse costumava viajar regularmente pela Europa em busca de obras para vender, para comprar ou trocar para ele e para Goering. Em uma dessas viagens em que se encontrava em Munique, o historiador de arte se deteve na galeria de Almas-Dietrich; trazia em mãos uma série de fotografias de obras recentemente confiscadas na França. O confiscador mostrou-as para a inconstante *marchand*, e esta ficou apaixonada por uma delas que reproduzia *O porto de Honfleur sob a chuva*, uma encantadora paisagem impressionista de Pissarro. Imediatamente, Almas-Dietrich concorda em trocar a tela por duas tábuas franco-portuguesas do século XVI que estavam em seu poder. A transação foi efetuada tranquilamente de Paris para Munique. Mas até hoje não sabemos se Almas-Dietrich conseguiu vender facilmente o quadro, pois toda obra de Camille Pissarro, sendo este judeu, tinha a circulação terminantemente proibida na Alemanha por ordem expressa de seu amigo Hitler.

Igualmente, franceses comuns, simples cidadãos que gozam de excepcionais embora modestos contatos dentro do próprio ERR, se aproveitam insidiosamente do imundo rastro de restos e detritos que as espoliações alemãs deixam à sua passagem. Assim, dois dos operários franceses empregados nos escritórios do serviço, Amical Leprael e Valentin Breton, informam um certo Charles Collet da enorme quantidade de objetos rejeitados e abandonados nas residências, depois que os alemães fizeram a escolha dos que lhes interessa para seus confiscos.

A partir dessa informação, Collet imagina uma forma suplementar de enriquecimento; e faz um acordo com o ERR por meio do qual comprará por atacado, e carregará em caminhões, todos os objetos remanescentes. Com a libertação de Paris em agosto de 1944, encontram-se na casa do tal Collet centenas de telas menores e milhares de objetos, quantidade suficiente para encher, segundo o serviço de inteligência francês, cinquenta caminhões de duas toneladas cada um. Transações dessa envergadura se parecem mais com o negócio de carvoeiro do que com o de um *marchand* de quadros.

Outro dos larápios aproveitadores da pilhagem responde pelo nome de Dupont e mora no número 4 da *rue* de Rome. Este irá abastecer-se em vários depósitos do ERR comprando a preços de liquidação os móveis danificados durante os saques. Às vezes, o próprio chefe do depósito intermediário, em troca de algum favor, ajuda Dupont a danificar propositalmente os móveis que se encontram em bom estado para que assim possa adquiri-los por baixos preços.

Com a continuidade da guerra, e o acúmulo das derrotas das Potências do Eixo, desde a batalha de Stalingrado em fevereiro de 1943 até o outono de 1943, meses nos quais os aliados se estabelecem na Itália e derrubam Mussolini, muitos colaboradores franceses, vendo obscurecer-se suas alegres perspectivas pró-nazistas, começam, não por heroísmo, a se questionar sobre a sensatez e a conveniência de continuar a trabalhar unanimemente com os alemães.

Outros, demasiado envolvidos na colaboração, e a par da grande qualidade dos produtos saqueados, tentam concluir trocas com os alemães sob condições ainda melhores; estes colaboracionistas já reconhecem que estão impossibilitados de retroceder em suas ações e aceleram suas negociações com o inimigo.

Entre eles se encontram Martin Fabiani e Roger Dequoy. Fabiani é um bom exemplo da complicada rede francesa cúmplice do confisco, que atinge a todos de perto no mundo da arte, incluindo aqueles que ignoram os grandes roubos. Este onipresente indivíduo de origem corsa era não apenas amigo pessoal de Picasso, mas também o *marchand* de Matisse durante a guerra. Dequoy, por sua vez, havia sido o braço direito de Georges Wildenstein em sua galeria de Londres e, durante a ocupação, exercia o cargo de gerente provisório da antiga galeria Wildenstein já arianizada em seu favor pelos alemães. Os estreitos laços do antigo patrão de Dequoy com os alemães, antes e durante a guerra, especialmente com o influente Karl Haberstock, proporcionam ao comerciante de arte francês uma força inigualável no momento de concluir negociações.

Ao final de um prolongado vaivém de transações, em 26 de fevereiro de 1944, chegam à antiga casa Wildenstein, do lado da entrada do Faubourg Saint-Honoré, cinquenta e dois quadros modernos procedentes de coleções judaicas saqueadas. Adolf Wüster, o adido cultural alemão, executa no Jeu de Paume a avaliação do que será, até onde sabemos, o maior intercâmbio de obras em toda a ocupação entre o ERR e um *marchand* de quadros. Em troca, Dequoy, secundado por Fabiani, entrega para as coleções do museu de Linz uma paisagem do século XVIII, atribuída a Hubert Robert e a François Boucher, mais seis pequenos quadros, entre os quais quatro de Guardi, o pintor de cenas de Veneza, e dois de Pannini, o pintor de vistas romanas. O preço desses sete quadros, avaliados em dois milhões de francos (um milhão de dólares, não pode comparar-se com o das cinquenta e duas obras modernas, cujo valor se aproxima dos vinte milhões de francos (dez milhões de dólares).

Não obstante, infelizmente para os dois ativos *marchands* franceses, o negócio nunca chega a se concretizar, pois, antes de ser concluído, chega aos ouvidos do chefe administrativo do ERR em Berlim, de passagem por Paris. Este considera que o *tipo de troca* combinado com os dois cúmplices é abertamente desfavorável à sua organização e faz com que seja anulado. Por volta de meados de fevereiro, Dequoy e Fabiani, frustrados, se veem obrigados a devolver os quadros para o depósito do Jeu de Paume[7].

Mostra do esbanjamento natural do sistema hitleriano é o destino de um dos quadros envolvidos nesta última transação. Poucos meses depois

---

7 *CIR* Bruno Lohse, *RG 331*, box 13 (NA), Washington (DC).

do fracassado intercâmbio, a paisagem atribuída a Hubert e Boucher será vendida em Berlim pelo valor de 3.500.000 francos (1.800.000 dólares) para o *marchand* de quadros alemão Lange. Este, rapidamente, o revende – inverossimilmente e com um lucro substancioso – para o próprio Hitler para seu projeto de museu de Linz. Isso significa que, no que foi praticamente uma mesma operação, Hitler confisca, vende e volta o comprar o mesmo quadro[8].

Um dos raros dignitários nazistas que apreciam os pintores franceses dos séculos XIX e XX é o ministro de Relações Exteriores do Reich, Joachim von Ribbentrop. Graças a um assíduo intermediário, Von Ribbentrop será outro dos visitantes nazistas *in absentia* do Jeu de Paume. É seu leal adido cultural na embaixada, Adolf Wüster, quem se encarregará de trocar algumas obras em seu nome. Nos dias 24 e 27 de novembro de 1942, por exemplo, se organiza um intercâmbio entre os dirigentes Ribbentrop e Goering, por meio de Wüster e do ERR, respectivamente.

Os objetos que Goering propõe são, naturalmente, roubados; os oferecidos por Von Ribbentrop, também. O *Reichsmarschall* entrega um quadro de Delacroix, *Leão com serpente*, e *Rue de Sannois*, de Maurice Utrillo, o pintor de cenas de ruas de Montmartre, ambos procedentes da coleção de Paul Rosenberg, saqueada pelos alemães no Banco de Libourne. Goering acrescenta uma *Cena no bosque* de Courbet da coleção Bing. O ERR recebe em troca, destinado ao marechal, um grande tapete das Manufaturas Reais do Gobelins, um quadro de Jodocus de Momper, o pintor flamengo oriundo de Antuérpia, e outro atribuído ao paisagista holandês Albert Cuyp. O quadro de Utrillo, avaliado em 10.000 francos na época, continua desaparecido até o dia de hoje.

Os confiscos do ERR na França e os subsequentes transportes na Alemanha continuam até o verão de 1944, mesmo depois do desembarque aliado na Normandia, em 6 de julho daquele ano, e até poucas semanas antes da libertação de Paris em agosto. No entanto, o uso pelos alemães do Jeu de Paume como depósito de arte roubada se estenderá até o próprio dia da entrada em Paris das tropas francesas do general De Gaulle, em 25 de agosto de 1944.

8 CIR Rochlitz e *Report on Mission to Switzerland*, by Douglas Cooper, December 10, 1945. *RG 239*, box 82, *Swiss Report* folder (NA), Washington (DC).

O último relatório oficial, que data de julho de 1944, foi redigido em Berlim pelos administradores do ERR e informa alguns números colossais. Entre abril de 1941 e julho de 1944 foram organizados vinte e nove comboios de Paris com direção ao Reich. O primeiro levava uma escolta da Luftwaffe, designada por Goering como chefe da força aérea. No total, cento e trinta e oito vagões repletos de quatro mil, cento e setenta caixotes de obras e objetos de arte atravessaram a fronteira durante a guerra. Unicamente na França, sem incluir a Bélgica nem a Holanda, confiscou-se um total de vinte e um mil, novecentos e três objetos procedentes de duzentas e três coleções privadas. A maioria das peças eram quadros, desenhos e gravuras; dez mil no total. Esses milhares de objetos, dos quais nem todos eram obras-primas, foram transferidos para seis diferentes depósitos na Alemanha, entre os quais se encontrava o castelo de Neuschwanstein. Nos últimos tempos da guerra, uma parte dos quadros, desenhos e esculturas das coleções de David-Weill, de Alexandrine de Rothschild, de Paul Rosenberg e de Alphonse Kann foi transportada para o distante depósito do castelo de Nikolsburg, situado nos Sudetos checos, que então eram parte do Reich.

É claro que os números mencionados anteriormente no relatório nazista incluem apenas aquelas obras de arte confiscadas pelo ERR, e excluem muitos dos móveis saqueados, além de toda a arte roubada pelos funcionários da embaixada alemã, pelos oficiais e soldados da Wehrmacht, pelos administradores do governo de Vichy e pelos numerosos civis que participavam individualmente do saque. Um cálculo aproximado desse total chegaria a uns cem mil objetos de arte roubados na França; além de, aproximadamente, um milhão de livros e manuscritos.

Uma das consequências diretas importantes do trabalho de formiga confiscatório dos alemães será que o mercado de arte de Paris se verá, logicamente, inundado de obras e objetos roubados.

Alguns pintores notarão a presença de obras realizadas por eles ou de objetos relacionados com sua obra que se encontram em mãos indevidas.

Em 1942, o pintor Matisse, que permaneceu na França durante todo o decorrer da guerra, indicou ao irmão de Paul Rosenberg, residente em Paris, que havia visto à venda na capital alguns dos quadros pintados por ele e roubados do banco de Libourne. Matisse chegou a fornecer uma lista dos nomes dos quadros, que o irmão conservou devotamente, sendo-lhe de grande utilidade ao tentar recuperá-los ao final da guerra: *Abacaxi sobre fundo rosa*, *Mulher adormecida com blusa romena em mesa de mármore violeta enfeitada com frutas*, e duas naturezas-mortas, *Margaridas e frutas sobre fundo negro* e *Vasilha de estanho com limões sobre mesa verde e preta*[9].

Por outro lado, ao concluir o saque inicial da galeria Paul Rosenberg na *rue* de la Boétie, o governo de Vichy havia confiscado a propriedade e estabelecido um instituto de estudos sobre a questão judaica. Ao se instalar nos confortáveis escritórios, o secretário adjunto do instituto antissemita havia descoberto, entre as prateleiras e bibliotecas dispersas, cerca de quatro mil e quinhentas placas fotográficas de obras que haviam passado pela galeria; um verdadeiro tesouro de informação para comerciantes de arte, pintores e historiadores de arte, abandonado por Rosenberg em sua apressada fuga da França. Com as placas em seu poder, o empreendedor funcionário de Vichy decidiu, como muitos então, fazer negócios e vender os clichês para quem estivesse disposto a pagar um bom preço por eles. Através de seus oniscientes contatos no meio artístico, Picasso fica sabendo da infeliz decisão e tenta impedir, sobretudo, que as insubstituíveis placas se dispersem ou se quebrem, sabendo que, entre os milhares de negativos, se encontram centenas que ilustram seus quadros, os de Braque e outros. Urgentemente, pede a Louise Leiris – a filha secreta do *marchand* Daniel-Henry Kahnweiller, que conseguira discretamente arianizar a galeria de seu pai – que compre os negativos de qualquer maneira. Leiris aceita e adquire as placas em sua totalidade, protegendo-as de uma destruição quase certa e conservando-as até a libertação nas dependências de sua galeria, no número 47 da *rue* de Monceau, no oitavo distrito de Paris.

Mas, apesar da constante vigilância que Picasso exerce sobre tudo aquilo que poderia afetar sua pessoa ou sua carreira de pintor, era tal a quantidade de obras roubadas no mercado que não conseguiu impedir que o enganassem; embora isso tenha acontecido apenas uma vez.

Um dia, na Paris ocupada, durante uma visita que recebe de seu amigo o *marchand* Fabiani no imponente estúdio do Quaid es Grands-Augustins, este oferece vender ao pintor espanhol *Paisagem exótica*, um quadro de 1908 do aduaneiro Rousseau.

Até sua morte, em 1910, o grande pintor *naïf* havia sido muito amigo de Picasso, que, além disso, colecionava seriamente suas telas. Naturalmente, o espanhol aceita comprar o quadro, mas, talvez por alguma difusa e inquieta intuição, exige um certificado de Fabiani por meio do qual este garante, com sua palavra de honra, que a venda da obra em questão não é

---

[9] Relatório da DGER nos Arquivos Nacionais de Washington (DC).

ilegal em nenhum aspecto. Fabiani, é claro, concorda em redigi-lo. Assim, o precavido pintor conserva o documento manuscrito em seu estúdio[10].

No entanto, não poderíamos compreender totalmente o complexo e detalhado funcionamento deste pequeno circuito aparentemente fechado da arte confiscada sem adentrar no contexto mais amplo do mercado de arte de Paris durante a guerra, que, com seus novos clientes franceses e alemães, seus grandes fluxos de dinheiro, suas peculiaridades, confere sentido a tudo aquilo que depende dele.

---

10 Relatório da DGER nos Arquivos Nacionais de Washington (DC).

Capítulo **10**

MUDANÇA DE PROPRIETÁRIO.
O MERCADO DE ARTE PARISIENSE SOB A OCUPAÇÃO

O mercado de arte parisiense só conhecerá sua única e breve interrupção em toda a guerra durante os primeiros meses da ocupação. Antes e depois dessa curta pausa, o negócio de arte funcionará como de costume; e, além disso, prosperará como nunca nessa guerra internacional que poucos franceses haviam desejado[1].

A lembrança, ainda recente nas mentes, de uma Primeira Guerra cujas batalhas no Oeste haviam sido combatidas quase exclusivamente em solo francês, somada ao fantasma real de quase dois milhões de jovens franceses mortos então, refreiam instintivamente a clara vontade de enfrentar Hitler.

Mas, para surpresa de muitos, o começo das batalhas na Europa, em setembro de 1939, encerra definitivamente a grande crise econômica da década de 1930. Naqueles anos, difíceis para tantos, os preços das obras haviam caído precipitadamente e descido até cerca de setenta por cento de seu nível dos anos 1920, arrastando consigo a quebra de mais de um terço das galerias parisienses existentes.

Agora, enriquecidos pelas múltiplas circunstâncias e vicissitudes que a preparação e a mobilização de toda guerra ocasionam e geram, surgem novos colecionadores e numerosos especuladores franceses, impacientes por se desfazer de cédulas bancárias de valor efêmero. Aquelas camadas da população próximas da fase industrial do esforço bélico – desde os fabricantes de armamentos e veículos até a cadeia de pequenos empresários que rece-

---

1 Ver, sobretudo, *L'annuaire général des ventes publiques en France*, volumes I e II, 1940--1943, e Raymonde Moulin, *Le marché de la peinture en France*. Paris: Minuit, 1967, p. 42, e Lynn Nicholas, *op. cit.*, pp. 153-83.

bem inesperadas e substanciosas encomendas do exército francês para providenciar, com a maior urgência, centenas de milhares de uniformes, de casacos, de botas de couro, de mantas, de cantis, de boinas ou de víveres – dispõem subitamente de grandes quantidades de dinheiro vivo que desembocam bruscamente no mercado, enquanto as vicissitudes da guerra e as novas e inesperadas necessidades da população continuam a estimular tanto a oferta como a procura.

Diante da escassez generalizada de um país em guerra, os novos compradores franceses empreendem febrilmente a compra de quadros, desenhos, antiguidades, móveis e livros raros que corroborará sua estranha impressão de ter realizado um investimento realmente sólido na turbulenta época.

Tomando emprestada a gráfica descrição do mercado em tempos bélicos de Alfred Daber, comerciante de arte parisiense mencionado anteriormente: "As pessoas tinham muito dinheiro vivo, mas não havia nem artigos de moda, nem belos vestidos, nem automóveis novos à venda, nenhuma viagem à vista, nenhum restaurante ou cabaré onde gastar aquele dinheiro. Tudo o que você podia fazer era comprar manteiga no mercado negro, a mil francos o quilo, ou então quadros no mercado de arte. Assim, todos se põem a realizar excelentes investimentos no campo da arte."

Diante da subida dos preços e do entusiasmo patriótico, os clientes, assim como os *marchands* e os intermediários atuantes nos negócios, se lançam em busca de telas de Cézanne, de Degas, de Monet, de Renoir, de Corot e de Courbet; todos eles valores seguros, estabelecidos e, na época, clássicos da pintura francesa.

Percebendo a forte demanda por esses pintores nacionais, o próprio Daber utiliza seus laços de amizade de comerciante já experiente para aproximar-se de Giverny, a antiga casa e estúdio de Claude Monet na Normandia, falecido em 1926. Em conversa com Michel, um dos filhos do pintor, Daber insiste nas recentes vantagens do mercado e convence o filho a vender cerca de cinquenta quadros do pai, juntamente com alguns de Renoir. De volta a Paris, Daber revenderá rapidamente as telas, obtendo substanciosos lucros.

Os recém-chegados – quer sejam verdadeiros aficionados, quer autênticos investidores – pouco a pouco transformarão o próprio mercado. A procura era suficientemente importante para que mesmo os preços dos quadros de pintores franceses menores do século XIX, que poucos desejavam alguns anos antes, aumentassem notavelmente. As obras decorativas, sobretudo as tradicionais que representavam paisagens e naturezas-mortas, em pequenos formatos, mais fáceis de transportar e de instalar em apartamentos de tamanho modesto, se converterão no capricho de todos; algo desconhecido antes da guerra com esse tipo de pintura[2].

E, é claro, a procura não diminui para aqueles artistas franceses decisivamente modernos como Matisse, ou ainda para aqueles catalogados como judeus, como Pissarro ou Modigliani, e considerados, tanto uns como outros, artistas *degenerados* pelos nazistas e alguns outros. Por sua vez, as galerias não cessam de organizar e preparar grandes vendas e exposições que atraem um público numeroso e permitem aos que trabalham no mundo da arte concluir negócios ainda melhores[3].

Cabe acrescentar que, entre o princípio da guerra e a derrota, esses novos compradores franceses reinam soberanos, pois Paris já não é acessível aos estrangeiros. Anteriormente, os grandes colecionadores do mundo, os agentes estrangeiros e os conservadores dos museus de todos os países visitavam regularmente a capital francesa para abastecer-se no que era então o centro indiscutível da pintura mundial; mas, com a guerra, estes leais clientes internacionais se encontram irremediavelmente separados de suas fontes.

Inversamente, como pudemos apreciar em páginas anteriores, antes da eclosão da guerra, os *marchands* parisienses defensores da arte moderna ou os antiquários não haviam hesitado em viajar periodicamente para a Inglaterra ou para os Estados Unidos para facilitar e desenvolver as relações com seus clientes habituais naqueles países. Galerias de primeira categoria como eram a de Durand-Ruel, o grande primeiro especialista do impressionismo, a de Knoedler e a de Wildenstein, para os mestres do passado, e a de Paul Rosenberg, para a vanguarda, levavam e traziam constantemente obras de um país para outro.

Desde o início da guerra, Londres fica praticamente fora do alcance dos franceses e já – muito antes da entrada dos Estados Unidos na guerra contra o Eixo em dezembro de 1941 – se torna cada vez mais difícil visitar os ricos colecionadores norte-americanos.

---

2 Comparar Laurence Bertrand-Dorléac, *L'art de la défaite (1940-1944)*. Paris: Seuil, 1993, pp. 145-51, Raymonde Moulin, *op. cit.*, pp. 40-5, e *The New Pallas*, Genebra.
3 Compare Moulin, p. 41 e *L'annuaire général des ventes publiques en France*, volumes I e II, 1940-1943, citado na nota 1.

E assim chega, quase de repente, a inesperada derrota; e suas profundas consequências políticas, militares e psicológicas. O abissal e devastador choque da derrocada, a dissolução, quase instantânea, do maior exército do mundo diante das hábeis ofensivas alemãs paralisa a França inteira e prepara o terreno para o regime colaboracionista de Vichy.

Depois de um breve momento crítico imediatamente posterior à assinatura do armistício – em 22 de junho de 1940 – e durante os primeiros meses da vitória alemã, a vida francesa volta, lenta e seguramente, a retomar seu curso e ritmo regulares – sem pretender ultrapassar, é óbvio, os limites impostos a uma nação sob intervenção e incapacitada.

Naturalmente, a partir de então, as decisões e as necessidades primordiais da Alemanha terão influência central no rumo que tomará o mercado de arte francês. A subsequente ocupação o transformará e atualizará, adequando-o à situação imperante e proporcionando-lhe características inéditas.

Um dos benefícios diretos que o humilhante armistício forçado pelo Reich traz para os ocupantes é que o poder aquisitivo destes dispara em relação com a França da noite para o dia, literalmente.

Durante as conversas anteriores ao armistício com o marechal Pétain, Hitler exige e obtém um desfavorável tipo de câmbio de vinte francos franceses por um *Reichsmarck*, reduzindo de uma só canetada cinco vezes o valor do franco. A essa condição draconiana se somam as execráveis reparações de guerra impostas ao país.

Para compreender as novas condições do mercado, é preciso acrescentar, a esta desigual situação financeira, a incomensurável vantagem psicológica que os conquistadores sempre possuem em relação aos vencidos, sem contar com o ineludível e esmagador argumento de vendas que significa a presença de um exército de ocupação.

É dentro desse contexto que, conscientes de poder ser a indispensável locomotiva que arrastaria o restante do mercado, os empreendedores funcionários do Hotel Drouot, a casa de leilões do Estado, solicitam às autoridades alemãs a autorização para restabelecer as vendas públicas. Os chefes militares da Wehrmacht, satisfeitos com as condições vitoriosas obtidas e confiantes com a fácil conquista e a aparente calma reinante na França, desejam encaminhar o país rapidamente para a normalidade.

Assim, em 26 de setembro de 1940, as salas de Drouot abrem suas portas, atraindo, novamente, o público comprador que se amontoará para disputar as magníficas obras de arte que, apesar de todo o ocorrido, apenas Paris ainda pode oferecer. Os concorridos leilões logo conseguem preços extraordinários que baterão os recordes de vendas para a pintura francesa de todos os tempos.

No ano da abertura de Drouot constatamos que mesmo as previsões mais otimistas de elevação de preços haviam pecado por ser conservadoras. Em dezembro de 1941, por exemplo, um Seurat, *O pequeno camponês azul*, procedente da coleção do crítico de arte Félix Fénéon, antigo diretor artístico da galeria Bernheim-Jeune, alcança o preço de 385.000 francos (200.000 dólares), soma então impensável para uma reduzida tela do pintor pontilhista ainda não reconhecido.

Um ano mais tarde, em dezembro de 1942, no mesmo Drouot, *O vale de Arc e a montanha Santa Vitória* de Cézanne é vendido, ao final de um agitado leilão, por 5 milhões de francos (2.500.000 dólares) durante a venda póstuma da coleção do doutor Georges Viau, dentista e amigo de Monet e de outros pintores impressionistas. As cento e vinte obras vendidas estabelecerão o recorde de venda em leilão em uma mesma sessão com 46.796.000 francos (23 milhões de dólares).

Como nota final para esta venda, cabe mencionar que o comprador do multimilionário Cézanne não será um francês de pura estirpe mas o *marchand* alemão Hildebrand Gurlitt, que aproveitava as vantajosas condições econômicas dos alemães em Paris. Por outro lado, e talvez motivo de verdadeira aflição, é o fato de que, anos depois da venda, se determinaria que a cobiçada paisagem de Cézanne era falsa, invenção da mão do talentoso dentista que gostava de se divertir pintando obras-primas que nunca haviam existido.

Embora as mudanças no mercado serão muitas e óbvias com a ocupação, uma das primeiras a ser implantadas é a proibição das transações entre a zona ocupada pelos alemães e a esfera anglo-saxã; de agora em diante, impossíveis de ser realizadas, elas, pura e simplesmente, deixarão de existir.

Sem esquecer outra transformação de importância: a arianização das galerias e revistas artísticas, reforçada pelo arsenal de leis antissemitas promulgadas por Vichy, terá um impacto imediato sobre o mercado. Muitos comerciantes judeus de quadros, que agora se encontravam oficialmente excluídos dos negócios e às vezes do próprio país, eram antes da guerra reconhecidos e respeitados por seu infalível olho, pela segurança de suas avaliações e por sua vasta experiência.

Sua ausência agora se fazia sentir fortemente. De fato, lamentando-se da falta de bons peritos capazes de assessorar e orientar os clientes alemães na capital francesa, um membro do serviço de inteligência a explicava pelo fato de que, antes da guerra, a maioria deles eram judeus. É verdade que eles haviam contribuído, desde o final do século XIX, para desenvolver e cultivar essa rede mundial de aficionados endinheirados que agora se encontravam distanciados do posto mais interessante do mercado de arte da Europa.

Assim, essa clientela internacional dos anos 1930 logo se verá obrigada a ceder seu lugar para os vencedores nazistas. A principal transformação, portanto, no mercado parisiense da ocupação se dará com a chegada maciça de compradores alemães que agora desfrutarão de meios financeiros impressionantes devido aos insuperáveis preços criados pela imposta desvalorização do franco.

Já descrevemos como Hitler, Goering, o ERR e seus agentes tentam satisfazer seu insaciável apetite por meio de compras e confiscos; mas eles não serão os únicos empanturrados. Paralelamente aos projetos confiscatórios e aquisitivos da alta hierarquia, os museus e as galerias de arte do Reich, os ministérios do governo, os serviços públicos alemães, os bancos, o Partido Nacional-socialista e seus dignitários, além dos aficionados abastados, estarão nos calcanhares da Wehmacht, dirigindo-se para a França derrotada para fazer grandes compras de obras e de antiguidades.

Seguindo as pegadas dos alemães, chegarão também os austríacos, seus novos compatriotas desde o *Anschluss*; os belgas e os holandeses não ficarão atrás, acompanhados de perto pelos suíços, onipresentes graças a suas fortunas e sua útil neutralidade declarada.

Os inesperados clientes alemães estabelecerão com os franceses do meio estreitas relações comerciais tão sólidas quanto complexas. Os entusiasmados negociantes, peritos e agentes franceses acolherão os recém-chegados de braços bem abertos, alguns com simpatias nazistas ou colaboracionistas, ou, sem se fazer rogar, sem problemas morais nem profundos questionamentos éticos, porque, segundo a temida lógica do comércio, o que alguém não quiser fazer por/ou com um cliente será feito pela concorrência. Em suma, os alemães e os franceses – embora estes alimentem rancor ou tenham dúvidas ou questões sobre a presença dos alemães no país – se ajudarão para facilitar mutuamente a simples e vantajosa tarefa de vender e comprar[4].

---

4 Ver o capítulo 5 e comparar o relatório da OSS referente aos inventários do ERR, o relatório final do ERR de 1944 e os inventários de reclamação apresentados pela família Rothschild.

Para os museus do Reich, grandes ou pequenos, os anos da guerra se converterão em uma oportunidade inesperada de ampliar suas coleções. Graças à oferta excepcional na França e a orçamentos que aumentam de maneira inimaginável, os museus poderão adquirir, em um período de tempo incrivelmente pequeno, uma quantidade excepcional de obras, enriquecendo, ao mesmo tempo, cada um dos intermediários franceses ou alemães que encontrarem pelo caminho.

Em Berlim, as instituições nazistas e os ministérios do governo, aproveitando as inauditas pechinchas francesas, renovarão suas sedes, decorando-as com importantes quadros, móveis franceses antigos e artesanato tradicional francês que, apenas alguns meses antes, estavam fora de seu alcance.

O Partido Nacional-socialista aproveita a nova situação para dar-se o insólito luxo de decorar e renovar, com obras de Paris da melhor qualidade, suas sedes recentemente inauguradas nos territórios ocupados da Europa Central e Oriental, enquanto os dirigentes do partido mobiliam, a bom preço, suas residências e seus escritórios. Finalmente, muitos colecionadores europeus amigos dos nazistas, cujos lucros aumentarão sensivelmente graças à desvalorização ou a seus negócios durante a guerra, compreendem, de imediato, que não devem perder tempo indo comprar na França.

As transações do período serão tão numerosas e diversificadas que será impossível acompanhar o emaranhado último de todos os rastros. É verdade que os trâmites a ser seguidos para efetuar as compras e exportá-las para a Alemanha se assemelham a uma corrida de obstáculos devido às exigências do regime de Vichy, que logo se dá conta e deseja deter esse despojo autorizado e aprovado.

Com a intenção de diminuir a onda de compras estrangeiras, na zona ocupada se impõem complexos e rigorosos procedimentos administrativos às exportações de obras classificadas como patrimônio nacional francês. As autorizações de exportação de Vichy são escassas, mesmo quando se trata de fazer transitar objetos pela fronteira com um país neutro como a Suíça.

Para transferir obras para a Alemanha, é preciso primeiro fazer-se expedir uma licença de exportação francesa, o que pode levar meses, pois se outorgam com parcimônia; segundo, obter em Berlim o aval da transação por parte do escritório de controle de operações financeiras em tempos de guerra. Uma vez obtidos esses dois documentos, efetua-se o pagamento em *Reichsmarks*; mas a transação, para ser válida, ainda requer a permissão de um funcionário autorizado da alfândega, que geralmente é um perito francês próximo dos nazistas.

Para completar, a Alemanha exigia que uma parte do dinheiro pago às autoridades fosse destinada às gigantescas reparações de guerra que o armistício impunha à França. Nessas condições, a França só vendia obras e mercadorias a preços já desvalorizados e, além disso, o Reich descontava uma parte desse preço rebaixado para cobrar a dívida que havia imposto à França. Assim, as somas de dinheiro que chegavam às mãos francesas eram uma reduzida parte do preço real do objeto.

Para evitar a perda de tempo em procedimentos burocráticos desse tipo, muitos compradores alemães munem-se de um salvo-conduto expeditivo providenciado pela Wehrmacht em Paris para subtrair-se assim às exigentes formalidades francesas. Em seguida, evitam as autoridades de Berlim pagando em dinheiro vivo a seus intermediários franceses que, por sua vez, se abstêm de declarar oficialmente a operação. Desse modo, uma quantidade importante das vendas do mundo da arte não serão registradas oficialmente nem concluídas abertamente.

Interrogado pelos aliados ao fim da guerra, um funcionário público alemão considerava que "os vendedores e os compradores mais espertos nunca emitiram faturas nem recibos... Outras operações ocorriam em um sigilo total, ou se completavam por meio de um terceiro".

Apesar dos múltiplos inconvenientes, os novos clientes obterão na França, quase sempre, tudo aquilo que desejarem pagando os menores preços possíveis. Se uma transação não tem os resultados esperados, serão utilizados meios suplementares: aproveitando sua condição de vencedores absolutos, os compradores farão acompanhar suas ofertas de ameaças, de chantagem ou atrairão os vendedores com chamarizes, tais como a possibilidade da libertação imediata de um familiar de um campo de prisioneiros de guerra caso se conclua o ansiado negócio.

Nunca saberemos a quantidade exata de dinheiro que o Reich gastou durante a guerra no mercado de arte francês, nem tampouco quantas obras comprou no total. Mas existe informação detalhada suficiente para afirmar que consumiram quantidades exorbitantes em obras.

Sabemos claramente que os novos compradores apreciam, sobretudo e como era de esperar, as pinturas e desenhos alemães, holandeses e flamengos dos séculos XV, XVI e XVII; peças estas que eram abundantes na França.

Preferem, como é natural, obras dos artistas de mais renome: Dürer, Holbein, Cranach, Ruysdael, Rembrandt, Hals, Rubens, Van Dyck, Vermeer e seus discípulos e escolas. Como se trata essencialmente de uma ideologia política que dita os gostos estéticos, essa avassaladora demanda – unívoca, desigual e sem críticas – fará aumentar os preços de forma astronômica para esse tipo de arte, deformando também o mercado.

No ano de 1942, os comerciantes de arte e peritos franceses não escondem seu espanto quando dois quadros de Rembrandt, o *Retrato de Tito* e *Paisagem com castelo*, pertencentes ao revendedor de vinhos francês Étienne Nicolas, são vendidos para o projeto de museu de Linz de Hitler pela quantia de sessenta milhões de francos (30 milhões de dólares), soma astronômica então nos mercados de arte da Europa e dos Estados Unidos.

Por essa brecha ideológica e econômica se infiltrará, é claro, um bom número de *marchands* astutos. Os forasteiros, neófitos ou não, têm tanto apetite por aquilo que seja ou pareça germânico, e sua ignorância em matéria de arte é tamanha, que pagarão somas excessivas por qualquer obra que se assemelhe aos estilos criados pelos artistas do norte da Europa; pouco importará que algumas delas sejam anônimas ou que sejam medíocres. Muitos comerciantes e agentes se aproveitarão da situação e venderão obras que provavelmente não serão nem alemãs nem germânicas, nem tampouco antigas.

Os ricos clientes se interessam, também, pelos objetos de decoração franceses, símbolos tradicionais da elegância e da distinção; particularmente pelos móveis e pelos tapetes, sobretudo por aqueles de linhagem aristocrática fabricados nas Manufaturas Reais do Gobelins e nas de Beauvais, e pelas antiguidades em geral.

Graças à obtenção de documentos tornados públicos recentemente tanto na Europa como nos Estados Unidos – inéditos até hoje e procedentes de diferentes serviços de inteligência –, é possível reconstituir um contorno suficientemente preciso e detalhado do mercado de arte parisiense durante a ocupação; obter também uma ideia precisa das atividades dos compradores germânicos na França; conhecer os títulos das obras compradas, bem como os nomes dos *marchands* franceses que participaram das vendas[5].

Esses arquivos pormenorizados fazem parte da massa monumental de documentos reunidos com cuidado e paciência por oficiais dos exércitos

---

5 Ver a abundante correspondência oficial sobre o tema em Cassou, *op. cit.*, pp. 187-229.

britânico e estadunidense durante e depois da guerra; assim como por membros da DGER, o serviço de inteligência criado pelo general De Gaulle na libertação[6].

A visão de conjunto que podemos recompor se assemelha a uma fatia grossa e profunda do mercado de arte francês naquele momento, do qual se sabia muito pouco até a publicação deste livro. De fato, até muito recentemente, qualquer pesquisa ou averiguação deste tipo deparava com a impossibilidade de consultar os documentos essenciais, ainda protegidos por toscas leis de confidencialidade, e com o caráter discretíssimo da maioria das transações no mundo da arte.

Os *Documentos Schenker*, particularmente, são uma verdadeira mina de informação (ver Anexo II, páginas 341 a 350). Esse relatório confidencial de apenas 29 páginas, elaborado pelo exército britânico, recebeu esse nome porque reproduz o conteúdo dos livros de contabilidade e de outros documentos capturados na sede parisiense da Schenker International Transport, uma importante empresa de transportes alemã especializada em obras de arte[7].

A companhia Schenker, que prestava bons serviços a muitos compradores alemães na França, colaborava estreitamente com a embaixada do Reich em Paris, que a contratava para armazenar, embalar e despachar para a Alemanha as obras confiscadas.

Douglas Cooper, o historiador de arte inglês que, com uniforme do exército de seu país, conduziu a investigação oficial, obteve e cotejou os papéis, os livros, os arquivos e os documentos abandonados pelos administradores alemães da companhia nas próprias sedes parisienses ao se dar conta que eles seriam um posto de observação ideal para reunir uma informação quase panorâmica sobre o vaivém artístico-comercial entre franceses e alemães.

Os documentos, que abarcam o período de janeiro de 1941 a julho de 1944, contêm óbvias pegadas das operações efetuadas: a descrição de um grande número de obras enviadas por trem à Alemanha, as listas dos clientes alemães, os nomes dos *marchands* franceses que participaram das tran-

---

6 Ver os *Documentos Schenker, RG 331*, box 326, *folder* 246 *Looting: France*, e a conversa com Bührle em D. Cooper, *op. cit.*, e os documentos da DGER sobre Cailleux e Jansen, *RG 331*.
7 Até onde sabemos, os *Documentos Schenker*, parcialmente reproduzidos no apêndice e citados amplamente neste capítulo, nunca haviam sido publicados ou comentados na França. Confidenciais e inacessíveis na França, encontramos cópias deles nos Arquivos Nacionais (NA) em Washington (DC).

sações, o montante exato das quantias desembolsadas, a natureza das compras e a data da operação.

Anexa ao documento há, também, uma lista dos comerciantes de quadros franceses – com seu nome, sobrenome e endereço – que realizaram negócios de importância com os alemães; alguns sobrenomes franceses, sob a pena dos alemães, foram grafados incorretamente. Talvez algum dos franceses se viu na imperiosa obrigação de ter que vender para os ocupantes; outros certamente se mostraram satisfeitos em poder abastecer de boas obras os seus novos e endinheirados clientes. Pouco importam as diferentes considerações e reservas, pois o caso é que, ao confrontar a informação com os fatos comprovados, surge um pertinente e realista instantâneo do período em questão.

Ao estudá-lo, descobrimos que uma parte considerável das compras inscritas nos documentos foram encomendadas por museus alemães. Entre eles figuram o Rheinisches Landesmuseum e o Provinzialdenkmalamt de Bonn, o Städtische Kunstsammlungen de Dusseldorf, o Folkwang Museum de Essen, o Kaiser Wilhelm Museum de Krefeld e o Städtisches Museum für Kunst und Kunstgewerbe de Wupperthal.

Como sabemos, os museus mencionados, como toda organização na Alemanha nazista, eram entidades que dependiam unicamente do Estado e cujos orçamentos e administradores obedeciam a diretrizes nazistas.

As múltiplas e variadas aquisições que efetuam serão o resultado da intensa atividade de um grupo de conservadores das cidades de Bonn e de Dusseldorf, que farão as vezes de prospectores de obras para os museus, e que haviam conseguido estabelecer fortes laços comerciais com *marchands* franceses bem instalados no mercado de Paris[8]. As seis instituições já indicadas gastaram uma quantia mínima de 31.257.125 francos (cerca de 15 milhões de dólares) para comprar pelo menos duzentos e quatro quadros, desenhos, gravuras e esculturas; além de um número indeterminado de antiguidades, de móveis e de variados objetos de arte; quantidade impressionante de peças, mas também soma importante de dinheiro para a época.

Os mesmos documentos confirmam que os diretores das organizações culturais escolheram o melhor momento para comprar arte francesa do século XIX. Sem falar, é claro, das vantagens que acarretava o tipo de câmbio, a maioria dos novos clientes procedentes da Alemanha, limitados por seus

---

[8] Ver Mohnen e *OSS Paris Report, RG 331, box 325, folder* 246.

próprios pontos cegos estéticos, não se interessava muito pelas obras de pintores e escultores franceses naquele século e, portanto, a oferta e a variedade nesse campo continuaram muito importantes.

O Folkwang Museum de Essen encontra-se em uma posição muito vantajosa. Esta pequena mas importante instituição situada no soturno e industrial vale do Ruhr, conhecido por suas fábricas de aço e por suas minas de carvão, havia sido fundada graças ao patrocínio das grandes famílias empresariais da região. Além disso, estas se haviam convertido, com o apoio financeiro e burguês de Hitler, particularmente a renomada família Krupp, em uma refinada dinastia de fabricantes de armas da cidade que era parte essencial da engrenagem da máquina de guerra do Reich. Nas imediações de Essen, por exemplo, o grupo industrial Krupp, com a ajuda das SS, controlava campos de trabalho forçado que participavam do esforço bélico com um mínimo de gastos.

O museu Folwang talvez abrigasse as melhores e mais antigas coleções de artes dos séculos XIX e XX na Alemanha, boa parte das quais era composta de arte realista e impressionista da França. A infeliz política nacional-socialista de depuração da totalidade da *arte degenerada* encontrada nos museus do Reich havia custado à instituição a venda forçada ou a destruição de mil e quatrocentas peças de suas coleções.

Era nesse contexto que o Folkwang tentava repovoar, com suas compras parisienses, as salas esvaziadas pelos nazistas poucos anos antes. Com sua irrefreável ida às compras por Paris, o Folkwang conseguirá enriquecer e aumentar sua coleção de arte francesa, uma das mais completas de toda a Europa.

Ainda hoje em dia, os números mostrados pelos arquivos, referentes à quantidade e à qualidade de quadros e ao poder aquisitivo, instantaneamente fazem sonhar qualquer conservador contemporâneo de museu. Em apenas cinco meses, os diretores do Folkwang, grandes conhecedores, adquirem pelo menos quarenta e quatro telas, desenhos e esculturas, que despacham rapidamente e sem dificuldades administrativas para a Alemanha.

Infelizmente, nos documentos reunidos por Cooper não figuram todos os preços e os nomes dos intermediários, mas sabemos que, oficialmente, o Folkwang gastou, pelo menos, 6.895.550 francos (3.447.000 dólares) em Paris em obras de arte durante esse curto período.

Entre elas se destaca uma soberba tela de Courbet, *Os penhascos de Étretat após a tempestade*, uma vista marinha de 1869, vendida por 350.000 francos (175.000 dólares) para o museu pelo *marchand* parisiense André

Schoeller (ver ilustração C14). Os diretores do museu parecem apreciar bem a diversificação de seus fundos, pois adquirem três Corot por meio de Étienne Bignou e de Martin Fabiani – indivíduos que já tivemos o prazer de conhecer. Este último obtém a soma de 1.500.000 francos (750.000 dólares) por um Corot sem identificação, segundo os *Documentos Schenker*. Entre os comprados encontram-se, também, cinco desenhos e uma gravura de Delacroix, quatro quadros e uma gravura de Géricault, uma terracota do escultor Maillol e o *Retrato da senhora Gabriac* de Ingres, este último vendido pelo *marchand* Raphaël Gérard, que já conhecemos como cúmplice de Lefranc no pagamento em espécies da coleção Schloss.

Estas compras oficiais pelos museus do Reich deverão adaptar-se, pelo menos na teoria, aos padrões estéticos nazistas: a *arte degenerada*, depois da limpeza realizada nos anos 1930, não deverá voltar a manchar o solo sagrado e puro da pátria.

Além dos mestres clássicos reconhecidos da pintura, as listas de transporte mencionam apenas alguns artistas modernos: várias esculturas de Maillol ou de Rodin destinadas a Essen ou um *Caminho rural* de Utrillo comprado pelo museu de Dusseldorf.

São abundantes as pinturas francesas do século XIX, com certa predileção por Delacroix, Courbet e o mais clássico da pintura de Renoir. Não se encontra, praticamente, nenhum pós-impressionista, nem pintor de vanguarda, e, é claro, em lugar algum aparecem os nomes de Matisse ou de Picasso. A única exceção a essa regra férrea, surpreendente se levamos em conta a contínua participação de numerosos conservadores alemães que conheciam bem a verdadeira história da arte, é um quadro de Gauguin, *Floreira*, vendido pela soma de 300.000 francos (150.000 dólares) para o museu da cidade de Krefeld por meio do *marchand* Bignou.

A pintura francesa do século XVIII, com sua leveza, seu tranquilo senso de sobriedade e seus temas clássicos, é sumamente apreciada pelos diretores de museus nomeados pelos nazistas; assim, encontramos obras de Fragonard, de Hubert Robert e de Quentin de La Tour.

De fato, deparamos com uma seleção menos ortodoxa de artistas dos séculos XIX e XX naqueles documentos que descrevem as transações dos compradores privados; estes compradores certamente possuem uma visão mais ampla e menos ideológica da arte, que os leva a ignorar as diretrizes de Hitler ou do governo; além disso, não retrocedem diante dos artistas catalogados como modernos ou judeus. Assim, os *Documentos Schenker* revelam que alguns alemães importaram para o Reich quadros de Pissarro, dos pós-impressionistas Seurat e Signac, do fauvista Vlaminck e do antigo nabi e pintor intimista Vuillard.

Os conservadores do Folkwang Museum, assim como muitos outros dos novos clientes, compraram também obras de origem duvidosa. A tela de Courbet já mencionada, *Os penhascos de Étretat após a tempestade*, que hoje se encontra no Museu d'Orsay em Paris, nos proporcionará um exemplo claro, como veremos mais tarde.

Isso não é de admirar, pois, como já sabemos, o mercado parisiense transbordava de arte roubada. Mas, se encontramos obras confiscadas entre aquelas compradas pelos museus alemães, é porque o tipo de intermediário francês que trabalhava com eles, além de não serem pessoas de reputação imaculada, estava altamente implicado no projeto de saque nazista. Fabiani, o belga Raphaël Gérard ou a *marchand* Alice Manteau, que vendeu pelo menos sete obras para o museu Folkwang durante esse período, estão profundamente envolvidos com os oficiais e funcionários do Jeu de Paume.

Junto com esses personagens de caráter duvidoso, encontramos surpreendentemente a presença do respeitado perito e comerciante de arte André Schoeller, especialista parisiense da pintura francesa do século XIX. Seu nome está claramente inscrito nas listas de transações do museu Folkwang, para o qual vendeu no mínimo oito obras importantes, pela quantia de 963.000 francos (481.500 dólares), soma bastante significativa. O distinto *marchand* é mencionado, igualmente, como provedor de obras para os museus de Krefeld e de Wupperthal. Mais inquietante ainda é o fato de que se atribui a ele, sempre de acordo com as listas, a venda do magistral Courbet já mencionado.

O *marchand* era um homem apreciado em Paris. No início da guerra, Schoeller presidia o sindicato de comerciantes de quadros dos séculos XIX e XX na França, *Syndicat des Éditeurs d'Art et Négocians em Tableaux Modernes*. Nos anos 1930, este grupo de negociantes, entre os quais se encontravam muitos de origem judaica, se havia separado da antiga e venerável associação de antiquários, *Association des Antiquaires*, cujo conservadorismo e prudência não satisfaziam os empresários mais jovens da arte moderna. A separação havia deixado profundas cicatrizes e ressentimentos entre os dois grupos.

O testemunho favorável a seguir, do *marchand* Léonce Rosenberg, irmão de Paul, vem esclarecer o que vamos conhecendo de Schoeller durante a ocupação. De acordo com o primeiro, Schoeller se negara a nomear, como exigia o Comissariado Geral para Assuntos Judaicos (CGQJ), membros do sindicato que presidia como administradores provisórios encarregados de liquidar as galerias de arte moderna pertencentes a judeus para confiá-las a compatriotas arianos.

Talvez o que afirma Léon seja verdade, mas, quanto ao resto, em novembro de 1943 será Schoeller o encarregado de avaliar um Matisse roubado, *Mulher em cadeira amarela*, e um Bonnard, igualmente confiscado, *Canto de mesa*, procedentes respectivamente das coleções de Paul Rosenberg e de Alphonse Kann. Os nazistas haviam conservado os dois quadros no depósito do Jeu de Paume e o ERR os entregara em troca de *O templo de Faustina*, um quadro de Rudolf Alt destinado como presente para Hitler, que apreciava muito aquele paisagista austríaco do século XIX. Ao concluir a troca, o Matisse entrará ilegalmente na Suíça.

Esta transação, naturalmente, suscita várias perguntas: quem pagou Schoeller pelos serviços de avaliação? O ERR ou Max Stoecklin, o proprietário do Alt, um inescrupuloso comerciante de arte alemão estabelecido em Paris? Em qualquer caso, Schoeller, homem astuto e bem informado, não podia ignorar todos e cada um dos pontos a seguir: os proprietários dos dois quadros antes da guerra, a missão do ERR ou a natureza do intercâmbio com Stoecklin.

Por outro lado, Schoeller conservava vínculos profissionais com Darquier de Pellepoix e com o CGQJ quando, em 1943, este confisca as coleções da família Schloss e a do doutor Prosper-Émile Weill. Quando o diretor do Comissariado Geral para Assuntos Judaicos faz com que sejam transferidas da zona não ocupada para Paris, é Schoeller quem avalia e armazena em sua própria galeria as aproximadamente quatrocentas obras confiscadas. Até a publicação deste livro na França e a revelação da informação precedente, os herdeiros de Adolphe Schloss suspeitavam, equivocadamente, que Schoeller havia sido o delator do esconderijo da coleção familiar.

Outro museu que aparece nas listas de Schenker é o Städtische Kunstsammlungen de Dusseldorf. Seus diretores não perdem tempo desnecessariamente, pois nos primeiros meses de 1941, período de calma e de estabilidade relativas na França, compram no mínimo sessenta e oito telas identificáveis. O museu de Dusseldorf gasta pelo menos 6.466.575 francos (3.233.288 dólares) em suas ávidas compras, captando obras destacadas como uma rara tábua que ilustra *Vênus e Cupido*, realizada por um pintor anônimo da escola renascentista francesa de Fontainebleau, um retrato em pastel de Quentin de la Tour – obtido por apenas 50.000 francos – e outras obras de Fragonard, de Renoir, de Tiepolo, de Utrillo, de Rubens e de Murillo que os documentos confiscados não descrevem completamente.

Entre elas se encontra um quadro provavelmente roubado: um Chardin, assinado abaixo à esquerda, vendido por um intermediário não identificado pela soma de 400.000 francos (200.000 dólares). Descrito como *Natureza-morta* na lista do transportador alemão, embora o título do quadro seja, na realidade, *Caldeirão com escumadeira*, pode ser contemplado hoje no Museu do Louvre.

Os conservadores de Dusseldorf não ficam atrás em converter Paris em um centro essencial de abastecimento para as outras coleções do museu. Com todas as suas energias, compram o que encontram pelo caminho; de acordo com os documentos em nosso poder: "uma enorme quantidade dos mais diversificados objetos, mesas, cadeiras, escrivaninhas, cômodas, baixos-relevos, vasos e pratos de porcelana, medalhões, estatuetas de Dresden, tapeçarias, marfins antigos, relógios, ourivesaria, esculturas diversas, esmaltes, baús, molduras de lareira, e de trezentos a quatrocentos livros de história da arte".

Surge nas listas o nome de um dos *marchands* que trabalha com o museu: o do sempre onipresente Gustav Rochlitz, que já conhecemos enquanto visitava o Jeu de Paume; e que, exercendo suas engenhosas habilidades, participa de várias das compras descritas nos *Documentos Schenker*.

No banquete artístico parisiense não podiam faltar, é claro, os museus austríacos. O Kunsthistorisches Museum de Viena, que fazia parte das instituições do Reich desde o *Anschluss* de 1938, e cujos conservadores participaram diretamente do confisco das coleções dos Rothschild da Áustria, se distingue em novembro de 1942 com a compra para sua seção de instrumentos musicais de um clavicórdio construído por Pascal Taskin, adquirido por 127.500 francos (63.750 dólares) do conhecido fabricante parisiense Pianos Labrousse.

Mas os museus de artes pictóricas não serão os únicos a se sentir atraídos pela excepcional situação. Nem sequer um único museu do Reich queria perder a oportunidade de comprar no mercado de Paris. Assim, os especialistas em arte antiga e do Oriente Médio nas instituições berlinenses compreendem rapidamente que é preciso aproveitar esta ocasião única de comprar a preços inigualáveis.

Os departamentos de arte egípcia e muçulmana da National Galerie de Berlim compram esculturas de pedra, estelas, baixos-relevos, placas de mármore e vasos dos quais, infelizmente, se proporciona uma descrição imprecisa. Os comerciantes franceses que servem de intermediários são Brummer, Sambon, Hindamian, Indjoudjian e Kalebdjian.

Ao receber em suas cidades as compras de Paris, muitos dos conservadores se apressam em anunciar com orgulho na imprensa local a chegada de cada uma das obras recentemente adquiridas, indicando uma infinidade de detalhes sobre sua origem, sua procedência e o destino programado para elas.

Karl Haberstock, o empreendedor negociante de arte berlinense tão ativo em Paris, também aparece nas listas de Schenker, embora suas transações se limitassem, a maior parte do tempo, a um estreito círculo de colegas e de amigos. Entre mais de trinta telas, algumas molduras trabalhadas e várias estátuas compradas por Haberstock, uma sobressai. Um *Leda e o cisne* de Veronese. Hitler não gosta particularmente daquele pintor, mas sabemos que esse tema de grande sensualidade o atrai. Isso faria a peça ser muito valorizada no Reich.

Outros agentes procuravam grandes quantidades de arte e de antiguidades, respondendo a projetos sem claras especificações do Führer, de Goering e de outros dignitários nazistas. O *marchand* de Munique, Fritz Possenbacher, e seu agente parisiense, Paul Lindpainter, por exemplo, recebem autorização explícita de Martin Bormann, o chefe da chancelaria de Hitler, para "abastecer-se de móveis da França, da Bélgica e da Holanda para os trabalhos de renovação destinados ao Führer e ao *Reichsmarschall* Goering, que deverão ser efetuados o mais rapidamente possível". Os dois *marchands* executam seu dever com diligência e gastam 2.770.000 francos (1.350.000 dólares) em móveis e cerca de 1.800.000 francos (900.000 dólares) em quadros.

Interessante é a presença, entre outros, do comerciante de arte francês Paul Cailleux, cujas galerias continuam ativas no mercado de arte da Paris de hoje.

Paul Cailleux, que então gozava de uma excelente reputação e de uma grande autoridade entre seus colegas, era um especialista da pintura antiga francesa, assim como de desenhos e de antiguidades. A Galeria Cailleux, decorada com discrição e harmonia, ainda se encontra no número 136 da *rue* do Faubourg Saint-Honoré, em pleno coração do triângulo artístico que inclui a *rue* de la Boétie e a *Avenue* Matignon.

O interesse do estabelecimento pela forma artística do desenho é central para seu ofício e, por isso mesmo, o *marchand* criou o *Prix Cailleux*, prêmio que recompensa anualmente o melhor livro de desenhos publicado na França.

Assim como seus colegas, Cailleux efetua bons negócios com clientes alemães durante toda a ocupação e conclui vendas importantes. Os sessenta e três quadros, desenhos, tapeçarias, móveis e objetos de arte que aparece vendendo nas listas de Schenker fazem parte do patrimônio cultural francês e foram realizados por artistas ou artesãos franceses dos séculos XVII e XVIII. De acordo com o indicado em Schenker, os museus de Dusseldorf e de Krefeld estão incluídos entre seus melhores clientes. Em junho de 1941, o primeiro adquire o *Retrato de cavaleiro com capa* de Fragonard e *As gargantas de Ollioules* de Hubert Robert, enquanto o Kaiser Wilhelm Museum de Krefeld compra obras profundamente clássicas, e talvez menores, como a *Dama no toucador* do pintor do século XVIII Joseph Aved, o *Retrato da senhora de la Martinière* do pintor de corte do século XVIII Alexis-Simon Belle e um *Retrato do marquês de Marigny* do pintor rococó Jean-François de Troy.

Após a fuga dos alemães, a DGER, serviço de inteligência organizado por De Gaulle durante a libertação, interroga o *marchand* Cailleux e exige que indique em uma carta escrita de próprio punho a lista de seus clientes alemães durante a guerra. O comerciante obedece, mas, certamente não por esquecimento, omite alguns nomes de compradores. Na lista, constatamos até que ponto o mercado franco-alemão era reduzido, exclusivo, ativo e competitivo: todos se conheciam e sabiam o que os outros faziam. Seria difícil afirmar de maneira convincente que algum dos participantes de importância não estava a par do que acontecia na realidade.

Cailleux faz figurar em sua lista alguns dos principais compradores, frequentemente os mesmos de sempre: Maria Almas-Dietrich, a amiga de Eva Braun conhecida por sua lendária incompetência e por ter vendido centenas de obras para Hitler para seu projeto de museu em Linz, é uma cliente assídua. Graças, provavelmente, ao olhar apurado de Cailleux, desta vez Almas-Dietrich comprou três obras autênticas: um Johann Ernst Heinsius, pintor setecentista da corte de Weimar, um Teniers, o pintor flamengo de cenas campestres, e um Hubert Roberto que a *marchand* despacha imediatamente para sua galeria de Munique.

O dinâmico adido da embaixada da Alemanha, Adolf Wüster, conhecido também por sua onipresença no mercado parisiense, compra obras da galeria; por exemplo, outro Heinsius para o museu de Krefeld.

Devido à reputação de que desfruta a galeria, são vários os oficiais superiores da Wehrmacht e os altos funcionários do Reich que vêm de Berlim para encontrar peças que lhes permitam decorar seus escritórios. O *Doktor* Wolff, arquiteto e decorador oficial do Deutsche Reichsbank, o banco central do Reich, parte de Paris com oito tapeçarias nas mãos, entre as quais se encontram quatro tapeçarias espanholas do século XVIII, inspiradas nas cenas de *Don Quixote*, tecidas na Real Fábrica de Tapeçarias de Santa Bárbara e assinadas pelos irmãos Van der Goten.

As confissões nos interrogatórios dos serviços de inteligência nem sempre eram inteiramente sinceras, e Paul Cailleux, talvez devido a um acesso de timidez ou de amnésia ocasionada instantaneamente pelo pós-guerra, esqueceu-se de indicar em sua lista manuscrita a quantidade de dinheiro que havia recebido pela transação. De acordo com o próprio arquiteto Wolff, que tinha boa memória e foi interrogado pelo exército norte-americano, a quantia era invejável: 2.500.000 francos (1.250.000 dólares) pelas quatro tapeçarias tecidas na Espanha. Wolff havia obtido também vários quadros do século XVIII e alguns móveis antigos, tudo destinado à sede central do banco em Berlim.

Cailleux trabalha conscienciosamente durante a ocupação. Não satisfeito em vender as peças para o banco, o *marchand* serve de perito e de assessor para o órgão financeiro quando este deseja adquirir objetos de outros vendedores.

Em uma carta transbordante de boa vontade e de ufanismo, encontrada depois da guerra e dirigida a uma tal senhora Margot Jansson, agente de compras do banco em Paris, Cailleux escreve:

> A senhora me solicitou, a pedido do senhor doutor Wolff, que vá examinar em sua residência dois importantes quadros que representam, um, *Vênus na forja de Vulcano*, e o outro, os *Deuses do Olimpo*, e de transmitir-lhe minha opinião sobre o assunto. Muito orgulhoso pela mostra de apreço e de confiança, apresentei-me em sua residência no sábado, 24 de maio [de 1941], para levar a termo um estudo minucioso dos dois quadros submetidos à minha apreciação.

Em seguida, Cailleux explica em seu relatório, oferecendo uma prudente avaliação de especialista, que os dois quadros examinados não poderiam ser atribuídos a Boucher, como alguns parecem acreditar, já que constituem meras cópias, embora de indiscutível qualidade e de temas tratados com frequência por aquele mestre rococó do século XVIII. O perito sugere que outras pesquisas complementares, que "não estive em condições de levar a termo", poderiam permitir estabelecer se Boucher tratou os temas em questão. E o *marchand* conclui cortesmente: "Ficaria feliz se a senhora aceitasse os respeitos de minhas mais distintas saudações." Com esse tipo de serviço realizado com discrição, Cailleux certamente conquistava a boa vontade de seus clientes alemães.

Outros compradores de alto nível, como Friedrich Welz, o comerciante austríaco de Salzburgo, apreciam as tapeçarias e adquirem várias. Cailleux lhe facilita, sobretudo, uma interessante obra de Tiépolo: os esboços para o afresco do teto do Salão do Trono, *As glórias da monarquia espanhola*, que o mestre italiano do *trompe-l'oeil* havia executado no Palácio Real de Madri.

O inevitável Gustav Rochlitz volta a aparecer em último lugar na lista de clientes elaborada por Cailleux. Ele compra uma tábua retangular que representa o sepultamento de Cristo, atribuída a um pintor primitivo italiano não identificado.

Com clientes importantes e ao mesmo tempo variados, Cailleux tem entrada garantida em qualquer meio da Paris ocupada. Outro *marchand* francês que, por sua origem judaica, não pode nem quer frequentar os alemães durante esse nefasto período, e que conhece Cailleux, considera que este último ultrapassou as costumeiras relações comerciais neutras entre um *marchand* e seus clientes.

O antigo colega, a quem Vichy proibiu de exercer sua profissão, não tem rodeios quando se trata de falar diretamente. O *marchand* Léonce Rosenberg, irmão de Paul, que viveu toda a guerra inativo em Paris depois de ter assistido à arianização de sua galeria de arte moderna, observara com atenção as transformações ocorridas no mundo da arte.

Ao término da ocupação, Léonce Rosenberg levantou sérias acusações escritas contra Paul Cailleux em uma carta de 22 de fevereiro de 1945 dirigida à Comissão de Recuperação Artística (Commission de Récupération Artistique, CRA), criada pelas autoridades francesas depois da libertação para localizar e restituir a arte confiscada no país.

Na carta, Léonce afirma que, uma vez que André Schoeller e sua associação de *marchands* recusou nomear administradores provisórios nas galerias de seus colegas judeus, o CGQJ de Darquier,

Dorso de mulher ou *Modelo para A roupa* (paradeiro desconhecido), óleo (73,5 X 60 cm), 1875.
ÉDOUARD MANET. Coleção Josse Bernheim-Jeune. (*Cortesia Bernheim-Jeune.*)

Mulher de branco (paradeiro desconhecido). BERTHE MORISOT. Coleção Josse Bernheim-Jeune. (*Cortesia Bernheim-Jeune.*)

O bebedouro de Marly com neve (paradeiro desconhecido), 1876. ALFRED SISLEY. Coleção Josse Bernheim-Jeune. (*Cortesia Bernheim-Jeune*.)

A margem do Sena com neve (paradeiro desconhecido) (26 X 46 cm). ALFRED SISLEY. Coleção Josse Bernheim-Jeune. (*Cortesia Bernheim-Jeune*.)

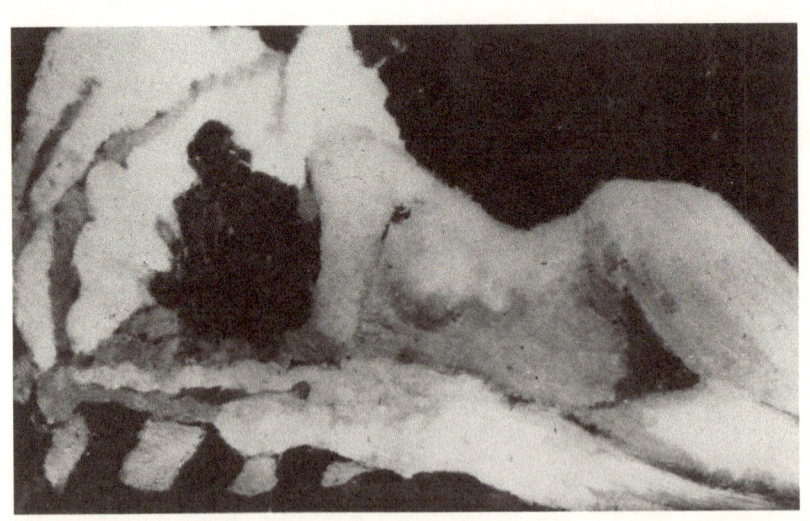

Mulher nua deitada ou *Nu escondendo o rosto* (paradeiro desconhecido), 1904. ÉDOUARD VUILLARD – © SPADEM, 1995. Coleção Josse Bernheim-Jeune. (*Cortesia Bernheim-Jeune.*)

O café da manhã (paradeiro desconhecido) (63 × 91 cm), 1910. PIERRE BONNARD – © ADAGP, Paris, 1995, © SPADEM, 1995. Coleção Josse Bernheim-Jeune. (*Cortesia Bernheim-Jeune.*)

Arcachon. Duas mulheres conversando (paradeiro desconhecido). PIERRE BONNARD – © ADAGP, Paris, 1995, © SPADEM, 1995. Coleção Josse Bernheim-Jeune. (*Cortesia Bernheim-Jeune.*)

Retrato de Coco (paradeiro desconhecido), 1910. PIERRE-AUGUSTE RENOIR. Coleção Josse Bernheim-Jeune. (*Cortesia Bernheim-Jeune.*)

A argelina sentada (paradeiro desconhecido), 1881-1882. PIERRE-AUGUSTE RENOIR. Coleção Josse Bernheim-Jeune. (*Cortesia Bernheim-Jeune.*)

Floreira com anêmonas (paradeiro desconhecido), 1869. PIERRE-AUGUSTE RENOIR. Coleção Josse Bernheim-Jeune. (*Cortesia Bernheim-Jeune.*)

Natureza-morta com arenques (paradeiro desconhecido) (32 X 40 cm), 1864-1866. PAUL CÉZANNE. Coleção Josse Bernheim-Jeune. (*Cortesia Bernheim-Jeune.*)

Efeito de neve em Auvers-sur-Oise (paradeiro desconhecido) (38 × 46 cm), 1872-1873. PAUL CÉZANNE. Coleção Josse Bernheim-Jeune. (*Cortesia Bernheim-Jeune.*)

Flores vermelhas e floreira branca ou *Vaso sobre uma mesa redonda* (paradeiro desconhecido) (49 × 36 cm), 1873-1877. PAUL CÉZANNE. Coleção Josse Bernheim-Jeune. (*Cortesia Bernheim-Jeune.*)

Jas de Bouffan (paradeiro desconhecido) (58 × 71 cm), 1875-1876. PAUL CÉZANNE. Coleção Josse Bernheim-Jeune. (*Cortesia Bernheim-Jeune.*)

Retrato do pintor com cabelos compridos (paradeiro desconhecido) (41 × 32 cm), 1865-1868. PAUL CÉZANNE. Coleção Josse Bernheim-Jeune. (*Cortesia Bernheim-Jeune*.)

Gennevilliers ou ***As fortificações em La Glacière*** (paradeiro desconhecido) (54 × 65 cm), 1879-1882. PAUL CÉZANNE. Coleção Josse Bernheim-Jeune. (*Cortesia Bernheim-Jeune.*)

Julgamento de Paris (paradeiro desconhecido) (52 × 62 cm), 1883-1885. PAUL CÉZANNE. Coleção Josse Bernheim-Jeune. (*Cortesia Bernheim-Jeune.*)

Flores com fundo amarelo (paradeiro desconhecido). VINCENT VAN GOGH. Coleção Josse Bernheim-Jeune. (*Cortesia Bernheim-Jeune.*)

Odalisca de calças vermelhas (paradeiro desconhecido), cerca de 1920. HENRI MATISSE – © Família H. Matisse. Coleção Josse Bernheim-Jeune. (*Cortesia Bernheim-Jeune.*)

"solicita a Paul Cailleux, um negociante de arte do Faubourg Saint-Honoré, que aceita [...] esse trabalho sujo, e reuniu imediatamente todos os seus amiguinhos da *Association des Antiquaires*, da qual era presidente. Fez com que acreditassem que receberiam uma comissão pela liquidação das galerias judaicas. Muitos aceitaram fazer o papel de abutres, desculpe o termo rude, mas descreve bem do que se trata. Presenciamos, então, uma situação muito estranha: as galerias de arte moderna liquidadas por antiquários, e o próprio contador de Cailleux, encarregado de nomear os administradores provisórios, escolhido como administrador das galerias Josse Hessel, Bernheim-Jeune e Wildenstein! Naquela época, o *Journal officiel*, o diário oficial do governo, publicou a lista desses administradores e das galerias que lhes foram atribuídas. Creio que se o senhor investigar naquele endereço encontrará coisas interessantes, mas pouco agradáveis [...]."

O mercado atrai não apenas *marchands* franceses, mas também o corpo diplomático alemão oficial. Aficionados da arte, o embaixador alemão em Paris, Otto Abetz, e o ministro de Relações Exteriores, Joachim von Ribbentrop, além de ter organizado e de participar plenamente do confisco, compreendem o papel que as obras de arte podem ter na projeção e no prestígio de um regime político. Para além do saque, os chefes da diplomacia do Reich entendem que seu desejo de acumulação só poderá ser satisfeito por uma política sistemática de compras.

Com isso em mente, constituem nas próprias dependências da embaixada da Alemanha em Paris uma pequena equipe de especialistas em arte com a função de adidos comerciais que se dedica exclusivamente à compra de arte na França. Será, talvez, a primeira vez na história que um regime nomeia diplomatas em tempo integral para localizar, fazer avaliações e comprar obras de arte; tudo, é claro, com o objetivo de exaltar a glória do Terceiro Reich.

Em suas dependências no número 78 da *rue* de Lille, no sétimo distrito de Paris, a embaixada nazista é vizinha das galerias e das lojas de antiguidades mais famosas da margem esquerda do Sena. Instalado naquele ponto estratégico, o conselheiro artístico (*Kunstreferent*) Adolf Wüster e seus auxiliares informam regularmente aos círculos oficiais da Alemanha as obras disponíveis no mercado parisiense; além disso, efetuam toda transação ou respectiva providência solicitada pelo ministério das Relações Exteriores ou por outros órgãos de Berlim.

Wüster, que também atua como assessor particular para todos os nativos da Alemanha em Paris, visita frequentemente as galerias, permanece em constante contato com os *marchands* franceses e segue, dia a dia, a evolução do mercado. O posto privilegiado que ocupa anima muito o diplomata a aproveitar toda oportunidade sem precisar esconder nada. Assim, apesar de sua condição de diplomata, não hesita em exigir de seus clientes uma generosa comissão de vinte por cento da quantia negociada. E Wüster consegue se converter com sucesso no prospector dos museus de Dusseldorf e de Krefeld e no intermediário dos *marchands* Maria Almas-Dietrich e Karl Haberstock.

Sabemos, também, que o conselheiro artístico nazista está perfeitamente a par e tira proveito dos confiscos, que participa com o ERR em várias trocas de obras e se mantém acima de todas as desavenças, apesar das disputas entre a embaixada e este serviço. Mas Wüster colabora no confisco, como perito e como especialista, de forma mais sutil, embora mais permanente. Quando Goering desembarca em Paris para admirar as exposições particulares que se instalam para ele no Jeu de Paume, Wüster acompanha o *Reichsmarschall*, junto com outros especialistas, ajudando-o a avaliar as obras e a selecionar o melhor.

Manter-se a par dos muitos segredos e dos diversos níveis de confidências do mercado francês não é tarefa fácil para um estrangeiro, sobretudo se se trata de ocupantes, mas é importante observar que esse não é o caso de Wüster. O diplomata havia residido na França desde 1928 e pertencia àquele grupo, surpreendentemente numeroso, de falsos recém-chegados alemães que, assim como o próprio Otto Abetz, Gustav Rochlitz ou o escultor Arno Breker, conheciam a fundo e frequentavam durante muitos anos os círculos artísticos da capital francesa.

No entanto, seus contatos e seus detalhados conhecimentos de nada servirão ao diplomata quando se vir obrigado, no verão de 1944, a abandonar precipitadamente a embaixada alemã. Diante do avanço dos exércitos aliados, o distinto *Kunstreferent* foge, primeiro para a Alsácia, depois para a Alemanha. Mais tarde, na Áustria, tentará encontrar uma casa para se refugiar perto de Salzburgo, oferecendo pagar o aluguel não em dinheiro vivo, mas em quadros que carregava consigo em sua fuga de Paris.

Mas as ambiciosas prospecções, compras e negócios em geral dos museus e os constantes esforços dos diplomatas da embaixada nazista empalidecem diante da política sistemática de aquisições realizada em todos os âmbitos pelo Deutsche Reichsbank, o Banco Central da Alemanha.

Assumindo plenamente seu papel de vitoriosa instituição financeira de um novo império em expansão, o Deutsche Reichsbank se converterá em um dos principais compradores no mercado de Paris. Os entusiasmados funcionários da próspera organização se lançam na busca obstinada de obras e de objetos franceses, mostrando-se determinados a tirar o melhor partido financeiro possível graças às condições implacáveis impostas pelo armistício, aos dividendos que a instituição obtém da economia de guerra que enche seus cofres, às gigantescas receitas garantidas pelas lucrativas reparações de guerra e aos bens arrancados dos países conquistados.

O dinheiro flui de todos os lados para o banco central, e o apetite de seus funcionários se une a ele desembocando em arranjos pavorosos. Assim, o organismo financeiro do Reich alemão não sente repugnância em se filiar voluntariamente às operações mais macabras do nazismo. No verão de 1942, enquanto a Solução Final já está prestes a ser implementada pelo regime, o honorável presidente do banco, Walter Funk, conclui o seguinte acordo com Heinrich Himmler, chefe da Gestapo e das SS, encarregadas da gestão dos campos de extermínio: todo o efetivo, todos os objetos de valor, as joias, os relógios, as armações de ouro dos óculos, as próteses dentárias de ouro ou de prata – arrancadas das bocas dos cadáveres – que a cada dia se amontoavam um pouco mais nos campos nazistas serão enviados e depositados no Deutsche Reichstank, onde os administradores transformarão o sangrento butim em moeda ou o fundirão em lingotes de metais preciosos.

Além do doutor Wolff, arquiteto do banco, e de outros altos funcionários que viajam regularmente a Paris para fazer compras diretamente, o banco dispõe da presença permanente dos agentes franceses em contínua busca de boas oportunidades.

Assim, as transações ocorrem fora do cenário público, depois de uma discreta localização dos possíveis vendedores privados, e utilizando os recursos de alguns intermediários escolhidos com supremo cuidado ou a ajuda de assessores independentes dignos de confiança, como no caso do *marchand* Cailleux.

Muitos dos objetos comprados se distinguem por sua origem real, aspecto que visivelmente fascina Funk e seus colaboradores próximos. Esses homens imersos no protegido tédio das altas finanças têm por fim acesso a obras que trazem nelas o senhoril selo do passado real da França. Caberia inferir que os banqueiros nazistas do Deutsche Reichsbank, com suas pretensões aristocráticas, obtêm alguma vingança pessoal com a realeza francesa, comprando barato o que não puderam ter.

Uma das mais interessantes aquisições do banco é um *Retrato da condessa du Barry* de François-Hubert Drouais. Neste aparece a amante do rei Luís XV, sorridente, deitada em um canapé de veludo azul com uma lira na mão direita e uma coroa de flores na outra.

Em seu relatório de avaliação, o especialista nomeado pela instituição financeira se deixa levar por uma ênfase e um entusiasmo pomposos:

> Este quadro está tão impregnado de beleza, tão cheio de graça, de uma naturalidade tão excepcional, que pode ser comparado aos mais belos retratos da família real em Versalhes.

Depois de tê-lo recolocado no admirado contexto da realeza francesa apreciada pelos banqueiros, o especialista se concentra na procedência do quadro, descrevendo o pequeno grupo de privilegiados que tiveram a honra e o prazer de possuí-lo: a própria condessa o conservara em seu castelo neoclássico de Louveciennes, onde seria encontrada e presa durante a Revolução Francesa, antes de ser julgada e guilhotinada em 1793. Depois de várias peripécias e de donos prestigiados, conclui o especialista, anos mais tarde, o renomado perfumista e mecenas François Coty havia adquirido o retrato como presente de casamento para sua filha Christiane. Por este, o banco pagará um milhão de francos (500.000 dólares).

Da totalidade de gastos realizados na França pelo banco central do Reich, pelo menos cerca de 40 milhões de francos (20 milhões de dólares) serão destinados às obras de arte e às antiguidades.

Sem contar que, a cada semana, uma ou duas entregas por caminhão ou por trem, avaliadas em um milhão de francos (500.000 dólares) cada uma, partem de Paris com destino à sede do banco em Berlim.

As listas de transporte dos envios semanais recordam o inventário completo da caverna de Ali Babá e seus quarenta ladrões: entre as tapeçarias das Manufaturas Reais de Aubusson e as cadeiras estilo Luís XV – objetos evidentemente vinculados às dinastias reais – se encontra uma boa quantidade de elegantes espelhos, mais tapeçarias, enfeites de lareiras, dezenas de poltronas e de móveis, centenas de guardanapos, uma dezena de amplas toalhas destinadas a mesas de centro e cinquenta talheres – certamente para servir nos banquetes e nas recepções na sede do banco –, um armário de madeira para conservar garrafas de licor, cobertores de lã, tapetes de seda, centenas de metros de tule para a confecção de cortinas para os escritórios do banco, livros, artigos de luxo procedentes dos melhores modistas e sapateiros de Paris – talvez para os altos funcionários ou para suas esposas e amantes – e para os já mencionados banquetes e recepções ou, quem sabe, para o consumo particular dos banqueiros – uma assombrosa variedade de pratos e de alimentos cozidos e preservados em conservas: faisões, perus, patos ou, também, para os paladares resistentes e obstinados, tripas na brasa cozidas em vinho Madeira, uma espécie de buchada francesa para reis.

Os altos funcionários do banco rastreiam em todos os cantos de Paris tudo aquilo que possa saciar suas fantasias de opulência real ou imperial. Assim, adquirem setenta e uma peças de porcelana de Sèvres que haviam pertencido a Luís Filipe I, rei dos franceses – uma encomenda real cuja manufatura, em sua época, havia ocupado vinte artesãos durante três anos inteiros –, ou requintados móveis do século XVIII construídos em mogno, trabalhados com desenhos de marchetaria pelos ebanistas do rei Riesener e Beneman, e também quatro expositores de canapés em corladura criadas por encomenda imperial do próprio Napoleão para Jean-Baptiste Bernadotte, marechal da França, futuro Carlos XIV da Suécia, e fundador da atual dinastia desse país escandinavo. Segundo a tradição, os vendedores dos quatro expositores afirmavam aos banqueiros que o cachorro sentado em suas patas traseiras representado em cada uma das quatro tampas simboliza o desejo implícito napoleônico de ver seu marechal adotar uma posição de vassalagem, de fidelidade e de obediência caninas. E essa ascendência real que os banqueiros do Reich buscam constantemente a encontramos em um engenhoso enfeite de chumbo de um macaco sentado nas costas de um golfinho que havia enfeitado os lagos dos jardins do castelo de Versalhes.

Como já sabemos, a oferta é abundante e os preços inesperadamente razoáveis, o que estimula o grandioso programa de renovação e de redecoração – reais, para dizer a verdade – da sede do banco em Berlim. A agente em Paris do banco, Margot Jansson, que já vimos trabalhar com o *marchand* Cailleux, tem um papel primordial na conclusão de um grande número de compras. Jansson realiza seu trabalho com profissionalismo e seriedade na calma doméstica de seu apartamento situado em uma das íntimas e pequenas ruas vizinhas da Torre Eiffel. Em seus confortáveis aposentos pode tanto convidar Paul Cailleux para autenticar uma obra como organizar um almoço íntimo para seus patrões alemães.

O especialista francês Albert Boudariat, que trabalhava para Jansson, descreve em uma declaração escrita como testemunhou o modo como se tramou um dos múltiplos negócios, cuidadosamente avaliado, durante um almoço naquele local hospitaleiro.

Além de Jansson e de Boudariat, estão presentes dois altos funcionários alemães, o doutor Wolff, arquiteto oficial do banco, e o doutor Boettcher, representante do Deutsche Reichsbank perante o Banco da França sob intervenção.

Sem a menor discrição, os dois funcionários conversam, durante o almoço, sobre as dificuldades para obter em plena guerra importantes quantidades de ouro e de prata para outro extravagante projeto do banco. Este precisa dos dois metais preciosos para um novo capricho real bancário: a criação, por artesãos franceses, de um serviço completo de mesa de cento e cinquenta talheres com corladura, também conhecida como prata dourada. O serviço de mesa se destinava às grandes recepções oficiais na sede berlinense do Deutsche Reichsbank.

A corladura, uma custosa e delicada técnica artesanal de manufatura, foi muito usada na Idade Média para decorar retábulos e objetos reais. O método consiste em aplicar em cada uma das peças de prata uma camada de ouro que lhes confere um cálido tom levemente rosado.

Encontrar os raros metais durante a guerra era uma tarefa árdua e, apesar da grande autoridade de que desfrutam os dois funcionários, era impossível transportá-los legalmente da Alemanha para a França. Desse modo, seria preciso obtê-los na própria França. Ao final da conversa, os dois alemães imaginam um audacioso plano que executam à perfeição: com algumas amizades cúmplices de Boettcher, cujos escritórios se encontram na mesma sede do banco central francês, conseguem, sub-repticiamente, fazer com que os lingotes de preciosos metais saiam das reservas do Banco da França. Em seguida os transferem discretamente para a casa de L. V. Puiforcat, célebre ourives parisiense, que fabricará o serviço de acordo com o especificado. Em troca do trabalho artesanal do serviço, o ourives emitirá uma fatura no valor de 5.500.000 francos (2.750.000 dólares).

De acordo com Boudariat, esse grande conjunto com corladura, que não tinha precedentes na longa história das monarquias europeias, incluía não apenas talheres, mas também sopeiras, jogos de café e de chá e decorações de mesa. O ourives Puiforcat, então instalado em seu antigo endereço do número 131 da *Boulevard* Haussmann, fabricará outros serviços de mesa e outras peças de prata para o Reichsbank, por meio do qual obterá o sempre escasso ouro ou a prata necessários.

O esplendor da ourivesaria francesa merece abrigar-se em Berlim em um lugar à altura da sua categoria. Essa delicada missão é evidentemente encomendada a outra casa francesa de luxo, Jansen, decorador de grande renome; o único, segundo os clássicos e reais gostos dos funcionários do banco, em condições de conceber e criar um estojo suficientemente elegante para fazer brilhar o impressionante serviço de mesa.

Enquanto Puiforcat ainda trabalha nos talheres, Jansen constrói nos sótãos do banco em Berlim uma câmara blindada digna de um monarca: armários embutidos nas paredes do protegido lugar, filas inteiras de pequenos compartimentos em peroba-rosa, com maçanetas de prata, abrigarão as peças do serviço em um acolchoado revestimento de veludo e de seda vermelhos. Perfeccionista, a casa Jansen não deixa nada ao acaso para satisfazer a seus clientes alemães: uma equipe especializada de seus melhores artesãos ebanistas – com seus respectivos salvo-condutos para atravessar a difícil fronteira – deixa as oficinas do bairro da Bastilha para viajar até Berlim e concluir sua missão. Pelo trabalho, coroado de êxito, Jansen recebeu um milhão de francos (500.000 dólares).

O célebre decorador e antiquário não necessita de apresentação particular; antes da guerra, a "casa Jansen", como era conhecida, era a grande embaixadora da tradição e do gosto francês no mundo. Seu estabelecimento de decoração e de antiguidades situado na *rue* Royale, entre a igreja da Madeleine e a Praça da Concórdia, recebe a clientela francesa e internacional mais fina: aristocratas, grandes burgueses e militares vindos de toda a Europa, dos Estados Unidos, da América do Sul e do Egito. Os Rothschild, a duquesa de Windsor e o ministro francês de Relações Exteriores, que havia escolhido a casa para decorar algumas embaixadas francesas no exterior, são clientes assíduos.

Graças a suas oficinas na *rue* Saint-Sabin e a seus carpinteiros e ebanistas altamente qualificados, Jansen podia atender às encomendas mais difíceis. Com a calma que surge no início de 1941, quando os pródigos banqueiros de Berlim pedem que Jansen redecore seus estabelecimentos, este aceita rapidamente. A soma a ganhar é grande, pois Funk, o diretor do banco, deseja transformar inteiramente a sede, construir uma nova escadaria central, criar um refeitório, uma sala de fumar para seus altos funcionários e seus grandes clientes, um jardim de inverno e um salão para damas; em resumo,

Funk tenta criar um ambiente suficientemente suntuoso e luxuoso que corresponda à nova imagem imperial do Deutsche Reichsbank, convertido na maior potência financeira de toda a Europa.

De novo, Jansen convence os alemães a lhe permitir o envio de uma equipe completa de artesãos, composta por prisioneiros de guerra franceses detidos na Alemanha. Os ebanistas e carpinteiros prisioneiros constroem uma longa mesa capaz de acomodar cento e cinquenta comensais – o complemento indispensável para o famoso serviço de mesa de Puiforcat coberto com corladura –, enquanto Jansen se encarrega também do resto: dos móveis, do revestimento de madeira das paredes ou do artesoado dos tetos, da decoração das paredes revestidas, das cortinas, dos bibelôs, quinquilharias e lâmpadas que decoram as salas, além da extensa coleção de jogos de mesa enfeitados com rendas e bordados com as iniciais DRB (Deutsche Reichsbank), sobrepostas em uma águia imperial no fundo. Apenas a construção e fabricação do enorme refeitório custou cinco milhões de francos (2.500.000 dólares).

Jansen também tratou de cultivar uma clientela diversificada e influente na nova Europa dirigida por Hitler. A casa decoradora respondeu com presteza aos urgentes pedidos de outros ministérios do Reich, do Wallraf-Richartz Museum de Colônia, e de *marchands* individuais. Atendeu, igualmente, às exigências de Hans Frank, conselheiro jurídico de Hitler e governador nazista da Polônia ocupada. Este alto dignitário, encarregado da cruel germanização forçada do território polonês, supervisionou o confisco dos tesouros artísticos daquele país e se converteu em colecionador de arte, apropriando-se de um Da Vinci e de um Rembrandt. A casa Jansen enviou seus artesãos e decoradores à distante Polônia para ornamentar sua residência pessoal e seus escritórios privados. Além disso, Frank exige vários lustres ao estilo Luís XV e algumas poltronas ao estilo Luís XVI, destinadas a sua casa em Berlim e ao suntuoso palácio em que se instalou na cidade de Cracóvia. Sua administração faz transportar para a Polônia mais de um milhão e meio de francos (750.000 dólares) em móveis e estátuas vendidos por Jansen.

As embaixadas da Alemanha em Paris e em Madri se dirigem também à conhecida casa para encontrar os ansiados móveis antigos e tapeçarias francesas que desejam obter para sua redecoração. O próprio e inevitável escultor Arno Breker, o artista vivo favorito de Hitler, deixa sua suíte no elegante Hotel Ritz da Praça Vendôme para visitar o decorador francês.

Breker comprará, entre outros objetos, vários apliques de madeira ao estilo Luís XVI e duas luminárias giratórias de braços entrecruzados imitando um arbusto e colocadas sobre um pedestal de mármore.

Os diretores de Jansen nunca careceram de bons argumentos para justificar seus atos. Depois da guerra, aos ser acusados de colaboração com o inimigo, os diretores respondem, para explicar sua intensa atividade durante aqueles anos negros, que se viram obrigados a satisfazer as terríveis exigências dos ocupantes a fim de poder dissimular o trabalho patriótico realizado em suas próprias oficinas em benefício da aviação militar francesa durante a Primeira Guerra Mundial e de 1939 a 1940.

Ao terminar a guerra, a prestigiosa casa, invadida por uma profunda contrição assim que constatou a derrota alemã, encontra uma maneira de fazer com que seus clientes do pós-guerra esqueçam ou ignorem os alegres serviços prestados aos nazistas durante a ocupação. Poucos ficaram sabendo, mas os clientes alemães de Jansen lhe proporcionaram mais de 42 milhões de francos (21 milhões de dólares) nos tempos em que os novos senhores da Europa não retrocediam diante de nenhum gasto para adquirir a categoria real que julgavam merecer.

Algumas galerias francesas organizam leilões, muito especialmente voltados para compradores alemães que atuam individualmente. É o caso da Galeria Charpentier, que reabre brilhantemente suas portas em plena guerra no número 76 da *rue* du Faubourg Saint-Honoré. Em sua resposta, depois da guerra, às perguntas do governo de De Gaulle, a galeria reconhecerá ter operado em quarenta e quatro leilões de 1942 a 1944. Em seu relatório, a galeria explica, com falsa e astuta ingenuidade, e como se não pudesse ter imaginado, que vinte e três de seus compradores privados eram "clientes que pareciam de nacionalidade alemã". Entre eles se encontra Breker, o escultor, que pagou 22.000 francos (11.000 dólares) por um *Caçador sentado* do pintor do século XVIII Jean-Baptiste Pater.

Um dos clientes da galeria não responde à prudente formulação empregada por ela – "clientes que pareciam de nacionalidade alemã" – para se desculpar docilmente por sua colaboração perante as autoridades francesas na libertação. Talvez isso explique por que o nome daquele cliente não figure naquela lista confessional. Os interrogatórios aliados de Goering depois da guerra e os recursos preservados pela conservadora Rose Valland do Jeu de Paume retificam esse suposto esquecimento da galeria durante a ocupação. De fato, mesmo antes da abertura das dependências, em 1941, Raymond Nasenta, seu diretor, organiza em união com um agente alemão uma exposição privada em homenagem ao *Reischsmarschall* em pessoa e composta por uma centena de obras medievais e do Renascimento. A intenção de Nasenta era, com essa venda privada, constituir um capital inicial para reinaugurar a galeria. E alcançou seu objetivo, pois Goering, o único cliente potencial, examina as peças expostas durante quarenta e cinco minutos e, como de costume, compra a totalidade da mostra.

Muitas vezes é difícil distinguir entre os colecionadores privados e os agentes oficiais. Um tal Philip Frank, diretor da sucursal do Reichsbank da cidade de Mannheim, viaja para comprar obras em Paris em fevereiro e março de 1941. Dono de um gosto apurado, volta para a Alemanha com uma bela mostra de quadros, desenhos e com uma estatueta em madeira esculpida que data do século XIV e que representa uma Virgem com o menino Jesus. Nunca saberemos se o desejo do banqueiro era criar ou enriquecer sua própria coleção ou, talvez, decorar as dependências da sucursal do banco que dirigia. Tendemos a acreditar na primeira opção, pois as obras que Frank compra revelam antes um colecionador esclarecido; além disso, algumas delas não podiam, em nenhuma circunstância, ser expostas em público no território do Reich. O fato é que o banqueiro Frank leva consigo, entre outras peças, uma paisagem de Cézanne, outra de Courbet, um Pissarro e um desenho em pastel de Degas, uma bailarina.

Esta última e pequena obra nos interessa particularmente. Foi difícil estabelecer seu destino, ainda sem esclarecer, já que provavelmente é roubada. As razões para isso são a ausência de dados mais precisos sobre o próprio desenho e o fato de que Degas, ao longo de sua vida, executou um número considerável de obras em pastel sobre esse tema.

Graças à descrição fornecida pelos documentos disponíveis, sabemos que a obra desaparecida representa uma bailarina de pé com os braços abertos e que Degas deixou sua assinatura na parte inferior esquerda do papel.

O desenho provavelmente fazia parte da coleção do comerciante Paul Rosenberg roubada pelos nazistas em sua residência perto de Bordeaux em setembro de 1940. As suspeitas aumentam, é claro, quando comprovamos nos documentos em nosso poder que o vendedor do desenho é o *marchand* Raphaël Gérard, onipresente no mundo da arte confiscada, e cúmplice – já vimos – na venda do pagamento em espécies pelo achado da coleção Schloss. As dúvidas aumentam ao saber que Gérard, paralelamente, negociava quadros roubados procedentes da mesma coleção Rosenberg no mercado de Paris. Nos arquivos do ERR, o nome de Degas está inscrito e acompanhado pela frase: "para troca".

Assim como outras obras de pouco vulto, o desenho podia facilmente encontrar comprador em Paris. É possível que Gérard o tenha obtido no Jeu de Paume e em seguida vendido ao banqueiro Frank. Seja como for, pois é o que acontece no mundo da investigação sobre o saque de arte levado a cabo pelos nazistas, um desenho em pastel de uma bailarina de Degas partiu para Mannheim. E nunca mais foi encontrado.

Seguindo os passos de seus compatriotas mais ricos e mais onipotentes, chegavam a Paris os *marchands* e agentes austríacos. Graças à mediação de Hans Herbst, agente austríaco residente na capital francesa, a casa de leilões Dorotheum de Viena compra obras por um valor de 15 milhões de francos (7.500.000 dólares). O butim inclui móveis e tapeçarias dos séculos XVI e XVII tecidas em Bruxelas, Arras e Aubusson; além de cerca de vinte e cinco quadros – entre os quais se destacam um atribuído ao grande Brueghel e sumariamente descrito como *Paisagem com animais* e outro, *Virgem com menino*, atribuído a Cranach, que deve datar, a julgar pelo tema, do período anterior à conversão deste amigo de Lutero ao protestantismo.

A célebre galeria Welz de Salzburgo não perde a grande oportunidade de participar do festim artístico. Friedrich Welz, seu proprietário, foi encarregado pelo governador nazista da cidade natal de Mozart de comprar uma infinidade de obras e objetos que constituiriam o núcleo da coleção de arte de um novo museu regional no pequeno castelo de Klessheim, perto de Salzburgo. Welz adquire vários clássicos da pintura – um Goya, um Van Dyck, um Rubens –, mas, conhecendo demais a arte para se deixar restringir pela estética nazista, opina que a produção francesa dos séculos XVIII, XIX e XX é essencial na história da arte europeia e aproveita os baixos preços. Em Paris, compra e manda transportar para Salzburgo três Corots, sete Courbets, várias obras de Daumier, de Delacroix, de Lepine, de Monet, de Poussin e de Rodin. Além disso, Welz nos surpreende com sua seleção, para a coleção central de uma instituição nazista, de um Signac e, sobretudo, de um Seurat, pintor pós--impressionista pouco apreciado naquela época; mais que isso, prova de sua independência estética é a compra de um Pissarro, pintor de origem judaica e *persona non grata* sem apelação na Grande Alemanha de Hitler.

Marchands e agentes austríacos desconhecidos se precipitam para Paris. Um certo Karl Schwarzinger de Viena compra 228.000 francos (114.000

dólares) em móveis; outro vienense gasta 86.650 francos (43.000 dólares) em objetos diversos. São quantidades muito importantes para a época, sem contar que eram tempos de guerra.

Não é de admirar que os nomes de alguns dignitários nazistas apareçam claramente inscritos nos documentos da companhia Schenker como remetentes de obras adquiridas na França.

O chefe da diplomacia nazista Von Ribbentrop é mencionado uma vez, com relação a um quadro sem especificação comprado no verão de 1941. Sabe-se que o ministro das Relações Exteriores de Hitler possuía uma importante coleção privada e decorava seus escritórios de Berlim com obras confiscadas, mas não é menos certo que dispunha, provavelmente, de meios de transporte mais discretos que Schenker para obras de sua propriedade.

Albert Speer, ministro de Armamentos e da Produção de Guerra, o arquiteto pessoal do Führer que o acompanhou em seu primeiro percurso matinal através de Paris, também recorre aos serviços indispensáveis da Schenker International Transport para transportar alguns móveis, esculturas e outros objetos que comprou entre outubro de 1941 e agosto de 1942.

Arno Breker, o escultor semioficial do regime, tão admirado por Hitler, dá ordens a Schenker para despachar, por trem militar, compras – talvez frívolas – que delatam a boa vida de que o artista desfrutou ao longo da Segunda Guerra e durante suas frequentes estadas na Paris ocupada: entre suas compras se encontram algumas esculturas, vinte toneladas de gesso destinadas provavelmente à criação de suas obras monumentais, uma boa quantidade de discos fonográficos, várias garrafas de vinho francês de qualidade e outras várias de água de Colônia. A diversificada encomenda devia ser entregue em seu ateliê de escultura do Estado em Wriezen am Oder, no nordeste da Alemanha.

Com uma única exceção, é notável a ausência do marechal Goering nas listas de transportes Schenker; embora não seja surpreendente, já que o marechal empregava canais pessoais mais discretos e mais econômicos para satisfazer seu apetite voraz de colecionador. Não precisava, portanto, dos serviços de uma empresa de transportes privada sendo chefe da Luftwaffe, com aviões às suas ordens, e dispondo de quatro trens particulares.

Os documentos e testemunhos que examinamos e comentamos previamente proporcionam um panorama concreto e claro de um mercado absolutamente dominado pelos alemães, que depende quase exclusivamente destes para uma grande parte de seu funcionamento; permitem-nos observar, também, a vasta e ampla participação e implicação dos comerciantes e dos especialistas franceses nesse grande projeto econômico.

A esse extenso quadro do mercado sob a ocupação é preciso acrescentar, com a intenção de reconstituir uma imagem mais completa, a presença de vários *marchands* suíços, estreitamente vinculados às intrigas tecidas em torno das obras confiscadas. Durante esses anos de febril atividade comercial, o mercado de arte da Suíça se transforma em um sócio dependente, ou em um satélite, do agitado mercado de Paris. Ao se converter, em poucos anos, em uma espécie de galeria europeia de arte saqueada, esta nação neutra permitiu que seus *marchands* e colecionadores transportassem, dispusessem, comprassem e vendessem impunemente arte roubada.

Capítulo **11**

SUÍÇA: A IMPORTÂNCIA DE SER NEUTRO

Tranquilo e compacto país, situado no centro geográfico da Europa ocidental em guerra, a laboriosa e aplicada Suíça colabora plenamente, desde setembro de 1939, com o esforço bélico do Terceiro Reich. Já nos anos que antecederam o conflito mundial, a tradicional neutralidade da confederação helvética não havia impedido os esforçados banqueiros e industriais suíços de tirar um enorme proveito financeiro do irreprimível rearmamento alemão; e depois, nos anos seguintes, eles participarão plenamente do interminável reabastecimento da guerra nazista[1].

Paradoxalmente, foi nos anos 1930, diante da ascensão do nazismo e de outras ditaduras na Europa, que, com a intenção de proteger a identidade e o capital daqueles perseguidos por esses regimes, se concebeu e se implementou a legislação suíça protetora da estrita confidencialidade bancária, que deu ao país muita fama e maior fortuna. No entanto, com o início das hostilidades e o incremento e a urgência das operações financeiras estatais, o sigilo institucionalizado do sistema bancário suíço começa a funcionar em benefício do regime nazista e não de suas vítimas. Muitas fortunas individuais continuarão a se refugiar nos bancos, mas paralelamente uma quantidade importante de transações de alto nível do regime nazista começará a ser realizada na Suíça, ao abrigo dos olhares indiscretos do restante do mundo.

A neutralidade do país, portanto, se revelara uma bênção para os suíços, sobretudo para os que residiam nas grandes cidades germânicas da

---

[1] A investigação dos aliados na Suíça foi realizada pelo major britânico Douglas Cooper. Os resultados encontram-se em *Report on Mission to Switzerland*, December 10, 1945. *RG 239, box 82, Swiss Report folder* (NA), Washington (DC).

parte norte do país, próximos linguística, cultural e geograficamente da Alemanha nazista. Além de evitar os desastres e profundos estragos próprios de uma guerra – o que não tem preço ao se constatar a morte e os destroços ocasionados nos países vizinhos –, os enormes lucros gerados, particularmente os produzidos pela economia bélica europeia, podem circular livremente. Assim, apesar da guerra, a economia suíça funcionava normalmente.

Durante grande parte do conflito, o bom fluxo dos negócios e sua conveniente continuação, e não a etérea moral ou as simpatias políticas, determinarão a proveitosa aquiescência política para com a Alemanha nazista. Em uma variante desta atitude pragmática, e no que diz respeito ao comércio da arte roubada, a diligente Suíça finge ignorar a nova situação do mercado da arte e fecha os olhos, pura e simplesmente, diante das obras de origem duvidosa procedentes dos países beligerantes ou ocupados. Além disso, as frouxas leis suíças sobre a propriedade e a posse de objetos roubados estão repletas de ricas sutilezas e atrairão para o país obras confiscadas, protegendo seus habitantes daquele mundo estrangeiro situado além das belas montanhas e plácidos lagos.

Os prazos legais – como a prescrição – para apresentar uma queixa por furto, por exemplo, são muito reduzidos. Assim, um cidadão suíço que demonstre ser proprietário de uma obra roubada há mais de cinco anos não poderá ser julgado nem despojado de tal obra. De acordo com essa favorável base legislativa, as obras confiscadas pelos nazistas em Paris em 1940 já não podiam ser reclamadas ao final da guerra em 1945.

Pior ainda, o arsenal legal do país complica qualquer reclamação de obras, pois inclui a noção jurídica de *proprietário de boa-fé*, graças à qual um possuidor que assim se declare dificilmente poderá ser acusado de possuir um bem roubado. Como se não bastasse, todo proprietário defraudado que reclame com sucesso uma obra roubada perante os tribunais suíços deverá reembolsar ao comprador a soma exata que este pagou originalmente ao adquiri-la de um comerciante de arte ou em leilão.

Leis articuladas deste modo facilitam o tráfico ilícito de arte e oferecem um refúgio ideal tanto para os que revendem como para os que compram, pois raras vezes estes e aqueles deverão se preocupar com as consequências de seus atos. Na própria Paris, como vimos, é fácil encontrar numerosos *marchands* e agentes suíços. Mas, se é a capital francesa que serve de lugar de abastecimento, é a Suíça que faz as vezes de válvula de escape da abarrotada rede.

As grandes quantidades de dinheiro vivo de que dispunham os colecionadores e aficionados suíços eram mais abundantes que nunca. Essa capacidade financeira, aliada a uma liberdade quase total de deslocamento pela Europa e a uma despreocupação com o desenrolar dos combates, fazia dos banqueiros, dos industriais e dos comerciantes de arte suíços a única verdadeira clientela internacional não alemã naquele continente em guerra.

A forte demanda nazista por quadros de mestres reconhecidos, sobretudo pelas escolas germânicas, permite que o pequeno mercado do país se converta num dos poucos exportadores de pequenas obras antigas e num dos importadores de telas modernas.

Mais que isso, vários negociantes de arte suíços se encontram, desde antes da guerra, muito vinculados aos dignitários nazistas. A mais antiga casa de leilões do país, a galeria Fischer, estabelecida na cidade de Lucerna, perto de Zurique, a capital financeira, se transformará no pivô e em uma espécie de improvisada câmara de compensação do obscuro mercado da época.

As relações comerciais entre Theodor Fischer, o pai, seus dois filhos – Arthur e Paul – e os nazistas são proveitosas e privilegiadas. Já em 30 de junho de 1939, no Grand Hotel National de Lucerna, a galeria Fischer havia organizado o concorrido leilão internacional de *arte degenerada* procedente dos museus alemães recentemente *purificados* – despojados – pelos nazistas.

Desde 1937, os nazistas haviam iniciado, em todo o Reich, amplos expurgos de obras indesejáveis, eliminando – seja por venda, seja por destruição – cerca de dezessete mil pinturas, desenhos e esculturas dos museus alemães.

Por meio dessa venda, cujos lucros iriam encher os cofres do Partido Nazista, o regime hitleriano se desfazia de uma vez por todas de cento e vinte e cinco obras-primas que por razões ideológicas já não tinham lugar nos museus nacionais.

No grande leilão de junho em Lucerna, o mais prestigiado do projeto nazista de *purificação* artística, o catálogo de vendas de Fischer apresentava uma insuperável seleção de obras de artistas modernos rejeitados oficialmente pelos alemães. Estavam à venda a *Mulher bebendo absinto*, pertencente ao período azul de Picasso, um magnífico *Autorretrato* de Van Gogh, as *Banhistas* de Matisse, o *Rabino* de Chagall, obras de Kokoschka, de Franz Mark e de muitos outros artistas modernos.

Com a eclosão da guerra, poucos meses depois da renomada venda, Fischer, é claro, continua mantendo estreitos laços com a alta hierarquia do regime. Sua galeria se converterá no sócio preferido de uma dezena de *marchands* alemães, entre os quais se encontra o conhecido Karl Haberstock, assessor artístico de Hitler e parceiro comercial do *marchand* francês Georges Wildenstein na época anterior à guerra. Essas ligações privilegiadas com o entorno nazista permitirão que Fischer se converta no grande importador na Suíça de centenas de quadros roubados.

Além de Fischer, pai e filhos, havia, é claro, outras galerias que também seriam cúmplices dos comerciantes de arte alemães e dos dignitários nazistas: a galeria Neupert, a galeria Dreyfus e a galeria Schmidtlin de Zurique.

É, uma vez mais, o *Reichsmarschall* Goering quem, por meio do ERR, obterá maior proveito do *sistema suíço*. Cabe lembrar que, como já descrevemos em páginas anteriores, Goering havia resolvido astutamente o problema da escassez de divisas estrangeiras utilizando os estoques franceses de arte confiscada. Assim, na falta de francos suíços, os mestres da pintura moderna se transformam em uma fácil moeda de troca. Graças ao acesso livre e direto ao depósito de arte roubada do Jeu de Paume, os novos senhores nazistas da Europa possuem uma ampla capacidade de transação e a possibilidade de invadir o poderoso mercado da Confederação Helvética.

Como já sabemos, nesta bolsa de valores artísticos se encontram, por um lado, a pintura considerada *nobre* que pertenceria a uma época de ouro passada e, por outro, a desprezada pintura *degenerada* criada pelo mundo moderno e contemporâneo. Visto da perspectiva dos nacional-socialistas, nesse novo tipo de câmbio germano-suíço, ainda superior ao obtido pelos *marchands* residentes em Paris, um mestre da pintura, ou ainda um de seus insossos seguidores, vale por seis, sete, oito ou até dez *petimetres* modernos; o que traduz fielmente o pensamento ultraconservador da estética nazista.

Entre fevereiro de 1941 e finais de 1942, o ERR organizará mais de vinte e oito intercâmbios oficiais com a Suíça, dos quais participarão seis intermediários diferentes.

A primeira das trocas ocorre entre Goering e Fischer por meio do untuoso conselheiro itinerante do marechal, Walter Andreas Hofer. De fevereiro a março do ano de 1941, enquanto o confisco de obras se encontra em seu auge em Paris, Hofer se transfere para as dependências da galeria Fischer em Lucerna, onde seleciona seis peças para seu patrono: quatro Cranachs, entre os quais se destacam *Virgem e menino em uma paisagem* e *A crucifixão com um cavaleiro doador*, além de uma escultura da escola de Nuremberg e de uma obra de um anônimo mestre de Frankfurt, procedente da coleção do príncipe de Schaumburg-Lippe na Baixa Saxônia. Uma vez escolhidas, as obras serão imediatamente despachadas para Carinhalle, a propriedade de Goering na Alemanha, onde serão submetidas à apreciação deste. A empresa de transportes Brauner as encaminha primeiro para Basileia.

Goering fica satisfeito com as obras procedentes da Suíça e dá sua autorização para pagar a Fischer em francos suíços, mas, diante da peremptória negativa do ministério da Economia para outorgar divisas estrangeiras, se decide um pagamento em espécie com obras modernas armazenadas no Jeu de Paume.

Com a entrada em jogo deste inesperado fator financeiro, a simples transação se complica, pois agora será preciso convencer a galeria suíça a aceitar uma troca de pinturas em vez de uma soma em dinheiro vivo.

Hofer se verá obrigado a aguardar até fins de maio para visitar novamente Fischer em Lucerna e propor *de viva voce* as novas condições.

É verdade que a oferta nazista é muito atraente, pois oferece aos suíços vinte e cinco obras modernas em troca das seis que Goering deseja. Naturalmente, os espertos *marchands* reagem com certa cautela à nova proposta, uma vez que desejariam inspecionar a mercadoria antes de aceitar. Em junho Hofer escreve ao *Reichsmarschall*:

> Em princípio, Fischer concorda em trocar os impressionistas franceses, cujas fotos lhe mostrei. Estará em Berlim em meados da próxima semana para ver os quadros.

As negociações sofrem algum atraso, e é só em 12 de junho que os vinte e cinco quadros são retirados do castelo de Neuschwanstein, onde se encontravam armazenados desde sua saída, poucas semanas antes, do Jeu de Paume. Em meados de julho, Fischer viaja por fim para Berlim a negócios e examina as obras no escritório de Goering. Observa a qualidade delas. Sem hesitar, dá seu aval final.

Fischer conhece perfeitamente a prestigiosa procedência e a grande qualidade das peças e compreende imediatamente que poderá facilmente encontrar clientes para elas na Suíça. Reconhece também que, ao contrário do descrito por Hofer, as vinte e cinco obras não eram todas impressionistas. Entre elas se encontram quatro Corots – com um *San Giorgio Maggiore* –, todos procedentes da coleção da família Lévy de Benzion, cinco Degas – entre os quais se inclui *A senhora Camus ao piano* (ver ilustração C10) –

da coleção de Alphonse Kann e dois Van Gogh, *Flores em um vaso* e *Retrato de um homem*, da coleção da família Lindon. Acrescentam-se a elas um Manet, um Renoir, *O bosque de Fontainebleau*, uma aquarela de um nu de Rodin e três telas de Sisley.

Evidentemente, Fischer obtém sem dificuldades uma permissão de exportação para transferir o precioso carregamento através da fronteira suíça. E o secretário de Goering expede uma declaração oficial certificando que a exportação se faz em nome do *Reichsmarschall*.

Este primeiro intercâmbio tomará mais tempo que o previsto, mas a espera terá valido a pena. Ambas as partes tirarão um claro proveito da longa e complexa transação. Só em 22 de outubro de 1941 Fischer conseguirá fazer com que suas peças roubadas entrem legalmente na Suíça. Com poucos dias em Lucerna, o *marchand* consegue compradores para nove delas.

Com o claro sucesso desse incipiente negócio, as portas se abrirão para outras trocas germano-suíças. O segundo intercâmbio oficial de que temos notícia se realizou entre Goering e o comerciante de arte Hans Wendland, cidadão alemão que residiu em Genebra durante a guerra.

Já conhecemos o nome de Wendland, pois figurava no relatório de Kümmel que comentamos anteriormente. Este *marchand* e historiador de arte alemão havia residido na França durante os anos da Primeira Guerra Mundial e sua coleção, declarada propriedade inimiga, havia sido embargada e leiloada pelo governo francês. Em seu relatório, Kümmel considerava as obras da coleção de Wendland propriedade inalienável do povo alemão e contava reclamá-las em sua totalidade quando o Reich assinasse um verdadeiro tratado de paz com a França e outros países.

Wendland é, também, outro dos muitos cidadãos francófilos alemães que – assim como o *marchand* Rochlitz, o embaixador Abetz, o diplomata Wüster ou o escultor Breker – haviam residido longos anos na França antes de 1939 e conheciam bem o mercado e os círculos artísticos. Como eles, Wendland utilizará seus sólidos conhecimentos sobre o mundo francês para participar plenamente do saque ou para se beneficiar da ocupação alemã.

Esta estreita cumplicidade do comerciante na pilhagem artística e sua participação no aperfeiçoamento do sistema suíço leva-nos agora a um aparte. Trata-se de pura especulação histórica, pois não temos provas fidedignas do que afirmamos: estamos convencidos de que o impulso psicológico profundo da colaboração de Hans Wendland é um claro desejo de revanche pela perda daquela coleção confiscada na França e dispersada anos antes. Assim, independentemente do lucro, a motivação que poderia explicar cabalmente o procedimento de Wendland na Segunda Guerra Mundial talvez seja seu desejo de obter, vinte anos depois, uma justa retribuição pelo perdido, a de obter alguma compensação para seu próprio benefício pessoal.

As negociações são realizadas pelo mesmo intermediário de sempre, Hofer, durante uma de suas visitas à Suíça em novembro de 1941. Wendland traz um Rembrandt, *Retrato de um homem velho com barba*, que havia comprado recentemente de um desconhecido francês em Marselha, avaliado em 400.000 francos suíços da época. Na oferta acrescenta também várias tapeçarias de Bruxelas do século XVI, tecidas com base em cartões de Lucas van Leyden e com um valor de 120.000 francos suíços. Wendland, que possui uma cobiçada licença emitida pelos alemães para circular livremente por toda a França, reuniu os objetos durante suas viagens.

Em troca, o *marchand* consegue um verdadeiro butim, melhorando o tipo de troca obtida por Fischer na primeira das transações suíças. Goering, apesar de ter afirmado não possuir divisas, paga a metade do total em dinheiro e a outra metade em quadros.

Wendland obterá vinte e cinco quadros franceses do século XIX, vinte e quatro dos quais procedem da coleção de Paul Rosenberg. O *marchand* irá, como já será costume, ao secretariado de Goering em Berlim para selecioná-los. Assim, pelo equivalente a 260.000 francos suíços, Wendland consegue, entre outros, quatro quadros de Corot – entre os quais uma *Vista de Toulon* e um desenho, *Jovenzinha sentada e paisagem* – e quatro obras de Degas – três desenhos e uma tela que representam ginetes a cavalo – procedentes do grupo depositado por Rosenberg no Banco de Libourne e confiscados em 5 de setembro de 1941. Estas obras haviam sido selecionadas e designadas no inventário de confisco do ERR como *"para intercâmbio"*.

Finalmente, o avisado Wendland põe os olhos em dois Ingres, quatro Renoirs, três Seurats – entre os quais uma vista marinha e uma *Enfermeira com blusa branca* –, duas telas de Sisley, uma de Pissarro e uma *Natureza-morta com melão* de Monet. O vigésimo quinto quadro, uma *Paisagem* de Van Gogh, procede da coleção de Myriam de Rothschild. Com o dinheiro vivo recebido, mais esta seleção de primeiríssima ordem, o esperto Wendland demonstra ser melhor conhecedor e negociador que seu experiente colega Fischer.

Graças aos interrogatórios aliados depois da guerra, sabemos que é o próprio Wendland quem sugere, em abril de 1942, que os quadros comecem a entrar na Suíça por meio da mala diplomática alemã. Este engenhoso procedimento supera o último grande obstáculo da entrada no mercado suíço, o do controle alfandegário, e abre as portas para importantes quantidades de obras roubadas que entrarão agora de contrabando. A prática ideia de Wendland permite também acelerar os trâmites administrativos, poupando o tempo gasto normalmente na obtenção de licenças de exportação alemãs e de importação da alfândega suíça, com seus funcionários e formulários que tentam extrair informação que é mais conveniente manter secreta.

Goering, satisfeito com a inovadora artimanha, dá seu aval para utilizá-la de agora em diante. O marechal não arrisca muito caso sua manobra seja descoberta. A infração, no que diz respeito às leis suíças, não é significativa, já que, naquela época, o imposto a pagar pelos quadros era calculado com base no peso da mercadoria e não por seu valor no mercado. Como sabemos, um quadro não pesa muito. A transferência das obras fica a cargo do próprio Hofer, acompanhado por um tal Riekmann, encarregado do transporte da mala diplomática da delegação alemã em Berna, a capital federal suíça. Assim que o precioso carregamento se encontra do outro lado da fronteira suíça, a entrega dentro do país é realizada com facilidade. Hofer leva as vinte e cinco telas para a galeria Fischer. Wendland se apresentará pessoalmente nas dependências desta em Lucerna e tomará posse delas.

Durante sua viagem à Alemanha, Wendland fará um favor a seu comparsa Fischer. Incluídos no mesmo carregamento secreto encontram-se um Corot, o conhecido *Jovem de blusa vermelha*, uma vista marinha de Monet e um quadro de Sisley, os três da coleção de Paul Rosenberg. Entre as obras que examinou no escritório de Goering em Berlim, Wendland havia selecionado o grupo para a galeria de Lucerna. Em troca dos três quadros, Fischer entregaria três tapeçarias de Bruxelas do século XVI, que representavam *Cenas da vida de Cipião, o Africano*. Hofer havia notado anteriormente essas obras em Lucerna e realizado fotos que mostrou ao ávido Goering, que tentava febrilmente aumentar o tamanho de sua já ampla coleção.

Wendland fará, também, as funções de distribuidor geral das obras e trará na mesma remessa, como outra ajuda pessoal que realiza, dois quadros comprados recentemente em Paris pelo industrial germano-suíço Emil Bührle, cuja coleção e fundação de arte se encontram ainda hoje em Zurique. Nascido na Alemanha, o magnata de armamentos e grande fornecedor de armas para a Wehrmacht durante a guerra, Bührle goza do beneplácito do Reich e tira bom proveito dessa situação.

O industrial acabava de efetuar pessoalmente a compra dos dois quadros na própria Paris, na galeria Roger Dequoy, o antigo empregado de Wildenstein que, como já vimos, em 1944 tentará trocar cinquenta e dois quadros com o ERR.

Outra das grandes operações de troca efetuada na época foi concebida diretamente pelos escritórios do ERR em Paris. Sob ordens do secretariado de Goering em Berlim, o depósito de arte roubada do Jeu de Paume cedeu onze quadros confiscados para Wendland e para o sempre onipresente Rochlitz. Este último se apresentou no próprio museu para selecionar as obras para trocar. Goering examinou a seleção e, em 3 de março de 1941, aprovou a totalidade da operação.

Os dois comparsas alemães recebem assim uma *Natureza-morta com uvas e pêssegos* de Braque, um *Dolores* de Cézanne, *A senhora Camus ao piano* de Degas, os três procedentes da coleção de Alphonse Kann.

Mas, como sempre, será a coleção confiscada de Paul Rosenberg o alvo preferido do astuto Rochtliz, com o conhecido quadro *A senhora Stümpf e sua filha* de Corot, três quadros de Matisse – *Mulher à mesa*, *Flores e abacaxis* e *Mulher apoiada em uma mesa* – e, para encerrar a transação com medalha de ouro, *A senhora Rosenberg e sua filha*, o grande retrato que Picasso havia pintado em 1918 em Biarritz quando começava sua longa amizade com o *marchand* Rosenberg. Em apenas poucos meses, este último quadro, roubado do *marchand* parisiense, havia realizado um longo trajeto, desde as caixas-fortes do banco em Floirac, onde Rosenberg havia tentado inutilmente protegê-lo das vicissitudes da guerra, passando pelo depósito do Jeu de Paume em Paris, até chegar de contrabando à Suíça.

Em troca, Rochlitz e Wendland apresentam apenas duas obras ao ERR, um *Retrato de homem com barba* de um pintor anônimo do norte da Itália, assim como uma *Natureza-morta com peças de caça* do prolífico pintor holandês Jan Weenix.

Em sua última etapa, a satisfatória transação se complica, já que os dois últimos quadros oferecidos em troca pertenciam parcialmente ao agente Birtschansky. Antes de concluir permuta com o ERR, os dois cúmplices se verão obrigados a comprar a parte de Birtschansky no negócio. Uma vez resolvido este contratempo, Wendland embarca com o Braque, o Degas, o Corot e os três Matisses.

Numerosos *marchands* e cidadãos comuns do país se veem envolvidos nestas importantes transferências de obras roubadas. Um certo doutor Alexander von Frey, de nacionalidade húngara, embora residente em Lucerna, propõe dois quadros – entre os quais se encontra um *Estudo de personagem* de Hans Makart, o pintor austríaco de temas históricos e alegóricos – em troca de três telas modernas, *Retrato de jovenzinha* de Renoir, *Maçã* de Picasso e um *Caminho rural* de Pissarro, procedentes da coleção de Paul Rosenberg. Os alemães aprovam o intercâmbio, e o próprio Goering presenteia o quadro de Makart a Hitler que, como já sabemos, apreciava muito os pintores acadêmicos da Viena oitocentista.

Por sua vez, a galeria Aktuaryus de Zurique, cujos proprietários eram assessores artísticos do industrial Bührle, compra o pequeno Picasso. Mas, como era de esperar, uma vez na Suíça a discrição do mercado – além da natural dispersão de toda obra de coleção – encobrirá as pegadas das obras e perderemos rapidamente o rastro delas.

Aqui cabe lembrar uma permuta parisiense já mencionada anteriormente. Nela, estava envolvido o *marchand* e perito francês André Schoeller, presente nos *Documentos Schenker* e ativo no mercado de Paris. O ERR havia cedido então um Bonnard e um Matisse em troca de uma tela destinada a Hitler, *O templo de Faustina*, do conhecido pintor austríaco oitocentista Rudolf Alt.

O intercâmbio, originado pelo alemão Max Stoecklin, teve lugar em Paris em 16 de novembro de 1943, mas o Matisse confiscado, *Mulher em cadeira amarela*, que Schoeller avaliou durante a própria transação, foi detectado na galeria Neupert de Zurique ao fim da guerra. Nunca foram descobertos os documentos de transporte ou alfandegários que demonstrem que o Matisse havia cruzado legalmente a fronteira suíça antes de chegar às reservas da galeria.

A mesma galeria Neupert se torna participante de outra transação duvidosa, cuja atmosfera lembra mais uma furtiva cena de um filme de espionagem que um negócio transparente do mundo da arte.

Consignado em suas dependências por um conhecido *marchand* de Frankfurt, Alfred Boedecker, encontrava-se *Pintor sentado sobre um tronco*, quadro do medíocre pintor alemão Ludwig Knaus, muito admirado no século XIX por suas insípidas cenas da vida cotidiana. Boedecker, convencido de que se trata de uma obra adequada para a coleção do museu de Hitler em Linz, propõe uma troca ao ERR em Paris e envia uma fotografia do quadro de Knaus. Em Berlim, Bormann examina a foto e em seguida o próprio Hitler, que fica encantado com a tela.

Sem consultar Boedecker, e sem lhe permitir escolher, o ERR oferece, em troca, um Renoir, *Jovem com rede de pescar*, procedente da infindável coleção de Paul Rosenberg.

A própria troca se efetua, em um ambiente excepcional, na cidade de Basileia, na fronteira trinacional entre Suíça, França e Alemanha. O ERR envia um emissário que traz o quadro de Paris. O encontro entre as partes acontece ao ar livre na plataforma da estação de trem, do lado alemão da fronteira, em 7 de abril de 1943. Junto com o emissário nazista estão presentes os *marchands* Boedecker e Neupert.

Boedecker, que ainda não conseguira inspecionar o Renoir proposto, havia exigido do ERR que trouxesse de Paris um estudo em aquarela de Cézanne, caso não gostasse da *Jovem com rede*. O *marchand* de Frankfurt examina o quadro, gosta de Renoir e aceita dar continuidade à troca combinada. Discretamente, nas plataformas internacionais da estação, as partes realizam o intercâmbio dos quadros.

O representante do ERR volta para Paris no próximo trem com o Knaus em mãos, e Neupert para a Suíça com o Renoir. Não sabemos como os quadros conseguiram entrar e sair das respectivas fronteiras, mas sabemos que o *marchand* Neupert logo vende o seu na Suíça para a galeria Tanner de Zurique; nesta, por sua vez, encontra em seguida um comprador.

O capcioso Neupert garante a seu colega Tanner que o Renoir procede de uma coleção particular na Suíça, garantindo-lhe que havia adquirido a tela impressionista antes da guerra. O falso esclarecimento de Neupert tem certa importância, já que o proprietário da galeria Tanner era o próprio presidente da respeitável Federação de Comerciantes de Arte Suíços e encarnava, de algum modo, a suposta integridade do mercado helvético.

É assim que toda a Suíça é irrigada pelo amplo fluxo da arte confiscada na França. Este circula sem empecilhos, levando em sua passagem respeitáveis instituições e personagens do mundo da arte da confederação.

De fato, graças às memórias do conservador francês Germain Bazin, sabemos que o prestigiado editor Skira se transferia muitas vezes para Paris durante a guerra. Visitava frequentemente Bazin, então encarregado do depósito do Museu do Louvre no castelo de Sourches, e seu colega René Huyghe. As agradáveis reuniões ocorriam em uma das salas privadas do antiquíssimo restaurante Lapérouse, localizado no *quai des* Grands-Augustins, diante do Sena.

Bazin, com fina ironia, pois ficava encantado e satisfeito com a abundância gastronômica que o rodeava em plena guerra, descreve os encontros gastronômicos assim:

> [...] o Lapérouse estava abarrotado de mercadorias naqueles tempos [...]. Skira procurava [nas reuniões] dar o último toque em edições de ilustrações em cores para sua editora. Não podíamos aumentar nossos direitos autorais devido a seus gastos gerais muito elevados, ilustrados, muito claramente, pelo elegante automóvel que o esperava na rua...

Esta simples anedota nos lembra como muitos *marchands* e personagens do mundo da arte suíço, como Wendland, Bührle ou o editor Skira, obtiveram grandes vantagens da lendária neutralidade suíça, a qual lhes permitiu viajar regularmente para o exterior, comprar e introduzir as obras confiscadas e, em seguida, espalhá-las por seu país.

Efetivamente, grande parte das muitas que foram vendidas no mercado da neutra Suíça permanecerão, durante longos anos, em coleções privadas ou nas caixas-fortes dos cidadãos e dos bancos helvéticos. Outras se encontram ainda hoje em museus, visíveis, mas irrecuperáveis; o restante desapareceu e pouco sabemos de seu possível paradeiro.

QUARTA PARTE

UMA HISTÓRIA DE TERROR

Capítulo **12**

APARIÇÕES, RESSUSCITADOS E ESPECTROS

Na França, a esperada recuperação das obras de arte desaparecidas começa, quase acidentalmente, em agosto de 1944, apenas dois dias antes da libertação de Paris. Nas últimas semanas do mês, a combativa Segunda Divisão Blindada das Forças Francesas Livres, dirigida pelo marechal Leclerc, que havia desembarcado na Normandia em junho e acabará entrando triunfante em Paris, já tomava posse dos pontos de acesso à capital francesa, depois de acirradas batalhas contra as forças alemãs que batiam em retirada.

O filho de Paul Rosenberg, Alexandre Rosenberg, jovem estudante que em 1940 havíamos visto fugir para a Inglaterra para se unir às forças do general De Gaulle, se convertera então em tenente da Divisão do marechal Leclerc e já acampava nas proximidades de Paris. Graças a essa particular condição pessoal, o antigo estudante de filosofia transformado em militar encontrou-se em meio a circunstâncias históricas realmente inacreditáveis, no sentido original e mais forte dessa palavra desgastada.

Em 27 de agosto, o jovem tenente recebe ordens de seus superiores de transferir-se imediatamente, em companhia de alguns de seus homens, para a estação ferroviária de Aulnay-sous-Bois, nos arredores parisienses. A missão que lhe é atribuída consiste em deter e se apoderar de um comboio de mercadorias prestes a sair com destino à Alemanha.

Alexandre fica sabendo que, de acordo com pesquisas parciais da rede de ferroviários da Resistência, os vagões de carga detidos em Aulnay estão repletos de objetos de arte pertencentes a cidadãos franceses.

Assim que, com seus homens, o tenente alcança as vias férreas e cerca e imobiliza o trem, ordena que se abram as grandes portas corrediças dos vagões. Neles encontra centenas de obras de arte confiscadas em Paris. As obras haviam sido transferidas, de última hora e às pressas, do depósito do ERR no museu do Jeu de Paume, para ser transportadas no comboio que devia sair para a Alemanha.

Ao inspecioná-las, Alexandre e seus homens constatam que a maioria das peças são obras de *arte degenerada*. De fato, o carregamento ali reunido são os restos do que os alemães transferiram urgentemente nos últimos dias da ocupação, ao final de quatro anos de transportes oficiais e de vendas de obras roubadas.

Para seu grande espanto, Alexandre encontra, em um dos vagões registrados, quadros de Picasso, Braque, de Marie Laurencin e várias dezenas de outras obras roubadas de seu pai, Paul. Quadros que, quatro anos antes, o jovem tenente havia ajudado a inventariar nos angustiantes primeiros dias da *débâcle* francesa.

Agora, com a libertação, a situação mudou completamente. Os papéis se inverteram, pois são os alemães que fogem em debandada, enquanto as obras roubadas voltam às mãos de seus legítimos proprietários. Como em um filme em que se inverte o sentido da narrativa.

Em fevereiro de 1944, Hitler, diante do crescente alcance dos bombardeios da aviação britânica e norte-americana e do persistente avanço das tropas aliadas, transmite a ordem de proteger imediatamente dos destroços as obras de arte dos museus nacionais alemães, juntamente com as confiscadas, que se encontrem nos numerosos depósitos no território do Reich. Além disso, sua ordenança determina a transferência das obras mais importantes para as minas de sal de Steinberg, perto da região de Alt Aussee na Áustria. Os profundos poços e galerias das minas protegerão milhares de preciosas peças da destruição das bombas aliadas; no entanto, ainda mais engenhosamente, suas grossas paredes de sal manterão um nível reduzido e equilibrado de umidade, ideal para a conservação e o armazenamento por longo tempo.

Obedecendo à diretriz do Führer, entre fevereiro de 1944 e março de 1945, treze comboios de caminhões repletos de obras de arte partem dos seis depósitos espalhados por todo o Reich em direção aos refúgios subterrâneos nas minas de sal.

Essa é mais uma demonstração, como se fosse necessária outra, da importância que Hitler e a alta hierarquia nazista atribuem à arte. Em meio ao desassossego das derrotas que se acumulam e da debandada geral, a segurança e a proteção das obras são assuntos de primeira ordem no Terceiro Reich.

Em princípios de agosto de 1944, diante da iminente derrota alemã na França, a maioria dos militares e funcionários designados para o ERR são enviados para lutar na frente de batalha. Até então, a equipe continuava imperturbavelmente o estabelecimento dos inventários gerais das coleções Rothschild, David-Weill e Lévy-Benzion. Para infelicidade dos esmerados historiadores do serviço, o registro de cada uma das peças confiscadas não poderá ser realizado devida e inteiramente. O resto do pessoal abandonará, apressada e precipitadamente, os escritórios e os depósitos parisienses, antes que a Segunda Divisão Blindada e o exército norte-americano libertem Paris[1].

Para os encarregados do ERR já não resta tempo para enviar mais trens para a Alemanha, como o detido pelo tenente Alexandre Rosenberg e seus homens na estação de Aulnay. Numerosos oficiais alemães fugirão, cada um com os meios disponíveis, com sua provisão de quadros roubados debaixo do braço. Agora começa a época do *salve-se quem puder*. Esse Terceiro Reich que devia durar mil anos se desfaz rapidamente.

Entre julho e agosto de 1944, o embaixador Otto Abetz e o pessoal da embaixada alemã abandonam precipitadamente os estabelecimentos da *rue de Lille* e partem rumo ao território alemão. Abetz deu ordens terminantes de retirar os quadros confiscados que decoram as paredes e de embalá-los para seu transporte imediato. Adolf Wüster, o adido cultural da embaixada, aproveita o momento e também apanha para si mesmo algumas belas obras.

Entre as peças transportadas urgentemente para fora de Paris pelos diplomatas estão obras das coleções Rothschild. E se encontra, também, o magnífico *Retrato de Mademoiselle Diot* (ver ilustração A3), que Degas havia executado em 1890 para a filha de um *marchand* de quadros da *rue Laffitte* e que faz parte da coleção de Paul Rosenberg. De fato, em meio ao grande número de telas confiscadas na casa de Floirac, a embaixada alemã havia deparado com aquele retrato bastante a seu gosto, apesar de ser uma obra impressionista, conservando-o em suas paredes ao longo de toda a guerra. Os diplomatas alemães também haviam posto os olhos em *Mulher bretã* de Renoir e até em um quadro do pintor judeu Pissarro, *Mulher na curva do caminho*.

Um esplêndido *Ninfeias* de Monet, um Bonnard, *Interior com flores*, e *Duas bailarinas* de Degas, igualmente da inesgotável coleção de Paul Rosenberg, haviam agradado de tal maneira os diplomatas nazistas, que os três

---

[1] Ver *CIR 1, The Einsazstab Reichsleiter Rosenberg.*

quadros haviam sido enviados a Berlim para decorar os escritórios do ministério das Relações Exteriores ou a própria residência do ministro Von Ribbentrop[2].

Depois da apressada mudança de Paris, Otto Abetz bate em retirada em companhia do marechal Pétain, de seu primeiro-ministro Laval e de outros colaboradores do governo de Vichy. A heterogênea e temerosa comitiva germano-francesa se refugia, à espera dos acontecimentos, no castelo de Sigmaringen, perto da Floresta Negra. Contudo, antes da chegada dos aliados ao castelo, Abetz entrega ao diretor do museu de Sigmaringen cento e noventa e seis gravuras procedentes da França. Ali, serão encontradas e resgatadas pelos vencedores[3].

O avanço dos exércitos aliados não deixará um instante de descanso para os alemães que haviam participado dos confiscos na França.

Em 9 de maio de 1945, o *Reichsmarschall* Goering é capturado na Baviera pelo exército norte-americano. Para sua grande surpresa, os aliados lhe imputam oficialmente delitos maiores que crimes de guerra e, em 1946, o julgam publicamente no Tribunal de Nuremberg. No banco dos réus, o marechal exercerá uma grande influência sobre seus companheiros e se converterá no principal e mais articulado defensor dos atos dos vinte e três acusados nazistas. Goering justificará e ilustrará seu comportamento e a política nazista por meio de comparações históricas.

Ao final de um prolongado julgamento, o tribunal declara Goering e a maioria dos acusados culpados de todas as acusações: conspiração e conivência para fazer a guerra, crimes contra a paz, crimes de guerra e crimes contra a humanidade. Os juízes aliados não encontram circunstâncias atenuantes e o ex-marechal é condenado à forca em 16 de outubro de 1946. No entanto, duas horas antes do momento estabelecido para executar a pena, Goering consegue suicidar-se em sua própria cela em Nuremberg, enganando os guardas ao ingerir uma cápsula de cianureto que havia mantido escondida em um frasco durante seu cativeiro. Como sinal de justiça histórica e com a intenção de evitar qualquer tentativa por parte de simpatizantes nazistas de converter em mártir a figura do político alemão, e seu túmulo em lugar de peregrinação, os aliados incinerarão o cadáver do diri-

---

2 Ver a *Ata de acusação de Otto Abetz*, Tribunal Militar de Paris, p. 88, e carta do Escritório Federal Alemão de Restituição Exterior a Alexandre Rosenberg, de 13 de junho de 1960, e os arquivos Paul Rosenberg, Nova York.
3 *Ata de acusação de Otto Abetz*, p. 92.

gente nazista no último forno crematório restante do campo de concentração de Dachau.

Alfred Rosenberg, ideólogo do Partido Nazista e encarregado do ERR, e Joachim von Ribbentrop, o ministro alemão de Relações Exteriores, foram igualmente declarados culpados em Nuremberg e sentenciados à morte. Em 16 de outubro de 1946, as autoridades aliadas executam rapidamente a sentença no patíbulo da prisão. Albert Speer, o elegante arquiteto que acompanhou Hitler em sua única visita por Paris, será um dos poucos acusados a escapar da pena de morte. Com grande determinação, convenceu o tribunal de que, apesar de sua proximidade com Hitler e de ter sido ministro de armamentos durante parte da guerra, não havia participado ativamente dela, nem conhecia os detalhes mais assassinos da grande empresa de destruição nazista. Speer é condenado a vinte anos de prisão no presídio de Spandau, na Berlim Ocidental, onde escreve vários livros sobre sua vida.

O escultor Arno Breker, por sua vez, é detido na Alemanha e logo posto em liberdade. O artista vivo favorito de Hitler refaz sua carreira e se instala perto da cidade de Dusseldorf, onde continua sua monumental obra escultórica até sua morte em 1991.

O eminente diretor do ERR em Paris, o barão Kurt von Behr, foge de Paris em companhia de sua esposa e, abatido diante da *débâcle* alemã, se refugia no castelo familiar de Banz, perto de Bamberg, na Baviera. Ali, na tranquilidade de sua casa, junto de sua mulher, o barão abriu uma garrafa de champanhe da safra de 1928, verteu a bebida em suas respectivas taças, acrescentou uma dose de cianureto e os dois beberam. Um grupo de soldados estadunidenses, que entrou na residência, descobriu os cadáveres do casal[4].

O influente embaixador Otto Abetz é capturado na Alemanha e extraditado para a França. Julgado pelo Tribunal Militar de Paris, foi declarado culpado em 1949 e condenado a vinte anos de trabalhos forçados. Em 1954 recebe o indulto e volta para a Alemanha, onde morre em 1958.

Quanto ao diplomata Adolf Wüster, seus numerosos contatos na França não lhe serviram de nada quando se viu obrigado a deixar precipitadamente a embaixada alemã em agosto de 1944. Diante do avanço dos exércitos aliados, o desenvolto *Kunstreferent* fugiu, com vários quadros debaixo do braço, primeiro para a Alsácia e em seguida para a Alemanha. Mais tarde, já em sua fuga para a Áustria, tentará alugar uma casa perto de Salzburgo

---

4 Rorimer, *op. cit.*, pp. 159-60.

para se refugiar, oferecendo pagar o aluguel não em moeda corrente, mas com os quadros que carregava consigo em sua fuga de Paris.

Os jovens historiadores de arte do ERR em Paris, Bruno Lohse e Günther Schiedlausky, foram igualmente capturados na Alemanha e longamente interrogados pelos aliados. O suicídio de seu chefe, Von Behr, mostrou-se providencial para ambos, já que permitiu que os dois seguidores atribuíssem ao falecido toda a concepção do projeto, obrigando-o a assumir *post mortem* toda a responsabilidade pelos confiscos. De acordo com a transcrição dos interrogatórios, os dois especialistas declararam que apenas estavam obedecendo a ordens em tempos de guerra.

Tanto Lohse como Schiedlausky conseguiram sair impunes do período e, depois da guerra, prosseguir suas carreiras no mundo da arte. Schiedlausky continuou a exercer a função de historiador e converteu-se em especialista em utensílios de mesa da Idade Média e, em 1956, publicou um reconhecido livro sobre o tema. Quanto a Lohse – que se instalou em Munique depois da derrota, onde ainda vivia, já bem idoso, até o ano de 2003 –, talvez mais esperto, trabalhou como diretor de uma companhia especializada na venda de arte moderna – ou *degenerada*, se se preferir –, com sede na cidade suíça de Zurique; demonstrando assim que sua ampla aprendizagem e sua acumulação de conhecimentos no Jeu de Paume nas mãos de Von Behr e de Goering não foram em vão.

Walter Andreas Hofer, o ativo diretor da coleção de Goering e entusiasta comprador de arte para o *Reichsmarschall*, também foi detido. O astuto especialista insistirá perante seus interrogadores aliados que se viu obrigado a agir como o fez, negando além disso que tanto ele como Goering tivessem participado do roubo de uma única obra de arte.

Solícito e oportunista, além de mentiroso, ao ser detido Hofer tenta converter-se em indispensável auxiliar dos oficiais do serviço de proteção de arte dos aliados, ajudando os estadunidenses na avaliação e na restituição da arte roubada por seus antigos patrões; mas estes, ao se dar conta do elevado grau de cumplicidade de Hofer em todo o sistema de confiscação nazista, o afastam imediatamente.

O *marchand* de arte alemão Gustav Rochlitz, que também fugiu diante do avanço aliado, foi finalmente capturado na Alemanha e transferido para a França. Em Paris, é julgado e declarado culpado. Ao ser preso, Rochlitz foi paralelamente despojado de seus direitos de cidadão e privado de todos os seus bens. No entanto, como teremos a oportunidade de constatar mais adiante, apesar dos múltiplos interrogatórios a que foi submetido no imediato pós-guerra, Rochlitz conseguiu o que queria.

Para os franceses que participaram do roubo e da venda de obras e para os comerciantes de arte que colaboraram em negócios com os alemães – em um país que viveu quatro anos de ocupação e no qual a maioria da população via com certa aprovação a colaboração política –, a situação depois da libertação será necessariamente mais complexa.

Aqueles cuja atividade se mostrou excessivamente chamativa ou inequivocamente desprezível foram detidos e julgados sem consideração. Foi o caso do cruel *marchand* Lefranc, o encarregado de localizar a coleção Schloss, ou o de Martin Fabiani, que tanto colaborou com o ERR.

Fabiani havia envolvido até seus próprios amigos em seus escusos negócios. Como escrevemos anteriormente, o comerciante havia convivido com Picasso e, durante a guerra, lhe vendera *Paisagem exótica*, quadro do aduaneiro Rousseau. Picasso, precavido, havia exigido uma carta que lhe garantira a lícita condição da transação.

Ao término da ocupação, os serviços de inteligência de De Gaulle, que então faziam múltiplas averiguações sobre o paradeiro de obras desaparecidas, visitam Picasso para interrogá-lo em relação ao mencionado quadro. Os funcionários já sabem que se trata de uma obra roubada. Mas o pintor lhes mostra a carta escrita de próprio punho por Fabiani, que conservara consigo. Os investigadores se veem obrigados a reconhecer que o documento absolve o pintor de toda responsabilidade no assunto e lhe comunicam a verdadeira história da pintura.

Picasso descobrirá assim a procedência da tela que, com tantas garantias, havia comprado das mãos de seu amigo *marchand*: a coleção confiscada de Pierre Wertheimer, também grande admirador parisiense de Rousseau. Ao ser informado, sem hesitar, o pintor devolveu o quadro a seu verdadeiro dono[5].

Quando ao colaborador Louis Darquier de Pellepoix, diretor do Comissariado Geral sobre os Assuntos Judaicos de 1942 a 1944, este reage rapidamente aos acontecimentos e consegue escapar da justiça francesa do pós-guerra. Em 1944, o funcionário de Vichy foge, assim como muitos outros, para a Espanha, onde, graças a seus contatos e amizades com o regime de Franco, se refugia e leva uma vida normal, até sua morte nos anos 1970.

---

5 Relatórios da DGER, *RG 239* (NA), Washington (DC).

Mas o sinal mais claro da atitude francesa demonstrada nos anos do pós-guerra talvez tenha se manifestado em janeiro de 1945 quando, durante uma importante reunião da Associação de *Marchands* de Arte, os respeitáveis membros decidem não fornecer informação nem ao novo governo de De Gaulle nem aos investigadores da DGER sobre o comércio ilegal de obras de arte durante a ocupação.

A razão oficial deste inusitado desafio é o desejo de normalizar o mercado na França, atrair clientes e evitar o descalabro das vendas em Paris diante da competição estrangeira. No entanto, as motivações reais e profundas serão o temor das represálias políticas e das possíveis acusações de colaboração com o inimigo. Com essas ideias em mente, os próprios *marchands* franceses, em um gesto de autodefesa, fecham, desde muito cedo, as portas a uma necessária limpeza geral de seu meio, dificultando a recuperação de muitas obras confiscadas.

Além disso, é certo que esta retirada é vista como uma reação necessária, pois um número importante dos membros da mencionada associação haviam participado ativamente na dispersão de uma parte das obras desaparecidas. No fundo, os comerciantes de arte adotam a mesma atitude que outros âmbitos da sociedade francesa: cerram fileiras, ficam de pé atrás e deixam passar o tempo.

Poucas semanas depois da libertação de Paris, e ainda antes de o exército alemão ter se retirado totalmente do território francês, o governo provisório do general De Gaulle começa a busca sistemática das obras confiscadas na França, tentando desfazer metodicamente o que os nazistas haviam realizado com suprema eficácia durante os quatro longos anos da ocupação.

Por decreto governamental cria-se a Commission de Récupération Artistique (Comissão de Recuperação Artística, CRA), dirigida pelo experiente historiador de arte Albert S. Henraux, que, em 1939, havia participado junto com o colecionador David David-Weill da grande mudança das coleções do Museu do Prado para Genebra, com a intenção de protegê-las dos estragos ocasionados pela guerra civil na Espanha.

Apropriada e simbolicamente, a recém-criada comissão utilizará como sede o mesmo museu do Jeu de Paume ocupado pelos nazistas apenas algumas semanas antes para seu plano de saque. Além do aspecto emblemático da decisão, as razões do governo francês para reservar o pequeno museu como depósito de obras recuperadas pela CRA lembram aquelas expostas pelos alemães em 1940: isolamento do edifício para um melhor controle do projeto, localização central e acessibilidade do museu pelo lado da Praça da Concórdia.

Os funcionários franceses logo põem mãos à obra, separando e classificando milhares de processos de obras roubadas, agora reclamadas por seus legítimos donos. Imediatamente estabelecem e imprimem um útil e amplo catálogo em vários volumes e em três idiomas, *Répertoire des biens spoliés en France de 1939 a 1945* (Diretório de bens espoliados na França de 1939 a 1945), que contém as listas e as reproduções dos quadros, desenhos, esculturas, objetos de arte e livros roubados, de acordo com as reclamações feitas por cidadãos franceses a partir do outono de 1944.

Entre os legendários investigadores da CRA, a conservadora Rose Valland tem um papel primordial até sua morte nos anos 1970. A grande quantidade de detalhadas informações e documentos sobre o funcionamento do mecanismo do confisco, reunidos clandestinamente pela intrépida resistente ao longo de seus quatro anos no Jeu de Paume, permitiu seguir o rastro de um número considerável de objetos. Além do trabalho de investigação que realizou individualmente em 1944, Valland entrega aos oficiais do exército norte-americano as centenas de cópias de documentos de confisco que havia reunido no depósito nazista. Estes permitem aos aliados não apenas obter um panorama amplo das dimensões do confisco, mas também localizar e rastrear em território alemão milhares de objetos confiscados. Entre os franceses que participam na Alemanha, no esforço nacional de recuperação do roubado, encontram-se também Marcelle Minet, a conservadora da coleção de David-Weill e Hubert de Brie (ver ilustração C9).

Por sua vez, os aliados anglo-norte-americanos haviam organizado, desde meados da guerra, o *Monuments, Fine Arts and Architecture* (Monumentos, Belas Artes e Arquitetura, *MFA & A*), serviço encarregado da proteção e localização de monumentos e obras de arte. A vertente estadunidense havia estabelecido inventários muito precisos que lhe permitiram, desde antes do desembarque na Normandia em junho de 1944, conhecer com precisão a natureza e os nomes de muitas das vítimas dos confiscos. O exército britânico organizará um serviço mais reduzido em número, mas que possuía a vantagem de funcionar como um verdadeiro serviço de inteligência. Nele se baseará o conhecido historiador de arte Douglas Cooper, que recompilou a informação sobre a empresa de transportes Schenker em Paris e investigou minuciosamente o mercado suíço.

Quanto à União Soviética, esta havia forjado uma visão muito particular dos fatos, pois com a invasão do país o exército alemão destruiu irremediavelmente – entre castelos, palácios, igrejas e mosteiros – cerca de duzentos mil monumentos de dezenas de milhares de obras.

Em virtude da destruição maciça de seu patrimônio cultural, os soviéticos consideravam que o país podia exigir reparações em espécies. Assim, da parte da Alemanha e dos países da Europa do Leste que foram ocupados pelo exército soviético, poucas foram, relativamente falando, as obras de arte restituídas a seus legítimos proprietários. Ainda hoje, centenas de milhares de obras e milhões de manuscritos e documentos procedentes da Alemanha se encontram em museus, arquivos e bibliotecas dos países da antiga União Soviética.

À medida que seus exércitos vão ganhando território na Europa, os oficiais anglo-norte-americanos do *MFA & A* tomam consciência da enorme dimensão da espoliação artística nazista e concentram seus maiores esforços na recuperação e na restituição.

Os aliados ocidentais desejam restituir a seus proprietários as obras confiscadas. Com essa intenção, estabelecem na Alemanha uma rede de depósitos para armazenar e inventariar as obras, livros e manuscritos encontrados. Tratava-se de instaurar uma espécie de dispositivo, simetricamente inverso, que, assim como o sistema francês da CRA, desfizesse metodicamente o trabalho efetuado pelos nazistas na Europa ocidental.

O depósito central da rede, batizado de *Collecting Point* (Centro de recopilação) e localizado na capital bávara, Munique, foi instalado, também por razões simbólicas, nas antigas dependências do grupo arquitetônico que incluía o *Führerbau* – os antigos escritórios de Hitler – e o *Verwaltungsbau* – edifício administrativo do Partido Nacional-socialista (ver ilustração C9). As duas construções neoclássicas haviam sido utilizadas durante a guerra como armazém para centenas de obras compradas ou confiscadas e destinadas ao museu que Hitler planeava construir na cidade austríaca de Linz. Foi nesses edifícios que os alemães depositaram, esperando futuros culturais gloriosos, parte das coleções da família Rothschild e as centenas de quadros da coleção Schloss.

Se levarmos em conta as muitas vicissitudes pelas quais passam os quadros roubados em seus percursos de mão em mão, poderíamos supor que a história individual de cada um é tão rica e densa como a de uma agitada biografia.

Na coleção do *marchand* Paul Rosenberg, muitas das obras conheceram a dispersão e o consequente desaparecimento, mesmo sem ter passado a fronteira do país. De fato, cerca de trinta quadros confiscados na residência de Floirac haviam permanecido até finais de 1941 no anexo da embaixada alemã à espera de um intercâmbio. Entre eles, todos *degenerados*, se encontrava um belo desenho em pastel, *Mulher nua de pé*, executado por Picasso durante sua estada na cidade costeira de Antibes em 1923 (ver ilustração A4), assim como uma *Banhista com os braços levantados* e um *Prato de ostras com porta-guardanapos*, de Braque.

Os funcionários da embaixada, é claro, não haviam conseguido vencer suas profundas apreensões e receios no que diz respeito aos *expressionistas selvagens*, a ponto de se permitir pendurá-los nas paredes de seus escritórios. Só haviam tentado adiantar-se a seus concorrentes do ERR, antes que este inundasse o mercado parisiense com as centenas de obras depositadas no Jeu de Paume. Permutados no mercado, infelizmente os quadros armazenados a que nos referimos desapareceram sem deixar o mínimo vestígio até os dias de hoje.

Pouco depois da libertação, em agosto de 1944, Paul Rosenberg inicia, desde seu exílio em Nova York, a busca das obras confiscadas de sua coleção e de sua galeria. É a partir de outubro, por meio de uma troca de cartas com seu outro irmão Edmond, que conseguira permanecer em Paris durante a ocupação e reunira uma valiosa quantidade de informação, que Paul começa a reconstituir a trama dos eventos e a medir a importância dos confiscos, que desconhecia até então.

Descobre que o edifício do número 21 da *rue* de la Boétie havia sido ocupado pelo Instituto de Estudos sobre a Questão Judaica, organismo de Vichy, e que, ao partir, o pessoal havia levado o que ali se encontrava – o elegante tecido que cobria as paredes, as cortinas, os espessos tapetes –, ressarcindo-se à sua maneira pelos salários atrasados.

O *marchand* descobre, para seu grande alívio, que seus empregados tiveram um comportamento exemplar, apesar das dificuldades ao longo de quatro anos. Lê que as obras depositadas na cidade de Tours puderam ser salvas do confisco graças à habilidade do fiel motorista Louis Le Gall. Além disso, havia pago de seu próprio bolso as últimas mensalidades do depósito.

Mais importante, o indispensável Le Gall havia conservado discretamente uma preciosa lista de todas as obas que se encontravam em Floirac em setembro de 1940. Por último, Rosenberg anima-se ao ficar sabendo, por uma das cartas, que as poucas telas que deixara depositadas na caixa-forte de Georges Braque no Banco de Libourne também estavam a salvo.

Por sua vez, *mademoiselle* Roisneau, sua assistente na galeria de Paris, impelida por um bom reflexo comercial, havia investido o restante de dinheiro abandonado por seu patrão em quadros comprados em nome deste. Roisneau pôde assim adquirir um Renoir para seu chefe. Mas a assistente se vira forçada a fugir para o campo, já que os alemães, suspeitando de alguma cumplicidade com Rosenberg, haviam invadido seu apartamento, lacrado seu sótão e até feito ameaças.

Uma carta do irmão Edmond complementa as primeiras informações:

> Nas caixas da *rue* de la Boétie restava apenas uma natureza-morta grande de Matisse, uma *Paisagem de um bosque* e um *Nu* de Picasso e um Marie Laurencin grande. [...] O porteiro do edifício havia protegido também alguns quadros que se encontravam no sótão. [...] Todos os álbuns de fotos, um metro cúbico e meio no total, se salvaram.

Além disso, o comerciante de arte também ficará sabendo que os quadros de Floirac e de Libourne haviam sido enviados, em pequena parte, para a Alemanha e, por outra, maior, vendidos no mercado europeu. De acordo com as informações obtidas por Edmond, sete Matisses circulam por Paris, entre os quais se encontram *Jovem com saia cor-de-rosa com flores em uma mesa* e *Odaliscas e flores*, este último confiscado em Floirac e vendido em Paris pelo *marchand* Fabiani. Outra tela, *A mulher adormecida*, foi vendida pela galeria Renou & Colle para um aficionado desconhecido, enquanto *O almoço* de Bonnard havia sido leiloado em Paris em 18 de fevereiro de 1944.

Graças aos pormenores descritos nas cartas, Paul vislumbra a extensão da reciclagem da arte roubada no próprio mercado parisiense. Edmond relata, detalhadamente, como conseguiu se encontrar com o *marchand* belga Raphaël Gérard com a intenção de discutir o paradeiro de um quadro roubado de Pissarro, *Efeito de neve*. Durante a conversa, Gérard lhe informa que já havia vendido o quadro para uma cliente. Tomado pelo medo diante da firme reclamação de Edmond, Gérard promete fazer o necessário para localizá-lo e devolvê-lo. Mas acrescenta que não se pode falar do tema do confisco para não assustar a clientela. No decorrer da conversa, diante da insistência de Edmond, Gérard acabará confessando que sabia perfeitamente que o Pissarro era roubado, pois o havia comprado da embaixada da Alemanha. O belga suplica a Edmond que não o denuncie às autoridades francesas.

Por outro lado, Edmond escreve a seu irmão que Braque, ao saber da existência no mercado de um dos quadros roubados de Rosenberg pintado por ele, *Bandolim sobre criado-mudo*, havia pedido à galeria Louise Leiris que o comprasse para tirá-lo de circulação.

Sobretudo, Paul recebe de seu irmão a boa notícia de que a CRA, recentemente criada, possui informação confiável sobre o paradeiro de algumas das obras desaparecidas. O dedicado irmão, que já se reuniu várias vezes com os encarregados em Paris, acrescenta:

> [...] de acordo com essas informações, uma parte de sua coleção, entre a qual *Homem com a orelha quebrada* [sic] de Van Gogh, se encontraria na Suíça.

Edmond já começou a preparar os longos e complexos expedientes de reclamação que submeterá à Comissão. Por meio de outros contatos em Paris ouviu que *Janela aberta* de Matisse também foi avistada na Suíça[6].

Em seguida, Paul Rosenberg compreende que seus quadros se encontram dispersos entre a França, a Alemanha e a Suíça. Desde sua galeria em Nova York, o *marchand* prepara impaciente sua volta para a França, enquanto acumula informação sobre os desaparecidos. Tenta voltar desde o outono de 1944, assim que os alemães fogem de Paris, mas depara com prioridades militares e com as proibições sobre a circulação civil, pois a guerra continua. O inquieto francês terá de esperar até o verão de 1945 para chegar a Paris.

Como veremos mais tarde, Paul continuará em sua determinação de descobrir o paradeiro de todas e de cada uma das obras desaparecidas. Mas até sua morte, em 1959, muitas delas ainda não haviam sido localizadas.

Nos anos que se seguem, os herdeiros do grande comerciante de arte abandonam paulatinamente toda intenção sistemática de procurar ou localizar as obras desaparecidas da coleção. Antes da publicação deste livro, a família supôs durante anos que faltava apenas uma dezena de obras em sua coleção, mas descobriu-se que ainda se encontram desaparecidos entre sessenta e setenta quadros e desenhos.

Mas é verdade que, quando milhares de obras passam por dezenas ou centenas de mãos diferentes, seu desaparecimento se converte em algo tão provável como seu reaparecimento.

---

6 Cartas de Edmond Rosenberg a seu irmão Paul, setembro a dezembro de 1944, arquivos de Paul Rosenberg, Nova York.

Eis a demonstração, por meio de vários exemplos, dessa importante regra do mercado.

No final de 1970, Alexandre Rosenberg, agora *marchand* e herdeiro da galeria, estabelecida depois da guerra em Nova York, recebeu uma carta de Frankfurt. Nela, assinada por um advogado alemão, se informava que um pastel de Degas, *Duas bailarinas*, procedente da coleção de seu falecido pai, se encontrava em posse de dois desconhecidos de nacionalidade suíça ou alemã que não queria se identificar. De acordo com o advogado, os dois supostos proprietários alegavam que o próprio Paul Rosenberg havia vendido o pastel em 1940 em Paris. E propunham agora vendê-lo para seu filho Alexandre.

Este, indignado, sabe que o desenho sempre lhe pertenceu, pois foi confiscado com o restante da coleção de seu pai em Floirac e nunca havia sido localizado. Alexandre compreende de imediato, assim como muitas vítimas do confisco antes e depois dele, as dificuldades que existem para iniciar um processo. Apesar de sua firme intenção de reclamar o pastel de Degas, o filho de Paul deverá levar em conta a complexidade das leis internacionais sobre a propriedade e o roubo.

Em sua resposta escrita, o *marchand* apresenta uma proposta mais fácil: em troca de uma soma a ser combinada, a família Rosenberg cede todos os direitos presentes e futuros sobre o Degas. Os dois desconhecidos, surpresos com a reação simples do comerciante de arte, aceitam a oferta imediatamente. E por correio entre Nova York e Frankfurt o negócio é concluído.

Alguns anos mais tarde, em 1974, o próprio Alexandre, sentado nos escritórios de sua galeria em Nova York, folheia o catálogo de um leilão que ocorrerá no Hotel Rameau, na cidade de Versalhes. Duzentos e seis quadros se encontram à venda a quem oferecer o melhor preço; haverá, entre outras, obras de Braque, de Calder, de Chagall, e De Chirico.

No catálogo, o *marchand* repara no lote de número 76, cujo título é *Criado-mudo com um pacote de tabaco*. O quadro mede 130 centímetros de altura por 89 de largura, traz a assinatura de Braque na parte inferior da tela e a data de execução, *1930*.

Alexandre fica surpreso com o fato de a nota explicativa impressa atribuir a procedência do quadro à *antiga coleção Paul Rosenberg*. Espanta-se ainda mais com a identidade do atual dono, que pôs a obra à venda. Trata-se de Madame de Chambrun. Ela é a conhecida filha de Pierre Laval, que foi primeiro-ministro do governo de Vichy, executado em 1945 pela colaboração com o inimigo.

Alexandre sabe que a informação fornecida pelo catálogo não é correta: o quadro, que nunca havia sido restituído, foi roubado de seu pai pela embaixada em Floirac. Até o instante em que Alexandre o encontra na ilustração reproduzida para o leilão de Versalhes, não havia tido a mínima notícia sobre a existência do Braque. A última informação concreta que a família teve sobre a obra era de que os diplomatas nazistas a haviam destinado para um intercâmbio.

No dia seguinte, Rosenberg parte de avião com destino a Paris; e em 11 de junho, dia do leilão, se apresenta em companhia de agentes da polícia francesa para reivindicar o quadro. Tomada por um acesso de nervos diante da inesperada situação, Madame de Chambrun cede a obra imediatamente.

Esta não era a primeira vez que Madame de Chambrun se via em semelhante apuro, pois já nos anos 1940 a família Schloss havia descoberto um dos quadros confiscados na mesma coleção. Até o dia de hoje se desconhece o caminho que tomaram aquelas duas telas roubadas em 1940 e em 1943, respectivamente, para chegar às mãos da filha de Laval. Mas sabemos com certeza que seu pai foi um grande amigo e aliado político do embaixador Abetz, homem profundamente implicado no projeto de confisco das obras de Floirac[7].

Em 1987, pouco tempo depois da repentina morte de Alexandre, sua esposa Elaine estava na biblioteca da galeria Frick na Quinta Avenida em Nova York folheando o número de dezembro da prestigiada revista britânica de arte *Apollo Magazine*.

Ao chegar à página 25 da publicação, a senhora depara com um anúncio de página inteira que informa sobre a iminente organização de um leilão de quadros e desenhos antigos e modernos na galeria Mathias F. Hans, em Hamburgo. Encontram-se à venda obras de Degas, Rembrandt, Tiepolo, Vallotton e Braque. A peça-chave do pequeno leilão está reproduzida em uma foto em cores: tratava-se do *Retrato de Mademoiselle Diot* (ver ilustração A3) de Degas, obra que já conhecemos.

Assim como os outros dois quadros mencionados anteriormente, este também havia sido confiscado pela embaixada alemã. Além disso, como já sabemos, o quadro impressionista havia decorado as paredes de seus escri-

---

[7] Arquivos de Paul Rosenberg, Nova York, e entrevistas com Elaine Rosenberg e Jorge Helft.

tórios ao longo das hostilidades, para depois, nos dias anteriores à libertação de Paris, desaparecer sem deixar rastro.

O anúncio descrevia a procedência do Degas; em lugar de destaque se encontrava a prestigiada referência à coleção de Paul Rosenberg em Paris. Também era inquietante outro fato: em toda a existência oficial deste quadro anterior à guerra, nunca se fizera ou se publicara uma foto em cores dele, seja por meio da galeria Rosenberg, seja no próprio catálogo *raisonné* dos retratos de Degas, publicado em 1962 pela historiadora norte-americana Jean Sutherland Boggs.

Naquele mesmo ano, o Degas havia sido oferecido ao *marchand* parisiense Paul Brame, um dos mais conhecidos especialistas do pintor na França. Ao se dar conta de que o quadro pertencia a Paul Rosenberg, Brame recusara a oferta e avisara a polícia, mas o vendedor anônimo já havia desaparecido.

A viúva de Alexandre, ao ver a foto do quadro, se lembra de que este figura entre os casos não resolvidos de seu sogro. Volta à galeria da família e consulta os arquivos para confirmar a informação. Depois de conversar com um advogado, Elaine telefona para a galeria em Hamburgo, declara que o quadro lhe pertence e exige informação sobre o vendedor. O dono da galeria recusa-se a divulgar o nome deste, mas está disposto a informá-lo sobre a chamada de Elaine. Dias mais tarde, quando a nora de Rosenberg se comunica novamente, a galeria lhe informa que o vendedor desapareceu, assim como o quadro.

Desde então, não se voltara a ter mais notícias deste, até a publicação norte-americana deste livro, quando se soube, por meio de um *marchand* especialista, que, depois das chamadas de Elaine no início dos anos 1990, o *Retrato de Mademoiselle Diot* havia sido vendido em leilão em alguma das casas especializadas de Nova York.

Outro caso interessante de reaparecimento súbito de um quadro ocorre em agosto de 1997, logo após a publicação da primeira versão norte-americana deste livro. Uma neta de Paul Rosenberg, filha de Alexandre e Elaine, leva seu recente exemplar à festa de alguns amigos em uma residência nos arredores de Nova York. A neta coloca o livro sobre uma mesa, e outro convidado, por mera curiosidade, apanha a publicação e começa a folhear e a examinar as ilustrações. Surpreso, o convidado detém o olhar em *Oriental sentada no chão*, também conhecido como *Odalisca sentada no chão* (ver ilustração A6), um belo Matisse executado em 1927, procedente da coleção de Paul Rosenberg.

Em 5 de setembro de 1941, os nazistas haviam confiscado esse Matisse na caixa número sete, alugada por Paul Rosenberg no Banque Nationale pour le Commerce et l'Industrie em Libourne. Rosenberg o depositara no banco, juntamente com outras 161 obras, antes de ir para Nova York. Ao confiscá-la, os nazistas haviam transportado a *Odalisca* para o depósito de arte roubada do Jeu de Paume em Paris.

Em 24 de julho de 1942, o *marchand* Rochlitz, assíduo protagonista deste livro, presente no Jeu de Paume, obtém a *Odalisca* juntamente com um Gauguin – *Crucifixão* ou *Cristo amarelo* – e em troca propõe uma tábua a óleo – *As três graças*, da escola renascentista francesa de Fontainebleau, destinada à coleção de Goering.

Até aqui a versão concreta dos fatos, que demonstra a clara responsabilidade de Rochlitz, mas em seguida a trama se dilui e se complica, assemelhando-se mais a um grande conjunto de mentiras.

Durante os interrogatórios realizados no pós-guerra pelos militares aliados encarregados da recuperação de arte roubada, o trapaceiro Rochlitz havia declarado que o Matisse, então desaparecido, se havia extraviado antes do término do conflito. Ao final da guerra, afirmava o *marchand*, havia despachado cerca de vinte obras confiscadas para sua residência na Baviera; mas, de acordo com ele, catorze das duas dezenas de quadros haviam desaparecido em algum lugar rumo a Baden-Baden. A *Odalisca* de Matisse, jurava Rochlitz, fazia parte daquela remessa perdida.

Diante da incredulidade de seus interrogadores, Rochlitz afirmou que foi o próprio diretor da empresa de transportes quem havia roubado os quadros, e que, provavelmente, estes nunca haviam deixado o solo francês. Mas acrescentava que, ao se ver forçado a deixar Paris uma semana antes da libertação, tampouco conseguira confirmar suas declarações.

De acordo com documentos encontrados nos Arquivos Nacionais dos Estados Unidos em abril de 1945, paralelamente aos interrogatórios do comerciante de arte, vários soldados do exército norte-americano encontram e abrem uma das caixas enviadas por Rochlitz para sua casa na Alemanha. Nela, encontram oito das pinturas roubadas. Os soldados, que ignoravam a participação de Rochlitz no projeto de confisco nazista na França, redigiram um relatório sobre a descoberta e deixaram as obras na residência vazia, acreditando que eram propriedade legítima do dono desta.

Mais tarde, quatro das oito obras abandonados na casa reapareceram no mercado parisiense depois da guerra. Obviamente, o primeiro suspeito da venda desses quadros seria Rochlitz, que talvez tivesse voltado para sua casa e trazido as peças de volta para vendê-las em Paris. As outras quatro, contudo, não deram sinais de vida até o dia de hoje.

Em seus relatórios, os interrogadores de Rochlitz qualificaram o *marchand* de *homem fraco e covarde*, com *fama de mentiroso* e, acima de tudo, de *oportunista de baixa qualidade*. Os militares avisavam que nada do que Rochlitz pudesse afirmar resistiria a um exame rigoroso. Nunca desprovido de argumentos, o acossado comerciante de arte alemão afirmava descaradamente a seus interrogadores que sua intenção ao participar das trocas era salvar as obras roubadas, pois, caso ele não as tivesse permutado, os nazistas as teriam queimado por ser *arte degenerada*.

De fato, alguns dos investigadores que conversaram com Rochlitz na época sugeriram que sua versão do ocorrido podia muito bem ser uma artimanha concebida para despistar e que talvez os quadros ainda se encontrassem em suas mãos. Os interrogadores que afirmavam isso não estavam, é claro, informados das oito obras descobertas na casa do *marchand*.

Mais de cinquenta anos depois dos interrogatórios de Rochlitz e de que foram levantadas essas suspeitas, os fatos vieram confirmar as intuições originais dos militares. Rochlitz mentia tanto quanto respirava.

Em algum momento após o fim da ocupação, a desaparecida *Odalisca* surge de novo em Paris e a galeria francesa Drouant-David a compra. Não sabemos exatamente das mãos de quem a galeria adquire a tela, embora suspeitemos que deva ter sido de Rochlitz ou de um de seus associados. Em seguida, em 1954, a renomada galeria Knoedler & Company de Nova York a adquire e a introduz nos Estados Unidos para vendê-la para o casal Bloedel na cidade de Seattle.

Quando o convidado que folheava a edição norte-americana deste livro observa a ilustração da *Odalisca*, percebe que conhece muito bem o quadro, pois tivera a oportunidade de admirar o Matisse ao longo de sua infância na casa de seus avós em Seattle. Seu avô é Prentice Bloedel, fundador de uma conhecida companhia madeireira canadense, MacMillan Bloedel. Assim, o neto de Bloedel transmite a notícia à neta de Rosenberg, que trouxera o livro para a recepção; acrescenta que recentemente seus avós haviam doado o Matisse ao Museu de Arte de Seattle.

Os herdeiros Rosenberg iniciaram em seguida um custoso processo de reclamação contra o Museu de Arte de Seattle, que durou até o ano de 1999, ano em que a instituição cultural privada, sob pressão constante de parte da opinião pública, entregou *Odalisca sentada no chão* à família.

Um aspecto interessante deste caso é o fato de que o rastro público do quadro havia desaparecido quase inteiramente, pois, desde 1954, o Matisse estava decorando a casa familiar em Seattle. A dificuldade de rastreá-lo para esta investigação aumentava consideravelmente, já que a *Odalisca* havia sido conservada, desde então, na intimidade da casa dos Bloedel, no noroeste norte-americano, longe dos grandes centros culturais, onde apenas um grupo muito reduzido de pessoas podia saber de sua existência. Apenas em uma ocasião o quadro havia deixado a residência e figurado em um breve catálogo de uma pequena exposição de Matisse que teve lugar nos anos 1980. Foi graças a uma maior e mais ampla difusão da informação – neste caso, a publicação deste livro – que se conseguiu localizar o quadro.

A sorte das obras da coleção Rothschild certamente será uma das menos tortuosas do conjunto de coleções roubadas na França. O destino excepcional destas certamente se deve a uma razão primordial: as obras pertencentes à família, bem inventariadas e catalogadas, devidamente embaladas e armazenadas, haviam sido objeto da cobiça no mais alto nível da hierarquia e da ideologia do Terceiro Reich. Sorte esta contrária à daquelas coleções compostas sobretudo por obras de *arte degenerada*.

Assim, a família Rothschild recupera suas coleções, quase por completo, no final da guerra; uma boa parte localizada no depósito nazista no castelo de Neuschwanstein, na zona de ocupação norte-americana, e outra descoberta nas minas de sal de Alt Aussee. Cabe acrescentar aqui, como elemento à primeira vista anedótico, embora importante, que as tropas aliadas encontraram as obras da coleção nas mesmas caixas nas quais a família as deixara embaladas cinco anos antes, uma vez que os nazistas, sobrecarregados em decorrência da dimensão do projeto de confisco, não haviam encontrado tempo para desembalá-las devidamente.

Os aliados devolvem rapidamente *O astrônomo* de Vermeer e as outras obras-primas para a França, e esta, por sua vez, para os Rothschild. Anos mais tarde, na década dos oitenta, os herdeiros do barão Édouard entregarão o Vermeer ao Museu do Louvre, a título de doação por impostos de sucessão.

No entanto, algumas obras da coleção do barão Robert, confiscadas no castelo provincial de Laversine, não voltarão. Foi o caso de alguns quadros de Braque, de Derain e de Zak, cujo paradeiro é desconhecido.

Depois da libertação, a baronesa Liliane de Rothschild acompanhou o fiel mordomo Félix Pacaut para reivindicar alguns móveis roubados e devolvidos da Alemanha que esperavam nos depósitos de restituição do novo governo francês. No depósito, a jovem baronesa testemunhará com assombro o conhecimento minucioso dos objetos da casa por parte do mordomo do barão Robert, que salvara tantos objetos familiares da rapina nazista. Quando os funcionários do depósito lhe exigem maiores detalhes sobre uma escrivaninha não reivindicada que Pacaut insistia ser de propriedade da família, este indicou, para evidenciar seu conhecimento acima de qualquer dúvida, que na primeira gaveta da direita deveria ser encontrada uma chave que ele mesmo havia colocado ali. E, de fato, ao abrir a gaveta indicada, os funcionários encontram a chave mencionada que, em cinco anos, havia viajado para a Alemanha e voltado para a França sem se mexer de seu lugar[8].

Vários quadros e livros da coleção de Alexandrine de Rothschild, o irmão do barão Maurice, foram guardados pelos nazistas no depósito do castelo de Nikolsburg nos Sudetos e desapareceram. A região, hoje parte da República Tcheca, foi ocupada pelo exército soviético, que nunca forneceu informação sobre a existência das obras.

A sorte mais inusitada de todas talvez recaia sobre a coleção de quadros de Chardin do primo inglês Henri. Como narramos anteriormente, este, tentando evitar os estragos ocasionados pela frente bélica na França, havia recorrido ao envio de seus valiosos quadros para a cidade de Bath na Inglaterra, longe das hostilidades. Mas, como era de esperar, os bombardeios da Luftwaffe destruíram totalmente o lugar em Bath no qual se encontravam armazenados os quadros, e Henri os perdeu totalmente.

Quanto ao pequeno grupo de obras da família escondidas na França, nos depósitos do Louvre, com a cumplicidade do diretor Jacques Jaujard, este volta para os Rothschild são e salvo. Por sua vez, os alemães haviam transformado o castelo de Ferrières, propriedade do barão Édouard, em uma guarnição militar, mas a construção não sofreu muito com a presença alemã e voltou às mãos de seu legítimo dono ao término da guerra. O barão Robert, como demonstração de gratidão pela ajuda prestada a sua família pelo Museu do Louvre, doou o magnífico retrato de *Lady Alston* de Gainsborough e uma rara estatueta de marfim do século XII.

---

8 Entrevista com Liliane de Rothschild.

Os dois filhos de Josse Bernheim-Jeune, Jean e Henry, serão os únicos herdeiros da grande dinastia de *marchands* que sobreviverão à guerra. Agora, com seu novo sobrenome, Dauberville, tomado do apelido empregado durante a guerra para poder passar incógnito, os dois irmãos conseguirão recuperar apenas uma parte dos quadros e objetos procedentes da coleção de seu falecido pai. Apesar dos sucessivos ocupantes da casa da *rue* Desbordes-Valmore em Paris e do confisco total da coleção e dos bens da galeria no bairro do Faubourg Saint-Honoré, Jean e Henry conseguem localizar, com a ajuda dos funcionários da CRA, um bom número de obras que haviam sido transportadas para a Alemanha ou que os próprios vizinhos haviam escondido depois de ter se apropriado delas[9].

Enquanto ainda se encontravam refugiados na Suíça, os dois irmãos haviam começado os esforços para recuperar suas telas. Por meio de parentes próximos, os irmãos ficam sabendo que, depois de ter sido roubada de sua residência em Paris, onde cobria um dos intercolúnios da casa, *A Vênus de Cirene* de Bonnard, painel que o pintor intitulara com o nome de uma novela escrita por Josse, se encontrava no Kunstmuseum de Basileia. Ao tentar recuperá-lo, veem-se obrigados a retroceder em seus trâmites, pois recebem como resposta várias pressões incitando-os a desistir de sua reclamação e ameaças de expulsão do país.

Uma vez terminada a guerra, desde a França a família reinicia os trâmites de reivindicação do Bonnard, mas o museu insiste durante anos que, segundo a lei suíça, o quadro lhe pertence. Não obstante, após a publicação deste livro, a família Dauberville e o museu chegaram a um acordo sobre o quadro que contentou ambas as partes.

Naturalmente, umas das primeiras medidas da família ao regressar a Paris será tentar recuperar as dependências da antiga galeria Bernheim-Jeune, no número 83 da *rue* du Faubourg Saint-Honoré. O oportunista corretor de imóveis Borionne, que havia comprado o edifício por um preço muito vantajoso durante a guerra, era o proprietário do lugar. Como sabemos, Borionne havia alugado os salões para diferentes inquilinos e decidiu complicar a devolução da propriedade. O corretor, que temia ser denunciado por suas atividades sob a ocupação, havia mudado os móveis e objetos da galeria fora do edifício. Sobretudo, havia escondido em um lugar desconhe-

---

9 Recurso Bernheim-Jeune da DGER, *RG 239* (NA), Washington (DC), e entrevista com Michel Dauberville.

cido as cinco ou seis mil valiosas fotos dos arquivos da galeria. Borionne sabia que tinha em mãos a história visual da dinastia e ameaçou destruí-las se os dois irmãos se queixassem em juízo perante o novo governo. Jean e Henry cederam à chantagem e, em troca, recuperaram o arquivo fotográfico. Quanto ao edifício, para obter sua restituição, viram-se obrigados a mover mais de sessenta pedidos jurídicos de despejo e esperar vários anos antes de conseguir reparação total.

De parte da família Lauwick, os dois irmãos receberam a catastrófica notícia do incêndio do castelo de Rastignac. Jacques Lauwick, o filho da proprietária, que havia sido interrogado pelos alemães, tinha certeza de que os quadros haviam sido destruídos pelo fogo junto com a mansão.

Mas os Dauberville não estavam de todo convencidos. Esperançosos, os irmãos confiam a um investigador particular uma busca na própria região de Périgueux. Ao final de uma minuciosa investigação, este redige um relatório no qual apresenta novos indícios que, caso se mostrem verdadeiros, transformam os fatos conhecidos até então: um ferroviário da região declarava ter surpreendido os alemães, no próprio dia do incêndio, carregando para um caminhão quadros envoltos em papel de embrulho. De acordo com a descrição da nova testemunha, a embalagem que cobria as supostas telas correspondia àquela que os quadros tinham no dia de sua chegada ao castelo provenientes de Paris. Outra testemunha, uma jovem, havia escrito em março de 1944, em seu diário de adolescente, que observou como um grupo de soldados alemães carregava alguns pacotes embalados dentro de um caminhão. Curiosa por saber do que se tratava, a jovem havia perguntado aos militares. Estes lhe haviam dito que eram quadros.

Os novos dados foram motivo de otimismo para a família. E é verdade, de um lado, que a hipótese da existência dos quadros é provável, pois, na data em que ocorre o incêndio do castelo, ainda é possível conceber o roubo dos quadros pelos alemães e seu subsequente transporte por trem ou caminhão para Paris ou para a Alemanha. Mas, por outro lado, e com o passar dos anos, não é menos verdade e desalentador que, até o dia de hoje, nem sequer um das três dezenas de quadros, entre os quais se encontra o *Retrato do pintor com cabelos compridos* de Cézanne, tenha voltado a aparecer desde aquele distante 30 de março de 1944.

Com a libertação, o colecionador David David-Weill voltou à Paris da zona não ocupada e abriu as portas de sua residência no número 14 da *rue de Chezy* em Neuilly. Nela restava muito pouco. Os sucessivos confiscos e requisições dos alemães haviam feito desaparecer cerca de oitenta por cento dos móveis antigos, quadros, esculturas, tão laboriosamente colecionados, assim como a rica biblioteca que o banqueiro se vira obrigado a abandonar. Igualmente, haviam sumido centenas de fotos sobre os objetos que faziam parte da coleção e milhares de páginas de correspondência sobre esta[10].

Entre as peças abandonadas em Meuilly, pelo menos cinquenta pinturas desapareceram até o dia de hoje sem deixar vestígios. Entre os quadros se encontravam alguns de Bonnard – *A Praça de Clichy, Mulher na banheira* e *A praia* –, um Vuillard, umas *Ruínas* de Utrillo, uma paisagem de Maillol, algumas telas de Roussel e duas obras de Vallotton. Além disso, sabe-se que no dia 10 de agosto de 1943 os alemães roubaram uma série de seis esboços de Fragonard – *Guerreiro apunhalando um homem deitado* (ver ilustração C1), assim como um *Retrato de Chateaubriand com 43 anos* de Isabey. Da mesma residência também haviam desaparecido dezenas de valiosos desenhos dos séculos XVIII e XIX, assim como cadeiras, poltronas, mesas, estátuas, molduras de quadros, estatuetas em porcelana e relógios. Da biblioteca David-Weill não encontrou mais que os arquivos, sete gavetas inteiras com duzentas e trezentas fichas cada uma.

De fato, uma parte das peças confiscadas, que incluíam os esboços de Fragonard e o retrato de Isabey, havia sido despachada pelo ERR com destino ao castelo de Nikolsburg, na atual República Tcheca. Com a derrota alemã, os objetos foram encontrados, portanto, na zona de ocupação soviética e nunca mais se teve notícia deles.

No jardim do palacete de Neuilly restava apenas uma estátua que originalmente fazia parte de um par. Intrigado em conhecer o motivo pelo qual os alemães haviam levado uma e deixado a outra, David-Weill pediu a um especialista que tentasse averiguar a razão. O especialista concluiu que, das duas estátuas, os alemães haviam abandonado a falsa.

O insaciável ERR havia continuado seu obstinado saque da residência até o mês de janeiro de 1944, provavelmente no âmbito do projeto *M-Aktion*, que consistia em se apropriar de móveis na França para substituir os destruídos nos escritórios do Reich localizados em cidades devastadas pelos frequentes bombardeios aliados.

---

[10] A informação procede dos arquivos David-Weill, da família de André Masson, das duas galerias envolvidas e do Museu Nacional Centro de Arte Rainha Sofia, em Madri.

Os cento e trinta caixotes originalmente confiados à administração dos museus nacionais no castelo de Sourches e os confiscados na propriedade familiar de Mareil-Le-Guyon haviam sido cuidadosamente protegidos nos depósitos do ERR na Alemanha e foram prontamente restituídos.

Marcelle Minet, a conservadora particular da coleção, havia sido incorporada ao serviço de recuperação de arte do exército francês e fazia parte da delegação francesa do centro de recopilação aliado, o *Collecting Point*, em Munique, situado na zona de ocupação norte-americana. Suas privilegiadas funções militares lhe permitiam não apenas participar no trabalho de recuperação geral, mas também ajudar a localizar e enviar rapidamente para Paris os objetos dispersos da coleção de seu patrão.

No que diz respeito ao filho de David, Pierre David-Weill, o apartamento que havia ocupado na *Avenue* Émile-Accolas e decorado por André Masson, Alberto Giacometti, Lipchitz e Lurçat havia sido totalmente saqueado. Os inquilinos alemães haviam arrancado as tampas de aquecedores de Giacometti e, provavelmente, as venderam; um retrato da esposa de Pierre, executado por Balthus, havia desaparecido, assim como algumas das tapeçarias realizadas por Lurçat. No apartamento, os alemães só haviam esquecido os suportes da lareira desenhados pelo escultor Lipchitz.

Mas as obras mais valiosas, as duas grandes telas-murais de Masson, *Animais devorando uns aos outros* e *A família em metamorfose* (ver ilustrações C2 e C3), que pendiam, respectivamente, das paredes da sala de jantar e da sala de fumar do novo apartamento, não se encontravam ali. Os dois painéis – cada um mede 450 por 175 centímetros – haviam desaparecido, e Pierre David-Weill nunca pôde recuperá-los em vida.

De fato, sua família conta que o sentimento de perda das obras confiscadas foi tão absoluto no colecionador que, depois da guerra, ele não quis mais comprar arte moderna. A partir do pós-guerra, o banqueiro concentrou sua fortuna e esforços em colecionar obras do século XVI.

De acordo com as informações obtidas, *Animais devorando uns aos outros* teria sido destruído, mas não *A família em metamorfose*.

A história de muitos quadros desaparecidos nos mostra que, depois de uma longa vida subterrânea, talvez com sua procedência transformada ou truncada – como se tivessem sofrido de amnésia durante décadas –, o roubado volta à superfície.

Dado por desaparecido, *A família em metamorfose* reaparece subitamente em 1985, durante uma exposição na galeria Brusberg em Berlim ocidental. Na curta procedência inscrita no catálogo havia uma grande lacuna histórica entre 1940, último ano em que se encontrava na residência parisiense de Pierre David-Weill, e o dia da abertura da exposição de 1985 na Alemanha. A outra informação incluída na publicação indicava que a galeria Paolo Sprovieri de Roma havia emprestado a obra para a galeria berlinense, e que anteriormente esta havia pertencido a uma coleção privada italiana.

Depois dessa espécie de renascimento na galeria de Berlim, *A família* foi exposta em Roma no verão do mesmo ano, na já mencionada galeria Paolo Sprovieri. O ano de 1985 foi de grande atividade europeia para a obra, pois viajou também para uma grande exposição no Museu de Belas Artes da cidade de Nîmes, no sul da França.

Depois, em 11 de novembro de 1988, o grande painel de Masson foi exposto para venda em um leilão na renomada casa Sotheby's em Nova York. Tal como já pudemos constatar em outras ocasiões, naquela época os diretores e arquivistas que preparavam os sérios catálogos das prestigiosas companhias de leilões internacionais não se informavam o suficiente sobre as procedências e as origens das obras que colocavam à venda. Assim, o catálogo da venda da Sotheby's proporcionava a seus possíveis compradores apenas um elemento de informação no curto texto que descrevia a procedência do quadro: a exposição de Berlim de 1985 na galeria Brusberg.

A história de *A família* nunca foi verificada pelos vendedores da Sotheby's. No catálogo, a procedência não incluía mais nada, nem antes nem depois, apesar dos quase sessenta anos transcorridos desde a execução exclusiva do quadro por um artista de renome, de quem existe uma grande quantidade de escritos disponíveis e bem documentados.

Na venda da Sotheby's o quadro é comprado por um tal Odermatt, galerista canadense. E finalmente, no verão de 1995, o Museu Nacional Centro de Arte Rainha Sofia em Madri adquire, das mãos de Odermatt, o grande quadro com a intenção de ampliar sua importante coleção de arte moderna. O Rainha Sofia restaurou a tela e pendurou-a no mesmo andar que o *Guernica* de Picasso. Mas, até sua aquisição pelo prestigioso museu, nenhum dos compradores ou vendedores se havia interessado excessivamente pelas origens do quadro.

Foi apenas com a publicação deste livro que a família David-Weill descobriu a existência do painel na Espanha e que os conservadores do museu conheceram toda sua história. Uma vez passado o susto inicial e a costumeira negação, eles conseguem chegar a um acordo de cavalheiros com os herdeiros de Pierre David-Weill. O magnífico painel de Masson pode ser admirado hoje no próprio Rainha Sofia.

Para recapitular a agitada história do quadro: a foto do apartamento de Pierre reproduzida neste livro demonstra que *A família* se encontrava na parede do *fumoir*. Desse lugar desapareceu durante a guerra, confiscado pelos alemães, para em seguida reaparecer em Berlim ocidental em 1985, depois de uma inexplicada ausência de quarenta e cinco anos. Naquele mesmo ano, o singular painel é exposto duas vezes, na Itália e na França. Três anos mais tarde, aparece à venda nos Estados Unidos, onde é comprado por um canadense que o vende ao Rainha Sofia, na Espanha, em 1995.

Assim, o tempo do reaparecimento das obras de arte é longo, muito longo. Muitas vezes, é preciso esperar várias décadas para que uma obra volte a surgir. E é desse modo, sem pressa, que se deve esperar que as obras apareçam à superfície, para respirar oxigênio no mercado de arte, para poder deparar com elas.

Após a pilhagem, transportados de Corrèze, no centro da França, para Paris, os trezentos e trinta e três quadros da coleção Schloss partiram em três direções diferentes: o Museu do Louvre, para aqueles quadros classificados como patrimônio nacional para os quais a França exerceu seu direito preferencial de compra; o depósito do *Führerbau* de Munique, para aquelas vinte e duas obras que haviam servido de pagamento em espécies do *marchand* Lefranc, o instigador da novelesca operação.

Este se desfizera em seguida das peças de mestres antigos vendendo-as para um *marchand* holandês chamado Buittenweg, atuante em Paris. O empresário comerciante de arte belga Raphaël Gérard ocupou-se de vender a coleção de pós-impressionistas e de modernos do doutor Prosper-Émile Weill. No entanto, Lefranc havia conservado o *Retrato de Romain Coolus* de Toulouse-Lautrec que vendeu diretamente ao Museu do Louvre em março de 1944 pela soma de 35.000 francos (17.500 dólares).

Os filhos de Schloss ficam sabendo das inúmeras trapaças realizadas por Gérard e exercem pressão para que este localize e devolva as obras da coleção que havia introduzido no mercado parisiense. Gérard, que estava bem implicado na venda de obras roubadas da coleção Rosenberg, sabe que as autoridades francesas podiam deportá-lo para a Bélgica se a família Schloss as informasse de sua colaboração. Em troca do silêncio por parte da família, Gérard promete reaver o roubado, como já o havia feito com as obras de Paul Rosenberg.

As telas da coleção compradas pelo Louvre foram devolvidas para a família nos anos imediatos à guerra. Os Schloss, demonstrando seu agradecimento pela proteção da coleção, presenteiam ao museu a maravilhosa tábua *A descida da cruz*, do grande pintor flamengo Petrus Christus, suposto discípulo de Jan van Eyck.

Quando as forças aliadas entram vitoriosas na cidade de Munique, em abril de 1945, perde-se o rastro de uma boa parte das obras da coleção que haviam partido rumo à Alemanha e que estavam armazenadas no *Führerbau*. De acordo com o primeiro diretor do *Collecting Point*, o tenente norte-americano Craig H. Smyth, que entrou em Munique no fim de maio do mesmo ano, as dependências do depósito de arte roubada do *Führerbau* foram saqueadas, primeiro pela população civil da cidade, depois pelos soldados alemães e, finalmente, pelos soldados norte-americanos[11].

No entanto, uma parte dos quadros roubados – pela segunda vez – na cidade permanecem na região, já que, nos meses seguintes, dois oficiais do exército iugoslavo descobrem alguns deles. Os dois militares se dedicaram, por conta própria, a localizar obras roubadas, tanto na capital bávara como na região circundante. E obtiveram bons resultados, pois encontraram também várias telas confiscadas da coleção de David David-Weill.

No fim das contas, a família Schloss recuperou apenas, até o dia de hoje, cerca de cinquenta e cinco quadros dos trezentos e trinta e três que lhe foram confiscados[12].

Em 1945, atuando em seu próprio nome, vários oficiais do exército norte-americano apresentaram-se em Paris e propuseram aos herdeiros a venda de quatro quadros de sua própria coleção. Naturalmente, os Schloss, escandalizados, recusaram a proposta.

Diante da impossibilidade de conservar a coleção integralmente e sob um mesmo teto, Lucien, seus irmãos e sua irmã decidiram dispersá-la e leiloar os quadros recuperados. Assim chegou a seu fim a magnífica coleção de Adolphe Schloss, em importantes leilões efetuados nos anos de 1949, 1951 e 1954.

No muito tempo transcorrido desde o fim da Segunda Guerra Mundial, são numerosas as telas da coleção Schloss que continuam a dar sinais

---

11 Entrevista com Craig H. Smyth, março de 1995.
12 Documentos obtidos de Jean de Martini e Alain Vernay.

de vida; aparecendo, desaparecendo e voltando a aparecer, como monstros do lago Ness do mercado de arte; as aparições têm lugar tanto na Europa como nos Estados Unidos, em reconhecidas galerias, como em prestigiadas casas de leilões, como Christie's ou Sotheby's.

Foi o caso do *Retrato do pastor Adrianus Tegularius*, de Frans Hals (ver ilustração C7), que uma rota internacional e particularmente tortuosa levou, quarenta e sete anos mais tarde, de volta à cidade de Paris. Este itinerário de incógnito demonstra a negligência de uma parte dos peritos e especialistas do mundo da arte no que diz respeito à arte desaparecida durante a guerra.

Em 1943, como sabemos, este retrato foi adquirido por Hitler para seu projeto de museu em Linz e transferido de Paris para os sótãos dos depósitos em Munique. Em seguida, como consequência do saque intermitente dos edifícios, o Hals desapareceu.

Em 1952, Lucien Schloss, o filho mais velho, recebeu as primeiras notícias desde seu desaparecimento por meio de uma rebuscada proposta. Um certo A. R. Ball de Nova York lhe escreve em Paris, informando-o que um cavalheiro residente em Frankfurt lhe oferecera o retrato de Hals. Ball, que era um desconhecido para Lucien, propõe servir de intermediário e deseja saber se pode fazer uma oferta em nome da família.

Sem o menor desejo de estabelecer um trato comercial com um suposto *marchand* que aparece do nada, Lucien não responde à carta. Ao mesmo tempo, decide publicar um pequeno anúncio na imprensa alemã com a esperança de que o cavalheiro de Frankfurt se identifique. No entanto, depois de várias semanas, a família abandona suas tentativas por não receber resposta.

Só quinze anos depois, em 1967, ressurge o retrato do ministro protestante da cidade de Haarlem, desta vez em Nova York. A casa de leilões Parke-Bernet o expõe para sua venda de 3 de novembro, juntamente com obras dos herdeiros da falecida Princesa Labia da Itália. Em seu catálogo, a casa não divulga o nome do dono do quadro, mas informa que faz parte da *propriedade de um cavalheiro*. A publicação, além disso, fornece uma sucinta descrição da procedência do quadro que se resume nestas quatro palavras: *coleção Schloss em Paris*, sem precisar a data. O colecionador norueguês Ludvik Braathen compra o Hals por 32.500 dólares. Este o revende em março de 1972 por meio da casa de leilões Christie's em Londres. Novamente, no catálogo de vendas a descrição da história do quadro é insubstancial, e não se menciona o roubo nazista.

Enquanto as vendas se sucedem, os herdeiros Schloss nem sequer suspeitam, na França, que seu quadro começa a levar uma vida paralela no mercado de arte internacional. Então, no ano de 1974, o reconhecido historiador de arte Seymour Slive publica o catálogo *rasonné* da obra de Frans Hals e, consciente de que o retrato do ministro havia ressurgido no mercado, explica claramente, a propósito do quadro, que este havia sido roubado pelos nazistas da coleção Schloss e desaparecido. O autor avisa que existe *uma brecha em sua história*, que *durou até que apareceu na venda da Princesa Labia e outros.*

Em seu próximo aparecimento público, em 1979, em um catálogo da Sotheby's em Londres, o Frans Hals começa a recuperar sua memória, graças, sem dúvida, ao livro de Slive. O quadro é descrito como parte da coleção Schloss de Paris *até 1940-45, época na qual foi roubado pelos nazistas e reapareceu na venda da Princesa Labia.* O escrupuloso catálogo de vendas da casa londrina chegava ao ponto de fornecer a referência do quadro roubado no vasto *Répertoire des biens spoliés en France de 1939 a 1945*, publicado pela CRA, que contém as listas e as reproduções dos objetos confiscados pelos nazistas na França. A publicação do leiloeiro acrescentava que o quadro *havia sido declarado desaparecido*.

Surpreendentemente, apesar das numerosas advertências que incluía, e de possuir todos os detalhes da história do quadro, a Sotheby's, imune ao que escreve, segue adiante com a venda da obra roubada. Em comparação com os vendedores anteriores do quadro, os especialistas da conhecida casa de leilões haviam ampliado obviamente o campo de sua investigação, mas não haviam considerado prudente deter a venda ou avisar os herdeiros da família com o objetivo de saber mais. E, não obstante o empecilho histórico que trazia consigo, o quadro conseguiu comprador no dia 28 de março.

O *Retrato* continuou em mãos privadas até que, em abril de 1989, a Christie's o pôs à venda em sua sede de Londres no lote de número 26. Em seu catálogo desaparece desta vez a referência explícita ao roubo destacado no texto da última venda da Sotheby's. Agora, a casa de leilões explica apenas que o quadro fazia parte *da coleção Schloss até a Segunda Guerra Mundial*, sem fornecer outras informações. Ao que tudo indica, os especialistas da Christie's encarregados da redação do catálogo não haviam lido nem o catálogo da Sotheby's de 1979 nem o catálogo *rasonné* da obra de Hals escrito por Slive.

A Newhouse Galleries de Nova York, a sucursal nova-iorquina de uma galeria londrina especializada em antigos mestres da pintura, compra o

Retrato do pastor Adrianus Tegularius por 203.501 dólares. Adam Williams, diretor da galeria, que, ao que parece, ignorava que acabava de adquirir um quadro com um passado tenebroso, julga que se trata do tipo de quadro que encontraria facilmente comprador na Europa. Com essa ideia em mente, leva-o consigo para a XV Bienal Internacional de Antiquários no Grand Palais de Paris, uma feira comercial de antiquários de luxo muito concorrida que ocorreu em setembro e outubro de 1990.

Assim, o Frans Hals roubado em Paris quarenta e sete anos antes acabava de fechar o círculo de sua trajetória, voltando ao ponto inicial de sua complicada viagem pelo mundo da arte.

Quando Henri de Martini, um dos herdeiros da família Schloss, fica sabendo que o quadro desaparecido reaparecia na própria cidade da qual havia sido roubado, comunica-se com a polícia francesa, que o confisca imediatamente.

A galeria Newhouse, ao perder a obra e se declarar compradora de boa-fé, exige da Christie's a devolução do que foi pago. A Christie's faz o reembolso. Mas a justiça francesa, com a intenção de dar uma lição no mercado e provar sua má-fé e desonestidade, acusa Williams de negociar objetos roubados.

Williams insiste em que agiu de boa-fé ao comprar a obra da casa de leilões, pois supunha que se tratava de um dos quadros já restituídos da coleção Schloss. O fiscal francês replica que a procedência do quadro e o destino da coleção eram amplamente conhecidos de todos. Em um primeiro julgamento, o *marchand* é declarado inocente, mas o governo apela da decisão e em 2001 Williams é declarado culpado e condenado a uma pena suspensa de oito meses de prisão. O *Retrato* foi devolvido a seus herdeiros. O caso é um claro exemplo de uma obra confiscada que é reintegrada, com a cumplicidade de muitos, no mercado regular, uma vez que sua procedência de origem foi anulada ou esquecida progressivamente.

Assim como a maioria das coleções compostas por obras de *arte degenerada*, a grande coleção de arte moderna de Alphonse Kann sofreu inúmeras perdas durante a guerra. Infelizmente, Kann nunca estabeleceu em vida um inventário completo de sua vasta coleção e, no momento das reclamações do pós-guerra, dependeu em grande parte de sua memória[13].

Em 1938, quando se assina o Tratado de Munique, acreditando que a guerra se aproxima, Kann abandona Paris e se estabelece em sua residência

---

[13] Documentos Kann em NA e herdeiros Kann, em entrevista a James Marrow.

de Londres, onde permanecerá durante todo o conflito bélico. O grande colecionador falece em 1948, aos 78 anos de idade, sem nunca ter regressado à capital francesa, nem presenciado os estragos provocados em seu palacete e em sua coleção pelo confisco alemão.

Até o dia de hoje contam-se entre as obras desaparecidas da coleção cerca de cem quadros e desenhos, trinta tapeçarias e vários manuscritos iluminados. Encontram-se obras de Picasso, Braque, Gleizes, Degas, Gris, Léger, Manet, Bonnard e várias de Matisse, incluindo *As duas irmãs*, quadro de 1906 que pode ser apreciado parcialmente na seção superior esquerda da foto dos fundos do Jeu de Paume, onde os nazistas armazenavam a *arte degenerada* confiscada (ver ilustração C12).

Ao saber que um grande número das obras da coleção, incluindo os manuscritos, havia desaparecido, os herdeiros do colecionador Kann reiniciaram a busca interrompida quarenta e cinco anos atrás com sua morte.

Uma das obras roubadas mais importantes da coleção está exposta hoje nas paredes do Musée National d'Art Moderne (Museu Nacional de Arte Moderna, MNAM), localizado no Centro Pompidou em Paris. A trajetória que esta tela percorreu desde a guerra é exemplar pela maneira furtiva como algumas obras confiscadas voltam ao mundo da arte deixando raros indícios de suas origens ilícitas.

Trata-se de *Homem com violão* (130 por 72,5 cm) de Braque, um admirado quadro de 1914, obra-prima do cubismo e uma das peças centrais da coleção de obras modernas do MNAM.

Em 1924, Alphonse Kann compra a esplêndida tela das mãos do *marchand* Daniel-Henry Kahnweiler e a conserva em sua coleção até seu confisco em 1940 de sua residência em Saint-Germain-en-Laye. Os nazistas a transportam até o Jeu de Paume e ali a inscrevem no inventário de confisco da coleção com a notação *ka 1062*, em que as iniciais *ka* significam *Kann Alphonse*. A descrição do quadro, escrita em alemão, diz: *Stilleben mit Gitarre*, natureza-morta com violão. Acrescentam-se as dimensões da obra e o meio em que foi realizada. Junto da descrição, os alemães haviam carimbado as letras *H. G.* Estas iniciais indicam que o quadro foi reservado para o *Reichsmarschall* Hermann Goering; mas significam concretamente que o dirigente nazista se apropriava do quadro roubado para utilizá-lo em uma troca pessoal.

O sempre onipresente Gustav Rochlitz está implicado diretamente na transação. Em 9 de fevereiro de 1942, o comerciante de arte obtém o Braque junto com outro quadro pertencente a Kann – *A cortina amarela*, de Matisse, que se encontra hoje, licitamente, no MoMA de Nova York – e outras cinco telas modernas em troca de uma *Adoração dos Reis*, de um pintor desconhecido supostamente alemão.

Durante os interrogatórios a que foi submetido, Rochlitz confessou que em plena guerra havia vendido o quadro para o inescrupuloso *marchand* francês Paul Petrides. Em seguida, de algum modo, *Homem com violão* entra na coleção parisiense de André Lefèvre, um respeitado aficionado de Braque e de Juan Gris.

Em novembro de 1965, após a morte de Lefèvre, os herdeiros leiloam os bens e Braque é comprado por um conhecido comerciante de arte e colecionador alemão, Heinz Berggruen, cuja coleção pessoal se encontra abrigada hoje na sede da Coleção Berggruen em Berlim.

Anos depois, em 1981, o MNAM, no Centro Pompidou, adquire o Braque das mãos de Berggruen pela soma de 9 milhões de francos (aproximadamente 2 milhões de dólares da época).

A reclamação por parte da família Kann foi apresentada ao museu no decorrer de 1997, após a publicação deste livro em francês, mantendo-se secreta até janeiro de 1998. Naturalmente, a inesperada notícia sobre um conhecido quadro de grande importância artística surpreendeu o mundo internacional da arte.

Os herdeiros tentaram um diálogo com os diretores do MNAM, mas diante da intransigência destes viram-se obrigados a mover uma ação nos tribunais.

Hoje, a reclamação oficial também se encontra diante de uma comissão governamental criada com o objetivo de indenizar as vítimas da espoliação ocasionada pelas leis antissemitas durante a ocupação. Esta, conhecida como Comissão Drai, delibera atualmente sobre o caso e logo anunciará sua decisão.

Até a data da publicação deste livro, os herdeiros de Alphonse Kann localizaram e recuperaram várias peças da antiga coleção. Entre elas, dois Picassos, um Gleizes, um Picabia e um Matisse, *O rio com aloés*, este último detectado na Coleção Menil na cidade de Houston.

Outro intrigante e polêmico caso de obras roubadas e localizadas é o de oito manuscritos iluminados da coleção Kann identificados pelos nazistas no inventário de confisco com as notações *ka 879* a *ka 886*. O grupo de manuscritos roubados é composto de cinco livros de horas flamengos dos séculos XV e XVI, dois livros de orações italianos do século XVI e um manuscrito persa.

Os escritos nunca foram restituídos depois da guerra, e só após da publicação deste livro os herdeiros ficaram sabendo de sua existência.

Em 1949, um ano depois da morte de Alphonse Kann, a Biblioteca Nacional da França expôs três dos oito manuscritos em uma mostra de obras escritas de valor que ainda permaneciam sem reclamar.

Depois da exposição, Georges Wildenstein, o comerciante de arte dono das galerias do mesmo nome em Paris, Londres, Buenos Aires e Nova York, expôs suas respectivas reclamações para os três manuscritos apresentados.

Embora os conservadores, especialistas em manuscritos da Biblioteca Nacional, não conhecessem ainda a identidade do proprietário legítimo dos manuscritos, estes discordam por escrito da abrupta reclamação de Wildenstein e elaboram um relatório interno no qual expõem os argumentos e dúvidas que, segundo eles, desqualificam as provas apresentadas pelo *marchand*. Diante da firme negativa da Biblioteca de entregar os manuscritos reivindicados, Wildenstein enviou uma série de enérgicas cartas nas quais exigia sua devolução imediata. A direção da Biblioteca cede a seus requerimentos e, a partir de 1952, Wildenstein começa a receber os manuscritos, que seus herdeiros conservam até os dias de hoje. Seus atuais representantes são Wildenstein & Company, com sede em Nova York, e a Fundação Wildenstein, com sede em Paris, dirigidas por Guy e Alec, filhos de Daniel e netos de Georges.

Entre novembro de 1996 e janeiro de 1997, Francis Warin, sobrinho-neto de Alphonse Kann, enviou três cartas consecutivas para a Fundação Wildenstein reclamando os oito manuscritos iluminados. Nelas se recordava que a informação encontrada previamente, incluindo os documentos fornecidos pelo governo francês, indicava que os manuscritos faziam parte da coleção Kann e que, como lembrava sua notação, haviam sido confiscados e inventariados pelos nazistas no depósito do Jeu de Paume.

Em suas respostas, a galeria Wildenstein recusou qualquer reclamação. Guy Wildenstein respondeu à primeira carta enviada por Warin, explicando que seu avô, Georges, havia adquirido os manuscritos em litígio diretamente de Alphonse Kann, antes da Segunda Guerra Mundial. Acrescentava que estes haviam sido confiscados pelos nazistas da própria galeria Wildenstein em Paris. Concluía a carta lembrando que o próprio governo francês havia devolvido devidamente os escritos para seu avô.

As respostas às duas cartas subsequentes de Warin criaram certa confusão entre os herdeiros de Kann. Nelas, o advogado parisiense da Fundação fornecia uma nova visão dos fatos. Afirmava, desta vez, que três dos manuscritos em questão na verdade haviam sido adquiridos em 1909 de Édouard Kann, um colecionador e primo distante de Alphonse Kann. Uma das cartas reiterava o seguinte:

> Estes documentos são propriedade exclusiva da família Wildenstein e foram devolvidos a ela depois de terem sido saqueados.

Assim, de acordo com esta última resposta da galeria Wildenstein, os Kann não possuíam nenhuma base para reclamar os escritos, e, de acordo com eles, o caso estava encerrado.

Surpreendentemente, após um silêncio de vários meses, no final de abril de 1997, Francis Warin recebe uma chamada telefônica em sua residência nos arredores de Paris. Seu interlocutor é James H. Marrow, um renomado professor de história da arte e especialista em manuscritos iluminados na prestigiosa Universidade de Princeton.

Marrow informa a Warin o motivo de seu repentino telefonema. Em fevereiro daquele ano – um mês depois de Warin ter redigido sua última carta para a Fundação Wildenstein –, Sam Fogg, conhecido *marchand* britânico de livros, lhe telefonara, pois acabava de inspecionar alguns singulares exemplares iluminados que a galeria Wildenstein & Co., em Nova York, propunha lhe vender discretamente. Fogg, entusiasmado com a importância das obras, desejava que Marrow passasse logo na sede da galeria para examiná-los e avaliá-los.

Em sua primeira visita à galeria, Marrow conhece Daniel Wildenstein, que, apesar de residir em Paris, visita frequentemente a sucursal nova-iorquina e está informado sobre o objetivo de sua visita. Ao longo de seus dois encontros na galeria em março, o professor prepara um detalhado relatório e uma descrição do volume mais importante do conjunto à venda: um raríssimo e valioso livro de horas – ou livro de orações – de finais do século XV, conhecido como *Horas de Jean de Carpentin*, ilustrado com numerosas e magníficas iluminuras realizadas por um artista anônimo conhecido com o apelido de *Mestre do Livro de Orações de Dresden*. As belas ilustrações em miniatura e decorações convertiam o exemplar único, sem dúvida alguma, em algo muito cobiçado, cujo ressurgimento inesperado, depois de décadas de ausência do mercado, aumentava seu valor.

Marrow estuda minuciosamente as sete obras e fotografa algumas de suas páginas. Ao avaliá-las, observa que cada um dos volumes examinados traz em uma de suas primeiras páginas, inscrito em lápis vermelho, as letras *ka* e, ao lado delas, três números, que vão do 879 ao 886. Naquela época, Marrow não sabia o que significavam nem as iniciais nem os números.

O historiador pede aos empregados da galeria algum certificado de propriedade, uma prova fidedigna de que os escritos efetivamente lhes pertencem. Os empregados afirmam que os oito livros haviam pertencido aos Wildenstein durante muito tempo. Mas a galeria não pode fornecer nenhum recibo de venda ou de compra nem informar a data exata da transação.

Em seu relatório ao *marchand* de livros Sam Fogg, Marrow insiste na brecha que existe na procedência dos livros e na impossibilidade que tem a galeria de fornecer algum documento que comprove a propriedade. Fogg reconhece o grande valor que têm os manuscritos, deseja comprá-los para em seguida revendê-los e decide continuar a transação. O comerciante britânico exige uma cláusula no contrato de venda por meio da qual a galeria Wildenstein se compromete a indenizá-lo caso surja qualquer ação reivindicando o título de propriedade. Os Wildenstein recusam e Fogg decide não comprar as obras.

Intrigado com as procedências incompletas de tão importantes escritos e ainda sem conhecimento das reclamações feitas pelos herdeiros Kann, Marrow se comunica com Bodo Brinkmann, conservador do Museu Staedel em Frankfurt, e especialista no autor do mais valioso daqueles, as *Horas de Jean de Carpentin*.

Brinkmann realiza várias investigações e descobre os elementos que faltam a Marrow: as oito fichas dos volumes, redigidas por oficiais do exército estadunidense no *Collecting Point* de Munique, onde estiveram depositados antes de sua devolução ao governo francês. Cada ficha individual confirmava que eram obras roubadas em Paris e indicava a notação *ka* e o número atribuído a cada peça no inventário de confisco nazista – do 879 ao 886. Estes últimos correspondiam perfeitamente aos observados por Marrow durante suas visitas à galeria.

Cada ficha indicava também seu suposto proprietário: Alphonse Kann – de seu nome e sobrenome procediam as iniciais *ka* utilizadas no inventário alemão. De acordo com as fichas, os manuscritos haviam deixado as dependências de Munique, em direção a Paris, no dia 30 de outubro de 1946.

Com essa importante informação em mãos, Marrow quis comunicar-se com os herdeiros de Kann e deparou com Francis Warin. Este, por sua vez, lhe informa as reclamações anteriores feitas pela família e a respectiva resposta dos Wildenstein.

Ao unir a informação de ambos os lados do Atlântico, se dão conta, é claro, que a galeria Wildenstein, depois de uma longa posse dos escritos durante mais de quarenta e cinco anos, havia tentado vendê-los poucas semanas depois da reclamação feita pelos Kann. Assim, a dispersão internacional criada pela venda dificultaria toda reivindicação ou restituição.

Ao ser perguntado pelo jornal *The New York Times* sobre o motivo de vender as obras pouco tempo depois da reclamação pelos Kann, Daniel Wildenstein respondeu que se tratava de uma coincidência. Além disso, o *marchand* forneceu outro elemento novo à sua versão da compra dos escritos. De acordo com Daniel, seu avô, Nathan Wildenstein, havia comprado os manuscritos de Édouard Kann entre 1903 e 1914. Mas os nazistas os haviam confiscado do cofre da família no Banco da França. Acrescentava também o seguinte: *Não entendo esta exigência. Eles os reclamam cinquenta anos depois? Garanto, se amanhã alguém me roubar um quadro, eu vou à polícia para declarar que foi roubado. Mas, depois de trinta anos, quem o roubou se converte em seu proprietário.*

Os herdeiros de Alphonse Kann moveram ações contra a galeria e a fundação perante os tribunais para obter ressarcimento. Em um novo elemento agregado às versões oferecidas previamente, a galeria Wildenstein afirma agora que tanto as coleções da família como as de Kann se encontravam ao mesmo tempo e contiguamente no depósito de arte roubada do Jeu de Paume. De acordo com esta explicação, os nazistas, confundidos pela desordem imperante no depósito, inscreveram equivocadamente os manuscritos iluminados de Georges Wildenstein no inventário da coleção de Alphonse Kann. Isso explicaria, segundo os Wildenstein, a inscrição *ka* e o número que se encontram nas páginas de cada um dos oito volumes.

Nesse meio-tempo, soube-se que o astuto Samuel Fogg, o *marchand* de livros, adquiriu finalmente todos ou uma parte dos escritos. Daniel Wildenstein faleceu em 2001, mas o julgamento ocorrerá proximamente perante um júri da cidade de Nova York.

Em outro plano muito diferente, muito distante das mesquinharias de certos indivíduos, se encontra a coleção do banqueiro de origem neerlando-alemã Friedrich (Fritz) Gutmann, que já tivemos a oportunidade de conhe-

Guerreiro apunhalando um homem deitado (paradeiro desconhecido), seis esboços, bico de pena e guache. JEAN-HONORÉ FRAGONARD. Coleção David David-Weill. (*Cortesia David-Weill.*)

Sala, residência Pierre David-Weill, *Avenue* Émile-Accolas, Paris, em fins dos anos 1920; tapeçarias de ANDRÉ LURÇAT, suportes de lareira de JACQUES LIPCHITZ, tampa de aquecedor de ALBERTO GIACOMETTI.

Fumoir, residência Pierre David-Weill, *Avenue* Émile-Accolas, Paris; na parede do fundo: **A família em metamorfose** (1,40 × 4,50 m), 1929. ANDRÉ MASSON – © SPADEM 1995.

A coleção Schloss antes da Segunda Guerra Mundial na extensa galeria. Residência Adolphe Schloss, 38, *Avenue* Henri-Martin, Paris. (*Cortesia A. Vernay.*)

A coleção Schloss antes da Segunda Guerra Mundial: a sala nos fundos da galeria. Residência Adolphe Schloss, 38, *Avenue* Henri-Martin, Paris. (*Cortesia A. Vernay.*)

A coleção Schloss antes da Segunda Guerra Mundial: o salão. Residência Adolphe Schloss, 38, *Avenue* Henri-Martin, Paris. (*Cortesia A. Vernay.*)

Retrato do pastor Adrianus Tegularius (28,5 × 23,5 cm), 1655-1660. FRANS HALS. Coleção Schloss. (*Cortesia A. Vernay.*)

Paisagem com chaminés, pastel sobre monotipo (28 X 40 cm), 1890. EDGAR DEGAS. (*Foto coleção privada.*)

Friedrich Gutmann, Fritz, com seu filho Bernard na Holanda no início da década de 1920. (*Foto coleção privada.*)

Da esquerda para a direita: Hubert de Brie, Marcelle Minet e H. von Wilfinger durante a recuperação do **Retrato da marquesa de Pompadour** de BOUCHER, procedente da coleção Rothschild, no Central Collecting Point, em Munique, no ano de 1945.

No Central Collecting Point em Munique em 1945, da esquerda para a direita, Marcelle Minet, Craig H. Smyth, tenente do exército norte-americano e diretor do centro em Munique, M. de Risom e Alfons Vorenkamp examinam **A colheita** de BRUEGHEL, da coleção Lobkowitz de Praga e uma paisagem de Van Gogh, procedente da coleção de Alexandrine de Rothschild.

A senhora Camus ao piano, óleo (139 X 94 cm), 1869. EDGAR DEGAS. (*Foto coleção privada.*)

O *Reichsmarschall* Hermann Goering, em uma de suas múltiplas visitas ao depósito do Museu do Jeu de Paume durante a ocupação, admira um quadro confiscado. À esquerda, o historiador de arte Günther Schiedlausky. Ao fundo, um auxiliar abre uma garrafa de champanhe. (*Foto Museu do Jeu de Paume.*)

Cabeça de mulher (65 × 54 cm), 1921. PABLO PICASSO. Este quadro confiscado pertencente a Alphonse Kann foi encontrado no Museu de Belas Artes de Rennes na França. (*Foto MNAM, Paris, e © 1997 Família Pablo Picasso/Artists Rights Society (ARS), Nova York.*)

A "Sala dos Mártires" no depósito do Museu do Jeu de Paume, o anexo no qual se guardava a *arte degenerada* confiscada. A foto foi feita pelos administradores alemães do serviço de confisco por volta de 1942. No fundo, à esquerda, pode-se apreciar um Picasso; à direita, dois quadros de Léger: uma **Odalisca** de 1920 arrebatada da coleção Alphonse Kann e **Dama em vermelho e verde**, obra realizada em 1914, pertencente a Paul Rosenberg. (*Foto Galerias do Jeu de Paume*.)

Dama em vermelho e verde (100 X 81 cm). FERNAND LÉGER, 1914. Esta obra não reclamada foi encontrada no Museu Nacional de Arte Moderna (MNAM) no Centro Nacional de Arte e de Cultura Georges Pompidou em Paris. Foi confiscada durante a guerra pelo ERR da coleção do *marchand* Paul Rosenberg. (*Foto MNAM e Família Léger, © 2004 Artists Rights Society (ARS), Nova York/ ADAGP, Paris.*)

O bosque ou *Cena em um bosque com dois soldados romanos* (131 × 163 cm), 1740. FRANÇOIS BOUCHER. Museu do Louvre, Paris. (*Cortesia Museu do Louvre.*)

Os penhascos de Étretat após a tempestade (133 × 162 cm), 1869. GUSTAVE COURBET. Museu D'Orsay. (*Cortesia do Museu D'Orsay.*)

Paisagem (146 × 115 cm), 1911. ALBERT GLEIZES. Esta obra não reclamada foi encontrada no Museu Nacional de Arte Moderna (MNAM) no Centro Nacional de Arte e de Cultura Georges Pompidou em Paris. Foi confiscada durante a guerra pelo ERR da coleção de Alphonse Kann. (*Foto MNAM e © 1997 Artists Rights Society (ARS), Nova York/ADAGP, Paris.*)

Retrato do artista (25,5 × 14,5 cm), 1877-1880. PAUL CÉZANNE. Museu D'Orsay. (*Cortesia do Museu D'Orsay.*)

cer. Gutmann havia consignado algumas de suas pinturas, esculturas e objetos de arte à galeria Paul Graupe em Paris. O destino desta coleção – seja da parte que se encontra na Holanda, seja da que se encontra na França – está inextricavelmente ligado, até os dias de hoje, com o trágico destino de seus proprietários[14].

Na Holanda ocupada pelos nazistas, Gutmann se viu obrigado a vender não apenas parte da prataria e dos bronzes da coleção familiar, mas também alguns dos quadros, entre eles o *Retrato de um jovem* de Botticelli.

As obras que havia enviado para a França, acreditando conservá-las em lugar seguro, foram confiscadas em parte por Bruno Lohse, diretor adjunto do ERR, e em parte pelo comerciante de arte Karl Haberstock.

Daquelas confiscadas pelo ERR e inventariadas com as iniciais MUIR, algumas partiram para os depósitos de arte roubada na Alemanha, enquanto as duas obras de Degas – *Paisagem com chaminés* (ver ilustração C8) e *Mulher enxugando-se* – e o Renoir, *Macieira em flor*, foram vendidos ou trocados no mercado de arte europeu. Por sua vez, o inevitável Goering havia escolhido o pequeno quadro de Dosso Dossi para sua própria coleção.

Com seu filho Bernard na Inglaterra e sua filha Lili na Itália, Fritz e Louise Gutmann haviam decidido permanecer na Holanda durante a guerra, confiando em sua boa estrela. Assim como muitos outros europeus da época, os Gutmann acreditavam que não podiam sofrer nenhum dano. O banqueiro estava convencido de que seus contatos políticos, financeiros e familiares de alto nível e seu cunhado italiano – antigo embaixador em Berlim – eram suficientes para proteger a ele e a sua esposa.

De fato, na primavera de 1942, o embaixador da Itália na Alemanha escrevia ao *SS Reichsführer*, Heinrich Himmler, o temível chefe da polícia alemã, perguntando sobre o bem-estar dos Gutmann na Holanda. A burocrática resposta ao embaixador, insipidamente tranquilizadora, chegou em junho de 1942.

Sua Excelência
De acordo com sua carta de 31.3.42, notifico-o que não foram tomadas medidas contra o judeu e cidadão holandês Gutmann, que reside em Hemstede, perto de Haia.

---

[14] Documentos Gutmann e entrevistas à família.

De acordo com seus desejos, ordenei a meu escritório em Haia que lhe permita permanecer em sua casa e que exima a ele e a sua esposa de qualquer tipo de medidas de segurança policiais.
Com minha particular grande estima, seu
H. Himmler

Poucos meses depois, uma correspondência do consulado da Itália em Haia se certificava, igualmente, de que as ordens de Himmler fossem obedecidas.

Contudo, não apenas Goering e outros alemães na Holanda cobiçavam o restante da coleção de Gutmann – particularmente as obras de prata – mas, além disso, o projeto de Solução Final de Hitler se difundia inexoravelmente pela Europa.

Foi assim que, sem que ninguém esperasse, num dia de primavera de 1943, um oficial SS se apresenta na residência de Fritz e Louise para lhes anunciar que lhes concedia um salvo-conduto para viajar de trem para Florença, onde se uniriam a sua filha Lili. O trem os levaria da Holanda para a Alemanha, passando por Berlim; dali para a Áustria e, finalmente, para a Itália. O oficial entrega ao casal dois bilhetes de primeira classe de ônibus.

Lili, contente, anseia muito a chegada de seus pais, pois não os vê há anos. Espera na estação de trem de Florença. Mas os senhores Gutmann não aparecem no trem indicado. Convencida de que seus pais perderam a partida do trem, ou que houve algum atraso de última hora, ou talvez algum mal-entendido sobre os horários, nos dias seguintes Lili se apresenta regularmente na estação para esperar cada trem que chega. Mas ninguém aparece. Lili já pressente que algo deve ter saído muito mal nos planos.

Efetivamente, ao chegar da Holanda na estação de Berlim, um oficial alemão diz a Fritz e a Louise que eles devem se transferir para outro trem. E o casal se vê obrigado a subir em um comboio rumo ao sudeste, para Theresienstadt, um campo de concentração a vinte e cinco quilômetros de Praga, destino temporário para os campos de extermínio situados mais ao leste.

Lili aciona seus contatos italianos, faz perguntas e descobre que seus pais foram parar em Theresienstadt. Dirige-se ao ministério das Relações Exteriores em Roma, com a esperança de que suas amizades italianas a ajudem a tirar seus pais do campo de concentração. No entanto, como quase sempre acontecia, uma vez que o mecanismo de extermínio nazista se enfurecia fortemente com alguém, era praticamente impossível deter o processo. Seus esforços não dão nenhum resultado.

Os Gutmann sobreviveram ao inverno de 1943 no campo, mas em seguida, num dia de abril de 1944, o cadáver maltratado de Fritz Gutmann é encontrado nos terrenos do campo. O banqueiro havia sido morto a pancadas. Gutmann se havia recusado a assinar um documento cedendo *legalmente* ao Reich seus bens e sua coleção de arte. No final de junho, ou no começo de julho do mesmo ano, os alemães transferem Louise Gutmann para o campo de extermínio de Auschwitz, onde perece nas câmaras de gás cerca de quinze dias mais tarde. Com a morte dos Gutmann, os nazistas tinham toda a liberdade de confiscar e transportar para a Alemanha o que restava da coleção.

Bernard e Lili Gutmann demoraram anos para conseguir localizar o que os nazistas haviam dispersado da coleção de seus pais e reconstituir o trajeto do desaparecido. A casa perto de Haia havia sido totalmente despojada. Os intermináveis processos de reclamação na Holanda, Alemanha e França consumiram muitas horas da vida de Bernard. Durante anos, os dois filhos Gutmann se comunicaram com historiadores de arte, conservadores de arte, *marchands* e até com a Interpol, vigiando vendas, leilões e exposições, na tentativa de descobrir o paradeiro da coleção.

Entre 1946 e 1958, os quadros e objetos começaram a reaparecer. No ano de 1964, dirigiram-se por carta ao governo suíço com a intenção de obter informação sobre os bens abandonados por Fritz e Louise Gutmann nos bancos do país. No ano seguinte, o governo respondeu dizendo que levaria muito tempo para poder dar uma resposta.

Algumas obras da coleção haviam desaparecido sem deixar vestígio. Entre elas se encontrava parte do extraordinário conjunto de objetos de prata e outras obras de importância: os dois pastéis de Degas, o quadro de Renoir, o Dosso Dossi, os quatro desaparecidos na França, e o Botticelli, desaparecido na Holanda. Incapazes de descobrir seu rastro na Europa ocidental, os filhos estavam convencidos de que as obras estavam em algum lugar da Europa oriental ou na então União Soviética.

Como muitas das famílias da espoliação, Bernard e Lili obtiveram da República Federal da Alemanha, cerca de vinte anos depois de iniciada a Segunda Guerra Mundial, uma pequena compensação baseada na metade do valor de mercado de cada objeto em 1940. No entanto, o que Bernard e Lili desejavam, mais que tudo, era encontrar e recuperar os objetos confiscados de seus pais.

Bernard Goodman – que, sendo cidadão britânico, havia anglicizado seu sobrenome – continuou investigando ao longo de sua vida, mas raramente falou do assunto com seus filhos, Simon e Nick.

Com sua morte, em 1994, os dois filhos, juntamente com a tia Lili, retomaram a busca familiar.

Simon e Nick, que vivem ambos em Los Angeles, se comunicaram com os investigadores especializados no tema da arte roubada sem obter grandes resultados. Alguns meses mais tarde, um amigo de Nick Goodman localizou, com a ajuda de um catálogo, o rastro perdido de *Macieira em flor*, de Renoir. Os dois irmãos e a tia começaram a considerar a possibilidade de que, depois de muitos anos olhando esperançosos para o Leste, talvez os quadros desaparecidos se encontrassem simplesmente nos Estados Unidos.

A pista do Renoir confiscado surge assim no catálogo de vendas de um leilão em 17 de abril de 1969 na casa Parke-Bernet de Nova York. Naquele dia leiloava-se uma centena de peças modernas e impressionistas pertencentes a diversos proprietários. O Renoir estava inscrito como o lote número 105, descrito como propriedade da família da falecida Lucienne Fribourg e da Fundação Fribourg. O quadro conseguiu comprador por 85.000 dólares.

Mas a Fundação Fribourg, com sede na cidade de Nova York, comunicou à família que não possuía informação de importância sobre o novo proprietário do Renoir que haviam vendido. E, ao ser interrogados novamente por este autor, os dirigentes da Fundação recusaram-se a comentar o assunto, afirmando que se tratava de uma empresa particular que não é obrigada a fornecer informação a jornalistas.

A Sotheby's de Nova York, a companhia herdeira de Parke-Bernet, também se recusou a dar informações aos Goodman durante anos. Finalmente, depois de numerosos trâmites legais, os irmãos conseguem encontrar o novo dono do Renoir, um britânico que se dispôs a chegar a um acordo com a família em troca de manter seu anonimato.

Com a certeza de que já estavam no caminho correto, os dois irmãos continuaram suas averiguações sobre o restante dos quadros desaparecidos.

Em 1994, o Museu Metropolitano de Arte de Nova York e o Museu de Belas Artes de Houston organizaram uma exposição itinerante, *Paisagens de Degas*, nas quais se incluía o monotipo de Degas procurado. Mas a família Goodman nunca ficou sabendo disso.

E em 1995 Simon Goodman, enquanto consultava um livro sobre o artista – escrito pelo historiador de arte Richard Kendall para coincidir com as duas exposições norte-americanas –, descobre uma reprodução do monotipo com pastel, *Paisagem com chaminés*, que havia pertencido a seus avós. A lâmina número 130 no livro reproduzia uma imagem do Degas desaparecido em Paris desde os anos 1940. A publicação identificava o senhor e a senhora Daniel Searle como os legítimos donos que haviam emprestado o quadro para a exposição.

Para a família, o Degas tinha um valor muito íntimo e particular, pois, antes de ser confiscado pelos nazistas, pendia das paredes da antecâmara do dormitório de Louise Gutmann.

Lili e seus sobrinhos agora sabiam não apenas que o quadro existia, mas a quem reivindicá-lo. Daniel Searle, antigo diretor da companhia G. D. Searle, uma das grandes empresas farmacêuticas norte-americanas, era, além de colecionador, membro da junta diretora do Instituto de Arte de Chicago, um dos museus mais conhecidos dos Estados Unidos.

Pouco depois, os Goodman escrevem aos advogados de Searle e, por meio da procedência do quadro, passam a conhecer sua história muito interessante.

Em 1987, a conselho e com a avaliação de um dos conservadores do museu de Chicago, Searle adquiriu o Degas por 850.000 dólares do agente Margo Pollins Schab.

Os Goodman averiguam, igualmente, que naquele mesmo ano Pollins Schav o havia comprado, por sua vez, de um tal Emile Wolf em Nova York. O Degas havia sido propriedade de Wolf durante muitos anos. E este o emprestara para duas exposições: em 1965, para uma no Museu da Universidade de Finch, e em 1968 para outra no Museu de Arte Fogg da Universidade de Harvard.

De acordo com a procedência, Wolf, curiosamente, havia comprado o monotipo em 1951 de um tal Hans Frankhauser, negociante de têxteis suíço residente em Basileia. E Frankhauser, além disso, havia adquirido *Paisagem com chaminés* em data indeterminada de um *marchand* suíço chamado Hans Wendland, obscuro personagem que já conhecemos. Mas ainda resta outro dado de interesse na procedência do quadro, pois Frankhauser era, também, o cunhado de Wendland, que, depois da guerra, havia arcado com as custas de advogado do comerciante de arte, acusado de participar da empresa nazista de arte roubada.

Wendland, como vimos em páginas anteriores, possuía uma duvidosa distinção de ter sido um dos cérebros do comércio de arte roubada entre a

França e a Suíça, havia trabalhado junto com Bruno Lohse e com o ERR, além de ser um assíduo visitante do Jeu de Paume e sócio de Theodor Fischer, o *marchand* de Lucerna.

Mas sobretudo, de acordo com um relatório do serviço de inteligência britânico, Wendland era amigo da senhora Wacker-Bondy, a dona do depósito do Boulevard Raspail onde estava armazenado o Degas de Fritz Gutmann durante a guerra. É ali, na própria residência de Wacker-Bondy, que o ERR confisca o quadro. Segundo o mesmo relatório, Wendland alugava um quarto da senhora Wacker-Bondy, onde conservava numerosos quadros.

Searle rejeita a reclamação de Lili, Simon e Nick. Seu advogado insiste em que Fritz Gutmann havia vendido o Degas durante a guerra e que, portanto, seus legítimos herdeiros já não tinham nenhum direito de propriedade sobre ele. Aproxima-se um julgamento no qual, absurdamente, as duas partes gastarão juntas, nos extensos preparativos de suas respectivas defesas, uma soma superior ao preço que Searle havia pago pelo quadro.

Os Goodman, vislumbrando um longo julgamento e sérias limitações financeiras, começam a duvidar da sensatez de sua ação. Assim, em 1998, antes do início do julgamento, propõem a Searle um acordo amistoso tripartido: o Instituto de Arte de Chicago adquirirá o Degas para sua coleção e para isso pagaria aos Goodman a metade do preço do quadro no mercado; Searle, por sua vez, poderá doar ao museu a outra metade do preço combinado – e, segundo a lei norte-americana, deduzir essa quantia de seu imposto de renda. Nick e seus familiares acrescentam uma exigência: que o museu, ao expor o quadro, explique em uma placa ao lado dele que a obra pertenceu aos Goodman e foi roubada pelos nazistas.

Searle, no início, não se decide a aceitar a oferta e continua imperturbavelmente com os preparativos do julgamento. Mas, quando o juiz determina a data exata deste e seu advogado percebe uma clara derrota diante de um júri obviamente favorável às vítimas do nazismo, o magnata da farmacêutica cede à inovadora proposta. Assim, *Paisagem com chaminés* de Degas hoje se encontra exposto para a admiração de todos no Instituto de Arte de Chicago.

Este monotipo com pastel de Degas e todas as outras obras cuja trajetória tivemos a oportunidade de acompanhar neste capítulo fazem parte desse grande museu desaparecido que os nazistas e a Segunda Guerra Mundial criaram, com a dispersão pelo mundo e a destruição que iniciaram. Ao rastrear essas obras, ao encontrá-las e sobretudo ao recuperá-las, as famílias da espoliação resgatam uma parte de sua memória e de seu passado.

Esta recuperação de sua própria memória, de suas recordações familiares talvez as motive a mitigar uma parte sombria daqueles anos que as atormentaram durante décadas. Com isso, também exercem seu direito elementar à justiça, que é o mínimo que lhes cabe.

Outras obras confiscadas, diferentemente das que vimos, não viajaram muito: deixaram Paris durante a guerra e permaneceram desde aqueles dias na Suíça, país relativamente inacessível.

Capítulo **13**

UM CURTO EPÍLOGO SUÍÇO:
ARREMATE DE ESQUELETOS NAS *KUNSTKAMMERN*

Quando a Alemanha capitula, em princípios de maio de 1945, os principais aliados ocidentais – Inglaterra, Estados Unidos e França – tentaram rapidamente capturar os nazistas que se teriam refugiado na neutra Suíça[1].

Além disso, com a intenção de sufocar em sua raiz toda veleidade de resistência futura por parte dos simpatizantes do nacional-socialismo, os diplomatas, espiões e informantes aliados reúnem uma detalhada informação sobre as atividades alemãs no país – bens escondidos ou dissimulados, propriedades financeiras e transações comerciais. Por fim, tentam esclarecer e estabelecer as ligações que haviam existido, ou ainda existiam, entre alguns cidadãos suíços e o extinto Terceiro Reich.

A Suíça havia empregado sua neutralidade tirando grande proveito de sua situação particular. Nos anos da guerra, conseguiu jogar de ambos os lados do conflito, levando a termo transações comerciais tanto com a Alemanha e os países do Eixo quanto com os aliados.

Assim, ao término da guerra o país se encontra em uma confortável situação internacional, comparável apenas à da Suécia. Como não havia participado da contenda, a Suíça vive agora uma situação particular: a de não ser nem país ocupante nem país ocupado. Em consequência, os aliados não possuem meios concretos ou diretos para controlar e supervisionar seus assuntos internos. Seu trato com o governo suíço será sobretudo por via diplomática e não militar. Este fato, mais que nenhum outro, afetou o período

---

[1] A informação básica deste capítulo provém dos documentos que se encontram em *Report on Mission to Switzerland*, 10 de dezembro de 1945. *RG 239*, box 82, *Swiss Reports* folder (NA), Washington (DC).

suíço do pós-guerra e as relações com os três grandes aliados ocidentais. A Confederação Helvética conseguiu manter-se à parte do restante da Europa e impor aos aliados seu próprio ritmo e, às vezes, até mesmo sua vontade. No que diz respeito à arte roubada e a sua circulação, esta situação de exceção proporcionou à Suíça uma grande margem de manobra, da qual desfruta até os dias de hoje.

O governo suíço havia prometido colaborar com as investigações, mas rapidamente começou a efetuar manobras dilatórias e a levantar barreiras jurídicas. A burocracia do país fez muito para proteger os cidadãos cúmplices, empresas, bancos e ocultações do olhar fiscalizador dos aliados. As leis do sigilo bancário e a discrição comercial haviam se acentuado ainda mais durante a guerra, criando uma série de maus hábitos.

Já tivemos ocasião de observar o funcionamento do mercado de arte suíço. O cônsul britânico em Zurique, cidade muito atuante nesse campo, e as delegações norte-americana e britânica em Berna haviam acompanhado com atenção o ir e vir dos *marchands* e especialistas suíços ao longo do conflito armado. Conheciam a suspeita atividade de Theodor Fischer e de sua galeria em Lucerna e a de Hans Wendland. Os aliados haviam chegado à conclusão de que outros *marchands*, particularmente os originários dos cantões germanófonos, a disposição desenvolta e até descarada de alguns colecionadores e o aparente beneplácito e proteção do governo fomentavam o mau hábito de negociar com arte roubada.

A burocracia suíça dificultou, em um combate acirrado, as pesquisas do pós-guerra, recorrendo à passividade e à esquiva. Em março de 1945, as pretensamente contritas autoridades suíças anunciam que estão dispostas a compilar um inventário geral de todos os bens alemães que se encontrassem naquela data no território suíço. Os aliados alegram-se com a grande prova de abertura, mas, assim que se estabelece o inventário, o governo suíço nega o acesso aos investigadores. Os aliados se queixam das táticas obstrucionistas. Já suspeitavam de que as autoridades suíças não haviam tratado de impedir a venda ou a ocultação da arte roubada.

Em agosto do mesmo ano, diante da pressão constante dos aliados, o governo declara que não há necessidade de estabelecer legislação especial para recuperar bens confiscados no restante da Europa. De acordo com as autoridades, as leis suíças referentes a bens roubados eram suficientemente flexíveis para que os estrangeiros recuperassem facilmente suas propriedades.

Os diplomatas ingleses e estadunidenses informaram que a anulação de toda transação comercial fraudulenta deveria ser automática, como no resto da Europa. A situação atual, argumentavam, era inadmissível, já que, segundo as leis suíças, um proprietário só podia reclamar seus bens roubados de um comprador de boa-fé dentro de um período de tempo de cinco anos desde o desaparecimento do objeto.

Os aliados também criticavam o fato de que cada demandante estrangeiro se via obrigado a ir a juízo individualmente contra cada comprador para recuperar aquilo que era seu e como se se tratasse de obras roubadas cometendo um delito comum, e não como resultado de uma guerra. Por outro lado, consideravam escandaloso que na Suíça as vítimas da espoliação não apenas eram obrigadas a pagar as custas de advogado, mas também tinham de reembolsar qualquer proprietário atual que perdesse sua defesa nos tribunais o custo das obras roubadas que reivindicavam.

Esta atitude descarada significava trabalhos infindáveis para aqueles que tentavam reaver seus bens; e, também, outra maneira de banalizar os excepcionais crimes cometidos pelos alemães durante a guerra.

Em virtude da ampla dimensão do saqueio nazista, os aliados exigem a criação de uma comissão federal suíça ou tribunal especial – semelhante às comissões de recuperação de arte estabelecidas no restante da Europa, incluindo a própria Suíça – com jurisdição e responsabilidade globais para investigar, reunir e restituir a seus legítimos donos toda obra recuperada.

Em fins de setembro de 1945, insatisfeitos com os adiamentos e os subterfúgios dos políticos e funcionários públicos suíços, os aliados decidem enviar ao país um especialista e conhecedor de arte, capaz não apenas de entabular conversações com as autoridades suíças, mas também de dirigir investigações rigorosas sobre a arte roubada, o mundo dos *marchands* e o dos colecionadores helvéticos. O especialista em questão era o major do exército britânico Douglas Cooper. Este jovem historiador de arte já havia examinado, com muito sucesso, os documentos da casa de transportes Schenker, em Paris, e acabava de regressar de uma viagem de inspeção pelos antigos depósitos nazistas na Áustria.

Agora, sua missão consistia em redigir um relatório exaustivo sobre o problema da arte confiscada na Suíça. A minuciosa investigação preencheria as lacunas que faltavam e forneceria revelações tão surpreendentes como as que havia encontrado na França. Em várias semanas, o especialista inglês conseguiu estabelecer uma lista pormenorizada de setenta e cinco obras confiscadas que se encontravam no país. Nos anos seguintes, seriam descobertas mais centenas de peças, mas a lista de Cooper incluía as mais importantes.

As obras que Cooper localizou procediam de oito coleções privadas pertencentes a súditos britânicos e holandeses e cidadãos franceses. O brilhante especialista fez um levantamento do rastro perdido das magníficas pinturas das coleções de Alphonse Kann, Paul Rosenberg e Lévy de Benzion, cujo trajeto acompanhamos desde seu depósito no Jeu de Paume.

Eram esses os quadros que Goering ou Hofer, o diretor de sua coleção, selecionaram para utilizá-los em seu sistema de intercâmbio.

A investigação de Cooper revelou algo que nós hoje sabemos: que o envolvimento de muitos cidadãos suíços era certo e que existira uma grande atividade no mercado. Pelo menos dezenove cidadãos suíços, entre colecionadores e *marchands*, estavam em posse dos setenta e cinco quadros roubados.

Os atores principais eram, é claro, Fischer – que tinha em mãos ao menos trinta e oito obras – e o *marchand* Hans Wendland. Antes da guerra, Fischer era um reconhecido comerciante de grandes mestres e de antiguidades, mas depois da enriquecedora colaboração com os confiscadores nazistas se transformara em um especialista das pinturas do século XIX e moderna, aquelas rejeitadas por seus comparsas nacional-socialistas.

Cooper suspeitava de que ao menos dezesseis *marchands* suíços – uma quantidade considerável se levamos em conta o tamanho do país – haviam participado no tráfico de arte roubada. O major britânico supunha que centenas de peças haviam entrado na Suíça sem declarar.

Estava convencido de que algumas das obras haviam sido depositadas em cofres anônimos dos bancos do país.

Após a revelação do conteúdo do relatório, os aliados insistem em que as obras nele mencionadas sejam colocadas à disposição das autoridades suíças e que sejam suspensas as atividades comerciais dos vendedores de arte envolvidos, até que se esclareça o problema das origens dos quadros em questão.

Os suíços concordam apenas em recolher uma parte dos quadros mencionados e os depositam no Museu de Berna, mas não suspendem as licenças dos *marchands*.

No entanto, a notícia mais importante incluída no documento era que o maior comprador suíço de arte confiscada pelos nazistas era o construtor de armamentos Emil G. Bührle.

Bührle era um astuto homem de negócios e apaixonado colecionador de arte. Seu anseio de adquirir as singulares maravilhas que o saqueio nazista havia lançado no mercado leva-o a passar por cima das mais elementares regras da moral.

O industrial suíço, residente em Zurique, era um dos homens mais ricos de seu país e um generoso mecenas do Kunsthaus de sua cidade. Nascido na Alemanha, Bührle se estabelecera na Suíça durante os anos 1920 e fez uma grande fortuna com sua empresa de ferramentas, Oerlikon Bührle. Muito cedo, Bührle desenvolvera protótipos de armas de defesa aérea e antitanques muito apreciados pelos exércitos da Europa. Aproveitando a neutralidade suíça e suas origens alemãs, Bührle continuou construindo produtos para o Terceiro Reich e para a Wehrmacht ao longo de toda a guerra. Naturalmente, negócios nessa escala lhe permitiram incrementar consideravelmente sua fortuna pessoal e ser bem-vindo entre a alta hierarquia nazista. Foi assim, durante os anos 1930 – o grande período de rearmamento de Hitler – e durante a guerra – o período do confisco –, que Bührle estabeleceu o que será a base de sua coleção.

De acordo com Cooper, em um curto período de tempo, o industrial adquire cerca de treze obras roubadas das mãos de Theodor Fischer em Lucerna. O aspecto mais interessante desta última informação é que muitos desses quadros podem ser encontrados hoje na excelente coleção da Fundação Bührle, oferecendo-nos assim uma nova perspectiva sobre a origem oculta do que temos diante dos nossos olhos.

As compras do magnata de armas ilustram perfeitamente, até os mínimos detalhes, as ambiguidades que marcaram a atitude de muitos suíços nos anos posteriores à guerra. Esses troféus artísticos incluíam alguns quadros de categoria mundial, cada qual uma verdadeira joia da coroa para sua coleção privada: o grande retrato a óleo, *A senhora Camus ao piano*, realizado pelo jovem Degas (ver ilustração C10); um esboço a óleo, *Bailarinas no foyer*, também de Degas; o desenho a pastel de um nu, *A toilette*, de Manet. Os três procediam da coleção Kann.

E Bührle adquire mais: *As margens do Sena* ou *Verão em Bougival* de Sisley, um *Monge sentado, lendo* de Corot – uma das várias telas sobre monges executadas pelo pintor –, ambas da coleção familiar Lévy de Benzion. E, é claro, algumas das obras excepcionais confiscadas da jazida estética de Paul Rosenberg, entre as quais se encontravam *Menina de corpete vermelho*, também conhecida como *Menina lendo* de Corot; um desenho de dois nus de Degas e uma de suas pinturas sobre o hipismo, *Antes da saída*; também, uma das últimas obras de Manet, *Rosas e tulipas em uma floreira*, e, finalmente, um belo Pissarro, *O porto de Rouen, depois da tempestade*.

Diante da impressionante lista de obras, o mínimo que se poderia dizer é que Bührle havia comprado sem dúvida alguma uma excelente seleção das melhores peças da arte do século XIX confiscadas em Paris. Mas o industrial não podia desconhecer a origem das obras que adquiria nem a sorte sofrida pelos colecionadores franceses que as possuíam. Além disso, o digno colecionador suíço sabia muito bem de quem as comprava. Era público na Suíça que, em matéria de arte, Fischer e Wendland haviam tido e conservavam laços muito estreitos com os nazistas.

Enquanto realizava sua investigação e preparava o relatório, com a intenção de conhecer os fatos mais detalhadamente, Cooper visitou Emil Bührle em sua residência de Zurique. Desejava saber mais sobre a relação entre o industrial e os *marchands* suspeitos do tráfico de arte roubada. Perspicaz, Bührle aproveita o encontro para apresentar ao major britânico sua versão asséptica e falsamente ingênua dos fatos. Enquanto insiste em seu total desconhecimento das atividades de Fischer e Wendland – afirmação difícil de aceitar –, o rico industrial fornece, sem querer, uma boa descrição das más companhias com as quais andava.

O magnata suíço começa explicando a Cooper que havia realizado bons negócios com Fischer. Em 1941, os dois sócios haviam leiloado, meio a meio, certa coleção alemã – cuja origem desconhecemos até o dia de hoje. Portanto, Fischer devia-lhe uma considerável quantidade de dinheiro.

Bührle acrescenta que viajou várias vezes para Lucerna com a intenção de comprar as obras francesas que Fischer lhe propunha. Não suspeitava nada de suas verdadeiras origens, afirmou, pois Fischer lhe garantia que elas procediam dos museus alemães.

O industrial comentou que um de seus assessores de arte lhe avisou que Fischer mentia, pois as obras à venda eram confiscadas. O pragmático Bührle – desejoso, apesar de tudo, de possuir as obras – foi ao escritório de seu advogado para se informar. Este lhe explica que as leis suíças o favoreciam, pois, se as obras fossem roubadas e ele demonstrasse que as comprara de boa-fé, tudo o que teria de fazer era devolvê-las para Fischer e pedir que este o reembolsasse.

Orientado por seu bom olfato empresarial e esperando, com cinismo, que os prováveis donos dos quadros roubados os reclamassem caso sobrevivessem, Bührle percebe que, sob a lei suíça, nada tem a perder e o melhor que pode fazer é, repleto de boa-fé, continuar comprando obras de Fischer.

Durante a longa conversa com Cooper, Bührle descreve a compra de quadros em uma galeria parisiense que já mencionamos em um capítulo anterior e o encontro com dois dos mais ignóbeis *marchands* do mercado durante a guerra.

O colecionador descreve como em setembro de 1941, enquanto estava em viagem de negócios na França – viagem esta que teria sido impossível sem a expedição de um salvo-conduto oficial por parte do governo alemão –, se encontra com Charles Montag, cidadão suíço que residia em Paris. Antes da guerra, Montag havia sido o professor de desenho de Winston Churchill, mas, ao que parece, então, qualquer simpatia pró-britânica que tivesse tido havia desaparecido, pois se destacara ajudando na liquidação de obras confiscadas da galeria Bernheim-Jeune.

Durante seu encontro com Bührle, Montag o leva para visitar a galeria de Roger Dequoy – a antiga Galeria Wildenstein –, situada na *rue* du Faubourg Saint-Honoré. Uma vez no local, o industrial selecionou e comprou cinco pinturas, entre elas um David e dois Renoirs, de cujas origens Bührle garantiu não saber nada ao comprá-las. Então, segundo Bührle, enquanto Dequoy, Montag e ele examinavam quadros na galeria, chega Wendland, que também se encontra de passagem por Paris. Montag e Dequoy o apresentam ao industrial. Mas Bührle sustentou diante de Cooper que até aquele momento não tinha conhecimento da existência do *marchand* Wendland, que era outro cidadão alemão que como ele residia na Suíça.

É difícil acreditar que o hábil e inteligente suíço se encontrava por casualidade nesta galeria parisiense, que trabalhava com os nazistas de um modo tão particular, sem saber o que esta e seus colegas faziam.

Bührle continuou sua narrativa afirmando que, quando voltou para a Suíça, se viu obrigado a deixar em Paris os quadros que acabava de comprar. Um belo dia, diz a Cooper, Wendland aparece sem avisar em sua casa de Zurique e lhe oferece outros quadros que se encontram no estabelecimento de Fischer. Durante o encontro, Bührle menciona casualmente os quadros que deixara em Paris. Wendland lhe diz que conhece uma maneira de fazê-los entrar na Suíça. E, assim, outro belo dia – em que, sempre de acordo com Bührle, este se encontrava fora da cidade e não os esperava –, um desconhecido toca à porta para deixar dois dos quadros em sua residência. Bührle garantiu desconhecer a identidade da pessoa que realizou a entrega.

Cooper, que ouvia atentamente as declarações de Bührle, conhecia muito bem a identidade do entregador anônimo, pois se tratava de Walter Andreas Hofer, o diretor da coleção de Goering, encarregado de transportar os quadros em novembro de 1941.

Como se tratava de Hofer, importante cúmplice do poderoso *Reichsmarschall*, é difícil acreditar nas singelas afirmações de Bührle de que não esperava a chegada dos quadros nem conhecia a identidade da pessoa que os trouxera para sua casa.

Ao término da longa conversa, o jovem militar britânico informa a Bührle que os aliados reuniram todas as provas necessárias sobre a arte roubada que este havia comprado. Acrescentou que logo elas seriam enviadas ao governo suíço e sugeriu que seria um ato de boa vontade de sua parte se deixasse as obras aos cuidados do governo. O distinto magnata e aficionado de arte concordou com o major que um gesto assim era o mais indicado naquelas circunstâncias. Disse que se encarregaria do assunto na semana seguinte.

Ao constatar o desejo de cooperação de Bührle, Cooper formaliza rapidamente um pedido oficial ao governo suíço para retirar seu nome da lista de suspeitos selecionados para ser interrogados.

Este ímpeto de simpatia por parte de Cooper mostrou ser um equívoco. Bührle não colocou as obras à disposição dos investigadores, argumentando que as havia comprado de absoluta boa-fé.

Cooper devia ter suspeitado dessa manobra, mas não sabia que pouco tempo antes Bührle havia iniciado trâmites que lhe permitiriam conservar as obras em suas mãos.

Várias semanas antes da visita do major britânico, Paul Rosenberg havia passado uma curta temporada na Suíça. Desde o primeiro instante de seu encontro cara a cara com o esperto Bührle, o experiente e astuto *marchand* soube com quem teria de lidar. Eram duas raposas negociando frente a frente. Exasperado com a ordem das prioridades militares do imediato pós-guerra na França que o haviam impedido de deixar Nova York antes do verão de 1945 e, em seguida, com a lentidão com que os suíços destilavam a informação, o impaciente Rosenberg havia decidido cuidar pessoalmente do assunto, deslocando-se para a Suíça e trazendo consigo seu arquivo de fotos e seu próprio inventário.

Rosenberg renovou sua rede de conhecidos anterior à guerra e visitou pessoalmente os comerciantes de arte de Zurique. Negou-se a visitar a galeria Fischer em Lucerna, que vendera tantas de suas obras confiscadas; no entanto, aceitou encontrar-se com Wendland, a quem descreveu como *excepcionalmente inteligente e habilidoso*.

O momento mais absurdo da visita acontece quando, na galeria Neupert, em Zurique, o dono oferece a Rosenberg *Mulher em cadeira amarela*, de Matisse, que lhe fora roubada em Libourne. O preço exigido era 8.000 francos suíços, mas além disso o quadro vinha acompanhado de uma garantia escrita de que procedia de uma coleção suíça privada.

Na mesma galeria, Rosenberg examina fotos de obras impressionistas à venda que vira na França antes da guerra. O *marchand* sabia que a galeria Neupert não se especializava em quadros franceses antes de 1939 e aumentaram suas suspeitas de que o dono traficava ativamente, e em grande quantidade, com arte roubada pelos nazistas.

Em suas indagações Rosenberg averiguou que *Autorretrato com orelha cortada*, um dos mais conhecidos quadros de Van Gogh, mais outros quatro Cézannes, todos procedentes de coleções francesas saqueadas, estavam armazenados na caixa-forte da sucursal de Zurique da Société des Banques Suisses.

Na galeria Aktuaryus ficou sabendo que Bührle havia comprado sua *Odalisca com fundo azul* de Matisse, confiscada igualmente no Banco em Libourne. Com essa transação constatou diretamente como o ávido industrial suíço se beneficiava com os preços distorcidos, resultado dos gostos estéticos dos nazistas e da amplitude do confisco que lançava rapidamente centenas de peças no mercado. Antes da guerra, Rosenberg havia pago 20.000 francos suíços pelo quadro; enquanto Bührle, por sua vez, pagou 14.000 francos suíços em 1942.

Mas o ponto culminante da viagem de Rosenberg chegou quando o *marchand* francês visitou Bührle em sua residência. Rosenberg informou que Bührle ficou muito surpreso ao vê-lo, pois lhe haviam dito que fora morto pelos nazistas.

Enfurecido, Rosenberg avisou ao colecionador suíço que estava enganado se acreditava que negociaria com ele ou que ao menos consideraria que Bührle comprasse os quadros que lhe haviam sido roubados. Afirmou a Bührle que deveria ter consultado alguém sobre a procedência dos quadros que comprava, já que todos traziam a inscrição *Rosenberg Bordeaux* no dorso, colocada ali pelos próprios nazistas.

Além disso, o *marchand* afirmou que não havia confusão possível sobre suas origens, já que muitas das obras confiscadas que Bührle havia adquirido tinham sido amplamente reproduzidas em catálogos e traziam o nome de Rosenberg.

Bührle – obviamente pensando no conceito legal de boa-fé – replica que está disposto a devolver as obras para Fischer, se este se dispusesse a lhe devolver a soma que havia pago por elas. O comerciante de arte ficou encantado com a boa notícia.

O grande negociador que era Rosenberg sabia que estava jogando uma partida de pôquer ao se apresentar na casa de Bührle e declarar que não tinha a mínima intenção de negociar com ele sobre a restituição de sua legítima propriedade. De acordo com as próprias palavras do *marchand*, este havia *soltado a raposa no galinheiro*. E, diante dessa intransigência, *em princípio*, Rosenberg estava convencido de que Bührle, Fischer e Wendland tentariam negociar com ele.

E foi o que aconteceu. Vários dias depois da visita, os comparsas enviaram um intermediário para fazer uma oferta ao *marchand*. Rosenberg a recusou.

Estava convencido de que o governo impeliria os três associados a resolver suas diferenças fora dos tribunais. Ao final de mais alguns dias, o intermediário voltou ao hotel em que Rosenberg estava hospedado e lhe propôs a devolução de oitenta por cento das obras. Este acordo amistoso pouparia a todos um prolongado processo legal, mas significava que o negócio se concluía se Rosenberg cedesse os vinte por cento restante. E, de novo, tem de rejeitar a oferta categoricamente. Não cederia. Preferia, em troca, que as negociações se realizassem entre um governo e outro.

O governo suíço, por sua vez, não ajudou muito, e Rosenberg perdeu sua jogada. Para recuperar seus quadros se viu obrigado a processar Fischer, Bührle e outros, que insistiram na letra das leis suíças e se refugiaram atrás do difuso conceito de *compra de boa-fé*.

Desde Nova York, com sua costumeira e febril tenacidade, Rosenberg acompanhou o extenso período de preparação do julgamento, pois ele só começou em junho de 1948.

No tribunal, o advogado de Fischer, Bührle e dos outros acusados não negava o fato de que Rosenberg havia sido claramente o dono dos quadros. Mas, com admirável desfaçatez, argumentava que a maneira como Rosenberg havia sido destituído de suas obras não era ilegal. Em outras palavras, o advogado colocava em dúvida a própria ideia do confisco. O comerciante francês, postulava o advogado, havia desafiado os decretos das forças de ocupação alemãs ao esconder suas obras em Floirac e Libourne. Em outras palavras, como esses decretos proibiam a ocultação das obras, Rosenberg, ao infringi-los, havia perdido todo direito a elas e, em consequência disso, agora não podia exigir sua restituição perante o tribunal. Além disso, o advogado argumentava que a lei de Vichy de julho de 1940, que destituía de sua nacionalidade os cidadãos franceses que fugiam do país, havia sido a lei válida na época.

Para concluir, dizia, como Fischer, Bührle e os outros acusados haviam comprado as obras de Rosenberg na Suíça no momento em que, segundo os ocupantes alemães e o governo de Vichy, não era seu proprietário lícito, aqueles não haviam comprado essas obras confiscadas de forma ilegal.

O ignominioso argumento não conseguiu convencer os juízes suíços. Por fim, o *marchand* ganhou e conseguiu recuperar seus quadros. Mas Bührle, ávido colecionador afinal, e Rosenberg, vendedor compulsivo, se deixaram convencer mutuamente, o primeiro a comprar, o segundo a vender os mesmos quadros que Bührle já havia comprado uma vez e perdido no julgamento.

Assim, o industrial suíço manteve a posse das obras, que hoje podem ser admiradas na fundação que criou.

Tivemos a oportunidade de apreciar como se apagam, se esconden, se ignoram, se dissimulam ou se esquecem as origens de um quadro, em museus e galerias, em casas de leilões e até em coleções particulares.

Mas o caso da prestigiosa coleção da Fundação da coleção E. G. Bührle (Stiftung Sammlung E. G. Bührle) é exemplar. Fundada em 1960, depois da prematura morte do industrial em 1956, a Fundação, com sede em Zurique, abriga a grande coleção de pinturas, desenhos e esculturas que Bührle reuniu, desde meados da década de 1930, *em apenas vinte anos* – de acordo com o texto de apresentação. São esses os grandes anos da corrida armamentista alemã e os da Segunda Guerra Mundial. O núcleo da extraordinária coleção é o impressionismo francês. Segundo o texto de apresentação da Fundação na internet, a *noção de qualidade* foi *a preocupação principal* de Bührle ao reunir sua coleção.

Sabemos, certamente, que a busca da qualidade foi um dos interesses primordiais ao criar a coleção, mas demonstramos que não foi o único.

A Fundação Bührle publica um catálogo oficial, muito bem preparado, das mais de trezentas peças de sua coleção. É interessante o leitor dar uma olhada para confirmar se as ligações que fizemos sobre a verdadeira origem dos quadros estão incluídas na publicação.

As três obras que procedem da coleção de Alphonse Kann – *A senhora Camus ao piano*, realizada por Degas (ilustração C10); um esboço, *Bailarinas no foyer*, também de Degas, e um nu em pastel, *A toilette*, de Manet – podem servir de exemplo.

Vejamos as provas que temos em nossas mãos. Seguimos o rastro de seu roubo de Paris até Zurique. Sabemos que os nazistas confiscaram a coleção de Kann em sua residência nos arredores da capital francesa. Sabemos que foi Bruno Lohse, assistente de Von Behr no ERR e intermediário de Goering, um dos encarregados de preparar o inventário de confisco da coleção no Jeu de Paume. Esse inventário descreve as 1.202 peças roubadas da coleção.

Sabemos, além disso, que o registro do ERR utiliza as iniciais *ka* – de Kann, Alphonse –, acrescidas de um número para cada peça, segundo a ordem em que foram registradas, para estabelecer as notações do inventário. Assim, o retrato de Degas traz a notação *ka 989*, o esboço, a notação *ka 15* e o Manet, a notação *ka 20*.

Podemos confiar nesta informação, pois os meticulosos inventários estabelecidos pelo ERR são, ainda hoje, as melhores ferramentas de que se dispõe para rastrear a trajetória da arte confiscada.

Além do inventário nazista, descrevemos o Jeu de Paume com seu sistema de intercâmbios e de importação de arte na Suíça, tanto por meios legais quanto por meio da utilização da mala diplomática alemã. Finalmente, possuímos o inestimável relatório do major Douglas Cooper, que confirma ainda mais que as três obras mencionadas chegaram sem dúvida alguma à Suíça.

As três obras da coleção Kann, como se dizia anteriormente, fazem parte da coleção da Fundação Bührle, mas não sua história verdadeira.

Por exemplo, a entrada número 43 do catálogo, *A senhora Camus ao piano*, indica sobriamente que o quadro foi adquirido em 1951 de *um proprietário privado francês*. Ao ler a informação inclusa em sua procedência, não poderíamos dizer que se trata da mesma pintura cuja trajetória mencionamos. No entanto, trata-se da mesma obra de Degas, que aparece como o número 207 no prestigioso catálogo *rasonné* de Degas preparado por Lemoisne e é reproduzida como a ilustração número 65 em *Portraits by Degas* (Retratos de Degas) da historiadora de arte Jean Sutherland Boggs.

Para esclarecer o mistério criado pelas diferenças de informação entre nossa reconstituição da procedência do quadro e a descrita pela própria

Fundação, é preciso consultar outra fonte oficial aprovada por conservadores de museus de renome e reconhecidos historiadores de arte. Trata-se do catálogo de uma exposição da coleção Bührle.

Com o título *The Passionate Eye: Impressionist and Other Master Paintings from the Collection of Emil G. Bührle, Zurich* (O olhar apaixonado: pinturas impressionistas e outras obras-primas da coleção de Emil G. Bührle, de Zurique) teve lugar, na década de 1990, uma exposição-homenagem de cerca de oitenta e cinco das melhores obras da coleção, selecionadas para comemorar o centenário do nascimento do industrial suíço. A mostra foi organizada pela renomada Galeria Nacional de Arte em Washington (DC), onde foi exposta antes de viajar para o Museu de Belas Artes de Montreal, para o Museu de Arte de Yokohama, para concluir seu percurso na Real Academia de Arte em Londres.

Eternizando o mito do industrial como desprendido defensor dos valores eternos da arte, uma foto central no catálogo, exageradamente efusivo no que diz respeito à vida de Bührle e sobre seu voraz apetite pela arte, representa o magnata sentado em uma sala rodeado de seus quadros preferidos. Atrás dele, pendendo da parede, muito visível, se encontra *A senhora Camus ao piano*. A publicação acrescenta que esse empresário exemplar e esteta havia tomado como modelos a galeria Frick e a coleção Barnes, prestigiosos museus privados de Nova York e da Pensilvânia localizados, assim como a coleção Bührle, nas antigas residências de seus fundadores.

O catálogo da exposição fornece novos dados sobre a procedência do quadro de Degas, mas estes não estão de acordo com a informação de que dispomos. Por exemplo, os redatores do catálogo escrevem que Alphonse Kann se converteu no proprietário da pintura *por volta de 1924* e continuou a sê-lo *até pelo menos 1937*.

Parece estranho, pois se sabe que *A senhora Camus* figurava – com sua descrição e a notação *ka 989* – no inventário do ERR estabelecido pelos nazistas em decorrência do confisco da coleção de Alphonse Kann em 1940 e 1941. O catálogo acrescenta o que já sabíamos por meio da publicação da Fundação: que o Degas procedia de uma *coleção privada francesa* em 1951.

A informação da exposição se presta a confusão, pois o texto parece insinuar que Kann não era o dono do quadro durante a guerra – já que só tivera sido *até pelo menos 1937* – mas que, além disso, Bührle o comprou em 1951, e não antes.

Como Alphonse Kann morreu em Londres em 1948, Bührle, então, o teria comprado daquela *coleção privada francesa*, mas, curiosamente, três anos depois da morte do colecionador francês.

No entanto, os fragmentos de informação disponíveis apontam mais concretamente para a versão dos fatos reconstruídos neste livro que para a fornecida pela própria Fundação: que Alphonse Kann era o legítimo dono do quadro no momento de seu confisco pelos nazistas. Sem contar com o revelado pela investigação realizada por Cooper e incluída em seu relatório de que, sem dúvida alguma, foram Fischer ou Wendland, ou ambos, que venderam a tela a Bührle, na Suíça, durante a guerra. Isto é, muito antes da data de 1951, fornecida pela Fundação. Recordemos também que durante a visita que Cooper fez à casa de Bührle, na qual o major britânico o interrogou sobre os quadros, o industrial nunca negou que os havia comprado ou que se encontravam em suas mãos. Bührle apenas replicou que desconhecia suas origens.

Insatisfeito com a confusa e sucinta procedência exposta nos dois catálogos, era necessário, com a intenção de esclarecer o obscuro, comunicar-se diretamente com a sede da própria Fundação em Zurique. Ali, o serviço de documentação informou que, segundo suas próprias fichas internas não publicadas, *A senhora Camus* havia sido adquirida em 1951 de uma *coleção privada francesa*. Mas já conhecíamos essa informação graças aos dois catálogos.

Ao se insistir que devia haver um erro nas datas, a arquivista inspecionou os documentos do quadro mais a fundo. Descobriu, surpresa, algo que ela mesma ignorava: uma contradição entre a data oficial de 1951 e um comentário escrito na parte inferior da mesma ficha. Este explicava, de acordo com a arquivista, que Bührle havia comprado o quadro *através da galeria Fischer em 1942*. Esse dado coincidia com a procedência real do quadro, pois foram roubados da coleção Kann e vendidos por Fischer a Bührle.

A diferença entre os dados verdadeiros e os errôneos nos dois catálogos de Bührle e em uma parte dos arquivos deve-se ao fato de que aqueles que prepararam as notas de procedência na Fundação esqueceram – ou quiseram esquecer – a parte sombria de suas origens, a forma como Bührle os adquiriu, mais torpe do que se poderia esperar de um esteta apaixonado cuja *noção de qualidade* foi *sua única preocupação*.

Com a intenção de saber se o mesmo poderia ter ocorrido com a procedência de outras peças da coleção além de com *A senhora Camus*, perguntei ao mesmo serviço de documentação da Fundação sobre *Os ginetes* de Degas, um dos muitos quadros confiscados da coleção do *marchand* Paul Rosenberg. Já sabemos que, logo após o julgamento, Bührle havia comprado o quadro do próprio Rosenberg.

Como era de esperar, surgiram novamente algumas contradições na informação inscrita nos arquivos. O expediente do quadro menciona a venda de Rosenberg em 1950, depois do julgamento, mas os detalhes sobre o verdadeiro percurso da obra foram omitidos.

Mas por que a data de 1951 inscrita oficialmente pela Fundação como o ano da entrada triunfal na coleção de *A senhora Camus ao piano*? Deve-se ao fato de este ser o ano em que Bührle chega a um acordo financeiro e definitivo com a família Kann, depois que esta, assim como Rosenberg, o levara a julgamento.

Assim, a Fundação da coleção E. G. Bührle é composta por obras confiscadas durante a guerra, pinturas cuja história completa não é contada em seus catálogos. Mas a informação dada ao público tenta minimizar a importância das compras de obras subsequentes ao roubo, ocultando a informação conhecida, que é clara a esse respeito.

É verdade que, talvez, seria demais exigir a publicação da verdade, pois alguém no lugar de Bührle tampouco gostaria que se divulgasse essa etapa tão deslustrada de sua vida e da coleção. Com essas novas datas, o magnata refaz uma virgindade à medida do grande colecionador que pretendia ser.

A coleção Bührle serve de exemplo para entender como muitos colecionadores e comerciantes de arte suíços tiraram proveito da neutralidade de seu país. É certo que, por outro lado, mas do mesmo modo, os bancos suíços e suas instituições financeiras lucraram com as economias daqueles que fugiam do nazismo e que nunca voltaram, sem contar com os ganhos obtidos das enormes transações em dinheiro e em ouro efetuadas em associação com o Terceiro Reich.

Da mesma forma como aparecem brechas ou omissões históricas involuntárias nos catálogos da coleção Bührle, assim a Suíça em sua totalidade tentou esquecer, ou preferiu não lembrar, o papel que desempenhou naqueles anos. Se o país enfrentasse seus próprios esquecimentos e fantasmas certamente descobriria, como fizemos com a Fundação Bührle, uma grande quantidade de esqueletos – alguns comprados duas vezes – nas *Kunstskammern*, muitos cantos obscuros e demasiadas perguntas do passado que ainda esperam resposta.

Capítulo **14**

MIRAGENS NO *FRONT* ORIENTAL

No ano de 1950, enquanto estava trabalhando em seu escritório em Paris, Katiana Ossorguine, quando solteira Bakunin – sobrinha-neta do anarquista russo Mikhail Bakunin –, lia com atenção o relatório anual oficial da Biblioteca Lênin de Moscou. A exilada ativista política russa revisava e expurgava regularmente os tediosos documentos oficiais soviéticos em busca de fragmentos de informação sobre a verdadeira situação política da URSS. Com a secreta esperança de encontrar algum indício do paradeiro de bibliotecas desaparecidas durante a guerra. Na França, os nazistas roubaram mais de um milhão de livros e manuscritos; esse saqueio foi tão amplo quanto o das obras de arte, mas se sabe muito pouco de seu paradeiro. Suspeita-se, até o dia de hoje, que a maioria deles se encontram nas bibliotecas e arquivos dos países da Europa do Leste ou da antiga União Soviética.

As páginas que a senhora Ossorguine tinha entre suas mãos haviam chegado ao seu escritório de contrabando e incluíam atas de reuniões de trabalho dos conservadores da importante biblioteca da então União Soviética. Entre os muitos elementos insignificantes que figuravam no documento, uma observação emitida de passagem atraiu particularmente sua atenção: durante um importante encontro na biblioteca moscovita, um dos conservadores russos se queixava da indisponibilidade do pessoal cotidiano, demasiado atarefado, pois estava organizando e inventariando os livros da Biblioteca Turgueniev[1].

Para Ossorguine, a notícia sobre a Biblioteca Turgueniev era extraordinária. Fundada por exilados russos na França em homenagem ao grande

---

1 Entrevista com a senhora Katiana Ossorguine, maio de 1993.

escritor Ivan Turgueniev e localizada no número 13 da *rue* de la Boucherie, no sexto distrito de Paris, a biblioteca possuía um acervo inestimável de mais de cem mil volumes. Ao longo de sua existência se convertera na verdadeira memória da Rússia exilada e da oposição política, desde os czares até o regime stalinista. Entre suas valiosas posses históricas se encontravam edições originais de obras de escritores políticos russos, coleções completas das grandes revistas históricas russas do século XIX, de diários e periódicos, arquivos e manuscritos literários.

Katiana Ossorguine, refugiada e opositora de esquerda de Stálin, havia começado a trabalhar em 1929 como bibliotecária em suas concorridas dependências. Em 1940, com a chegada dos alemães a Paris e sua perseguição metódica de todo opositor político, ela e seu marido, o escritor russo Michel Ossorguine, tiveram de fugir rapidamente para se esconder no campo. Ao voltar a Paris, meses depois, descobriram que tanto a Biblioteca Turgueniev como a de seu marido haviam sido confiscadas.

Em outubro de 1940, vários militares e especialistas que trabalhavam com o ERR se haviam apresentado às portas da biblioteca, exigido as chaves da entrada e entrado no local. Os confiscadores haviam carregado rapidamente os cem mil volumes em vagões ferroviários na Gare de l'este, com destino a Berlim. Dali, o conteúdo da biblioteca foi transportado para a cidade de Ratibor – a polonesa Raciborz, perto de Cracóvia –, onde os nazistas planejavam criar um *Centro de Estudos Eslavos*, similar a seu centro de estudos judaicos perto de Praga.

Quanto ao confisco efetuado em sua casa, segundo os vizinhos, o ERR teria se apoderado de tudo, pouco depois da ocupação da capital. Oito soldados alemães e um civil que falava russo haviam entrado em sua residência, no número 11 do *square* Port-Royal, e carregado os três mil volumes da biblioteca de Michel. Muitos bens pertencentes a emigrados da esquerda russa, a antigos socialistas revolucionários e mencheviques haviam sofrido a mesma sorte.

Uma vez terminada a guerra, a senhora Ossorguine e outros leais bibliotecários haviam tentado reclamar e reconstituir o acervo Turgueniev desaparecido. O grupo deu início às providências necessárias com a CRA, que tinha então muito sucesso na repatriação e recuperação de obras, livros e bibliotecas espoliados. Mas a comissão governamental não conseguiu muito nem com a Biblioteca Turgueniev nem com a de Michel Ossorguine.

As respostas fornecidas pelos exércitos norte-americano, britânico e soviético eram sempre negativas: as duas bibliotecas haviam desaparecido sem deixar nenhum vestígio.

Assim a senhora Ossorguine e seus colegas chegaram à resignada conclusão de que tanto o acervo Turgueniev como a biblioteca de seu marido haviam sido dispersados ou destruídos durante a guerra. Mas, em 1950, chega o inesperado comentário do conservador da Biblioteca Lênin citado em seu relatório anual.

A senhora Ossorguine compreende de imediato. A Biblioteca Turgueniev, depositada em algum lugar do Reich, havia sido confiscada novamente pelo Exército Vermelho durante a ofensiva e ocupação soviéticas do território alemão. Os soviéticos haviam carregado o seu conteúdo para Moscou. E, claro, a lei do sigilo do regime comunista explicava a subsequente escassez de informação.

Com a prova da existência do acervo da biblioteca russa, a ativista política, agora viúva, podia ter esperanças de algum dia encontrar a biblioteca desaparecida de seu marido. Mas, em plena guerra fria, seria preciso esperar outro golpe de sorte similar ou um degelo nas relações internacionais.

Nos anos que se seguiram, algumas testemunhas que viajavam regularmente para Moscou trouxeram à bibliotecária fragmentos de informação sobre as duas bibliotecas que procurava. Na Biblioteca Lênin até era possível obter livros com o selo do acervo Turgueniev. Quanto à biblioteca de Michel, foi só no ano de 1968, durante uma estada na União Soviética, que a própria Katiana Ossorguine pôde ter em mãos uma detalhada lista bibliográfica, elaborada pelos soviéticos, das obras pertencentes à biblioteca de seu marido. E depois, em 1970, conseguiu ter acesso a um inventário em dois volumes que enumerava os arquivos Turgueniev.

Havia quase conseguido obter o que queria. Mas a senhora Ossorguine teve que esperar até a abertura política do final dos anos 1980 para pensar na possibilidade de um inventário completo dos bens culturais franceses nas mãos dos soviéticos desde o fim da Segunda Guerra. Naquelas datas começaram as negociações entre os dois governos, mas esse inventário geral não existe até hoje ou, se existe, não foi divulgado.

Há outros exemplos daquele segundo confisco realizado pelo exército soviético em seu avanço pela Europa oriental e central. Em suas correspondentes entrevistas, François Rognon e Philippe Morbach, respectivamente bibliotecário e diretor do museu maçônico da Grande Loja da França, situado na *rue* de Puteaux em Paris, relatam que depósitos inteiros de livros, incluindo muitos originários das bibliotecas maçônicas confiscadas pelo ERR na França, foram encontrados na Europa oriental.

O achado é importante, pois essas bibliotecas desaparecidas até então haviam sido tomadas novamente pelos soviéticos, que as transportaram para depósitos em Würzburg, na ex-República Democrática Alemã, na Universidade de Poznan na Polônia – onde se encontram cerca de oitenta mil volumes e quarenta pinturas – e da KGB na Rússia.

Klaus Goldmann, diretor do Museu da Pré-história de Berlim e especialista do butim de guerra soviético, afirma que durante as negociações entre alemães e russos sobre a restituição das obras embargadas durante a Segunda Guerra Mundial aconteceu algo singular. A comissão alemã entregou aos russos uma lista de dois milhões de livros que, segundo os cálculos alemães, o Exército Vermelho teria tomado na Alemanha e transportado para o território da antiga União Soviética. A comissão russa, surpreendida com a quantidade, respondeu entregando por sua vez sua própria lista de livros que, segundo os cálculos russos, o Exército Soviético teria transportado para o território da ex-União Soviética. A longa lista apresentada pelos russos era composta de mais de doze milhões de livros. É nessa diferença de dez milhões de peças entre as duas listas que, especula Goldmann, talvez se encontrem muitas das bibliotecas e livros confiscados pelos nazistas na França.

O governo francês negociou com a Rússia a restituição parcial de obras de arte, de livros e manuscritos roubados. As devoluções incluíram documentos governamentais, além de manuscritos de poemas do grande poeta Saint-John Perse e partituras musicais do compositor Darius Milhaud.

Mas nos anos 1990 a Duma, o parlamento russo, em uma reação nacionalista, criou legislação com o objetivo de conservar nas mãos do Estado o butim cultural de que o Exército Vermelho havia se apropriado em sua passagem pela Europa. Os despojos trazidos para a então União Soviética seriam considerados reparações de guerra em compensação pela destruição maciça de obras e monumentos realizada pelos alemães durante a invasão. A lei os transformou em patrimônio inalienável do povo russo.

Os jornalistas Eric Conan, Jean-Marc Gonin e outros do semanário francês *L'Express* estiveram entre os primeiros a escrever sobre os objetos que se encontravam no Leste da Europa.

Em agosto de 1995, Conan revelou que uma *Natureza-morta* executada pelo pintor francês do século XVIII François Desportes se encontrava no

Museu Pushkin de Moscou, entre dezenas de milhares de telas confiscadas pelos soviéticos no território do Reich.

O quadro em questão, escreviam os jornalistas, figurava no *Répertoire des biens spoliés en France*, a lista de obras confiscadas e reclamadas estabelecida pelo CRA ao término da guerra. De acordo com o publicado no *Répertoire*, o quadro pertencia a Paul de Cayeux de Sénarpont, o pseudônimo do *marchand* parisiense Paul Cailleux, cujas atividades colaboracionistas no mercado de Paris descrevemos em abundância.

Continuamos a investigação deste quadro por meio do relatório Schenker, a empresa de transportes alemã atuante na França durante a ocupação. Assim, com toda a probabilidade, o quadro de Desportes reivindicado por Cailleux é o mesmo que este vendeu em 16 de julho de 1941 para o Museu de Dusseldorf por 60.000 francos (30.000 dólares). Se nossas investigações estiverem corretas, Cailleux teria reclamado como roubado, no *Répertoire*, um quadro pelo qual o museu alemão havia pago uma importante soma de dinheiro.

Como escrevemos ao longo deste capítulo, é muito provável que uma parte dos quadros roubados ou vendidos na França se encontre quer no território da ex-União Soviética, quer na Europa oriental. De fato, um dos depósitos do ERR, o castelo de Nikolsburg – recordemos que se situa na atual República Tcheca –, se encontrava na zona de ocupação soviética no final do conflito bélico. Foi um dos depósitos de menor importância do ERR e um dos últimos que os nazistas utilizaram.

Nos últimos dias da contenda, os alemães haviam depositado ali uma grande quantidade de obras procedentes das coleções Rothschild, David--Weill, Paul Rosenberg e Kann.

As obras da coleção Rosenberg haviam sido transferidas para Nikolsburg em novembro de 1943 e em agosto de 1944. Entre elas se encontravam dois desenhos de Delacroix – *Retrato do senhor Henri Hugues* e *O sultão de Marrocos* –, confiscados em Libourne; de Courbet, um pequeno estudo de coroinhas para *O enterro em Ornans*; de Picasso, um *Pierrô* e uma *Cesta de frutas sobre uma mesa*; de Berthe Morisot, uma *Forrageira*; dois Bonnards, *Mulher sentada em interior* e *Manhã de verão*; um Braque, *Natureza-morta com uvas e pêssegos*; e um Vuillard, *Mulher em interior*.

Como descrevemos anteriormente, uma grande parte dos quadros saqueados em agosto de 1943 do palacete de David-Weill foi transportada para o castelo nos Sudetos; entre eles se encontravam os esboços de Fragonard (ver ilustração C1).

Com a chegada dos soviéticos, os combates com os remanescentes do exército alemão provocaram um incêndio que destruiu parte do castelo. Nos anos 1950 e 1960, quando os proprietários constituíram os recursos de ressarcimento perante o governo da República Federal da Alemanha, a resposta oficial dos soviéticos e do governo tcheco de então foi que, em abril de 1945, o castelo de Nikolsburg havia sido totalmente destruído – incluindo seu conteúdo – por um incêndio.

Mas no ano de 1961 uma comissão de museus franceses teve, pela primeira vez, acesso ao castelo e conseguiu interrogar testemunhas da época[2]. Ao finalizar suas indagações, os membros da comissão concluíram que o incêndio não podia ter devastado o castelo inteiro junto com todas as obras que se encontravam armazenadas nele. A comissão averigua mais tarde que, antes do fim da guerra, e diante do temor do avanço das tropas soviéticas, os nazistas haviam despachado por trem para a Áustria uma parte das obras de Nikolsburg. Mas infelizmente, devido à pressa de última hora, os confiscadores não tiveram tempo de fazer um inventário das obras transferidas.

Essas duas descobertas tardias transformam as circunstâncias do problema. Primeiramente, existe a possibilidade de o próprio Exército Vermelho ter transportado para lugar seguro – a antiga URSS ou a Tchecoslováquia – uma parte das obras confiscadas; e, segundo, é possível que os quadros enviados para a Áustria, e que não se encontravam no inventário de transportes, tenham sido roubados ou reclamados por pessoas ou governos que não eram seus legítimos proprietários.

Na Áustria aconteceu outro caso interessante. No mosteiro de Mauerbach, o governo austríaco havia guardado zelosamente, durante mais de quarenta anos, cerca de três mil obras que não foram reivindicadas por ninguém. Em outubro de 1996, vendeu-as em um grande leilão internacional. A maior parte do dinheiro arrecadado na bem-sucedida venda, organizada pela casa de leilões Christie's, foi destinada a organizações judaicas e outras vítimas do nazismo. A venda, que durou dois dias, foi muito bem promovida e impressionou a opinião internacional como uma solução razoável para o problema da arte roubada não reclamada.

O que poucos sabem é que, dez anos antes, a Christie's tivera acesso aos objetos depositados no mosteiro e fizera um inventário completo. E que, durante esses dez anos, ninguém pensou que era seu dever, com a ajuda da

---

2 Carta nos arquivos Paul Rosenberg, Nova York.

lista completa, investigar a procedência e, por fim, encontrar os proprietários daqueles objetos. Assim se deixaram passar dez preciosos anos de passividade durante os quais devem ter morrido muitos de seus donos.

Outras novas descobertas ao leste da Europa vão no mesmo sentido, o da negligência ou do esquecimento. A carteira de habilitação do barão Alain de Rothschild e um caderno escolar de seu irmão, o barão Élie, apareceram em um arquivo em Moscou. Esses objetos, com pouco interesse histórico ou artístico, devem ter sido confiscados da residência de seu pai, o barão Robert, na *Avenue* de Marigny (ver ilustração A8). O ERR deve tê-los transportado para a Alemanha, durante a guerra, armazenando-os em algum depósito até que caíram nas mãos dos soviéticos. Não é difícil imaginar, portanto, que obras de arte confiscadas na França tenham estado na mesma situação.

Além disso, cento e cinquenta e nove documentos da galeria de Paul Rosenberg em Paris – arquivos, expedientes, livros de contabilidade, catálogos de exposições de Cézanne e de Renoir, o catálogo de uma exposição de Picasso de 1921, reproduções de obras e correspondência –, que datam de 1906 a 1928, foram encontrados, mas não restituídos, em Moscou há alguns anos[3].

Trata-se de documentos confiscados entre 1940 e 1941 pelo serviço ERR na galeria de Paris. Assim como fizeram com a Biblioteca Turgueniev, os soviéticos haviam mantido um segredo total sobre esses arquivos, depois de ter estabelecido um inventário completo no início dos anos 1960.

Com essa importante informação em mãos, podemos formular a seguinte pergunta: estes documentos não serão a ponta do *iceberg*, aquilo que indica que as obras desaparecidas em Nikolsburg e em outros lugares algum dia virão à superfície? Também é bem possível que muitas dessas obras tenham sido destruídas durante os ferozes combates que ocorreram nessa região de 1944 a 1945, e que estejamos perseguindo miragens. Mas não podemos afirmar com toda a certeza nem uma coisa nem outra enquanto não forem abertos todos os arquivos e não se divulgar a informação disponível.

Se a destruição nazista do patrimônio da Europa oriental e da ex-União Soviética foi esmagadora e implacável, os estragos ocasionados pela ofensiva soviética foram igualmente consideráveis. De fato, foi em resposta à agressão de Hitler que o Exército Vermelho se apoderou de seu próprio

---

[3] Inventário traduzido do russo nos arquivos Paul Rosenberg, Nova York.

butim de guerra. O espólio de guerra soviético, que é regularmente exposto nos museus russos do Hermitage em São Petersburgo e Pushkin em Moscou, aparece como a última grande etapa nessa corrente europeia de destruição e de confisco de obras de arte e do patrimônio cultural do inimigo programado pelo relatório Kümmel, que também havia sido concebido como uma revanche contra o passado.

Capítulo **15**

O PURGATÓRIO DOS MNR

Das paredes do Museu Nacional de Arte Moderna (MNAM), situado no Centro Pompidou em Paris, pendia até há pouco tempo um soberbo quadro do pintor Fernand Léger, *Dama em vermelho e verde* (*Femme en rouge et vert*; ver ilustração C13).

A tela foi executada pelo grande pintor no verão de 1914, e é uma daquelas composições cubistas características dos anos nos quais o Léger do contraste entre as formas começava a se distanciar da abstração. Este quadro, pincelado sobretudo nas cores vermelho e verde e composto por formas tubulares e curvilíneas, traça a silhueta, o rosto e o nariz de uma elegante dama, facilmente reconhecível, que desce – ou sobe – uma escada. A figura veste um chapéu, do qual escapa uma mecha de cabelo. Nas partes inferior esquerda e superior direita da pintura podem ser observadas claramente as formas de uma escada. E tudo na tela imita e repete a proliferação do movimento.

Este conhecido Léger – o número 91 do primeiro volume do catálogo *rasonné* da obra de Léger (1903-1919) –, exposto em pelo menos vinte mostras em Londres, Bruxelas, Viena e Tóquio, foi participante involuntário em sua história de um episódio do confisco de arte em Paris.

Assim como *O astrônomo* de Vermeer, nenhuma marca ou sinal externo diferencia a *Dama* de muitas outras obras que pendem das paredes do MNAM, exceto a notação *R2P* no catálogo de obras do museu. A notação por si só é inocente; e, de fato, são poucos os especialistas do mundo da arte que conhecem seu significado.

De acordo com o sistema interno de classificação empregado no MNAM, a letra *R* corresponde ao termo "recuperação", o número *2* indica a ordem cronológica de chegada da obra ao museu e a letra *P* nos informa que se trata de uma pintura, do mesmo modo que uma letra *D* corresponde a um desenho, ou uma letra *S* a uma escultura – *sculpture*, em francês.

De fato, *R2P* significa que *Dama em vermelho e verde* foi recuperado depois da guerra e fez parte das milhares de obras saqueadas. O número lembra que o quadro foi o segundo desse tipo depositado provisoriamente nesse museu, onde se encontra desde 1949. Mas a informação mais surpreendente que a notação nos fornece é a seguinte: o Léger não é propriedade nem do MNAM nem do governo francês, nem tampouco se encontra no museu na qualidade de empréstimo. Nós nos perguntamos, então: a quem pertence esta tela? Por que razão se encontrava no museu até muito pouco tempo atrás?

Apesar do estranho que possa parecer, este quadro permaneceu provisoriamente no museu durante mais ou menos cinquenta anos, esperando que seu dono verdadeiro o reivindicasse. Segundo os conservadores do MNAM, em tantas décadas, até a primeira publicação deste livro em francês, não havia sido possível esclarecer o mistério de sua origem. Mas a pergunta que temos de formular é a seguinte: eles se esforçaram para fazê-lo?

Dama é uma das aproximadamente duas mil obras de arte não reclamadas – que incluem pinturas, desenhos, esculturas, objetos de arte, livros raros e manuscritos – que se encontram desde os anos do pós-guerra sob custódia pelos museus nacionais franceses.

Entre eles há cerca de mil quadros de artistas muito conhecidos dos séculos XVIII, XIX e XX: Picasso, Matisse, Derain, Ernst, Picabia, Monet, Cézanne, Degas, Ingres, Boucher ou Chardin. Além disso, existem centenas de desenhos, esculturas e outras peças desse tipo espalhadas por prestigiosos museus, bibliotecas e instituições do governo.

De acordo com as listagens dos museus nacionais, que se haviam recusado a divulgar a informação até se ver obrigados a fazê-lo pela publicação deste livro, cerca de quatrocentas dessas obras estão no Museu do Louvre, umas cem no Museu d'Orsay, aproximadamente três dezenas no MNAM no Centro Pompidou, treze esculturas no Museu Rodin e o restante dividido entre museus de províncias, residências oficiais, ministérios, bancos nacionais e embaixadas francesas ao redor do mundo.

Como o público desconhecia até pouco tempo a verdadeira procedência dessas obras e sua estranha situação particular, essas peças sob tutela dos museus se haviam convertido em propriedade *de facto* desses estabelecimentos.

Já que estas obras se encontram em lugares privados ou de acesso limitado, a reclamação por seus donos ou herdeiros se torna muito difícil. Algumas decoram ou decoravam residências oficiais e escritórios de governo, inacessíveis ao público. Assim, o busto não reclamado de uma jovem – que se dissera ser o de Madame de Pompadour, amante do rei Luís XV –, atribuído ao escultor Jean-Baptiste Pigalle, está hoje na Sala Pompadour do palácio presidencial de l'Élysée. Uma peça em bronze, *O beijo*, de Rodin, pode ser admirada no Hotel de Matignon, a residência oficial do primeiro-ministro. A Direção de Museus chegara a emprestar uma tela não reclamada de Utrillo, *Rue de Mont-Cenis*, para decorar os escritórios de um dos executivos do banco Crédit Lyonnais; empréstimo este que foi rapidamente devolvido a seu legítimo proprietário depois da publicação deste livro na França.

No meio século que se passou desde o fim da Segunda Guerra, estas obras permaneceram em uma espécie de purgatório histórico e jurídico, sem verdadeiro proprietário declarado, e se os conservadores dos museus franceses fizeram algum esforço para localizá-los foi apenas quando pressionados pela opinião pública.

Hubert Landais, diretor dos Museus Nacionais da França (*Direction des Museés de France*) de 1977 a 1987, não esconde o fato de que nunca se realizaram tentativas sérias para encontrar os donos das obras e devolvê-las: *É um tema inusitado. Nunca tentamos procurar os donos. Percebo quanto deve parecer surpreendente. O ponto fraco na justificativa dada pelos administradores dos museus é que ninguém, nos últimos cinquenta anos, tomou a iniciativa.*

Estas obras não reclamadas são conhecidas tradicionalmente pelo termo genérico de MNR, que significa Musées Nationaux Récupération (Museus Nacionais da Recuperação), a notação criada pelos diretores do Museu do Louvre para inventariar as obras não reclamadas que se encontravam sob sua custódia. Ao receber uma peça sem proprietário conhecido, cada museu nacional estabelecia, por sua vez, uma classificação interna, como a já descrita para *Dama em vermelho e verde* no MNAM. Esta diversidade administrativa torna ainda mais difícil a reunião de informação sobre as obras.

Os pesquisadores que se dedicam ao tema logo descobrem que se encontram diante de uma nova e absurda situação criada exclusivamente pelos museus; uma situação em que a natureza do problema do confisco se inverteu completamente.

Sempre, em termos da investigação sobre a arte roubada, é mais difícil rastrear e situar quadros desaparecidos que localizar os proprietários ou herdeiros. No entanto, no caso dos MNR, deparamos com milhares de obras diante de nossos olhos cujos donos, segundo os conservadores dos museus, foi impossível localizar.

Nos anos do pós-guerra, os aliados e várias organizações de restituição ocidentais cumpriram a enorme tarefa que haviam recebido. Averiguaram o destino de milhares de obras confiscadas durante o conflito bélico e, uma vez localizadas, as devolveram a seus respectivos países e donos.

Não se pode negar que, na França, Albert S. Henraux, o presidente da Comissão de Recuperação Artística (CRA), Rose Valland e muitos outros realizaram um trabalho exemplar nesse sentido.

Segundo os cálculos do ministério de Cultura francês, das cem mil obras roubadas pelos nazistas no país, foram localizadas apenas 61.000 peças no imediato pós-guerra e, destas, foram restituídas a seus respectivos donos mais de 45.000, cerca de oitenta por cento do localizado.

Naturalmente, as quantidades que mencionamos excedem, em muito, as 21.903 obras inscritas no relatório final do ERR de julho de 1944. Mas é que nestas estão incluídas não apenas o confisco oficial e sistemático organizado pelo ERR na zona ocupada, mas também todas as formas de saque e de compra em solo francês.

Os sete volumes do *Répertoire des biens spoliés* reúnem a maior parte das reclamações de todo tipo de arte. Com o regresso das primeiras grandes obras confiscadas, a CRA organiza, entre junho e agosto de 1946, sua primeira exposição, *Obras-primas das coleções francesas encontradas na Alemanha pela Comissão de Recuperação Artística e organizações aliadas*.

A mostra de arte restituída possui um evidente valor simbólico para o novo governo francês. Esta acontece no pequeno Museu de l'Orangerie, situado em frente ao Jeu de Paume, que se convertera, na libertação, no depósito de arte restituída. Durante a ocupação, L'Orangerie, por sua vez, havia cumprido funções bem diferentes. Em 1942, o museu tivera a infame honra de abrigar a concorrida exposição do escultor alemão Arno Breker, o artista vivo preferido de Hitler. A notória mostra das gigantescas e heroicas figuras de Breker havia atraído ao museu toda a boa sociedade colaboracionista parisiense, a começar por Jean Cocteau, que elogiara o medíocre trabalho do escultor em um conhecido artigo.

Foram, portanto, justos os novos usos no pós-guerra, tanto de L'Orangerie quanto do Jeu de Paume, pois tinham o claro propósito de desfazer, tanto simbólica como concretamente, o que os alemães haviam realizado.

Na grande exposição de arte recuperada, os visitantes podiam admirar 283 quadros, desenhos, esculturas, objetos de cerâmica, esmaltes, relógios, móveis, tapeçarias e livros. Com um rápido olhar ao seu redor, o aficionado de arte podia, até mesmo, avaliar a inimaginável dimensão do roubo nazista. Os organizadores chegaram a incluir, na última sala do museu, um grande mapa que indicava o lugar dos principais depósitos na Alemanha onde as obras haviam sido encontradas.

As peças maiores provinham das coleções familiares dos Rothschild e dos David-Weill, que Hitler e seus sequazes haviam designado para o agora fracassado projeto de museu de Linz. Naquela seção era possível admirar *O astrônomo* de Vermeer, *A Virgem com o menino Jesus* de Memling, o *Retrato de Isabella Coymans* de Frans Hals, os dois retratos dos meninos Soria de Goya, o *Retrato da marquesa de Pompadour* de Boucher e o *Retrato da baronesa Betty de Rothschild* de Ingres (ver ilustrações A8 a A11 e C9). Todas elas haviam sido devolvidas a seus respectivos donos em perfeitas condições. A mostra expunha, também, *As bolhas de sabão* de Chardin e *Mulher lendo* de Fragonard. E, por último, do mundo da arte mais próximo de nossos dias, *As banhistas* de Cézanne, *A ponte de Langlois em Arles* de Van Gogh, e de Pissarro *O porto de Le Havre* – obras impressionistas ou modernas que Goering havia selecionado no Jeu de Paume para trocá-las.

No pós-guerra, com a chegada dos carregamentos de arte restituída ao Jeu de Paume, foram publicados anúncios na imprensa avisando os possíveis donos da possibilidade de se apresentar para reclamar as peças encontradas. Enquanto a vida retomava seu curso normal, muitos cidadãos franceses exerceram seu direito.

No entanto, nem todos estavam na posição de poder reclamar o que lhes pertencia. Indubitavelmente, para muitos, de origem judaica ou não, o impedimento primordial era o desaparecimento daqueles membros essenciais da família que conservavam a lembrança precisa do que possuíam. Assim, muitos desconheciam que eram donos das obras. Além disso, os herdeiros que voltavam ou que nunca haviam abandonado o país tinham problemas mais urgentes de sobrevivência para resolver. Outros, que sofreram nos campos de extermínio, hoje se dão conta de que o sentimento de agradecimento e de alívio que sentiam por ter sobrevivido à guerra era tão grande que, naquela época, não desejaram reclamar posses materiais.

Alguns não reclamam suas obras de propósito, sabendo que as venderam voluntariamente para os nazistas e temendo que poderiam ser acusados de colaborar com o inimigo. É verdade que os aliados haviam devolvido para a França uma grande quantidade das obras vendidas no mercado. O motivo deste retorno era uma diretiva londrina de 1943 por meio da qual os aliados anulavam todos os atos de desapossamento em todos os territórios ocupados ou controlados pelos alemães. A declaração conjunta invalidava, assim, não apenas os confiscos e vendas sob pressão, mas qualquer tipo de vendas e de transações de aparência legal realizadas com e pela Alemanha nazista na Europa ocupada. Esta diretiva se converterá na base jurídica na Europa para toda reclamação e restituição de bens roubados durante a Segunda Guerra Mundial.

O caso é que, das obras recuperadas que chegaram às mãos do governo francês depois da guerra, aproximadamente dezesseis mil nunca foram reivindicadas por seus proprietários. Assim, em 1949, quando se encerram oficialmente as funções da Comissão de Recuperação Artística (CRA), os conservadores franceses selecionam para seus museus duas mil obras de importância – das dezesseis mil restantes sem restituir –, que permanecerão eternamente sob sua tutela à espera de que seus legítimos donos as reclamem.

Os grandes museus franceses, é claro, ficam com as peças de indiscutível valor estético: os Légers, os Picassos, os Monets ou os Boucers, Chardins, Cézannes e Courbets.

O remanescente de catorze mil obras, recusadas pelos conservadores da época, é vendido pelo governo em uma série de leilões sem muita publicidade, deixando assim passar uma excepcional oportunidade de encontrar seus proprietários. Poucas horas antes do início das vendas, os herdeiros Schloss, por exemplo, recuperam dos lotes duas obras roubadas de sua coleção. Um amigo havia reconhecido as peças nas salas de exposição e alertara imediatamente a família.

Durante a pesquisa realizada para este livro, procurei obter informação sobre as catorze mil peças leiloadas, com a intenção de rastrear seus proprietários. O governo não forneceu documentação sobre elas, pois afirma que hoje não existem catálogos ou listagens detalhadas do que foi vendido.

Os museus, por sua vez, tinham a obrigação de expor as obras MNR em suas coleções públicas, a fim de divulgar sua existência e esperar que seus donos as reclamassem. Para dissipar qualquer dúvida sobre a propriedade destas, um decreto governamental estipulava que, em hipótese alguma, os MNR pertenciam aos museus e que, portanto, nunca poderiam ser integrados oficialmente em seus inventários e coleções.

O decreto, com data de 30 de setembro de 1949, especifica claramente que o Louvre e os outros museus seriam *détenteurs précaires* (possuidores precários) das obras para sempre, acrescentando, contudo, que eram responsáveis por sua conservação. Segundo o documento, os museus adquiriam outra obrigação em relação às obras MNR: expô-las pouco tempo depois de recebê-las e estabelecer um inventário provisório. Mas, até o momento da publicação deste livro na França, os museus não haviam cumprido totalmente o requisitado.

De um lado, nem sempre expunham as obras e não davam acesso nem a um inventário nem a seus arquivos aos donos que perguntassem sobre a sorte de seus quadros, e, para concluir, os conservadores numa haviam empreendido investigações sérias sobre suas verdadeiras origens.

Deduz-se, portanto, que não é algo fácil conseguir informação da administração de museus nacionais sobre os MNR. Durante quatro anos, o autor deste livro tentou obter, sem resultados, um inventário geral de todas as obras ainda sem restituir nas mãos dos museus. As respostas foram sempre evasivas ou absurdas.

Ao ouvir pela primeira vez sobre a existência das obras não reclamadas, acreditei que se tratava de obras de pintores pouco conhecidos ou completamente desconhecidos. Na ingenuidade necessária a todo início de uma investigação, pensava que os museus não haviam conseguido encontrar seus donos em quase meio século em virtude da falta intrínseca de documentação. Mas lentamente, à medida que as indagações se expandiam, fui percebendo que não era essa a causa da incúria administrativa.

Em uma entrevista, o encarregado de comunicações da Direção dos Museus Nacionais afirmou, primeiro, que lhe era impossível permitir que eu consultasse o requerido inventário, pois este ainda não havia sido completado. Diante de minha surpresa de que os museus não haviam conseguido elaborar um inventário, cinquenta anos depois da guerra, o mesmo funcionário explicou que era preciso compreender que o preparo de um inventário era uma tarefa muito complexa e difícil, já que os conservadores queriam um trabalho bem-feito. Para concluir, o funcionário acrescentava que lhe era impossível fornecer-me os nomes dos conservadores encarregados da redação do inventário nem estabelecer a data em que seria concluída a complicada tarefa.

Paralelamente, tanto os Arquivos Nacionais como o ministério de Relações Exteriores francês, alegando as restrições impostas pelas rigorosas leis gaulesas sobre a privacidade, me negavam o acesso aos numerosos documentos sobre o confisco de obras conservados em suas dependências. A Direção dos Museus havia mantido esses preciosos arquivos afastados em depósitos de província, até 1991, data em que os entregou às Relações Exteriores.

Alguns meses depois da entrevista com o diretor de comunicações, e após vários pedidos infrutíferos, consegui marcar uma reunião com os advogados do departamento jurídico dos museus. Os especialistas em direito repetiram praticamente palavra por palavra as disparatadas respostas já ouvidas dos lábios de seu colega. Para concluir, entregaram a cópia de uma circular interna sobre os MNR, assinada por um ex-diretor dos museus. Por meio desta pude inteirar-me de que as obras não restituídas eram conhecidas, no interior dos museus, pelo nome genérico MNR. Mas continuavam recusando-me a entrega de um inventário das obras não reclamadas[1].

Nos meses e anos seguintes renovei as tentativas de obter a listagem completa dos MNR, até umas semanas antes da publicação deste livro, deparando sempre com as mesmas evasivas e obstruções.

A Direção dos Museus, com a óbvia intenção de me desanimar, havia sugerido que, se desejava encontrar as obras não reclamadas abrigadas nos museus, podia consultar, caso quisesse, os imensos catálogos gerais dos museus do Louvre, Orsay, Versalhes, MNAM e outros, com suas milhares de peças e dezenas de diferentes classificações internas. Neles, entre tantas obras com numerações diferentes, eu deveria encontrar os objetos assinalados com MNR ou deduzir alguma notação equivalente. Em seguida, deveria obter por minha própria conta informação detalhada sobre cada uma daquelas peças não reclamadas.

Diante da negativa dos advogados do departamento jurídico, compreendi que, se quisesse elucidar o cada vez mais intrigante enigma, teria de começar a consultar cada catálogo individualmente.

---

1 Nota de 26 de outubro de 1992 do diretor dos museus nacionais Jacques Sallois aos diretores de museus. Nota de 7 de novembro de 1990 sobre as obras entregues à Direção de Museus da França e a nota de 8 de novembro de 1990 sobre as obras recuperadas.

E foi o que fiz. Já sabia, para começar, que no catálogo do Museu do Louvre as obras não restituídas estavam inscritas com a notação MNR, mas ainda não sabia como essas peças eram designadas nos outros museus.

Finalmente, eliminando as diferentes possibilidades de notação nos enormes catálogos, consegui compreender que todos os museus franceses, embora cada um tivesse seu próprio código interno de catalogação, haviam conservado a letra *R* ao designar as obras não reclamadas. Ou seja, não importava o tipo ou a complexidade da notação utilizada no inventário do museu, esta sempre traria em sua numeração a letra *R* – abreviatura da palavra *Recuperação*.

O longo e tedioso trabalho de pesquisa deu numerosos frutos. Naturalmente, assim que obtive a informação dos catálogos, juntei a ela outros documentos que possuía, particularmente os conseguidos nos Arquivos Nacionais na cidade de Washington. Esta segunda investigação, paralela à mais ampla iniciada para o restante do livro, levou aos resultados apresentados neste capítulo.

Para voltar à *Dama em vermelho e verde* de Léger (ver ilustração C13), observemos sua trajetória mais detidamente para confirmar que é possível estabelecer a história de um quadro MNR durante os anos de guerra e rastreá-la até seu dono original.

No catálogo *rasonné* da obra de Léger e em outros catálogos de exposição observamos que Daniel-Henry Kahnweiler, o grande *marchand* do cubismo, comprou *Dama* do próprio estúdio do artista antes de sair de férias em julho de 1914.

A declaração da guerra surpreende Kahnweiler, súdito alemão, enquanto viaja da Suíça para a Itália e se vê na impossibilidade de voltar para a França durante sua duração.

A tela em questão era uma entre uma centena que se encontrava em sua pequena galeria da *rue* Vignon, atrás da igreja de La Madeleine. *Dama em vermelho e verde* faria parte daquelas obras pertencentes a alemães residentes na França que o governo francês embargaria desde a declaração da guerra em 1914.

Só anos mais tarde o governo leiloaria esses lendários bens de Kahnweiler, que incluíam aproximadamente cem obras de Picasso, Braque, Gris, Vlaminck e Léger. *Dama* era o lote número 155 da venda de 17 a 18 de novembro de 1921 que teve lugar no Hotel Drouot, a casa de leilões do Estado.

Foi Léonce Rosenberg, o irmão de Paul, quem a comprou pela ridícula soma de 235 francos.

No ano de 1932, Léonce Rosenberg emprestou o quadro para uma exposição em Amsterdam. Três anos mais tarde aparece, sob o número 93, na exposição Criadores do cubismo de Paris.

E chega a Segunda Guerra Mundial. Qualquer vestígio do quadro desaparece. Segundo o próprio conservador da coleção do MNAM, no Centro Pompidou, nos arquivos curatoriais e nos catálogos de exposição não existem mais pistas sobre a história do quadro até 1949, data em que o Léger é atribuído provisoriamente ao museu.

Um olhar mais atento aos catálogos das exposições das quais a tela participou, localizáveis em qualquer boa biblioteca de arte, permite encontrar na bibliografia uma concisa informação sobre *Dama* que nos possibilita compreender o que ocorreu com o quadro durante esses anos que faltam.

Nesses catálogos se faz referência a uma ilustração que aparece no apêndice de um livro, *Le front de l'art*, cuja autora é Rose Valland, que nele relata suas atividades no Jeu de Paume durante a ocupação. Várias das ilustrações contidas no livro faziam parte das muitas fotografias realizadas pelos fotógrafos oficiais do ERR no depósito de arte confiscada.

A fotografia em questão reproduz os fundos do Jeu de Paume, onde os confiscadores nazistas haviam armazenado, pendurando-os nas paredes, a *arte degenerada*, a considerada de segunda, que encontravam nas coleções roubadas. Separado pudicamente do resto do museu por uma pequena cortina, era esse espaço o lugar em que se efetuavam as numerosas trocas, a sala aonde chegavam os vorazes *marchands* colaboracionistas para selecionar as peças modernas que desejavam obter. Rose Valland se referia a ela como a "Sala dos mártires", em referência à torturas que padeceria cada uma das obras aqui expostas (ver ilustração C12).

A tentativa de identificar na foto muitos dos quadros que os nazistas desprezavam nos distrairia demais. Na extrema esquerda, na parte média da foto, pode-se distinguir uma obra de Picasso, procedente da coleção Rosenberg. Imediatamente acima desta, pode-se observar *As duas irmãs* de Matisse, que já encontramos em uma troca de quadros da coleção Kann. Abaixo do Picasso, um Yves Tanguy, o surrealista francês. Na extrema direita da foto, na parte média desta, observamos *Odaliscas*, quadro executado por Léger em 1920, também procedente da coleção Kann.

E um pouco à esquerda deste último encontramos o quadro que nos interessa: *Dama em vermelho e verde*. A prova fotográfica, fornecida pelos próprios nazistas, confirma as suspeitas: o quadro foi confiscado de algum dono na zona ocupada pelos alemães. Muito provavelmente, o ERR o utilizou em alguma permuta ou venda, certamente no mercado de Paris. Mas, apesar de ter um dono de carne e osso, em todos esses anos passados desde a guerra, o quadro nunca foi reclamado.

Outra conclusão lógica se impõe de seu aparecimento na foto: se *Dama* se encontra no Jeu de Paume, então deve estar presente com o nome de seu legítimo proprietário em algum dos inventários ou listas de coleções minuciosamente compilados pelos historiadores do ERR. Como sabemos, estes documentos e fichas nazistas, estabelecidos coleção por coleção, fornecem informações e evidência concreta sobre as obras. Mas, como já explicamos, a maioria delas é conservada zelosa e confidencialmente pela Direção dos Museus Nacionais da França e pelo ministério de Relações Exteriores em lugares inacessíveis ao público. No entanto, de nossa parte, localizamos cópias e listas parciais nos Arquivos Nacionais de Washington, que nos proporcionaram praticamente a mesma informação que nos era negada na França.

Entre os papéis arquivados em Washington existe a cópia, redigida provavelmente por Rose Valland, de um inventário alemão, com data de 10 de março de 1942. Neste, os nazistas listavam os quadros modernos que estavam depositados naquele dia no Jeu de Paume. A maioria das obras enumeradas são pinturas modernas procedentes de quinze coleções saqueadas na França, todas destinadas à troca ou à venda e sem particular interesse estético para os líderes nazistas. As listas trazem o título de cada obra, sua dimensão e o nome da coleção de onde procedem – Alexandrine de Rothschild, Lévy de Benzion, Alphonse Kann, Peter Watson, Paul Rosenberg, entre outros.

No breve inventário, inscritos abaixo das palavras *Rosenberg, Paris*, se encontram as descrições de cinco telas. A terceira na lista é um quadro de Léger, e traz o título *Dama em vermelho e verde* e mede 100 centímetros de comprimento por 81 de largura.

Esta informação corresponde exatamente à que possuímos sobre o quadro no Centro Pompidou. Assim, combinando a foto com as listas nazistas, chegamos diretamente ao dono original do quadro, Paul Rosenberg. No capítulo sobre o Jeu de Paume se narrou a forma como o *marchand* Rochlitz obteve este quadro por intercâmbio em fevereiro de 1942. Mas a data da listagem do Jeu de Paume o situa nas dependências do museu um mês depois da transação – em março do mesmo ano. Talvez a discrepância na cronologia pudesse ser explicada por algum atraso por parte dos nazistas em atualizar as listas, devido à crônica falta de pessoal no depósito.

Para percorrer a trajetória completa da tela cabe acrescentar que *Dama em vermelho e verde* é muito provavelmente a mesma pintura *degenerada* descrita em outras listas nazistas de quadros como pintada por Léger e procedente da coleção Paul Rosenberg, mas ineptamente intitulada pelos confiscadores *Cavaleiro com armadura*, com dimensões de 105 centímetros por 82.

Dois renomados especialistas em Léger confirmaram que, em primeiro lugar, nenhuma das obras do pintor trazia aquele título ou algum parecido; em segundo, que Léger nunca pintou ou desenhou nada que poderia se assemelhar com um cavaleiro medieval de armadura. Finalmente, acrescentaram que as dimensões descritas de *Cavaleiro* não correspondem às das telas utilizadas por Léger. Estas, afirmam eles, eram do tamanho normal que se encontra no comércio, 100 por 81 centímetros[2]. Esta última divergência nas dimensões poderia ser explicada, talvez, porque na rápida medição os nazistas, que além disso utilizavam recrutas não especializados como pessoal técnico, incluíram nela parte da moldura do quadro.

Por outro lado, talvez o aspecto mais interessante desta versão involuntariamente humorística do título do Léger – *Cavaleiro com armadura* – seja que nos lembra até que ponto os nazistas não compreendiam e não participavam na nova concepção de mundo criada pela arte moderna, neste caso, na revolucionária forma de ver experimentada pelo cubismo. Além disso, em outro nível, o disparatado nome denuncia as propensões sempre bélicas da mentalidade nazista, pois, mesmo quando estes não compreendem bem o que observam na *arte degenerada*, só podem desconhecê-la em seus próprios termos guerreiros.

Depois desta indagação sobre a procedência do quadro, uma pergunta maior se impõe: como é possível que, depois dos muitos anos passados entre suas mãos, das múltiplas exposições das quais participou, de tudo o que se escreveu sobre ele, os conservadores do MNAM não tenham conseguido estabelecer, assim como se fez neste livro, os fatos apresentados anteriormente e determinar a identidade do legítimo proprietário do quadro? A

---

[2] Irus Hansma, autora do catálogo *raisonné* da obra de Fernand Léger, e Quentin Laurens, diretor da galeria Louise Leiris em Paris.

única resposta que nos ocorre é a completa falta de vontade de saber quem era seu dono, por medo de que o reivindicasse.

Quando se publicou a verdadeira história de *Dama em vermelho e verde* neste livro, os herdeiros de Paul Rosenberg ficaram sabendo que o quadro lhes pertencia e puderam reclamá-lo perante o MNAM, que se viu obrigado a restituí-lo em 2003.

No outono daquele mesmo ano, a magnífica tela foi leiloada na casa Christie's, em Nova York. Mas, no catálogo da venda, tanto a casa de leilões como o MNAM conseguiram reescrever a história: o texto sobre o quadro na publicação afirma abertamente que o proprietário da obra não reclamada, Paul Rosenberg, foi identificado voluntariamente pelo MNAM enquanto este fazia uma revisão de seus arquivos. A *re-história* continua, pois desse modo os conservadores do museu evitam assumir sua comprometida responsabilidade e conseguem dissimular a vergonha profissional que isso acarreta.

Se continuamos a examinar outros MNR, constatamos que a dificuldade de localizá-los aumenta, já que alguns foram depositados em museus fora de Paris. Um deles, *Cabeça de mulher*, de Picasso (ver ilustração C11), um óleo sobre tela assinado e datado em 1921 – registrado como *R16P* no inventário do MNAM e como Zervos IV, 341, no catálogo *raisonné* do pintor –, foi emprestado desde 1950 para o Museu de Belas Artes da cidade de Rennes, na Bretanha. As fichas do museu indicam que a data e a assinatura do quadro foram encobertas com uma leve camada de tinta. Mas o mais interessante da informação fornecida é que traz uma etiqueta fixada ao dorso que diz assim: *Galeria Simon núm. 1782 1924.*

De acordo com suas declarações, os conservadores do museu nunca haviam conseguido encontrar o verdadeiro dono do quadro. Em uma investigação desse tipo, um pequeno detalhe pode ser fonte de pistas essenciais.

Assim, a primeira reação é indagar a origem da antiga etiqueta. Mas parece surpreendente que os conservadores do museu não tenham tido a curiosidade suficiente de averiguar o que significava esse indício. Acima de tudo porque muitos no mundo da arte parisiense sabem que a galeria Simon foi fundada nos anos 1920 pelo *marchand* Kahnweiler, após o embargo de seus bens pelo governo francês.

Depois de consultar os arquivos dos herdeiros de Kahnweiler, na atual galeria Louise Leiris, soube, muito rapidamente, que o número que figurava na etiqueta era o do inventário da galeria e que o número correto era 7782 e não 1782, pois, ao que tudo indica, houve um erro de transcrição nas fichas do museu. Mas mais importante era o fato de que a galeria vendera o Picasso ao colecionador Alphonse Kann em dezembro de 1924. Era, então, muito possível que o quadro no museu de Rennes tivesse integrado as dezenas de Picassos confiscados da coleção Kann.

Ainda mais, ao estudar os documentos do ERR, soube que Goering o utilizara como obra para o intercâmbio. Averiguei, finalmente, que os nazistas haviam perdido ou extraviado o nome do proprietário original, inscrevendo-o em suas listas como *unbekannte*, ou (*proprietário*) *desconhecido*.

Os dados prévios, publicados neste livro, proporcionavam uma ideia bastante abrangente da procedência completa do Picasso. E foi assim que, no ano de 2003, o governo francês restituiu *Cabeça de mulher* aos herdeiros de Alphonse Kann.

Como já sabemos, o colecionador Kann perdeu com o confisco um número significativo de obras. Ao final de nossa pesquisa encontramos uma delas, *Paisagem*, do cubista Albert Gleizes (ver ilustração C15). Ele foi um dos jovens pintores que, junto com Delaunay e Jean Metzinger, se uniram ao movimento cubista depois de Picasso e de Braque. Registrado com a notação *R1P*, a tela se encontrava no MNAM em Paris, quando este livro foi publicado na França.

Ao consultar os documentos do ERR foi possível verificar que se tratava do mesmo óleo – que media 146 centímetros por 115 e que foi pintado em 1911 – confiscado pelos nazistas na residência de Kann em Saint-Germain-en-Laye e registrado no inventário de confisco com a notação *ka 1149*.

Para comprovar minhas averiguações, perguntei ao especialista da obra de Gleizes que prepara o catálogo *raisonné* de toda sua produção artística. Este confirmou que, no ano de 1911, o pintor executou apenas uma paisagem com aquelas dimensões. Era conhecida com o título de *Paisagem* ou *Paisagem de Meudon*. Os herdeiros de Kann reivindicaram o quadro; e este foi o primeiro quadro MNR devolvido pelos museus franceses a seus legítimos proprietários depois da publicação deste livro na França.

São abundantes os exemplos de obras MNR não reclamadas nos museus nacionais franceses. E cada uma tem sua história particular. Assim, *Parede rosa* de Matisse, que se encontra no MNAM em Paris, com a notação *R5P*. Sua história e sua procedência são interessantes. Este pequeno quadro, que o pintor realizou em 1898, antes de seus grandes quadros *fauvistas*, representa a parede rosa do hospital de Ajaccio na ilha da Córsega.

Matisse acabava de se casar e começava, em sua lua de mel, a experimentar, entre outras coisas, a clara luz mediterrânea.

A *Parede rosa* fez parte dos 145 quadros vendidos em 1914 no legendário leilão de arte moderna conhecido como *La Peau de l'Ours* [A pele do urso]. Dez anos antes, um grupo de amigos e familiares haviam criado uma associação com este nome com a intenção de comprar, em comum, para especular no mercado, quadros de pintores em sua maioria desconhecidos. Além de Matisse, entre o que foi comprado havia obras de Picasso, Bonnard, Vuillard, Derain e Vlaminck circundados por Van Gogh, Pissarro, Gauguin, Signac e outros. De acordo com o estipulado, a associação existiria apenas durante dez anos, ao final dos quais seria leiloada a totalidade das obras, uma parte do dinheiro seria distribuída entre os sócios e o restante entre os artistas vivos. O quadro é vendido por uma boa soma no leilão. Mas, apesar de possuir um claro *pedigree*, qualquer vestígio da *Parede rosa* desaparece desde o momento de sua venda em 1914 até 1949, data em que é depositada aos cuidados do MNAM.

Até agora foram investigadas apenas obras MNR modernas, mas analisemos algumas das pinturas dos mestres dos séculos XVIII e XIX, que hoje se encontram nos museus do Louvre e D'Orsay. Todas se situam no mesmo purgatório de proprietários em que se encontram suas acompanhantes modernas.

Em 1740, François Boucher, o mais importante pintor rococó francês e artista predileto de Madame de Pompadour, apresentou no Salão daquele ano um interessante quadro denominado *O bosque* ou *Cena em um bosque com dois soldados romanos* (ver ilustração C14). Trata-se de uma paisagem que se limita, à esquerda, com dois pinheiros e, à direita, com dois grandes abetos verde-azulados. No meio do quadro, a folhagem de cor verde e avermelhada e a densa mata se iluminam, aqui e ali, pelos raios de um sol que começa a se pôr.

Em primeiro plano, se observa uma clareira no bosque, um riachinho com um banco à direita, sobre o qual, envoltos em luz, se sentaram dois soldados romanos que conversam. A cor vermelho viva do capacete e da capa de um deles serve de notável contraste com a cor predominantemente verde, marrom e azul do conjunto. Perto do centro do quadro, e como para proporcionar uma profundidade à paisagem, em uma clareira iluminada, se distinguem duas silhuetas, uma sentada, a outra de pé, com um cão ao seu lado.

Não existe nenhuma dúvida sobre a autenticidade deste Boucher, registrado como MNR *894* no Museu do Louvre. Sua procedência foi bem documentada, e além disso ele foi abundantemente estudado e comentado. A grande tela – 131 por 163 cm –, apresentada em público há mais de dois séculos, era uma das numerosas paisagens cuja execução havia começado por volta daquela época. Boucher a assinou e a datou – *F. Boucher 1740* – sobre a rocha que se encontra na parte inferior do quadro, à direita.

Esta pintura era o par de outra exposta no mesmo Salão de 1740, *Paisagem com moinho*, também conhecida como *Vista de um moinho com um templo a distância*, que hoje se encontra no Museu Nelson Atkins de Kansas City.

Ambos os quadros têm um longo passado, cuidadosamente catalogado, o que não é de admirar, dada sua importância na obra de Boucher. *O bosque* traz o número 1750 no catálogo *rasonné* de Souillié et Masson e no número 176 no de Anatoff et Wildenstein.

É em 1778 que, pela primeira vez, os dois quadros são mencionados, em virtude do leilão dos bens de uma certa Madame de la Haye, viúva de um arrecadador de impostos, cujo catálogo indica: *Estes dois quadros [...] são ricos e interessantes em sua composição, de feitio inteligente e de um colorido claro, mas agradável e adequado. François Boucher, que é seu autor, os fez em 1740, em seu bom momento*[3].

No decurso da segunda metade do século XIX, as duas obras se separaram e continuaram suas aventuras cada uma por seu lado. *O bosque* esteve na coleção de obras do século XVIII pertencentes ao colecionador francês Jacques de Chefdebien. Em fevereiro de 1941, quando acontece o leilão de seus bens, no Hotel Drouot em Paris, o quadro, apresentado como o lote número 17, foi vendido por 260.000 francos (125.000 dólares) pelo leiloeiro Étienne Ader.

Naquele preciso instante, contudo, essa procedência bem cuidada, devidamente registrada, estudada e completada por eminentes peritos e especialistas, se detém bruscamente depois de ter percorrido dois séculos sem obstáculos. O catálogo da grande exposição *Boucher* que teve lugar em 1986 no Grand Palais, e que foi preparado pelos meticulosos conservadores do

---

3 Gostaria de agradecer a Jeanne Bouniort por sua preciosa ajuda neste capítulo. Do catálogo *François Boucher 1703-1770*, The Metropolitan Museum of Art, janeiro-maio de 1986, *The Detroit Institute of Arts*, maio-agosto de 1986, e *Galeries Nationales du Grand Palais*, setembro de 1986-janeiro de 1987.

Museu do Louvre, não dirá nem mais uma palavra. Mas sua história real não se detém.

As estritas leis francesas que protegem a privacidade das pessoas não nos permitem conhecer a identidade do comprador de *O bosque* em 1941. Mas certamente os arquivos do leiloeiro Ader contêm a resposta: por que o quadro foi designado como MNR? O comprador era francês ou alemão? Os nazistas roubaram a tela?

Enquanto investigava o quadro soube que o filho de Ader havia doado os documentos comerciais de seu pai para os arquivos públicos franceses. Consegui encontrar, entre as atas, contratos e expedientes do leiloeiro, as fichas de vendas da descendência de Chefdebien. Mas a ficha específica sobre a venda do Boucher – onde se encontrava o nome do misterioso comprador – faltava. Não consegui encontrá-la. Quem a teria retirado dali? Com qual motivo?

O bosque não está no já mencionado catálogo de bens do espólio nazista publicado pelo governo francês depois da ocupação. O que, provavelmente, significa que ninguém o reivindicou depois da guerra.

Apesar dos múltiplos indícios que existem e da boa quantidade de informação disponível, os conservadores do Louvre não exploraram – ou não quiseram explorar – a procedência do quadro para localizar seu legítimo proprietário. Já que não foi, até agora, objeto de restituição, *O bosque* está submetido, desde 1951, ao confuso empréstimo provisório dos quadros não reclamados.

Vejamos a história de outro dos MNR, *Retrato do artista*, autorretrato que Cézanne executou entre 1877 e 1880 e que hoje pende das paredes do Museu d'Orsay (ver ilustração C16). Este pequeno retrato pintado de três quartos de perfil, que mede 25,5 por 14,5 centímetros, faz parte das cerca de três dezenas de variados autorretratos que Cézanne realizou em sua vida. Nele, o genial mestre se representa a si mesmo como um personagem taciturno, talvez esquivo e, sem dúvida alguma, não muito sorridente.

Assim como os outros MNR que examinamos, este foi amplamente estudado. No catálogo *raisonné* de Venturi é o número 371, e no de Orienti, o número 507. Não deve ser confundido com outro autorretrato que é muito parecido, o Venturi 372, executado sobre tábua em 1880 e cuja história é comparável.

O MNR 228 inicia sua existência oficial e seu prestigioso itinerário com o grande *marchand* de Cézanne, Ambroise Vollard, que o comercializa em Paris. Em seguida, o quadro virá a integrar a coleção de Pissarro, um dos poucos amigos íntimos do artista. Das mãos de Pissarro, o valioso autorretrato passa à coleção do escritor Octave Mirbeau, amigo igualmente de Pissarro e importante comentador do impressionismo.

Em 1919, na venda da sucessão Mirbeau, o homem de negócios e colecionador Charles Comiot o adquire. Vários anos mais tarde, o *Retrato* será comprado pelo comerciante de arte Jean Dieterlé. E, de repente, a história das mudanças de mãos da tela se detém bruscamente. O dono seguinte é descrito como *coleção privada*, sem identificar. Finalmente, ao final de um parêntese histórico que atravessa a guerra e o imediato pós-guerra, a obra de Cézanne acaba chegando provisoriamente ao Museu do Louvre em 1950, onde será transferida para o Jeu de Paume e, definitivamente, para o Museu d'Orsay.

Embora tenha sido incluída relativamente pouco depois de sua chegada aos museus nacionais, na *Homenagem* a Cézanne, organizada em 1954 no Museu de l'Orangerie, nenhum dono em potencial se apresentou, ao que tudo indica, para reivindicá-la[4].

E podemos formular as perguntas costumeiras a propósito de *Retrato do artista*: a quem Dieterlé terá vendido o quadro? Os alemães o terão confiscado de sua coleção pessoal durante a guerra? Ou, talvez, algum outro o terá vendido aos alemães? E, finalmente, por que as investigações fracassaram até o dia de hoje?

O tema dos MNR é algo recorrente e dificultoso que não deixa de perseguir os conservadores e administradores dos museus. O enigma de sua situação jurídica volta periodicamente.

Alguns anos atrás, ao abrigo do escrutínio da opinião pública, a Direção dos Museus da França dirigiu um discreto pedido por escrito ao ministério de Justiça francês[5]. Os administradores dos museus desejavam inquirir sobre a situação daquelas milhares de obras e saber quando expirava o prazo legal de reclamação. Em outras palavras, os museus tentavam saber sigilosa-

---

4 Este quadro de Cézanne não fazia parte da grande exposição Cézanne de 1995 em Paris.
5 Nota de 26 de outubro de 1992 do diretor dos museus nacionais Jacques Sallois aos chefes de museus.

mente se podiam incluir legalmente – e de uma vez por todas – os MNR em suas coleções.

Uma resposta afirmativa por parte do ministério teria sido bem-vinda pelos museus. Se o prazo expirasse algum dia, e os donos legítimos não pudessem mais reclamar a partir de uma data concreta, então, o Louvre, o Orsay, o MNAM, o Versalhes e o restante dos museus francesas poderiam incluir as peças em suas coleções de uma vez por todas.

Uma decisão positiva apresentava uma vantagem suplementar: o uso de uma decisão administrativa, ou seja, indolor, sem debate público, para levar os museus de uma situação de fato a uma situação de direito.

Assim, o problema e a complicação que os MNR representavam seriam resolvidos de uma só penada e os conservadores dos museus poderiam subtrair-se à repreensão moral por sua inatividade, durante décadas, na busca dos possíveis proprietários das obras.

Contudo, um memorando interno do então diretor dos museus da França, Jacques Sallois, transmite aos chefes dos museus sob sua jurisdição a resposta dos juristas do ministério da Justiça.

Na reunião realizada em seu escritório, e sem se saber muito bem o que faziam, os advogados do departamento jurídico dos museus, que entrevistei em minha pesquisa sobre os MNR, me entregaram uma fotocópia desta nota, que permitiu deduzir a totalidade do debate administrativo interno.

A resposta lembra e repete – caso algum diretor de museu tenha esquecido – que a situação legal dos MNR nos museus nacionais é muito clara: não pode haver um prazo de expiração para as reclamações e os museus não poderão ser mais que os possuidores precários (*détenteurs précaires*) destas obras. Caso os conservadores não tenham entendido bem o que se expressou, a nota insiste em que o direito de propriedade na França é imprescritível e, portanto, não pode haver nenhuma limitação a esse direito.

Finalmente, o documento se encerra com as seguintes palavras sem apelações: *A qualidade de possuidor precário ou de possuidor de um bem alheio sempre impedirá os museus de obter a propriedade dos mencionados bens por prescrição.*

O grande valor estético e econômico das obras em questão só agrava a situação, já que cada uma sem devolver questiona profundamente os motivos reais dos conservadores.

Hoje podemos admirar no Museu d'Orsay o quadro MNR 561, *Os penhascos de Étretat após a tempestade* (ver ilustração C14). Esta límpida e luminosa obra-prima de Courbet foi executada durante o verão de 1869 e exposta no Salão de 1870. O grande pintor realista assinou e datou o quadro – *70 Gustave Courbet* – na parte inferior esquerda deste.

Courbet empregou uma grande tela, de 133 por 162 centímetros, para representar uma transparente paisagem marinha banhada de luz. O excepcional quadro é praticamente um estudo sobre a luz e a grande claridade, sem personagens.

Assim como outras obras designadas como MNR, veremos que a procedência detalhada de *Os penhascos*, sua história, em suma, se interrompe em um ponto, repentinamente.

De acordo com o catálogo da retrospectiva do centenário de Courbet no Grand Palais (1977-1978), *Os penhascos* surge em um certo leilão Carlin em 1872, apenas dois anos depois de sua execução. Em 1933, a tela passa para a coleção Candamo e, em seguida, surge o habitual eclipse durante os anos da guerra.

Com menos surpresa que em ocasiões anteriores, pois já sabemos o que acontece frequentemente com os MNR, constatamos que nenhuma equipe de conservadores, de historiadores de arte ou de especialistas de Courbet preencheu – ou quis preencher – essa lacuna histórica ou identificou o último proprietário do quadro antes que este chegasse ao museu. De fato, a primeira informação que recebemos do magnífico quadro desde 1933 é a de seu depósito em tutela em 1950 no Louvre, e a de sua subsequente transferência para o Museu d'Orsay, onde se encontra hoje[6].

No capítulo sobre o mercado da arte havíamos assinalado a presença de *Os penhascos de Étretat após a tempestade* nos *Documentos Schenker*. Foi o Folkwang Museum de Essen que adquiriu esse quadro e o fez despachar para a Alemanha. O vendedor do quadro foi o *marchand* e especialista parisiense André Schoeller, e seu preço de 350.000 francos (175.000 dólares). Nos documentos da empresa de transportes não detectamos a data da transação. Mas constatamos que é o próprio Schoeller que vende ao mesmo Folkwang um Corot, *Cavaleiros em uma rua de aldeia*, em janeiro de 1941, e é, talvez, nesta mesma data que providencia o Courbet.

---

6 Catálogo da exposição Courbet, Galeries Nationales du Grand Palais, setembro de 1977-janeiro de 1978.

Será que *Os penhascos* é uma obra confiscada ou roubada de algum colecionador francês que em seguida foi vendida por Schoeller ao museu? Ou então se trata de uma transação legal, naquela época, entre um *marchand* francês e um museu do Reich? Se *Os penhascos* era roubado, Schoeller sabia disso? De acordo com os *Documentos Schenker*, Schoeller havia vendido outras obras para o mesmo museu – ao menos um Daumier e uma aquarela de Rodin. Será que, em todos esses anos, os conservadores d'Orsay e administradores da Direção dos Museus Nacionais não teriam conseguido localizar e examinar os livros de contabilidade de Schoeller para tentar identificar o proprietário de *Os penhascos*?[7]

Este livro foi publicado originalmente na França, em fins de 1995. Sua acolhida no mundo da arte e na imprensa superou as expectativas. As perturbadoras revelações – tão surpreendentes para mim como para os leitores – sobre a colaboração no mercado de Paris, o confisco nazista, a localização de diversas obras roubadas na Europa e nos Estados Unidos e, finalmente, a divulgação da existência dos MNR provocaram grandes debates não apenas culturais mas também políticos. É um grande prazer poder fornecer, em seu próprio idioma, a atualização definitiva deste livro.

Nesta se pode constatar que, depois de vários anos de sua publicação inicial, ocorreram importantes mudanças e desdobramentos no processo que forçou a catalisar.

Quando se revelou a existência dos MNR, a Direção de Museus da França reagiu lenta e obstinadamente ao círculo cada vez mais amplo de pessoas que se interessavam pelo tema.

Françoise Cachin, a então diretora dos museus, respondeu originalmente com algumas declarações no jornal *Le Monde*. A indignada diretora insistia, com certa inocência ou muito cinismo, que os museus nacionais jamais haviam considerado os MNR como parte das coleções públicas. Acrescentou, para meu assombro, que qualquer dono em busca de suas obras desaparecidas, e que desejasse averiguar sobre os MNR, só tinha de consultar os catálogos gerais dos museus franceses. Finalmente, Cachin prometeu publicar um catálogo ilustrado de MNR na internet e organizar um encontro sobre o tema.

Suas declarações eram muito surpreendentes, pois já neste capítulo demonstramos as dificuldades com que depara qualquer pessoa interessada

---

7 *Documentos Schenker* (NA), Washington (DC).

em perguntar sobre a origem ou a procedência dos MNR dos múltiplos catálogos dos diversos museus.

Mesmo assim, o mais espantoso da resposta da diretora era que não expressasse – nem ela nem seus colegas – o menor sentimento de responsabilidade ou um mínimo senso do dever dos museus em iniciar a busca dos proprietários das obras.

Desde a publicação do livro, o argumento implícito e firme da Direção foi de que os donos das obras designadas como MNR haviam colaborado com os alemães durante o conflito bélico. Concluíam que estes nunca haviam reclamado suas obras porque não eram confiscadas, mas que as haviam vendido voluntariamente. Neste capítulo demonstramos, para além de toda dúvida, esperamos, que esse argumento não é correto.

Só a investigação ativa – e não a passiva, que consiste em esperar em seu escritório que um suposto dono se apresente algum dia para reclamar sua obra – pode esclarecer se uma obra foi confiscada, vendida sob pressão ou voluntariamente. Esperar passivamente, a atitude que os museus adotaram há meio século, só aumenta a suspeita de que a Direção dos Museus não deseja localizar os proprietários para que as obras permaneçam em suas salas.

É verdade que, como um dos próprios diretores admite anonimamente, abrir alguns dos expedientes dos colaboradores poderia ser extremamente embaraçoso tanto para os donos como para os museus. Além disso, encarar tantos atos duvidosos sobre o ativíssimo mercado de arte durante a guerra seria pôr o dedo na ferida, ou mais adequado ainda, colocar sal nessa ferida da colaboração que não cicatrizou ainda hoje na sociedade francesa.

A Direção dos Museus, em sua desesperada e altaneira busca de motivos e pretextos, garante que não conseguiu resolver o problema das obras não reclamadas devido ao fato de a maioria dos documentos sobre o assunto estar sob sigilo no ministério das Relações Exteriores e em outros. Mas os administradores dos museus esquecem que tiveram meio século para exigir o acesso a eles; sem contar que uma parte dos arquivos estiveram nas mãos deles, armazenados e esquecidos, até princípios dos anos 1980. Assim, desde a morte da conservadora Rose Valland no início de 1980, a Direção os despachara, sem saber o que fazer com eles, para um depósito nos arredores de Paris.

Entre 1996 e 1997, o debate sobre a arte roubada pelos nazistas na França foi se enlaçando e se internacionalizando com um debate paralelo, o do ouro dos nazistas e o das contas bancárias e bens abandonados na Suíça.

Em janeiro de 1997, este assunto inacabado na França ressurgiu com força. Com a diferença de que, desta vez, seu conhecimento não se limitou ao reduzido mundo europeu da arte, expandindo-se para círculos mais amplos da opinião pública internacional.

Assim, o presidente francês Jacques Chirac e seu primeiro-ministro Alain Juppé anunciaram a criação de uma comissão independente, composta por altos funcionários, historiadores e especialistas, que investigaria e avaliaria o assunto dos bens roubados dos judeus que se encontravam nas mãos do governo francês desde a guerra.

Por casualidade, na mesma semana, vazou nos diários parisienses *Le Monde* e *Le Figaro* o relatório de uma investigação confidencial sobre os MNR, realizada pela respeitável *Cour des Comptes* francesa (o Tribunal de Contas, órgão fiscalizador do setor público).

O relatório, que datava de um ano antes – janeiro de 1996 –, foi redigido cerca de seis semanas depois da primeira publicação deste livro na França. O documento apresentava a recontagem dos MNR e de sua chegada aos museus franceses. Mas, sobretudo, criticava a Direção dos Museus, em termos inusitadamente fortes, por não se esforçar para restituir a seus respectivos donos as obras que lhes haviam sido confiadas desde os anos 1940 e 1950.

Por outro lado, os relatores demonstravam a cumplicidade de muitos funcionários governamentais, pois explicavam como vários ministérios conheciam amplamente, desde muitos anos atrás, a existência nos museus nacionais das obras roubadas. O curto mas preciso relatório, cuja existência foi revelada na primeira página do *Le Monde*, confirmou a informação e as dificuldades descritas neste capítulo do livro.

Em suas onze páginas, o documento dirigido ao ministério da Justiça descreve como foi complicado, mesmo para um organismo fiscalizador como a *Cour des Comptes*, obter dos conservadores a necessária informação sobre os MNR.

O redator insistia em que a maioria dos conservadores – salvo os do Museu d'Orsay – tentaram minimizar a importância e o valor dos MNR em seu poder. Este se dá conta da manobra quando um deles lhe responde:

> Algumas delas são obras-primas que, caso não as tivéssemos obtido deste modo, teríamos sido obrigados a comprar por preços muito altos cedo ou tarde.

O relatório se encerrava lembrando ao ministério da Justiça que, se o direito de reclamar os MNR não prescreve, então os museus poderiam ser responsáveis publicamente por não ter cumprido seu dever de informar os donos em potencial.

Quando se publicou o relatório confidencial nos dois diários, um funcionário da Direção dos Museus reagiu rapidamente afirmando que o relatório era *falso* e acrescentava que este se fundamentava em informação preliminar que os museus haviam impugnado. Por sua vez, uma porta-voz da *Cour des Comptes* confirmou que o *Le Monde* estava *bem ciente* de que a informação que havia sido publicada no jornal era a correta.

Algumas semanas mais tarde, o próprio ministério da Cultura, de quem depende a Direção dos Museus da França, admitiu que teriam de solucionar a situação dos MNR e encarar os anos da guerra. Pouco tempo depois, o MNAM do Centro Pompidou e, mais tarde, o Museu do Louvre e os museus d'Orsay, Versalhes e Sèvres e outros anunciaram a organização de exposições públicas múltiplas nos museus do país que tivessem obras MNR em seu poder. As exposições, de uma duração de duas semanas, eram as primeiras em seu gênero desde o pós-guerra e tiveram lugar no mês de abril de 1997.

As curtas mostras satisfizeram uma parte da opinião pública, mas não foram suficientes, pois nada pode substituir as investigações efetuadas sobre cada peça em particular.

A pesquisa publicada neste livro confirma o papel construtivo e às vezes heroico que tiveram alguns dos funcionários dos museus durante a guerra. De 1939 a 1944, muitos nos museus – particularmente Jacques Jaujard e Rose Valland – demonstraram sua tenacidade e empenho diante da pressão dos alemães. Sua ação era um baluarte de apoio contra os confiscos: ao proteger as coleções privadas nos depósitos de províncias dos museus nacionais, ao exercer oportunamente o direito preferencial de compra de obras no momento de seu confisco e, finalmente, com o trabalho excepcional realizado pela CRA (Comissão de Recuperação Artística) no pós-guerra.

Neste livro, os leitores puderam constatar como ocorreu realmente o confisco durante a guerra; como as consequências dos quatro anos de saque, de transferência maciça e de destruição de arte na França ainda podem ser sentidas hoje em dia; como pinturas confiscadas em Paris durante a guerra reaparecem, muito longe, na Europa e nos Estados Unidos, em museus ou coleções particulares, depois de décadas de ausência e de terem transitado inocentemente por muitas mãos no mercado internacional; como, na Suíça, se agarraram as obras confiscadas e se tentou fazer desaparecer sua verdadeira procedência; e, finalmente, como muito do que foi roubado ainda está pendurado, por negligência ou malícia, nas salas dos museus franceses.

Estas obras saqueadas são como as assombrações de um museu perdido, devastado e disperso através do mundo pela cobiça e pela tentativa de Hitler de transformar a história humana e a da arte. Ao reconstituir e em seguida narrar esta história, ajuda-se a encerrar definitivamente esse capítulo – o do roubo da arte – da Segunda Guerra Mundial que havia ficado, por tantos anos, irremediavelmente inacabado.

Desde que a notícia se difundiu entre o público em geral, muitas das famílias vítimas da espoliação nazista, ao detectar obras suas entre os MNR, iniciaram a reclamação oficial dessas obras. Já são muitas as que obtiveram satisfação, embora muitas outras ainda estejam à espera.

O governo francês, tentando resolver o problema de uma vez por todas, estabeleceu uma comissão nacional – a última é a Comissão Drei – que estuda o tema dos bens saqueados durante a guerra e delibera sobre a melhor maneira de chegar a sua devolução. Muitas de suas decisões foram razoáveis, e é de esperar que elas consigam fechar a ferida aberta que deixaram o roubo, as apropriações ilícitas e a depredação ocorridas durante a Segunda Guerra Mundial.

ANEXO I

EDUARDO PROPPER DE CALLEJÓN

Naqueles anos de guerra, de profunda polarização das sociedades europeias, de medo e inimizades ferozes, de impiedosas perseguições políticas, alguns diplomatas da época – incluindo vários espanhóis – se distanciaram do inflexível contexto histórico ao redor e, desobedecendo deliberadamente às diretrizes pró-nazistas ou neutras estipuladas por seus próprios governos, põem em risco sua carreira e o futuro de suas famílias para prosseguir com o único comportamento que, independentemente de qualquer ideologia, consideravam correto e humanitário nas circunstâncias da época.

Esses audaciosos funcionários em posições-chave se tornam, da noite para o dia, os defensores e protetores decisivos de milhares de europeus que fugiam do avanço do exército alemão. Fornecem, sutil mas deliberadamente, com um simples carimbo ou uma rápida assinatura, com a execução de uma diligência ou a aprovação de um trâmite inevitável, os salvos-condutos que urge obter imediatamente para escapar da prisão ou morte certas.

Com muita astúcia administrativa, que demonstra o profundo conhecimento que tinham da burocracia alemã, esses personagens altruístas também colocam sob a proteção de sua bandeira obras de arte, bens e ativos pertencentes aos perseguidos, livrando-os automaticamente da atividade confiscatória nazista.

Algumas dessas figuras admiráveis permanecem até hoje sem o devido reconhecimento público e institucional pelo importante trabalho que realizaram salvando vidas e protegendo bens.

É este o caso pouco divulgado do diplomata espanhol Eduardo Propper de Callejón, primeiro-secretário da embaixada da Espanha em Paris de 1939 a 1941, que salvou a honra da tradição humanitária de seu país*. Esse espanhol se torna, graças às circunstâncias da guerra, um herói anônimo e, ao mesmo tempo, uma ponte entre os refugiados e a sobrevivência.

Desde a juventude, as condições familiares da vida de Propper o haviam levado, inelutavelmente, a favorecer a monarquia perante a república. Sua mãe é amiga da rainha Vitória Eugênia. Alfonso XIII culmina essa proximidade familiar com a corte espanhola ao juntar os sobrenomes paterno e materno do diplomata, transformando-os em Propper de Callejón.

O jovem diplomata era o filho mais novo de três do casamento misto entre Max Propper, financista judeu franco-boêmio, e Juana Callejón y Kennedy, filha de um político monarquista espanhol e uma beldade da grande burguesia de Nova Orleans.

Propper iniciou sua carreira no ministério das Relações Exteriores servindo o rei Alfonso XIII, ao final da Primeira Guerra Mundial em 1918, com o cargo de secretário na modesta legação espanhola em Bruxelas, sob o comando do marquês de Villalobar. Mais tarde, o jovem Propper ocuparia cargos em Lisboa e Viena, cidade onde conhece Hélène Fould-Springer, jovem aristocrata franco-austríaca, com quem se casará em 1929.

De volta a Madri, Propper é o chefe de codificação no ministério, quando, em 1931, após a vitória eleitoral republicana, Alfonso XIII deixa a Espanha e se exila na Itália.

Exige-se do diplomata uma declaração de adesão ao novo governo republicano para que possa continuar sua carreira. Mas, seguindo suas íntimas convicções políticas, Propper rejeita a proposta, e, em poucos dias, o ministério republicano o aposenta aos 36 anos de idade.

Ele parte imediatamente com sua família para Paris, onde é alcançado pela revolta de Franco, em julho de 1936. Convencido da justiça de sua causa, Propper passará a frequentar um grupo de monarquistas que gravita em torno do encarregado dos assuntos do ex-rei na França e que se reúne regularmente num escritório do luxuoso Hotel Meurice, na *rue* de Rivoli. Os ideais realistas do grupo se mesclam ao mais profundo repúdio e medo do comunismo experimentados por seus membros, que os radicalizam em sua busca de ajuda de aviões e de armamentos para a revolta nacionalista.

---

* A informação utilizada para este anexo sobre o trabalho do diplomata espanhol Eduardo Propper de Callejón provém de múltiplas entrevistas com familiares e testemunhas da época e do conteúdo dos arquivos familiares de seus filhos, Felipe Propper de Callejón e Elena Bonham Carter.

Desse modo, Propper viaja logo para Berlim levando consigo uma lista do material necessário e uma carta de recomendação dirigida ao almirante Wilhelm Canaris, um culto e arguto militar que é, desde 1935, o chefe do *Abwehr*, o eficaz serviço de contraespionagem do exército alemão.

Paradoxalmente, Canaris se tornará um astuto, embora discreto, inimigo do regime nazista, empregando sua posição estratégica para conspirar contra Hitler e tentar frustrar seus planos militares. Grande amante das culturas mediterrâneas, o almirante é fluente em espanhol e tecerá nos anos seguintes uma estreita relação com Franco, advertindo-o contra os perigos de uma parceria formal com Hitler e a derrota certa da Alemanha. Nos últimos meses da guerra, o jogo duplo do grande mestre da contraespionagem alemão será descoberto, e por ordem do *Führer* ele será encarcerado em condições bastante cruéis. Em 9 de abril de 1945, um grupo de soldados da SS conduz Canaris à forca, juntamente com outros membros da resistência alemã, no campo de concentração de Flossenburg.

Em 1936, Canaris recebe gentilmente Propper em Berlim e o orienta em suas compras de armamentos. Em 28 de julho, ele comunica a decisão oficial de Hitler e Goering de auxiliar abertamente os rebeldes de Franco e a anuncia, segundo os escritos de Propper, nestes termos: *a primeira embarcação com armamentos parte em dois dias para um porto da Galícia. Quanto aos aviões, ainda se está estudando como serão enviados.* O almirante alemão acrescenta que os nazistas enviarão o solicitado na lista e muito mais, concluindo com as devidas felicitações ao diplomata espanhol por ter cumprido plenamente sua missão internacional.

De volta a Paris, Propper monta o serviço de decodificação dos nacionalistas no Hotel Mont-Thabor, na rua de mesmo nome, e, trabalhando à noite, com a cumplicidade de um coronel francês, descobre os códigos dos telegramas e mensagens cifrados enviados pela embaixada da Espanha em Paris a San Juan de Luz e a Irún.

Com a vitória de Franco em abril de 1939 e a derrota dos republicanos, Eduardo Propper retoma a carreira diplomática e é nomeado primeiro-secretário na embaixada da Espanha em Paris. O funcionário participará dessa instável primeira fase do governo do caudilho, em que, sem esquecer suas simpatias pró-alemãs, a Espanha franquista tentará manter relações internacionais, simultânea ou alternadamente, com os vários grupos beligerantes na Europa.

Com os principais postos na Avenue Georges V e na Avenue Marceau, no elegantíssimo oitavo distrito de Paris, essa primeira missão diplomática do governo nacional é encabeçada por José Félix de Lequerica – antigo jornalista, ex-prefeito de Bilbao, monarquista convicto e seguidor da revolução nacional-sindicalista –, tendo Cristóbal Castillo como seu ministro conselheiro.

O trabalho inicial da equipe da embaixada será estabelecer pontes políticas internacionais e conquistar a boa vontade necessária do importante vizinho do norte, o que permitirá a sobrevivência do novo regime de Franco.

Em setembro de 1939 estoura a Segunda Guerra Mundial na Europa, alastrando os piores pressentimentos no ânimo dos franceses. Precavido, Propper, numa carta datada de 10 janeiro de 1940 dirigida ao ministério das Relações Exteriores francês, anuncia protocolarmente às autoridades competentes do país que o castelo de Royaumont, ao norte de Paris, havia se tornado sua residência principal e abrigava os escritórios diplomáticos *desde o início das hostilidades*. Assim, de forma retroativa, a partir da declaração da guerra, tanto a propriedade e os terrenos de Royaumont como também o conteúdo dos cômodos do próprio domicílio do diplomata se encontravam automaticamente sob proteção da bandeira da Espanha. (Ver documento 1.)

Na verdade, a informação oficial fornecida integra um engenhoso estratagema por parte do diplomata para esconder, em caso de ocupação nazista, os importantes bens da família de sua esposa, Hélene, de origem judaica. O sogro de Propper, o barão Eugene Fould-Springer, parente do ministro da Fazenda de Napoleão III, era membro da família de banqueiros europeia Fould Oppenheim. Sua sogra, a baronesa Mitzi, era a filha única do barão Gustav Springer, magnata judeu da indústria austro-húngara.

Entre os objetos que, graças à astúcia de Propper, ficarão fora do alcance dos confiscadores nazistas há importantes móveis antigos no estilo Luís XV, vários desenhos e, acima de tudo, um conhecido e excelente *Retrato de Madame du Barry* – a influente amante do rei Luís XV, a sucessora na cama de Madame de Pompadour – da célebre pintora Elisabeth Vigée Lebrun. Também será protegido contra a ganância nazista o tríptico de Jan van Eyck, *Virgem com o menino Jesus com santos e doador*. Esta magnífica obra-prima da arte flamenga pertencia ao barão Robert de Rothschild, amigo da família, que se tornaria o sogro de Liliane, a irmã mais nova da esposa de Propper.

Com sua nomeação como embaixador em Paris, os laços entre Lequerica e o extremo conservadorismo oficial francês ocorrem naturalmente, estreitando-se e dando frutos em 1940, durante a derrota da França nas mãos da Alemanha.

O marechal Pétain demonstrava simpatia e amizade pela Espanha de Franco, pois servira como embaixador francês em 1939 e negociara a promessa de neutralidade do regime espanhol em caso de guerra entre a França e os nazistas.

Pétain e seus companheiros, que procuravam acabar rapidamente com as hostilidades, consideravam Lequerica um francófilo sério e homem razoável em quem podiam confiar. Desse modo, será a Espanha de Franco – com o embaixador como representante e Propper como assistente principal – que servirá, na segunda quinzena de junho de 1940, de mediadora exclusiva perante a Alemanha do pedido de armistício por parte do governo francês derrotado.

O pessoal da embaixada da Espanha vinha acompanhando a debandada do governo francês já desde 11 de junho, antes da suspensão da agressão nazista, com a inelutável aproximação de Paris do exército alemão. Em sua fuga, os políticos franceses se deslocariam primeiramente para Tours e depois para Bordeaux, antes de passar por Royat e de se estabelecer em Vichy. Nesta estação balneária finalmente encontrariam dezenas de hotéis desocupados com centenas de aposentos prontos para receber o governo em fuga com seus ministérios, comitivas, familiares e representações diplomáticas.

A parte mais destacada e honrada – e a mais negligenciada – da atuação diplomática de Eduardo Propper de Callejón ocorrerá durante esses últimos e angustiantes dias da França antes do armistício – em 22 de junho de 1940 –, nos próprios escritórios do consulado da Espanha na cidade de Bordeaux.

Nesse período de êxodo em massa pelas estradas da França, que o próprio diplomata chama de *grande confusão*, milhares de pessoas que fogem do avanço alemão se reúnem na metrópole do sudoeste francês e pensam unicamente em pôr-se a salvo das hostilidades.

Com a guerra, como já vimos, as diferenças de classe e de origem perdem força e até se aplanam, pois são inúmeros os membros da sociedade civil europeia que fogem acossados pelo nazismo e precisam dos valiosos documentos que podem mantê-los longe do perigo iminente.

Propper se lembra daqueles dias do seguinte modo:

> Bordeaux era uma Babilônia: holandeses, belgas, luxemburgueses, austríacos... O êxodo de milhares e milhares de pessoas de todas as nacio-

nalidades que fugiam dos alemães... comerciantes, políticos, judeus corriam ao consulado solicitando o visto de trânsito para a Espanha e depois para Portugal.

A massa de solicitantes exaltados que afluem ao consulado da Espanha inclui até mesmo a velha nobreza europeia, com o arquiduque Otto de Habsburgo, Zita de Bourbon-Parma – última imperatriz da Áustria – com seus familiares e a grã-duquesa de Luxemburgo com seu marido e filhos.

Propper se comove com a sorte desses *milhares de infelizes... dessa multidão de refugiados... que vinham fugindo dos alemães num estado de verdadeiro pânico...*

A parte principal do consulado consistia numa sala grande com duas janelas ao fundo. Ela dava diretamente para a rua e servia para a expedição e a entrega de documentos. Ao seu lado havia um balcão e um cômodo pequeno com uma escrivaninha onde se acomodava o diplomata responsável, que naqueles dias precipitados seria o Propper mesmo.

Ao chegar ao local, o primeiro-secretário constatara com irritada surpresa que o cônsul oficial, vítima do pânico geral durante o avanço alemão, havia abandonado o consulado e partido para a Espanha com toda a sua família, depois de ter fechado sua casa e retirado os móveis.

Propper e seus assistentes se instalam na desordem dos pequenos escritórios e tentam encontrar solução imediata para a trágica situação dos milhares de perseguidos que acorriam diariamente às suas portas.

Ciente das emergências e necessidades, o diplomata deseja conceder vistos com prodigalidade e acessibilidade, mas, conhecedor das simpatias pró-nazistas de seu governo e dos inimigos que Franco compartilha com a Alemanha, consulta essa espinhosa questão com o embaixador Lequerica.

Este, mais interessado nos eventos políticos que se desenrolavam ao redor, lhe responde que não se neguem vistos a nenhuma pessoa que o embaixador conheça. Por outro lado, em relação aos outros milhares de peticionários, Lequerica acrescenta: *Eduardo, faça o que julgar conveniente, pense e me diga antes de começar.*

No entanto, o tempo urge e, pior ainda, os funcionários da embaixada não estão capacitados para emitir passaportes nem autorizar vistos. Os únicos vistos válidos que ela poderia outorgar se limitavam aos estendidos a passaportes diplomáticos, o que não exigia preenchimento de formulários.

Em contrapartida, os consulados se dedicavam rotineiramente à tarefa de conceder vistos; mas ali o sistema de solicitações era de maior complexidade e não se prestava bem às ineludíveis circunstâncias daqueles dias. Em primeiro lugar, cada solicitante devia preencher três ou quatro formulários. Estes eram, em seguida, assinados pelo funcionário consular responsável, que depois os enviava com duas fotografias anexadas ao ministério das Relações Exteriores em Madri. Ali esperariam sua aprovação e reexpedição. O trâmite podia levar de seis a oito dias úteis.

Propper sabia que, naquela situação, esse prazo inadiável poderia significar a prisão e a morte para muitos. Revendo sua memória, o diplomata lembra que, em certas ocasiões singulares, as embaixadas se serviam de *vistos especiais*, de curta duração, emitidos e aprovados excepcionalmente de imediato. Informa o fato a Lequerica, salientando – com a intenção de dourar pílula para o embaixador – que se trataria apenas de vistos de trânsito para um período limitado de quatro dias em território espanhol, tempo suficiente, entendia o primeiro-secretário, para que os refugiados encontrassem novas rotas de fuga.

O diplomata imediatamente põe mãos à obra, trabalhando por incontáveis horas. A baronesa Liliane de Rothschild, sua cunhada, testemunhou o valioso trabalho de Propper no consulado de Bordeaux. Ela contava que eram tantos os inadiáveis pedidos de visto e tamanha a urgência, pois a fronteira poderia ser fechada a qualquer instante, que o diplomata, para aumentar a eficiência, assinava incansavelmente *vistos especiais* utilizando ambas as mãos ao mesmo tempo, tentando assim alcançar seu objetivo de autorizar o precioso documento para todos os que dele necessitavam.

Para manter a prova dos documentos emitidos naquela desordem geral causada pela derrota militar francesa, o primeiro-secretário abriu um registro oficial em que se inscrevia o número de cada visto autorizado. À medida que se passavam os dias, a derrota francesa se estendia de forma inequívoca e corria a notícia de que o consulado da Espanha emitia vistos generosamente, os escritórios consulares são cercados por milhares de pessoas desesperadas que não veem alternativa senão cruzar a fronteira.

A ansiedade aumenta em proporções tais que, por duas vezes, as massas de refugiados empurram o balcão até as janelas ao fundo da sala, criando uma situação caótica que impedia a continuação do trabalho dos diplomatas. O primeiro-secretário se viu obrigado a recorrer à proteção da polícia francesa para controlar o acesso ordenado ao consulado.

Com determinação, em poucos dias, Propper e sua equipe conseguirão conceder milhares de vistos e salvar a mesma quantidade de refugiados franceses e estrangeiros. O diplomata continuará a aplicar na zona não ocupada a mesma ampla política de vistos para a Espanha até 1941.

À parte os refugiados estrangeiros, foi grande o número de franceses, judeus ou não, que se beneficiaram com seu comportamento humanitário. Entre eles estavam o famoso ator francês Jean Gabin – protagonista de *A grande ilusão*, dirigido pelo cineasta Jean Renoir –, que, graças ao visto concedido por Propper, consegue fugir para os Estados Unidos, e Bertrand Goldschmidt, um dos pais da bomba nuclear francesa, que se refugia no Canadá. (Ver documento 2.)

Depois dos dias angustiantes de junho em Bordeaux, os eventos do verão de 1940 se acalmam e a ocupação alemã se estabelece na França. A embaixada da Espanha se instala em Vichy, a nova e improvisada capital do regime, e, a partir daí, Propper testemunhará a criação do *État français* do marechal Pétain e os horríveis passos iniciais de sua forte vontade de colaborar com os alemães.

Em 11 de setembro de 1940, a embaixada recebe com agrado uma correspondência do ministério das Relações Exteriores em Madri, na qual o ministro em exercício, o anglófilo Juan Beigbeder, comunica, por meio do subsecretário do ministério, sua satisfação com o trabalho realizado por seus diplomatas durante o armistício franco-alemão. Congratula o embaixador e os funcionários pelo *elevado espírito de que todos deram provas nas circunstâncias difíceis que suportaram e pelos serviços magníficos prestados por Vossa Excelência e colaboradores, o qual constará em seus respectivos arquivos.* (Ver documento 3.)

Mas, em outubro do mesmo ano, Franco, agora convencido de que o inevitável vento da vitória soprava a favor do Eixo, substitui Beigbeder. Então, Ramón Serrano Súñer, o lendário maquinador e influente *cuñadísimo* de Franco, toma as rédeas do ministério das Relações Exteriores da Espanha.

O novo ministro (ferozmente antiliberal e antijudaico, grande colaborador do generalíssimo, amigo próximo de José Antonio Primo de Rivera, que naquela época já havia sido executado) estava desempenhando naqueles anos um papel importante na criação e estruturação do novo Estado autoritário espanhol. Desde 1938, à frente do essencial ministério da Governação – quando ajuda a fundar a agência de notícias EFE para a difusão da propaganda –, Serrano havia realizado trabalhos de grande importância e confiança a serviço do caudilho. A perseguição de maçons e políticos de esquerda tinha sido uma de suas primeiras tarefas, porque, nessa fase inicial do franquismo, Serrano participou da concepção e promulgação da estrutura de severas leis retroativas que permitiam o julgamento e fuzilamento de milhares de opositores do regime. Guiado em grande parte por sua simpatia pelo irreprimível fascismo e pelos profundos objetivos de renovação nacional que o agitavam, Serrano promove, a partir de seu recente posto como ministro de Relações Exteriores, uma estreita colaboração com a Alemanha e a Itália na Segunda Guerra Mundial. Com efeito, será ele mesmo quem coordenará, em 23 de outubro de 1940, na semana de assumir seu novo cargo de chanceler, a entrevista de Franco com Hitler na estação de trens de Hendaye. Neste primeiro e único encontro com o caudilho, o Führer projeta a entrada da Espanha na guerra ao lado dos países do Eixo.

Na França, Franco e Serrano planejavam reivindicar, após a esperada vitória incondicional, uma parte do seu império colonial; mas, naqueles anos do armistício, os dois políticos se conformaram em obter a ajuda dos ocupantes nazistas na captura – para eventual julgamento e execução – dos antigos dirigentes da República refugiados na França. Graças a esta vergonhosa e eficaz colaboração, Lluís Companys, o presidente da Generalidade da Catalunha, e Julian Zugazagoitia, o ex-ministro do Interior da finada República, cairão nas mãos de Franco e serão imediatamente fuzilados em outubro e novembro, respectivamente.

Nessa tarefa infame, Serrano Súñer conta com a cooperação do destacado embaixador da Espanha, Lequerica, que facilita o trabalho de seu ministro acionando seus múltiplos contatos, e com a boa vontade que desfrutava no governo colaboracionista de Vichy.

Serrano certamente também pretende remover de seu ministério os funcionários cujas ideias não estivessem em conformidade com as suas.

Assim, em 1º de fevereiro de 1941 chega à embaixada em Vichy um lacônico telegrama nº 57, enviado aberto e assinado pelo próprio ministro, com o breve e inapelável anúncio:

Comunique Secretário Senhor Propper tranferência Consulado Larache.

Serrano Súñer

Larache era, na época, um povoado esquecido ao norte de Marrocos sob o protetorado da Espanha. (Ver documento 4.) Nesse lugar periférico, colonial, africano, quartel-general da Legião Espanhola, a pequena população e sua posição como cônsul não poderiam representar um avanço na carreira diplomática de Propper.

O comunicado enviado por Serrano Súñer foi o ponto culminante de uma sanção que vinha sendo gestada havia semanas – ou talvez meses – em Madri. Por alguma razão desconhecida, o ministro não apreciava a ação diplomática de Propper na embaixada da Espanha na França.

Nos meses anteriores, o ministro já havia tentado transferir o primeiro-secretário, talvez com a intenção de forçá-lo a se demitir, para diversos consulados na África que os alemães desejavam que a Espanha abrisse. Propper se defendera, centímetro por centímetro, escrevendo aos seus superiores e amigos em Madri e conseguindo de uma forma ou de outra adiar a temida decisão ministerial.

Mas, agora, a terminante ordem telegráfica não dava lugar a dúvidas e, ao ser enviada aberta pelo ministro, permitia que a notícia da iminente transferência se difundisse inexoravelmente entre os funcionários da embaixada na França. Além disso, Serrano estava no topo de seu poder no ministério e no regime, e um primeiro-secretário de embaixada, ainda mais com pai de origem judaica e vinculado aos judeus, não seria capaz de confrontá-lo.

Em 3 de fevereiro, Lequerica responde ao ministro com um telegrama cifrado, indicando que Propper partirá em poucos dias para assumir o consulado de Larache. (Ver documento 5.) Mas, no dia seguinte, 4 de fevereiro, Serrano responde impaciente com outro áspero e inapelável telegrama igualmente aberto:

> Com referência telegrama 57 comunique Senhor Propper urgência assuma seu posto.
>
> *Serrano Súñer*

A insistência e a irritação do ministro na mensagem são evidentes; além do mais, nem sequer reconhece a existência do telegrama anterior de Lequerica. (Ver documento 6.) No entanto, o que mais surpreende no documento são sua intransigência e fúria implícitas. Por quê?

É raro que um ministro se empenhe e se obstine dessa forma por uma transferência e remoção à primeira vista sem importância. Por que o poderoso ministro de Relações Exteriores se ocupa pessoalmente de um simples traslado para um posto insignificante do terceiro funcionário em importância na embaixada de Vichy? Que motivos profundos o fazem se sentir compelido a persistir, a assinar ele próprio os documentos e supervisionar o expediente e a urgente transferência?

A motivação ou motivações exatas que podem explicar o feroz comportamento de Serrano Súñer são até hoje desconhecidas, mas temos elementos sólidos que nos ajudam a esclarecer a situação.

Além das simpatias pró-nazistas já mencionadas que podem ter influenciado a decisão do *cuñadísimo*, mas não explicam seu interesse e determinação, deduzimos que alguém com autoridade devia estar exercendo necessariamente alguma pressão e insistência permanentes e em nível muito elevado para que Propper fosse disciplinado desse modo. Além disso, a pessoa ou pessoas que pressionavam pareciam insistir em alguma repreensão inconfessável e inaceitável contra Propper. Essas exigências, que parecem proceder do entorno político ou administrativo do ministro, podem ser lidas nas entrelinhas – e, claro, no tom impaciente – dos documentos aqui apresentados.

Seria, portanto, importante determinar quem àquela altura teria a capacidade de influenciar Súñer Serrano. Naquela época de glória de Serrano, apenas Franco, os próprios alemães, um conselheiro pessoal ou um amigo próximo teriam podido exortar ou incitar o ministro a levar a cabo ou ocupar-se pessoalmente de uma sanção a um modesto diplomata de carreira.

Já que seria pouco razoável considerar que o caudilho tivesse se interessado por um caso insignificante para seu governo, apenas uma forte pressão alemã – quase certamente originada na França, onde Propper havia protegido propriedades e autorizado milhares de vistos a refugiados – poderia explicar a reiteração de Serrano Súñer. É factível pensar, portanto, que, no contexto político vitorioso de então, os militares ou diplomatas alemães na França, sentindo-se extremamente exigentes, tenham podido mencionar ao ministro sua discordância com a presença de Propper na embaixada e insistido para a remoção daquele diplomata empreendedor que ajudara a frustrar os projetos de confisco nazista e auxiliara muitos inimigos do Reich a escapar. E que, além do mais, tinha pai de origem judaica.

É claro, também pode ter havido uma determinada urgência por parte de algum conselheiro ou amigo próximo do ministro, mas a ênfase e o tom das correspondências apontam mais uma urgência política que nos parece dificilmente imposta por alguma outra pessoa, seja assessor, seja amigo do ministro.

Poucos dias depois, Propper parte em direção de seu novo posto de cônsul em Larache, sem compreender totalmente as razões de sua súbita transferência.

Ao sair de Vichy, o destituído primeiro-secretário tenta localizar nas instalações da embaixada o registro oficial criado em junho de 1940 em Bordeaux com o número de cada visto concedido. A busca é infrutífera: depois de tentar por várias horas, os funcionários da embaixada não conseguem encontrar o importante livro. Ele nunca mais deu sinais de existência. Talvez algum outro alto funcionário da embaixada da Espanha, temendo represálias ainda mais vastas por parte de Serrano, o tenha feito desaparecer.

A caminho da distante Larache, Propper se detém em Madri, onde tentará ser recebido pelo próprio Serrano no ministério. Este recorreu ao afastamento para penalizá-lo por alguma razão secreta e discipliná-lo por ter cometido alguma falta que o próprio diplomata mal compreendia. Mas o esforço de Propper será em vão: o ministro não tem nada a discutir com um simples primeiro-secretário que não quer aceitar uma transferência.

O diplomata destituído deverá deixar temporariamente sua esposa Hélene e seus dois filhos – Felipe e Elena – em Cannes, que irão ao seu encontro em Marrocos quando chegar o outono. Além disso, sua cunhada, Liliane de Rothschild, se refugiará com eles mais tarde.

Os amigos de Propper no governo de Vichy ficam sabendo da injusta ordem e agem rapidamente. Pensando talvez em ajudá-lo em sua luta desigual contra o ministro, o governo do marechal Pétain lhe concede com grande presteza o prestigioso título da Cruz de Oficial da Legião de Honra, uma das mais altas distinções outorgadas pela França.

Lequerica, numa carta pessoal de 26 de fevereiro a Serrano Súñer em Madri, transmite a notícia e descreve as razões expostas pelo governo francês para homenagear Propper: o importante apreço pelos serviços prestados pelo primeiro-secretário *em momentos delicados das relações hispano-francesas*, referindo-se às circunstâncias e negociações em torno do armistício. (Ver documento 7.)

Numa resposta fulminante – embora datada de 14 de março, mais de duas semanas após a carta enviada por Lequerica –, exemplo antológico do gênero epistolar fascista da época, Serrano Súñer confirma o recebimento da nota de seu embaixador na França. O ministro esboça impacientemente sua resposta num rascunho de próprio punho, que em seguida é datilografado em papel reservado para seu correio particular e com o selo do ministério das Relações Exteriores. (Ver documento datilografado 8 e documento manuscrito 9.)

Contradizendo-se, o *cuñadísimo* inicia a correspondência explicando, com insolência e desprezo, que, devido ao *considerável volume de temas importantes que absorvem minha atenção nestes momentos..., o que aborda em seu citado despacho carece de interesse.*

Assim, apesar do que já havíamos observado em seu comportamento anterior – ou seja, o próprio ministro se comprometera pessoalmente com o expediente da transferência de Propper –, Serrano insiste agora que a questão não é importante.

No parágrafo seguinte, o imperioso ministro revela em termos ferozes e racistas – e com o característico conservadorismo franquista antifrancês e anticosmopolita – os exatos motivos pelos quais se ocupou pessoalmente do caso Propper e por que este foi punido com a transferência para Larache: *serviu aos interesses dos judeus franceses e dos jornalistas franceses que cobriram o nome da Espanha de injúrias...*

Serrano talvez o esteja repreendendo por ter protegido com a bandeira espanhola obras de arte e propriedades e autorizado vistos de trânsito a milhares de refugiados franceses e estrangeiros.

Apesar de Propper já ter deixado a França, o ministro, caso o embaixador Lequerica não tenha entendido bem suas ordens, conclui a carta com a inequívoca intenção de acabar com toda a discussão e impedir qualquer tentativa de questionamento de sua autoridade. Serrano ameaça claramente seu próprio embaixador, demonstrando mais uma vez a importância do caso Propper para ele: *... lamento ter de expressar a V. Exa. que, dos termos de seu referido despacho, poder-se-ia inferir que de certo modo se discute uma decisão do ministério, o que não seria em caso nenhum admissível, muitos menos ainda quando ela se baseia em motivos tão graves.*

Em seu novo posto em Larache, os dias passam sem consequência aparente para o diplomata, definitivamente excluído da atividade diplomática espanhola na Europa. No entanto, do mesmo modo que a história colocou Propper em meio ao turbilhão da derrota francesa, da autorização de vistos e do armistício franco-alemão, a mesma história da Segunda Guerra Mundial o alcança mais uma vez, fazendo bem as coisas, com seus rebotes e atalhos insuspeitados, na tranquilidade de seu novo posto na África.

Aquela região afastada de tudo se tornaria, de repente, o centro de grandes eventos mundiais. Pouco mais de um ano após sua chegada improvisada como cônsul a Larache, em novembro de 1942, Propper topará com a invasão surpresa do norte da África pelos aliados, que utilizarão Marrocos e Argélia como cabeça de ponte na Operação Tocha, o ataque maciço contra o flanco sul dos exércitos de Vichy e do Eixo. Os militares americanos e britânicos planejavam empregar o novo bastião africano como trampolim para um futuro ataque da Europa mediterrânea.

Nessa mesma época, o arrogante Serrano Súñer começaria a cair em definitiva queda livre política. Franco, sentindo novamente que os ventos da vitória mudavam de direção, já não precisará de um ministro altamente comprometido com o Eixo: demite-o e o afasta do poder, no mesmo ano de 1942, em favor do conde de Jordana.

Com a invasão da África e a concorrida atividade diplomática e militar que se trama na área, vários dos contatos oficiais realizados na França por Propper lhe provarão ser de grande ajuda.

Um exemplo é o do americano Robert Murphy, que o diplomata espanhol havia frequentado quando este ocupava o cargo de conselheiro da embaixada dos Estados Unidos em Paris e Vichy. Com as voltas que o mundo dá, esse diplomata de carreira, francófono e grande conhecedor da mentalidade gaulesa, se viu, durante os preparativos para a invasão, ocupando o cargo de cônsul-geral norte-americano para a região do norte da África, embora sua função secreta fosse, na realidade, de emissário pessoal do presidente Franklin D. Roosevelt na região. O principal trabalho de Murphy consistia em localizar e estabelecer contatos com funcionários e militares do regime de Vichy na África simpáticos à causa dos aliados; pois Roosevelt, que não confiava no general De Gaulle, ainda acreditava na possibilidade de um acordo com o regime de Pétain.

Com o auxílio das inesperadas vantagens propiciadas por aquele tipo de isolamento geográfico, Propper restabelece laços com Murphy e os aliados. No dia do desembarque, este informa ao cônsul de Larache que as tropas aliadas não entrarão em território espanhol. Com os canais de comunicação abertos por Propper, Larache começa a adquirir certa importância para o governo espanhol.

Na primavera de 1943, quando a lembrança de sua suposta falta começa a se dissipar em Madri, o diplomata é nomeado ministro plenipotenciário no consulado-geral de Rabat, a então ativa capital do protetorado francês de Marrocos. Ele permanecerá ali até 1944, ano em que retorna ao ministério em Madri.

Mas a injustiça cometida por Serrano Súñer perseguirá Propper pelo resto da vida. Em virtude da sanção imposta pelo ministro – a imprevista mudança de primeiro-secretário em Vichy para simples cônsul em Larache por seus atos humanitários em benefício de judeus franceses –, Propper perdeu dois escalões na hierarquia interna do ministério de Relações Exteriores.

Ao prosseguir com relativo sucesso sua carreira diplomática no período pós-guerra, o diplomata espanhol realizará múltiplas tentativas para que o ministério reconheça o que ele considera um abuso e o reintegre ao posto que lhe teria correspondido caso não houvesse ocorrido o acerto de contas de Serrano. Ele se lamentava disso num memorial escrito em 1963, antes de se aposentar.

Mas, como se algo na sanção infligida por Serrano Súñer – figura política já hoje completamente desprestigiada pela história – impedisse que esta fosse desautorizada oficialmente, Eduardo Propper de Callejón morre em 1972 sem recuperar seu escalão, sem que seus atos sejam expressamente agradecidos, sem que os riscos incorridos em nome da tradição humanitária da Espanha sejam reconhecidos. Assim foi até hoje.

Foto 1 No pátio da embaixada da Espanha em Paris, por volta de 1939. Em uniforme de gala do ministério encontram-se Antonio Casuso, segundo-secretário (primeiro a partir da esquerda), o embaixador José Félix de Lequerica (segundo a partir da esquerda) e, olhando diretamente para a câmera, Eduardo Propper de Callejón, primeiro-secretário. (Cortesia Arquivos família Propper de Callejón.)

Foto 2 Eduardo Propper de Callejón, por volta de 1952, no exercício de suas funções de ministro conselheiro da embaixada da Espanha em Washington. (Cortesia Arquivos família Propper de Callejón.)

C O P I E

Embajada de España
en
Paris

MINISTERE DES AFFAIRES ETRANGERES

Paris le 12 Janvier 1940.-

Par une note n° 26 du 10 Janvier, l'Ambassade d'Espagne a bien voulu signaler au Ministère des Affaires Etrangères que le Chateau de Royaumont, sis en Seine et Oise, commune d'Asnières s/Oise, résidence habituelle de M. PROPPER de CALLEJON, premier Secrétaire de l'Ambassade, était à sa disposition et occupé par ses services depuis le début des hostilités.

En accusant réception de cette communication à l'Ambassade d'Espagne, le Ministère des Affaires Etrangères a l'honneur de lui faire savoir qu'il n'a pas manqué de faire part à M. le Ministre de l'Intérieur des indications qu'elle contient./. H.H.

CERTIFIEE CONFORME:
Le Ministre Conseiller

[signature]

Cristobal del CASTILLO.-

Cópia

Embaixada da Espanha em Paris
Ministério das Relações Exteriores

Paris, 12 de janeiro de 1940

Por meio da nota n? 26, de 10 de janeiro, a Embaixada da Espanha pretendeu indicar ao ministério das Relações Exteriores que o castelo de Royaumont, localizado em Seine et Oise, município de Asnières sur Oise, residência habitual do sr. Propper de Callejón, primeiro-secretário da embaixada, estava à sua disposição, ocupado por seu serviço desde o início das hostilidades.

Confirmando o recebimento deste comunicado à embaixada da Espanha, o ministério das Relações Exteriores tem a honra de comunicar-lhe que transmitiu ao senhor ministro do Interior as indicações ali contidas.

Certificado conforme:
Ministro conselheiro

Cristobal del Castillo

Documento 1 Correspondência da embaixada da Espanha em Paris, datada de 12 de janeiro de 1940, dirigida ao ministro das Relações Exteriores francês. Nesta se comunica que o castelo de Royaumont, residência principal do senhor Propper de Callejón, está ocupado pelos escritórios diplomáticos da embaixada desde o início das hostilidades. (Cortesia Arquivos família Propper de Callejón.)

Embajada de España en Paris

Vichy, el 10 de Enero 1941

Recibido a las _____ de la _____

El Sr. Jean GABIN
al Sr. PROPPER en

Je n'ai pu vous joindre par téléphone vous prie d'avoir l'obligeance de faire le nécessaire auprès du Consulat de Marseille j'y serai demain avec mes remerciements. Croyez à mes sincères salutations.

JEAN GABIN

Embaixada da Espanha em Paris

Vichy, 10 de janeiro de 1941

O senhor Jean Gabin
ao senhor Propper

Não pude contatá-lo por telefone. Peço-lhe que tenha a amabilidade de fazer o necessário perante o consulado em Marselha, onde estarei amanhã com meus agradecimentos. Acredite em minhas sinceras saudações.

Jean Gabin

Documento 2 Mensagem telegráfica do ator Jean Gabin, datada de 10 de março de 1941, dirigida a Eduardo Propper e com referência ao visto para a Espanha a ser emitido pelo consulado em Marselha. (Cortesia Arquivos família Propper de Callejón.)

C O P I A.

MINISTERIO DE ASUNTOS
    EXTERIORES

A. GENERALES.

Nº. 636.

Madrid 11 de Septiembre de 1940.-

ASUNTO: Comportamiento del personal de la Embajada.

Excmo. Señor:

Al acusar recibo a V.E. de su interesante despacho nº. 944, de fecha 7 de Agosto último, cúmpleme participar a V.E., de orden comunicada por el Señor Ministro de Asuntos Exteriores, la satisfacción con que se ha visto en este Departamento la conducta observada por el personal de esa Embajada, el alto espíritu de que todos dieron pruebas en las difíciles circunstancias que atravesaron y los magníficos servicios prestados por V.E. y sus colaboradores, lo que se hace constar en sus respectivos expedientes.-

Al mismo tiempo significo a V.E. que he dado cuenta a los diferentes Ministerios de que dependen, las impresiones elogiosas que la conducta de los Agregados a esa Embajada le sugería, para conocimiento de sus Jefes e inclusión de las mismas en los expdientes personales de los interesados.

Dios guarde a V.E. muchos años.

EL SUBSECRETARIO:

(Firmado) Juan Peche.

Señor Embajador de España en

V I C H Y.

Documento 3 Correspondência do ministério das Relações Exteriores, datada de 11 de setembro de 1940, dirigida ao embaixador Lequerica. Nela se expressa a satisfação do ministro Juan Beigbeder pelo trabalho realizado pelos funcionários da embaixada durante a capitulação francesa e o subsequente armistício franco-alemão. (Cortesia Arquivos família Propper de Callejón.)

EMBAJADA DE ESPAÑA
EN PARIS

Vichy, el 1° de Febrero, 1941.

N° 57 (en claro)

Recibido a las ...... de la ......

EL ASUNTOS EXTERIORES

a EMBAJADOR DE ESPAÑA en ......

Comunique Secretario Señor Propper traslado Consulado Larache.

SERRANO SUÑER

Documento 4 Mensagem telegráfica aberta, número 57, do ministro das Relações Exteriores Ramón Serrano Súñer, datada de 1º. de fevereiro de 1941, dirigida ao embaixador Lequerica. Nela, Serrano comunica a ordem de transferência de Propper de Callejón para Larache. (Cortesia Arquivos família Propper de Callejón.)

EMBAJADA DE ESPAÑA
EN PARIS

Paris, el 3 de Febrero 194

Expedido a las ____ de la ____

Al MINISTERIO DE ASUNTOS EXTERIORES

en MADRID
48 bis cifrado.

Secretario Sr. Propper sale dentro de breves días par esa y tomar posesión inmediata Consulado Laraohe.

LEQUERICA.

Documento 5 Mensagem telegráfica, cifrada, do embaixador Lequerica, datada de 3 de fevereiro de 1941, dirigida ao ministro Serrano Súñer. Nela, Lequerica indica que a ordem de transferência será executada em breve. (Cortesia Arquivos família Propper de Callejón.)

Vichy, el 4 de Febrero 1941.

Recibido a las de la

N° 61 (en claro)

EL ASUNTOS EXTERIORES

A EMBAJADOR DE ESPAÑA en

Con referencia telegrama 57 comunique Señor Propper urgencia se incorpore su puesto.

SERRANO SUÑER

Documento 6 Mensagem telegráfica aberta, do ministro Serrano Súñer, datada de 4 de fevereiro de 1941, dirigida ao embaixador Lequerica. Nela, Serrano exige o urgente cumprimento da ordem de transferência do primeiro-secretário Propper. (Cortesia Arquivos família Propper de Callejón.)

Embajada de España
en
París
R.7
Nº 112
PERSONAL

Vichy, 26 de Febrero de 1941.

ASUNTO: Concesión Legión de Honor al Secretario Sr. Propper-Callejón.

Excmo. Señor:

Muy Señor mío: Tengo el honor de poner en conocimiento de V.E. que por Nota de fecha 24 del actual, este Ministerio de Negocios Extranjeros me comunica que el Jefe del Estado Francés ha tenido a bien conceder la Cruz de la Legión de Honor con categoría de Oficial, a D. Eduardo PROPPER-CALLEJON, que ha desempeñado el cargo de Primer Secretario de esta Embajada.

Me complazco en señalar a V.E. la excepcional rapidez de la concesión, reveladora del gran aprecio en que el Jefe del Estado Francés tiene la persona del interesado y los servicios prestados por el mismo en momentos delicados de las relaciones hispano-francesas, según se me manifiesta autorizadamente.

Dios guarde a V.E. muchos años.

EL EMBAJADOR DE ESPAÑA:

José F. de LEQUERICA.

Documento 7 Correspondência pessoal do embaixador Lequerica, datada de 26 de fevereiro de 1941, dirigida ao ministro Serrano Súñer. Nela se anuncia a concessão, pelo chefe do Estado francês, da Cruz de Oficial da Legião de Honra a Eduardo Propper de Callejón. (Cortesia Arquivos família Propper de Callejón.)

Excmo. Señor:

Subsecretaría.

nº 6

Al acusar recibo del despacho que V.E. me envía fechado en Vichy el 26 de febrero próximo pasado, número 112, le manifiesto que dado el volumen considerable de temas importantes que absorben en estos momentos mi atención y la del Ministerio, el que plantea en su citado despacho carece de interés.

De otra parte me hago cargo de las razones que el Gobierno francés habrá tenido para conceder la Cruz de la Legión de Honor al funcionario español que sirvió los intereses de la judería francesa y de los periodistas franceses que cubrieron de injurias el nombre de España mejor que los de ésta con olvido de que aquéllos escribieron y ofendieron a nuestra Patria durante nuestra guerra civil cuando tantos españoles perdían su vida por su honor y su gloria.

En todo caso lamento tener que manifestar a V.E. que de los términos de su repetido despacho podría inferirse que en cierto modo se discute una decisión del Ministerio lo que no sería admisible en ningún caso, pero mucho menos cuando aquella se basa en tan graves motivos.

Dios guarde a V.E. muchos años
Madrid, 14 de marzo de 1941

Minuta

Ramón Serrano Súñer

Documento 8 Correspondência do ministro Serrano Súñer, datada de 14 de março de 1941, dirigida ao embaixador Lequerica. Nela, Serrano acusa Propper de Callejón de servir *aos interesses dos judeus franceses e dos jornalistas franceses que cobriram o nome da Espanha de injúrias*. (Cortesia Arquivos família Propper de Callejón.)

En todo caso lamento tener que manifestar a V.E. que
 los términos de mi repetido despacho podría in-
vitar que en cierto modo se disiente una decisión
del Ministerio de Asuntos Exteriores lo que no sería admisible en
ningún caso pero mucho menos cuando aquella
se basa en tan graves motivos sin que a V.E. —

Muy señor mío: Al acusar recibo
del despacho que V.E. me envía fechado
en Vichy el 26 de Febrero próximo pasado
nº 112 manifiesto que dado el volumen considerable de temas importantes que absorben en estos
momentos mi atención y la del Ministerio, el que plantea en su citado despacho
carece de interés.

De otra parte me hago cargo de las razones que el Gobierno francés habrá tenido para conceder la Cruz de la Legión de Honor
al funcionario español que sirvió
los intereses de la judería francesa y
de los periodistas franceses que cubrieron
de injurias el nombre de España
con olvido de que aquellos ofendieron a nuestra Patria en nuestra guerra civil cuando tantos españoles jugaban su vida por su honor y su Patria.

Documento 9 Rascunho manuscrito da correspondência de 14 de março de 1941, sem datar, redigido pelo próprio ministro das Relações Exteriores, Ramón Serrano Súñer. Essas linhas foram escritas em papel oficial, com o selo do ministro, reservado para o correio particular. (Cortesia Arquivos família Propper de Callejón.)

ANEXO II

OS *DOCUMENTOS SCHENKER*

SECRET

Tel : VIC 3858
Ext :   50

Central Control Commission for Germany
(British Component),
Monuments, Fine Arts & Archives Branch,
Flat 101, Block No. 8,
Ashley Gardens, London. S.W.1.

Ref.: INTR/62875/1/MFA   5th April, 1946.

	Copies
To : SHAEF	30 (including Missions)
U.S. Gp. CC	4
O.S.S.	2
Macmillan Commission	4
Roberts Commission	4
C.A. 20 B.	2
Austrian Commission	2
Interior Div.	2
J.I. Co-ord.	2
Legal Div.	1
Prop: C: (Finance)	1

Subject :— <u>Accessions to German Museums, and Galleries during the Occupation of France (The Schenker Papers, Part I).</u>

Herewith The Schenker Papers, Part I, compiled by M.F.A. & A. Branch, distribution as above.

Cecil Gould
F/Lt

~~Douglas Cooper,~~
~~Squadron-Leader,~~
for Director, M.F.A. & A. Branch.

CC/DP.

DECLASSIFIED
Authority NND760238
By [signature] NARA. Date 3/3/95

Identifiable Pictures (Cont'd)

Artist	Subject	Medium	Dimensions etc.	Dealer etc.	Price Paid	Date of Transaction
(Attributed to) POUSSIN	Country Road with monument					
PUGET, P.	Design for monument to Louis XIV	Pen & Wash		Maurice Gobin (ex collection Vivant-Denon)	10,000 fr:	
RENOIR	2 Girls				25,000 mks (Sic)	
RICCI	Fertility	(Canvas)		Leegenhoeck	45,000 fr:	17/7/41
(Attributed to) RIZOIS	Romantic Landscape about 1820.				40,000 fr:	13/4/43
ROBERT Hubert	Broken Pitcher	(Canvas)	63 x 79 signed & dated 1758.	Jacques Mathey	225,000 fr:	
"	"Les Gorges d'Ollioules"	Oil	Signed & dated	Cailleux	300,00 fr:	10/7/41
ROSLIN	2 Girls				25,000 Mks. (Sic)	
SISLEY	Landscape				50,000 Mks. (Sic)	
SOLIMENA (Attributed to)	Project for Ceiling			Schmit	10,100 fr:	30/6/
TILBERG	Girl at Toilet in a Garden		Signed & dated 166-		60,000 fr:	
TIEPOLO J.B.	Adoration of Magi	Pen & Wash drawing	Signed (Monogram)	Maurice Gobin	28,500 fr:	
"	Caprices (de Vesme Nos. 3-12)			" "	7,000 fr:	
TIEPOLO, D.	Marys at Tomb	Pen & Wash drawing.	Signed	" "	13,500 fr:	
UTRILLO	Country Road					
VAN GOYEN	Country Road					
VINCENT	Allegory					
WATTEAU (Attributed to)	Nymphs : (Original carved wood gilt frame).	Paint on Paper.	31 x 38	Schmit	500,000 fr:	9/5/41.

-7-

Aug 24 6
(22)

Düsseldorf (Cont'd)

(b) Other Pictures

Further paintings or sketches (of which no subjects or details were specified) were purchased, bearing labels of the following artists (one of each) :-

CAMPHAUSEN, OTTMAR ELLIGER, the Younger, FYT, GUARDI, KRÜGER, LENAIN, LINGELBACH, MURILLO, PELLEGRINI, RUBENS, TOCQUE, VERVEER, WOUWERMANN.

(c) Miscellaneous Objects of Art etc.

An enormous quantity of knick-knacks was also bought for the Düsseldorf collections, consisting of tables, chairs, desks, commodes, bas-reliefs, faience vases and plates, caskets, medallions, Dresden figures, tapestries, mediaeval ivories, clocks, pieces of metal-work, miscellaneous sculptures, enamels, mantelpieces and between 300 and 400 art-historical books.

8. Essen : Folkwang Museum

(a) Identifiable Pictures

Artist	Subject	Medium	Dimensions etc	Dealer etc	Price Paid	Date of Transaction
BAUGE	Tiger rolling			Schoeller	50,000 fr:	
BOUDIN	Sailing boats in Deauville Harbour			Gerard	150,000 fr:	
COROT	Old Harbour at Rouen			Bignou	450,000 fr:	28/2/41.
"	Horseman on Village Street	(Canvas)	26 x 38	Schoeller	160,000 fr:	15/1/41.
"	Landscape			Fabiani	1,500,000 fr:	
COURBET	Etretat cliffs after the storm			Schoeller	350,000 fr:	
COUTURE (Thomas)	White cock, attached by one leg.			Heim	20,000 fr:	5/5/41.
DAUBIGNY	Storks			Gerard	125,000 fr:	
DAUMIER	"Hercules of the market-place"	Drawing		Schoeller	50,000 fr:	
DELACROIX	Cromwell by the Coffin of Charles I.	Drawing		Gerard	175,000 fr:	
"	Horseman			"	120,000 fr:	
"	Albanian Dancers			Schoeller	150,000 fr:	

345

Aug 246
(23)

(a) **Identifiable Pictures** (Cont'd)

Artist	Subject	Medium	Dimensions etc.	Dealer etc.	Price Paid	Date Transaction
DELACROIX	Hamlet & Ophelia	Etching or Engraving	(1st State)	Gobin	4,500 fr:	5/6/41.
"	Wild Horse attacked by Tiger.					
"	Faust					
DUPRE (Jules)	Farm in the Woods	(Canvas)	50 x 69	Schoeller (ex coll: Gallice Epernay)	65,000 fr:	14/1/41.
GAVARNI	5 Water-colours				95,000 fr:	
GERICAULT	Horseman	Drawing		Sabatery	3,050 fr:	27/2/41.
"	"Body of Fualdes thrown into the river"	(Painting)				
"	"Horses going to a fair".	"				
"	"The Flemish Farrier"	"				
"	Entrance to Adelphic Wharf.	".				
INGRES	Portrait of Madame Gabriac			Gerard	85,000 fr:	15/1/41.
JONGKIND	Nevers, 1872			Gerard	55,000 fr:	
LANCRET	Family Group					
MAILLOL	Woman with Sash.	Terracotta		Balay	250,000 fr:	
ROBERT (Hubert)	Tivoli		Signed & dated	Schmit	350,000 fr:	16/4/41.
RODIN	Hanako	Water-colour		Schoeller	8,000 fr:	
ROUSSEAU (Th:)	Landscape			Wüster	300,000 fr:	
SISLEY	Landscape			Fabiani	2,000 fr:	

-9-

(a) Identifiable Pictures (Cont'd)

Artist	Subject	Medium	Dimensions etc.	Dealer etc.	Price Paid	Date of Transaction
TROYON (C.)	The Bird-nest Robbers			Schoeller	130,000 fr:	
VALLAYER-COSTER	Still Life			Manteau	100,000 fr:	
VIGEE LE BRUN	Female Portrait	Pastel		d'Atri	150,000 fr:	

(b) Other Pictures

Other Unspecified pictures by Caresmes and Lemoyne were also purchased (one of each artist).

(c) Drawings

Drawings by the following artists were bought :-

GRAFF, (Anton) (2 drawings), GREUZE, INGRES, MENZEL (3 drawings) PRUD'HON and Hubert ROBERT.

(d) Miscellaneous Objects of Art

Metal-work and porcelain was purchased but not in very large quantities.

9. Frankfurt-am-Main

On 20th November, 1942, one picture was despatched to the Städtisches Kunstinstitut (Durerstr: 2, Frankfurt a/m) and 101 Kgs of books to the Archaologisches Institut des Deutschen Reiches, (Palmengartenstr: 12, Frankfurt a/m). No other entries related to the Frankfurt public collections.

10. Hamburg : Kunsthalle

A Rubens for this gallery - "Flora and Pomona" - was bought for 2,000,000 fr.

11. Karlsruhe : Kunsthalle

The following pictures were purchased on behalf of the Karlsruhe gallery :-

(a) From Leegenhoeck

Fragonard	:	Head of an old Man.
"		Scene from the Passion
Heda	:	Still Life
v. Beyren	:	Still Life (Fish)
Schwab	:	Death of the Virgin (c.1510)

(b) From Fabiani

Sisley : Landscape.

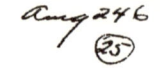

-10-

12. Kassel : Hessishes Landesmuseum

Some eight paintings (including a male portrait by Mignard) were purchased as well as some twelve pieces of furniture, vases etc. No details of these purchases were recorded.

13. Kassel: Wall-paper Museums (Deutsches Tapetenmuseum).

A Gobelins Tapestry was bought on behalf of the above museum on the 29th July, 1942 for 38,000 fr: from Saigue. Wall-papers were purchased as follows :-

Date	Dealer	Price
19/7/42	Feuve	260,000 fr:
29/7/42	Saigne	10,000 fr:
13/7/42	Roy	18,000 fr:
15/7/42	Carlhian	325,000 fr:

14. Krefeld : Kaiser Wilhelm Museum

(a) <u>Identifiable Pictures etc.</u>

Artist	Subject	Medium	Dimensions etc.	Dealer etc.	Price Paid	Date of Transaction
AVED	Lady at Dressing-table.			Cailleux	150,000 fr:	
"	Lady in Blue				45,000 fr:	
BACKHUYZEN	Amsterdam Harbour			Landry	80,000 fr:	6/2/42.
BELLE (Alexis Simon)	Portrait of Madame de la Mariniere			Cailleux	250,000 fr:	28/3/41.
BERNARD	Girl with white satin cloak over her shoulders.	Pastel (signed & dated)		Cailleux	35,000 fr:	3/3/41.
BOILLY	Still Life			Aubry	25,000 fr:	
"	Young Woman			Cailleux	300,000 fr:	
BOUDIN	Rotterdam Harbour				190,000 fr:	
"	Trouville Beach			Bignou	400,000 fr:	
CARPEAUX	Faun at the grape-vine.	Marble		Schoeller	175,000 fr:	
CLAEUW (attributed to).	Still Life	(Canvas)	94 x 86	Manteau	45,000 fr:	
COELLO (Attributed to).	Female portrait	(Canvas)	68 x 54	Manteau	30,000 fr:	

Identifiable Pictures etc. (Cont'd)

Artist	Subject	Medium	Dimensions etc.	Dealer	Price Paid	Date of Transaction
COURBET	"Painting"			Fabiani	1,500,000 fr:	
COYPEL	Young Woman	Pastel		Cailleux	250,000 fr:	
DELACROIX	Flowers			Fabiani	2,200,000 fr:	
DE TROY	Portrait of M. de Vandieres, later Marquis of Marigny	(Signed)		Cailleux	200,000 fr:	3/3/41.
DULZ (Jacob)	Jovial Company				100,000 fr:	
DUPLESSIS	Male portrait			Trotti	150,000 fr:	
GAUGUIN	Vase of Flowers			Bignou	300,000 fr:	28/2/41.
GERARD (M)	Family picture and an engraving after it.			Cailleux	120,000 fr:	
"	The Letter			Fabiani	150,000 fr:	
Gobelins Tapestries	4 pieces "Children Gardening".				850,000 fr:	
GROS Baron	Portrait of General Joubert.			Gerard	93,000 fr:	
HEINSIUS	Female Portrait			Wüster	90,000 fr:	
"	Male Portrait			Cailleux	60,000 fr:	
JONGKIND	Evening Landscape			Schoeller	150,000 fr:	
"	Antwerp Harbour			"	700,000 fr:	
MAES	Portrait of young man.			Müller	150,000 fr:	
MAILLOL	Female nude	Clay		Fabiani	25,000 fr:	
"	" "	Terracotta		"	30,000 fr:	
MONET	Hunting trophies			Gerard	250,000 fr:	
MOREAU Le jeune	Landscape			Fabiani	100,000 fr:	
MOSNIER (J-L)	Woman suckling a child		(Signed & dated)	Cailleux	60,000 fr:	3/3/41.
NATTIER	Madame Adelaide de France as Diana			Schmit		20/1/42.
OMMEGANK, B.	A flock			Trotti	100,000 fr:	

-14-

Würzburg: Martin von Wagner Museum (Cont'd)

fishermen by Vernet (which of that tribe unspecified). Also a few drawings and books. No prices were quoted for any of these articles.

Index of Paris Art Dealers and Individuals who sold Works of Art to German Museums

Name	Address
d'ATRI	23, Rue la Boetie
AUDRY	2, Rue des Beaux-Arts
BALAY, R.	58, Rue de Vaugirard
BENATOV	31, Rue Campagne - Premiere
BIGNOU	8, Rue la Boetie
BRIMMER, E.	126, Rue du Faubourg St. Honore
CAILLEUX	136, Faubourg St. Honore
CAMOIN, A.	9, Quai Voltaire
CARLHIAN	22, Place Vendome
DONATH, Etienne	14, Rue Milton
ENGEL, Hugo	22, Boulevard Malesherbes
FABIANI, M.	26, Avenue Matignan
FEUVE, R.	20, Rue de la Chaise
GERARD, Raphäel	4, Avenue de Messne
GOBIN, Ro Maurice	1, Rue Laffite
GROSVALLET (GROVALET)	126, Boulevard Haussmann
HEIM, Madame Georges	3, Rue Dugnay - Trouin (also spelt Dugay-Trouin)
HOLZAPFEL, R.	45, Avenue des Peupliers
INDJOUDJIAN, H.A.M.	26, Rue Lafayette
JORET	30, Rue des Samts-Peres
KALEBDJIAN, Freres	52 bis Avenue d'Iena
KELLERMANN	13, Square de Port-Royal
KNOEDLER	22, Rue des Capucines
LANDRY, Pierre	1, Rue Chardin (12, Place Vendome)
LEEGENHOECK, J.O.	230, Boulevard Raspail
MANTEAU, Alice	14, Rue de l'Abbaye
MATHEY, Jacques	50, Avenue Duquesne
MATIS	5, Avenue Montaigne
MELLER, Dr.	3, Rue du General-Appert
MÜLLER, R.	11, Rue Jean-Ferandi
POPOFF, Alexandre	86, Faubourg St. Honore
POUMAY	27, Boulevard de Clichy
RATTON, Charles	14, Rue de Marignan
RECHER, Madame A.	7, Quai Voltaire & 1, Rue Bourdaloue
RENAND	30, Quai de Bethune
ROCHLITZ, Gustav	222, Rue de Rivoli
ROY L & C Soeurs	69, Rue des Mathurins
SABATERY, Mlle. S.	35, Rue Boissy d'Anglas
SAIGNE, Marcel	44, Rue des Mathurins
SAMBON, A.	7, Rue du Doctour- Lancereaux
SCHMIT & Cie	18 - 24 Rue de Charonne
SCHOELLER, A.	13, Rue de Mcháven
STORA, M. & R.	32 bis Boulevard Haussmann
TROTTI, Avogli	88, Rue de Grenelle
TOUZAIN, E. Aine	27, Quai Voltaire
VANDERMEERSCH	23, Quai Voltaire
WANNIECK	29, Rue de Monceau

ANEXO III

ENTREVISTA COM ALAIN VERNAY

Alain Vernay é neto materno do colecionador Adolphe Schloss. Nascido em 1918, Vernay foi recrutado para o exército francês ao eclodir a Segunda Guerra Mundial, em setembro de 1939.

Pouco antes da derrota francesa em junho de 1940, Alain, com permissão do Exército, transporta em seu carro, de Paris até a Bretanha, o pintor Édouard Vuillard, grande amigo de sua família e já muito doente, para a casa de campo do *marchand* de arte Alfred Daber, onde o grande pintor intimista e ex-nabi morre poucos dias depois. Do lado paterno da família, o pai de Alain, o doutor Prosper-Émile Weill, colecionador e irmão do dramaturgo Romain Coolus (pseudônimo de Max-René Weill), era médico de família e amigo do próprio Vuillard, de Bonnard, Odilon Redon e Toulouse-Lautrec. Este último pintou um famoso retrato de Coolus, que foi roubado pelos nazistas juntamente com a coleção Schloss.

Esses elementos anedóticos são introduzidos nesta apresentação, pois mostram a estreita e íntima relação que existia entre colecionadores, pintores, escritores e *marchands* na Paris daquela época. Os laços estreitos de âmbitos muito reduzidos facilitaram tanto o confisco como a restituição de obras.

Pergunta: Por que o senhor nunca disse nada sobre a coleção Schloss?
Alain Vernay: As grandes famílias que possuem um castelo dedicam toda sua vida à sua conservação e transmissão, sacrificando as carreiras individuais e as escolhas conjugais de seus membros. É uma honra, uma sujeição, uma obrigação em tempo integral. Tanto é assim que alguns membros fogem da responsabilidade e perdem o interesse nela. Além disso, ser herdeiro de uma grande coleção exige uma escolha radical,

dedicar sua vida a encontrá-la, colaborar na punição dos ladrões e do monte de tubarões que tentaram tirar proveito do roubo, ou então tomar distância e deixar que a justiça faça o seu trabalho. Foi esta segunda a minha opção, porque precisamente tenho a certeza de não ter outra.
Tudo é possível e, em muitos casos, provável. A revelação dos documentos da época reserva tantas surpresas como, no campo da política alemã, a abertura dos documentos da STASI [polícia política da antiga República Democrática Alemã].
O inverossímil é verossímil e, de minha parte, tenho certezas sobre as quais nunca falei.

P: Seja mais preciso...
AV: Por exemplo, tenho muitos documentos, como a correspondência entre um perito do Louvre e o confiscador alemão da coleção Schloss, em que ele dá conselhos e se oferece para declarar que os quadros raramente são dos pintores célebres a quem são atribuídos, e sugere atribuí-los a discípulos, ou dizer que são falsos ou dar-lhes preços extraordinariamente baixos, porque se devia esperar uma queda de interesse pela pintura holandesa. Sua remuneração foi de 10.620 francos (5.000 dólares).

P: Por que não falou antes?
AV: Porque ele era parente próximo de um chefe militar da resistência francesa; e meu pai, minha mãe e meu tio Lucien julgaram que, por essa mesma razão, deveríamos deixar que terminasse sua vida na obscuridade. Há casos menos claros, mas chocantes...

P: Quais?
AV: Eu me recuso a responder. De modo mais geral, quando se examinam aqueles anos de agentes duplos e de covardia, bem como de heroísmo e de coragem, como a de Rose Valland, cuja lucidez se tentou colocar em dúvida, não estamos a salvo de nenhuma surpresa. Tudo parece possível no terreno das grandes coleções de arte quando se sabe muito tempo depois de sua morte que o famoso crítico Berenson era pago pelo crítico Duveen e, a pedido deste, certificava como autênticas ou falsas as pinturas que lhe eram submetidas.

P: O senhor acredita que algum dos grandes *marchands* judeus tenha trabalhado com os nazistas? Refiro-me a Georges Wildenstein, que, como já se sabe, durante uma parte da ocupação, administrava seus negócios a partir do exterior. Tenho em minhas mãos as cartas que enviou para Roger Dequoy, que havia sido seu empregado antes da guerra.

AV: Ignoro isso completamente. Sim, sei que Georges Wildenstein veio ver meu pai na zona livre em Nice, no Hotel Royal, logo após a derrota e antes de partir para Nova York. De acordo com o meu pai – eu não estava presente –, ele propôs em troca da coleção Schloss, que ainda não fora encontrada, uma soma extremamente elevada a ser paga em dólares na Suíça e a concessão do estatuto de *ariano de honra* para ele, minha mãe e os irmãos dela. Meu pai respondeu prudentemente que refletiria e conseguiu cortar relações com Georges Wildenstein para sempre.

P: O senhor já ouviu dizer que os oficiais do exército norte-americano se beneficiaram saqueando quadros confiscados pelos alemães?

AV: Há ovelhas negras em toda a parte, é indubitável. Os dois norte-americanos que vieram ver meu pai em Paris, alguns anos depois da libertação, se apresentaram como oficiais em posse de importantes quadros da coleção Schloss e propuseram trazer quatro deles em troca de dezenas de milhares de dólares, o que teria sido barato.
Meu pai narrou o incidente, contando-me que os levara até a porta, dizendo-lhes que desonravam seu uniforme, o que me pareceu estranho porque não o estavam usando. Na época, me parecia uma loucura. Hoje não.

P: O senhor acredita que há quadros da coleção Schloss depositados em algum lugar no Museu do Louvre?

AV: Francamente não sei. Compreendo a sua pergunta, já que nenhum outro serviço competente do Estado foi autorizado a ver os depósitos do Louvre em sua totalidade, seja [o ministério] da Justiça ou das Relações Exteriores.

P: O senhor não confia em ninguém?

AV: Tenho total confiança nos serviços de documentação e restituição do Quai d'Orsay [ministério das Relações Exteriores], onde pessoas extraordinárias trabalham sem cessar, incansavelmente, apesar dos obstáculos em seu caminho.

P: O senhor tem esperança de que se saiba algo mais sobre o destino da coleção?

AV: Sim, sem dúvida alguma, e que aqueles que identificaram a presença de quadros em museus nos Estados Unidos ou na Europa poderão reconstituir o caminho seguido por eles.

Não houve um relaxamento por parte dos revendedores de obras saqueadas leiloadas, que apresentaram em suas procedências – como o senhor me disse – que elas tinham sido *roubadas pelos nazistas*? Não foram descobertos inúmeros quadros ao fim de disputas entre os próprios herdeiros dos saqueadores? E, nesses casos, eles não foram restituídos ao proprietário estrangeiro, com a iniciativa da justiça alemã e mediante o simples reembolso do ressarcimento alemão do pós-guerra, e isso independentemente do fato de os legítimos proprietários terem renunciado ou não a qualquer reivindicação, tal como seus informantes na Alemanha os haviam exortado a fazer?

P: Quem foi Adolphe Schloss?

AV: Um tipo de gênio apaixonado pela arte, nascido na Áustria, que chegou à França em 1873 e se tornou cidadão francês. Foi o principal concessionário de Paris, trabalhando tanto para a corte da Rússia e da Áustria como para Woolworth e Neiman Marcus. Comprava para eles. Seu propósito..., não o conheci, mas minha avó sim, que o adorava e morreu esmagada por um bonde na frente de sua casa, no final dos anos trinta.

Meu avô seguia as grandes pinturas por todas as capitais da Europa e dos Estados Unidos. Seu objetivo era comprar um Vermeer. Essa aquisição teria sido o coroamento de sua carreira de colecionador.

Índice de nomes

Abacaxi sobre fundo rosa (Matisse), 170
Abbott, Berenice, 150
Abetz, Otto, 57-60, 90, 151, 193-4, 211, 223-5, 235
Academia de Belas Artes (Viena), 37-8
Ader, Étienne, 302-3
Adler, Mathilde, 107-10
Adler, Suzanne, 107-8
Administração de Bens do Estado, 100
Adoração dos Reis Magos (anônimo), 162, 252
Adoração dos Reis Magos, A (Rubens), 48
Afeganistão, 19
Agostina (Corot), 112
Aguillon, Maurice, 97
Akinsha, Konstantin, 10, 27
Aktuaryus, galeria, 215, 272
Aldeia de L'Estaque, A (Cézanne), 50, 115
Alegoria da Virtude (Cranach), 101
Alemanha, 18, 22, 34, 35, 43, 45, 50, 53-5, 59, 61-3, 65, 78, 81, 99, 100, 107, 139, 152-3, 163-4, 169, 176, 179, 182-4, 193-4, 198, 207, 210, 213, 216, 221, 229, 257-9, 268, 282, 292
Aliados, 22, 23, 104, 167, 169, 180, 213, 224-6, 229-30, 232, 240, 264-5, 267, 271, 290, 292

Almas-Dietrich, Maria, *ver* Dietrich
Almoço, O (Bonnard), 232
Alsácia, 51, 129, 194, 225
Alt, Rudolf, *O templo de Faustina*, 187, 215
Alta Escola do Partido Nacional--socialista Alemão dos Trabalhadores, 59
Ameixa, A (Manet), 70
Animais devorando uns aos outros (Masson), 133, 244
Anschluss, 56, 178, 188
Antes da saída (Degas), 268
Antuérpia na neve (Cézanne), 117
Apffelstaedt, Otto, 45
Apollinaire, Guillaume, 77
Apollo Magazine, 235
Arco do Triunfo, 36, 113
Arendt, Hannah, 20
Argelina sentada, A (Renoir), 117
Arlequim (Cézanne), 83
Arlequim (Picasso), 157
Armistício, 26, 35, 65, 78, 84-6, 130, 133, 139, 143, 176, 180, 195
Arquivos Nacionais de Washington, 22-3, 237, 295, 297
Art Déco, 132
Art Nouveau, 132
Arte africana, 78, 155

Arte degenerada, 38, 49-50, 62, 69, 104, 145, 150, 152, 159-61, 175, 184-5, 208, 222, 226, 231, 238-9, 250-1, 296-8
Arte francesa, 106
Artes decorativas e industriais modernas, 132
Associação de *Marchands* de Arte, 228
Associação de Prisioneiros de Guerra da RNP, 116
Association des Antiquaires, 186, 193
Astrônomo, O (Vermeer), 31-44, 95, 97, 100, 239, 287, 291
Asturias, Miguel Á., 124
Ateliê de escultura do Estado em Wriezen am Oder, 204
Auschwitz, campo de concentração de, 114, 259
Áustria, 27, 42, 46, 48, 56, 194, 222, 225, 284
Autorretrato (Rembrandt), 49
Autorretrato (Van Gogh), 208
Autorretrato com a orelha cortada (Van Gogh), 72, 233, 272
Aved, Joseph, *Dama no toucador*, 190

Barr, Alfred H., 80
Bailarinas no foyer (Degas), 268, 273
Baile do Moulin Rouge, O (Toulouse-Lautrec), 117
Bakunin, Mikhail, 279
Ball, A. R., 248
Balthus, 132, 244
Balzac, Honoré de, 135
Banco Crédit Lyonnais, 289
Banco da França, 198, 256
Banco de Paris e dos Países Baixos (Banque de Paris et des Pays-Bas), 99
Banco Nacional para o Comércio e a Indústria (Banque Nationale pour le Commerce et l'Industrie), 83, 91, 92, 158, 237
Bandolim sobre criado-mudo (Braque), 233

Banhista com os braços levantados (Braque), 84, 231
Banhistas (Matisse), 208
Banhistas, As (Cézanne), 117, 291
Banho turco, O (Ingres), 125
Barão Vermelho, 53
Barbazanges, Henry, 79
Barnes, Albert, 70, 77, 78
Barnes, coleção, 77, 276
Bastard, madame de, 11, 129
Bateau-Lavoir, 70
Baumann, Hans, 45
Bazin, Germain, 130, 144
BDHC, 10
Beaumont, conde Étienne de, 70
Beaux-Arts, 77
Behr, barão Kurt von, 60-1, 101, 142, 153-4, 158, 163, 225-6, 275
Beijo, O (Rodin), 289
Bélgica, 27, 34, 46, 50, 51, 189, 246
Belle, Alexis-Simon, *Retrato da senhora de la Martinière*, 190
Below, von, 44
Beltrand, Jacques, 61-2
Bénézit, Henri, 9, 75
Bérard, Paul, 108
Bérès, livraria, 113
Bergotte, 149-50
Berlim, 39-40, 42, 47, 51, 54, 58, 60, 61, 75, 100, 163, 164, 168, 169, 170, 179, 193, 196, 199-200, 210-2, 224, 258
Bernheim, Alexandre, 105-20
Bernheim, Claude, 114
Bernheim, Gastón, 106-7, 110-3, 114
Bernheim, Henry, 113, 114, 115, 119, 241-2
Bernheim, Jean, 113, 114-5, 119, 241-2
Bernheim, Joseph, 105
Bernheim, Josse, 92, 106-13, 115-7, 241
Bernheim-Jeune, coleção, 105-20, 153
Bernheim-Jeune, família, 13, 19, 77, 105-20
Bernheim-Jeune, galeria, 92, 107, 109, 110, 112, 114, 177, 193, 241, 270

Besnard, 72
Bíblia, 31, 41
Biblioteca Lênin (Moscou), 279, 281
Biblioteca Nacional da França, 253
Biblioteca Pierpont Morgan (Nova York), 41
Biblioteca polonesa, 59
Bignou, Étienne, 75-7, 112, 185
Bing, coleção, 169
Blitzkrieg, 56
Blumer, Marie-Louise, 49
Boccioni, 110
Bodas de Caná, As (Veronese), 48
Boeckelberg, Von, 57
Boedecker, Alfred, 215
Boettcher, 198
Boggs, Jean Sutherland, 236, 275
Bolhas de sabão, As (Chardin), 291
Bolsa de Paris, 144
Bonnard, Abel, 143, 145
Bonnard, Pierre, 70, 77, 107, 122, 139, 156, 215, 251, 301; *Nu na banheira* ou *Efeito de espelho* ou *A tina*, 109; e Bernheim-Jeune, 111; *A Vênus de Cirene*, 116, 241; *O Mediterrâneo*, 116; *Canto de mesa*, 187; *Interior com flores*, 223; *O almoço*, 232; *A Praça de Clichy*, 243; *Mulher na banheira*, 243; *A praia*, 243; *Mulher sentada em interior*, 283; *Manhã de verão*, 283
Bony-Lafont, quadrilha de, 141
Bony, Pierre, 140
Bordeaux, Universidade de, 82
Borionne, 113-4, 241-2
Bormann, Martin, 34, 43-4, 45, 163, 189, 216
Bosch (Hieronymus Aeken, chamado), 125
Bósnia, 19
Bosque, O ou *Cena em um bosque com dois soldados romanos* (Boucher), 301-3
Bosque de Fontainebleau, O (Renoir), 211

Botticelli, Alessandro di, *Retrato de um jovem*, 164, 257, 259
Boucher, François, 75, 168-9, 191-2, 288, 301-2, 303; *Retrato da marquesa de Pompadour*, 95, 101, 291; *O bosque* ou *Cena em um bosque com dois soldados romanos*, 301-2; *Paisagem com moinho* ou *Vista de um moinho com um templo à distância*, 302-3
Boudariat, Albert, 198
Bouniort, Jeanne, 9
Braathen, Ludvik, 248
Brame, Paul, 236
Braque, Georges, 14, 18, 38, 49, 62, 70, 73-4, 83, 89, 91, 92-4, 96, 112, 150, 152, 158-9, 162, 214, 222, 232, 251, 252, 295, 300; *Banhista com os braços levantados*, 84, 231; *Prato de ostras com porta-guardanapos*, 84, 231; *Fruteira, violão e pacote de tabaco*, 84; e Bernheim-Jeune, 114; *Homem com violão*, 157, 251-2; *Natureza-morta com uvas e pêssegos*, 214; *Bandolim sobre criado-mudo*, 233; *Criado-mudo com um pacote de tabaco*, 234-5, 239; *Natureza-morta com uvas*, 283
Brauchitsch, Walter von, 59
Braun, Eva, 43, 166, 190
Breker, Arno, 35, 194, 200-1, 204, 211, 225, 290
Breton, Valentin, 167
Brie, Hubert de, 229
Brinon, Fernand de, 129
Brouwer, Adriaen, 144
Brueghel, Jan, 157; *A ilha encantada*, 144
Brueghel, o Velho, Pieter, *O Paraíso terrestre*, 48; 50; *Paisagem com animais*, 203
Brusberg, galeria, 245
Bührle, Emil, 213-5, 217, 267-78
Bührle, Fundação, 268, 274-8

Bührle, Oerlikon, 268
Bulletin de la vie artistique, 109
Buonarroti, Michelangelo, 20, 39; *Jovem João Batista* (estátua), 39

Cabeça de mulher (Picasso), 157, 299-300
Caçador sentado (Pater), 201
Cachin, Françoise, 307
Cahn, 121
Cailleux, galeria, 189-93, 195, 197
Cailleux, Paul, 113, 189, 283
Caldeirão com escumadeira ou *Natureza-morta* (Chardin), 188
Calder, Alexander, 150, 234
Caminho rural (Pissarro), 215
Caminho rural (Utrillo), 185
Campo boscoso (Corot), 163
Canadá, 97
Candamo, Coleção, 306
Canto de mesa (Bonnard), 187
Caravaggio, Michelangelo Merisi, *São Mateus e o anjo*, 40; *Enterro de Cristo*, 48
Carinhalle, 54-5, 61, 157-9, 210; coleção de, 63, 157
Carlin, 306
Carlos XIV da Suécia (marechal Jean--Baptiste Bernadotte), 197
Carpentier, Alejo, 124
Carrà, 110
Casa Branca, A, 117
Casamento místico de Santa Catarina, O (Veronese), 48
Caso Dreyfus, 107
Cavaleiro com armadura (Léger), 162, 298
Cavaleiros em uma rua de aldeia (Corot), 306
Cazauba, Charles-Hubert, 141
Ceia na casa de Simão, A (Le Brun), 48
Cellier, 10
Cena campestre (Pissarro), 162
Cena no bosque (Courbet), 169

Cenas da vida de Cipião, o Africano, 213
Centre de Documentation Juive Contemporaine de Paris, 10
Centro de recopilação (*Collecting Point*), 230, 244, 247, 255
Centro Pompidou (Paris), 251-2, 287-8, 296-7, 310
Cesta de frutas sobre uma mesa (Picasso), 283
Cézanne, Paul, 18, 49, 69-74, 75, 77, 107, 109, 150, 157, 162, 174, 202, 216, 272, 285, 288, 292; *A aldeia de l'Estaque*, 50, 115; Centenário de, 74; *Arlequim*, 83; *Julgamento de Paris*, 112; *Jas de Bouffan*, 112; *Retrato do pintor com cabelos compridos*, 105--120, 242; *Jogadores de cartas*, 112; *Efeito de neve em Auvers-sur-Oise*, 112; *As banhistas*, 117, 291; *Antuérpia na neve*, 117; *O vale de Arc e a montanha Santa Vitória*, 177; *Dolores*, 214; *Retrato do artista*, 303-4; *Homenagem* a, 304
Chagall, Marc, 38, 112, 149, 152, 234; *Rabino*, 208
Chambon, castelo de, 135, 139-41, 143
Chambrun, Madame de, 234-5
Champs Élysées, 36, 113, 156
Chaneles, Sol, 9
Chaplin, Charlie, 150
Chardin, Jean-Baptiste-Siméon, 97, 240, 288, 292; *Caldeirão com escumadeira* ou *Natureza-morta*, 188; *As bolhas de sabão*, 291
Charpentier, galeria, 201
Château Lafite, 95
Chefdebien, Jacques de, 302-3
Chirac, Jacques, 309
Chirico, Giorgio de, 62, 78, 234
Christie's, 96, 248, 249, 250, 284, 299
Christus, Petrus, 134; *A lamentação*, 144; *A descida da cruz*, 247

Churchill, Winston, 86, 270
Cimabue (Cenni Di Pepo, chamado), 157
Cipião, 62, 213
Clark, Stephen C., 72
Clemenceau, Albert, 107
Clemenceau, Georges, 107
Cocteau, Jean, 290
Cognacq, Gabriel, 127, 129
Collet, Charles, 167
Colúmbia, Universidade de, 10
Comissão de Recuperação Artística (CRA), 96, 192, 228, 229, 230, 233, 241, 249, 280, 283, 290, 292, 310
Comissariado Geral para Assuntos Judaicos (CGQJ), 64, 114, 115, 137--41, 144-5, 163-4, 187, 192, 227
Comitê França-Alemanha, 57
Comitê Internacional para o Salvamento dos Tesouros de Arte Espanhóis, 126
Commodore, Hotel, 56, 94
Conan, Eric, 10, 27, 282
Concórdia, Praça da, 33, 36, 94, 113, 151, 199, 229
Condorcet, liceu público, 122, 156
Cone, Etta, 70
Consistório Israelita, 95
Constable, 125
Cooper, Douglas, 182, 184, 206, 229, 266-71, 275-7
Corot, Camille, 71, 74, 106, 123, 128, 158, 162, 174, 184, 203; *Joven de blusa vermelha*, 83, 213; *A senhora Stümpf e sua filha*, 84, 214; *São Sebastião*, 112; *Agostina*, 112; *Veneza, gôndola no Grande Canal diante da igreja de San Giorgio Maggiore*, 115; *Mulher turca*, 115; *Campo boscoso*, 163; *San Giorgio Maggiore*, 210; *Vista de Toulon*, 212; *Jovenzinha sentada e paisagem*, 212; *Monge sentado, lendo*, 268; *Menina de corpete vermelho* ou *Menina lendo*, 268; *Cavaleiros em uma rua de aldeia*, 306
Correggio, Antonio Allegri, o, *Leda e o cisne*, 40, 47
Cortina amarela, A (Matisse), 252
Cortina azul, A (Matisse), 157
Coty, Christiane, 196
Coty, François, 196
Courbet, Gustave, 70, 74, 106, 123, 174, 186, 202-3, 292; *O estúdio do pintor*, 79; *O enterro em Ornans*, 83, 283; *Cena no bosque*, 169; *Os penhascos de Étretat após a tempestade*, 184-5, 186, 306-9
Cranach, Lucas, 181; *Retrato de moça*, 83, 159; *Alegoria da Virtude*, 101; *O ateliê do pintor*, 125; *Hércules e o leão*, 164; *A Virgem com o menino*, 203; *Virgem e menino em uma paisagem*, 209; *A crucifixão com um cavaleiro doador*, 209
Criado-mudo com um pacote de tabaco (Braque), 234-5, 239
Criadores do cubismo, 296
Cristo amarelo ou *Crucifixão* (Gauguin), 163, 237
Crucifixão com um cavaleiro doador, A (Cranach), 209
Cubismo, 49
Cuyp, Albert, 169

Da Vinci, Leonardo, 20, 200
Daber, Alfred, 11, 71, 73-5, 107, 174
Dachau, campo de concentração, 225
Daix, Pierre, 9
Dalí, Salvador, 38, 150
Dama com gato (anônimo), 95-6
Dama em vermelho e verde (Léger), 287-9, 295-9
Dama no toucador (Aved), 190
Danae (Tintoretto), 49
Darlan, François, 130
Dauberville, 241-2
Dauberville, Michel, 9

Daumier, Honoré, 74, 203, 307
David, 270; *Retrato de membro da Convenção*, 84
David-Weill, Alexandre, 121-2
David-Weill, coleção, 121-33, 143, 153, 170, 223, 229, 247, 283
David-Weill, David, 9, 72, 121-33, 156, 228, 242-4, 247
David-Weill, família, 13, 121, 244-5
David-Weill, Pierre, 132, 245
David-Weill, Raphael, 122
De Gaulle, Charles, 23, 86, 98, 169, 182, 190, 201, 221, 227-8, 328
De Lyon, Corneille, *Retrato de Clément Marot*, 134, 144
Déat, Marcel, 116
Decker, Andrew, 27
Degas, Edgar, 18, 69, 70, 123, 131, 150, 158, 162, 166, 174, 202-3, 212, 214, 236, 251, 259-63, 288; *Retrato de Gabrielle Diot*, 84; *A senhora Camus ao piano*, 157, 210, 214, 268, 275-8; *Paisagem com chaminés*, 165, 257, 259-62; *Mulher enxugando-se*, 165, 257; *Retrato de Mademoiselle Diot*, 223, 235-36; *Duas bailarinas*, 223, 234; *Bailarinas no foyer*, 268, 275; *Antes da saída*, 268; *Os ginetes*, 278
Delacroix, Eugène, 70, 83, 123, 185, 203; *Leão com serpente*, 169; *Retrato do senhor Henri Hughes*, 283; *O sultão de Marrocos*, 283
Delaunay, Robert, 78, 300
Delectorskaia, Lydia, 9, 84
Deloncle, Eugène, 116
Denon, Vivant, 48
Dequoy, Roger, 92, 136, 168, 214, 270
Derain, André, 78, 96, 131, 239, 288, 301
Descida da cruz, A (Christus), 247
Desejo eterno, O (Maillol), 116
Desportes, François, 282-3
Destrem, 136-7
Deutsche Reichsbank, 191, 194-5, 198-200, 202

Devisenchutzkommando, 100
DGER (Direção Geral de Estudos e Pesquisas), 23, 172, 182, 190, 228
Dieterlé, Jean, 304
Dietrich, Maria, 43, 166, 190, 194
Direção de Bens do Estado, 64
Direção de Museus da França, 10, 64, 289, 294, 297, 304, 307-310
Direção Militar para a proteção da arte (*Kunstschutz*), 17, 58, 59, 129-30
Diretório de bens espoliados na França de 1939 a 1945, 229, 249, 283, 290
Divisão Brehmer, 117, 119
Dolores (Cézanne), 214
Dorotheum de Viena, casa de leilões, 203
Dossi, Dosso, 165, 166, 257; *Retrato de homem*, 165, 257, 259
Drei, Comissão, 311
Dresdner, banco, 164
Dreyfus, banco, 144-5
Dreyfus, galeria, 209
Drouais, François-Hubert, *Retrato da condessa du Barry*, 196
Drouant-David, galeria, 238
Drouot, Hotel, casa de leilões, 10, 71-2, 77, 105, 176-7, 295, 302
Duas bailarinas (Degas), 223, 234, 235
Duas irmãs, As (Matisse), 251, 296
Dufy, 115, 123
Dupont, 167
Durand-Ruel, Paul, 106, 107, 108, 175; exposições de, 77; inauguração de galeria, 106
Dürer, Albrecht, 181, *Retrato de Erasmo*, 49; *Retrato de um jovem*, 49; *Retrato do artista*, 50
Durosoy, Simone, 9

Efeito de neve (Pissarro), 232
Efeito de neve em Auvers-sur-Oise (Cézanne), 112
Eggemann, doutora, 163-4
Eichmann, Adolf, 20

Eiffel, Torre, 36, 108, 134, 197
Em um quarto mobiliado (Toulouse--Lautrec), 117
Embaixada da Alemanha em Paris, 56, 57, 223, 235; embaixada nazista, 88, 145, 182
Embaixada do Japão, 115
Enfermeira com blusa branca (Seurat), 212
Enterro de Cristo (Caravaggio), 48
Enterro em Ornans, O (Courbet), 83, 283
Ernst, Max, 150, 152, 288
ERR (Destacamento Especial do dirigente do Reich Rosenberg para os Territórios Ocupados), 17, 33-4, 43, 56-65, 93-5, 98-102, 104, 114-5, 129, 130, 131, 141, 145, 150-1, 153-8, 161-4, 166-70, 178, 187, 194, 203, 209, 212-6, 222-7, 231, 243, 257, 262, 275-6, 280, 282-3, 285, 296-7, 300; projeto *M-Aktion*, 243
Escola de Arquitetura (Viena), 38
Escola de Barbizon, 106
Escola de Belas Artes de Bordeaux, 91
Escola de Munique, 42
Eslováquia, 69
Espanha, 31, 41, 85, 126, 227
Essen, barão von, 164
Estados Unidos, 14, 16, 20, 22, 23-7, 76, 81, 91, 93, 97, 128, 175, 181-2, 199, 238, 248, 264, 310
Estúdio do pintor, O (Courbet), 79
Estudo de personagem (Makart), 215
Estudos de jovens negros (Watteau), 125
Êxodo, O, 84
Exposição das Artes Antigas da América, 124
Exposição Universal (1900), 106

Fabiani, Martín, 168, 171-2, 185-6, 227, 232
Fairweather, senhora, 117, 118
Família em metamorfose, A (Masson), 133, 244-6

Faubourg Saint-Honoré, 78-9, 95, 113-4, 168, 189, 193, 201, 241, 270
Fauvista, época, 49; fauvistas, 108, 300
Faux, Gaby, 102
Federação de Comerciantes de Arte Suíços, 216
Fénéon, Félix, 108-9, 177
Ferrara, Escola de, 165
Ferrat, 138
Festa campestre (Fragonard), 96
Feydeau, Georges, 108
Filipe II, Rei da Espanha (Velázquez), 95
Fischer, Arthur, 208
Fischer, galeria, 208, 209, 213, 265, 271, 277
Fischer, Paul, 208
Fischer, Theodor, 208-13, 262, 265, 267-74, 277
Floirac, banco de, 214; *villa* de, 82, 87, 223, 231, 232, 235, 274
Floreira (Gauguin), 185
Flores com fundo amarelo (van Gogh), 117
Flores e abacaxis (Matisse), 214
Flores em um vaso (Van Gogh), 211
Fock, Carin von, 53-4
Fogg, Sam, 254-5, 256
Folkwang Museum de Essen, 183-6, 306
Fontainebleau, Escola renascentista de, 163, 187; *As três graças*, 163, 237
Forças francesas livres, 86
Forrageira (Morisot), 283
Fragonard, Jean-Honoré, 75, 96, 157, 185, 188, 283; *Festa campestre*, 96; *Jovenzinha diante de uma estatueta chinesa*, 101; *O touro branco*, 123; *Retrato de cavaleiro com capa*, 190; *Guerreiro apunhalando um homem deitado*, 243; *Mulher lendo*, 291
França, 13-4, 17, 20-3, 25-7, 33, 35, 43, 46-7, 49, 56-7, 59, 63-4, 69, 73, 74, 78, 81-5, 88, 95, 104-5, 114, 126, 128,

136, 139, 141, 149-50, 160, 161, 165,
169-71, 172-204, 211, 216, 226, 233,
236-7, 239-41, 243, 259, 264, 266,
279, 281-5, 292, 308-10
Franco, Francisco, 126-7, 227
Frank, Hans, 200
Frank, Philip, 202
Frankenheimer, John, 20
Frankhauser, Hans, 261
Frederico o Grande da Prússia, 47
Fribourg, Fundação, 260
Fribourg, Lucienne, 260
Frick, coleção (Nova York), 96; Galeria,
233, 276
Fruteira, violão e pacote de tabaco
(Braque), 84
Führerbau (escritórios do Führer), 43;
Refúgios antiaéreos do, 104
Fumaça sobre os telhados (Léger), 157
Funk, Walter, 195-6, 199-200
Futurismo, italiano, 110

Gainsborough, Thomas, 94; *Retrato de
Lady Alston*, 96, 240
Galeria Imperial Austríaca, 47
Galeria Maria Dietrich (Munique), 161
Galeria Nacional da Irlanda, 32
Galeria Nacional de Arte (Washington),
276
Galeria Welz de Salzburgo, 203
Gangnat, família, 77
Gargantas de Ollioules, As (Robert),
190
Gauguin, Paul, 70, 77, 83, 112, 123, 301;
Cristo amarelo ou *Crucifixão*, 163,
237; *Floreira*, 185
Gérard, Raphaël, 145, 185, 186, 202-3,
232, 246-7
Gerhardt, cônsul, 145
Géricault, Théodore, 70, 185
Germain, François-Thomas, 124
Gestapo (*Geheime Staatspolizei*), 55,
142, 195
Giacometti, Alberto, 132-3, 244

Ginetes, Os (Degas), 278
Giraud-Badin, Livraria, 10
Gleizes, Albert, 251-2; *Paisagem* ou
Paisagem de Meudon, 300
Glórias da monarquia espanhola, As
(Tiépolo), 192
Goebbels, Joseph, 44, 45, 63
Goering, Hermann (o *Reichsmarschall*),
17, 53-65, e Hitler, 15, 19, 96, 104,
136, 145, 215; e divisão das obras de
arte, 34, 89-90, 93, 96, 100-1, 140,
151, 153, 157-9, 163-7, 169-70, 178,
194, 201-2, 204, 213, 226, 253, 257,
271, 275, 300; e governo de Vichy, 51;
e o museu do Jeu de Paume, 80; e a
Galeria de Paul Rosenberg, 80, 215; e
a coleção Schloss, 136, 145; e
Rochlitz, 161-2; projeto de, 189; e
comerciantes suíços de arte, 209-13;
captura de, 224
Goldmann, Klaus, 10, 282
Goldschmidt-Rothschild, baronesa
Betty von, 49, 96
Gonin, Jean-Marc, 282
Goodman, Bernard, 260
Goodman, Nick, 9, 260, 262
Goodman, Simon, 260, 262
Göpel, Erhard, 145
Goten, Van der, 191
Goulue e seu par, La (Toulouse-
-Lautrec), 112, 117
*Goulue: em seus lugares para a
contradança, La* (Toulouse-Lautrec),
112
Goya y Lucientes, Francisco de, 18,
128, 203; Retratos dos meninos da
família Soria, 96, 291
Goyen, Van, 165
Gramont, Charles de, 99
Grand Palais, 302, 306
Grão-duque Cosme de Médicis, 115
Graupe et Compagnie, galeria Paul,
165, 257
Graupe, Paul, 165

Greco, El, 126; *São Martinho dividindo seu manto com um pobre*, 111
Grenouillère, La (Renoir), 125
Griffith, D. W., 150
Gris, Juan, 70, 149, 157, 251-2, 295
Grützner, Eduard, 42
Guardi, 168
Guebriant, Wanda de, 9
Guernica (Picasso), 245
Guerreiro apunhalando um homem deitado (Fragonard), 243
Guillaume, Paul, 77-8
Gurlitt, Hildebrand, 177
Gutmann, Bernard, 164, 257-9
Gutmann, família, 19, 164-6, 257-9
Gutmann, Fritz, 13, 164-6, 256-60, 262
Gutmann, Lili, 164-5, 257-62
Guys, Constantin, 73

Haberstock, Karl, 78, 137, 165-6, 168, 189, 194, 209, 257
Halphen, Georges, 9, 71-3, 153
Hals, Frans, 94, 100, 134, 181; *Retrato de Isabella Coymans*, 95, 291; *Retrato do pastor Adrianus Tegularius*, 248-50
Hanesse, Friedrich-Carl, 103
Hanfstaengl, Ernst, 39-41
Hans, galeria Mathias F., 235
Hanska, condessa, 135
Harriman, Averell, 70
Harvard, Universidade de, 39, 261
Haussmann, *boulevard*, 56, 94, 198
Hautefort, castelo de, 51, 129
Heinsius, Ernst, 190
Helft, Jacques, 76, 85, 88-9, 124-5
Helft, Jorge, 9
Helft, Yvon, 84, 85
Henraux, Albert S., 126, 228, 290
Herbst, Hans, 203
Hércules e o leão (Cranach), 164
Hess, Rudolf, 53
Hessel, Josse, 77-8, 193
Heydrich, Reinhard, 61

Himmler, Heinrich, 195, 255-6
Hitler, Adolf (Führer) 13, 16-7, 33-4, 78, 173, 200, 268, 285-6; e Goering, 15, 17-8, 53-65, 96, 101, 104, 136, 145, 189, 215; e a arte, 32-3, 39, 41-2, 47, 61-2, 95-7, 100-1, 153-4, 163, 165, 168-9, 178, 181, 185-7, 209, 215-6, 222, 248, 290; e os Rothschild, 34; projeto, 34, 39, 43-4, 45; e a viagem pela França, 36; *Mein Kampf*, 37-8; aspirações de, como um pintor, 37-8; e Rembrandt, 38-41; com Maria Dietrich, 43; com Eva Braun, 43, 166, 190; e o Relatório de Kümmel, 45-52; e Pétain, 85; e Schloss, 134-45; e Krupp, 184; e Breker, 200-1; e Speer, 225; escritórios de, 230; e a Solução Final, 258
Hofer, Walter Andreas, 61, 158-9, 162, 165, 208-13, 226, 271
Hoffmann, Heinrich, 41, 166
Holanda, 26, 34, 39, 46, 165, 189, 257-9
Holbein, Hans, 181
Holocausto, 19
Homem com violão (Braque), 157, 251-2
Homem de chapéu vermelho (Rafael), 95
Homer, Winslow, 150
Honan, William, 27
Hooch, Pieter de, 50
Hotel Georges V, 113
Huyghe, René, 10, 126-7, 144, 216

Idade de bronze, A (Rodin), 123
Ilha encantada, A (Brueghel), 144
Impressionistas, 106, 108, 166, 175
Inglaterra, 46, 56, 85-6, 175, 238, 264
Ingres, Jean-Auguste-Dominique, 70, 74, 83, 94, 123, 158, 212, 288; *Retrato da baronesa Betty de Rothschild*, 96, 291; *Retrato do barão Alphonse*, 99; *O banho turco*, 125; *Retrato da senhora Gabriac*, 185

Instituto de Arte de Chicago, 81, 261-2
Interior com flores (Bonnard), 222
Iraque, 19
Isabey, Eugène, *Retrato de Chateaubriand com 43 anos*, 243
Israel, 41
Israel, Manasseh ben, 40
Itália, 14, 54, 214, 258

Jamnitzer, Wenzel, 164
Janela aberta (Matisse), 233
Jansson, Margot, 191, 197-8
Japão, 25
Jardim em Pontoise (Pissarro), 90
Jas de Bouffan, (Cézanne), 112
Jaujard, François-Xavier, 10
Jaujard, Jacques, 97, 127-30, 143, 240, 310
Jeu de Paume, museu do, 10, 18, 33, 34, 61, 80, 93, 100-1, 129, 145, 149-72, 186, 188, 194, 201-2, 209-10, 214, 222, 226, 228, 231, 237, 251, 253, 256, 262, 267, 275, 290-1, 296-8, 304
Jogadores de cartas (Cézanne), 112
Jordaan de Paris, banco, 135, 141
Journal officiel, 193
Jovem com blusa vermelha (Corot), 83
Jovem com rede de pescar (Renoir), 216
Jovem com saia cor-de-rosa com flores em uma mesa (Matisse), 232
Jovem de colete vermelho (Seurat), 83
Jovem João Batista (Michelangelo), 39
Jovenzinha diante de uma estatueta chinesa (Fragonard), 101
Jovenzinha sentada e paisagem (Corot), 212
Julgamento de Paris (Cézanne), 112
Jünger, Ernst, 113
Juppé, Alain, 309

Kahnweiler, coleção, 49-50, 171, 251, 299
Kahnweiler, Daniel-Henry, 49, 79, 171, 251, 295

Kaiser Wilhelm Museum de Krefeld, 183, 185-6, 190, 194
Kandinsky, Wassily, 38, 150
Kann, Alphonse, 13, 121, 155, 214, 253, 255-6, 267, 276, 297, 300; *coleção de*, 153-6, 162-3, 170, 187, 211, 250, 253, 268, 275-6, 283, 296, 300; *herdeiros*, 251-2, 255, 278
Kann, Édouard, 254, 256
Kaplan, 9
Kassel, 47
Keaton, Buster, 150
Keitel, Wilhelm, 57-9
Kendall, Richard, 260
Kisling, 78
Klaes, Peter, 163
Klee, Paul, 150, 157
Knaus, Ludwig: *Pintor sentado sobre um tronco*, 215-6
Knoedler, galeria, 175, 238
Kokhlova, Olga, 79-80
Kokoschka, Oskar, 208
Kolesnikoff, senhora, 10
Korte, Willi, 10
Koslov, Grigori, 10, 27
Krupp, família, 184
Kümmel, Otto, 45-52
Kunsthistorisches Museum de Viena, 188
Kunstkammern, 278
Kunstmuseum, 239
Kunstschutz, 58

L'Événement du Jeudi, 27
L'Express, 27
La Fresnaye, 132
La Madeleine, igreja de, 36, 113, 199, 295
La Tour, Quentin de, 185, 188
Labia, princesa da Itália, 246-9
Labrousse, Pianos, 188
Lafont, Henri, 141
Lago das ninfeias, O (Monet), 112
Lamentação, A (Christus), 144
Lancaster, Burt, 20

Landais, Hubert, 289
Landau de Gutmann, Louise von, 164-5, 255-61
Lane Faison, S., 9
Langbehn, Julius, 39
Lange, 169
Laocoonte, O, 48
Lasne, René, 130-1
Laurencin, Marie, 70-1, 77, 79, 222, 232
Lauwick, família 116-7, 119, 242
Lauwick, Jacques, 117-9, 242
Lauwick, Senhora, 117
Laval, Pierre, 140, 143, 234-5
Lazard Frères, banco, 121, 128, 133
Lazard, irmãos, 121-2
Le Bourget, aeroporto de, 35
Le Brun, Charles: *A Ceia na casa de Simão*, 48
Le Castel ou Floirac, 82, 84, 87-9, 91
Le Figaro, 309
Le Gall, Louis, 83, 87, 231
Le Monde, 10, 307-10
Le Nain, irmãos Antoine, Louis e Mathieu, 123
Le Temps, 77
Leão com serpente (Delacroix), 169
Leclerc, Philippe de Hauteclocque, 221
Leda e o cisne (Correggio), 40, 47
Leda e o cisne (Veronese), 189
Leeuwenhoek, Antony van, 32
Lefranc, Jean-François, 137-41, 143-5, 163, 185, 227, 246
Léger, 38, 49, 62, 70, 152, 251, 292, 295; *Fumaça sobre os telhados*, 157; *Cavaleiro com armadura*, 162, 298; *Dama em vermelho e verde*, 287-9, 295-9; *Odaliscas*, 296
Leiris, Louise, 171; Galeria, 233, 299
Leprael, Amical, 167
Lestang, conde de, 88-91
Lévy de Benzion, 153, 210, 223, 267-8, 297
Leyden, Lucas van, 101, 212
Lhote, André, 71

Libertação, 73, 93, 129, 132, 167, 169, 171, 182, 190, 192, 201, 221-2, 227-8, 231, 236, 237, 240, 242, 290
Líbia, 116
Libourne, 83; Banco do, 83, 91, 93, 158, 169-70, 212, 232, 237, 272, 283
Liénard, Jean, 138
Limberger, Gisela, 61
Limoges, 96, 123, 142-3; Banco da França em, 143
Lindbergh, Charles, 75
Lindon, Família, 211
Lindpainter, Paul, 189
Lipchitz, Jacques, 132, 244
Loévi, negociante de vinhos, 76
Lohse, Bruno, 60, 145, 155, 157, 162-3, 166, 226, 257, 262, 275
Loja da França, Grande; biblioteca, 59; museu maçônico, 281
Lorena, 51, 129
Lorrain, Claude, 50
Louvre, Museu do, 25, 31-3, 36, 43, 46-50, 79, 97-100, 102, 104, 124-7, 129, 131, 144, 151, 188, 216, 239-40, 246-7, 288-9, 293, 294, 301-5, 310; Sociedade de Amigos do, 127
Luchaire, Jean, 57
Lufttraffik, Svenska, 53
Luftwaffe, 17, 56, 60, 63, 102, 170, 204, 240
Luís Filipe I, 197
Luís II da Baviera, 101
Luís XIII, estilo, 72, 80
Luís XIV, 35, 48
Luís XV, 196, 200, 289
Luís XVI, 201
Lurçat, Jean, 132, 244
Lust, Jacques, 10, 27

Maçã (Picasso), 215
Macieira em flor (Renoir), 165, 257, 260
Madonna de Foligno, A (Rafael), 48
Maillol, Aristide: 123, 185, 243; *O desejo eterno*, 116

Makart, Hans: *Estudo de personagem*, 215
Manet, Édouard, 70, 74, 77, 94, 96, 123, 157, 211, 251; *A ameixa*, 70; *Retrato de Stéphane Mallarmé*, 125; *A toilette*, 268, 275; *Rosas e tulipas em um floreira*, 269
Mangue, O (Van Ruysdael), 144
Manhã de verão (Bonnard), 283
Manteau, Alice, 186
Manufaturas de Beauvais, 181
Manufaturas Reais de Aubusson, 196, 203
Manufaturas Reais dos Gobelins, 169, 181
Marc, Franz, 208
Mareil-le-Guyon, castelo de, 128-31, 244
Margaridas e frutas sobre fundo negro (Matisse), 171
Margens do Sena, As, ou *Verão em Bougival* (Sisley) 268
Marinetti, 110
Marquet, Albert, 115
Martini, Henri de, 250
Martini, Jean de, 9
Martírio de Santo Erasmo (Poussin), 48
Martírio de São Pedro (Ticiano), 48
Masson, André, 10, 132-3, 157; *Animais devorando uns aos outros*, 133, 244; *A família em metamorfose*, 133, 244-6
Matisse, Henri, família, 9; 14, 18, 38, 62, 70, 75, 82, 132, 150, 152, 156, 158, 162-3, 168, 170, 175, 185, 214, 232, 237, 251-2, 288, 301; e Bignou, 77; *Mulher com blusa vermelha, anêmonas e ramo de amendoeira*, 82; *Mulher vestida de preto sobre fundo vermelho sentada em uma cadeira Luís XIII*, 82; *Roupinha azul diante do espelho*, 83; e Lydia Delectorskaia, 84; e Paul Rosenberg, 84; e Bernheim-Jeune, 108, 110; *A cortina azul*, 157; *O rio com aloés*, 157, 252; *Mulher sentada com roupa azul*, 163; *Mulher sentada com blusa branca e casaco vermelho*, 163; *Mulher deitada com natureza-morta de flores e fruta*, 163; *Oriental sentada no chão* ou *Odalisca sentada no chão*, 163, 236-9; *Abacaxi sobre fundo rosa*, 170; *Mulher adormecida com blusa romena em mesa de mármore violeta enfeitada com frutas*, 170-1; *Margaridas e frutas sobre fundo negro*, 171; *Vasilha de estanho com limões sobre mesa verde e preta*, 171; *Mulher em cadeira amarela*, 186, 215, 272; *Banhistas*, 208; *Mulher à mesa*, 214; *Flores e abacaxis*, 214; *Mulher apoiada em uma mesa*, 214; *Jovem com saia cor--de-rosa com flores em uma mesa*, 232; *Odaliscas e flores*, 232; *A mulher adormecida*, 232; *Janela aberta*, 233; *As duas irmãs*, 251, 296; *A cortina amarela*, 252; *Odalisca com fundo azul*, 272; *A parede rosa*, 301
Mediterrâneo, O (Bonnard), 116
Mein Kampf, 37
Memling, Hans: *A Virgem com o menino Jesus*, 95, 291; *Virgem sentada e menino*, 164-6
Menil, Coleção, 252
Menina de corpete vermelho ou *Menina lendo* (Corot), 268
Merion, Pensilvânia, fundação em, 78
Metropolitano de Arte, Museu (Nova York), 10, 46, 50, 252, 260
Metzinger, Jean, 300
Mewe, tenente, 100
Meyer, coleção, 162
Micheline com coelho (Picasso), 81, 83
Micheline como enfermeira (Picasso), 81, 83
Milhaud, Darius, 282
Minet, Marcelle, 124, 128, 229, 244

Ministério da Cultura francês, 290, 310
Ministério da Economia alemão, 160, 210
Ministério da Justiça da França, 305, 309-10
Ministério da Propaganda, 44
Ministério das Relações Exteriores, 56-7, 63, 193, 258
Ministério francês das Relações Exteriores, 57, 199, 297, 308
Minuet (Watteau), 96
Mirbeau, Octave, 304
Miró, Joan, 38, 150
Misrahi, 10
Modigliani, Amedeo, 38, 62, 70, 77, 78, 149, 175
Moisés salvo das águas (anônimo), 31, 41
Momper, Jodocus de, 169
Monet, Claude, 18, 69-70, 77, 83, 106-7, 123, 174, 177, 203, 213, 288, 292; *Ninfeias*, 84, 223; *O lago de ninfeias*, 112; *Natureza-morta com melão*, 212
Monet, Michel, 174
Monge sentado, lendo (Corot), 268
Montag, Charles, 270
Montmartre, 36, 70, 169
Montparnasse, 132
Montreal, 76
Monumentos, Belas Artes e Arquitetura (MFA & A), 229
Morbach, Philippe, 9, 281
Morisot, Berthe, 83; *Forrageira*, 283
Mulher à mesa (Matisse), 214
Mulher adormecida com blusa romena em mesa de mármore violeta enfeitada com frutas (Matisse), 170-1
Mulher adormecida, A (Matisse), 232
Mulher apoiada em uma mesa (Matisse), 214
Mulher bebendo absinto (Picasso), 208
Mulher bretã (Renoir), 223
Mulher de blusa vermelha, anêmonas e ramo de amendoeira (Matisse), 82
Mulher com leque (Picasso), 70
Mulher deitada com natureza-morta de flores e fruta (Matisse), 163
Mulher em cadeira amarela (Matisse), 187, 215, 272
Mulher em interior (Vuillard), 283
Mulher enxugando-se (Degas), 165, 255
Mulher lendo (Fragonard), 291
Mulher na banheira (Bonnard), 243
Mulher na curva do caminho (Pissarro), 223
Mulher nua de pé (Picasso), 231
Mulher sentada com blusa branca e casaco vermelho (Matisse), 163
Mulher sentada com roupa azul (Matisse), 163
Mulher sentada em interior (Bonnard), 283
Mulher turca (Corot), 115
Mulher vestida de preto sobre fundo vermelho sentada em uma cadeira Luís XIII (Matisse), 82
Munique, 39, 42, 47-8, 54, 104, 161, 166, 189-90, 226, 244, 246-7, 255; Tratado de, 250
Muraz, 10
Murillo, Bartolomé Esteban, 126, 188
Murphy, Gerald, 84
Murphy, Sara, 84
Museu Albertina de Viena, 49
Museu d'Orsay, 110-1, 186, 288, 294, 301, 303-6, 309
Museu da Pré-história de Berlim, 282
Museu da Universidade de Finch, 261
Museu de Arte de Seattle, 238
Museu de Arte de Yokohama, 276
Museu de Arte Fogg (Universidade de Harvard), 261
Museu de Arte Moderna (Nova York), 70, 72, 81, 133, 150
Museu de Baltimore (Maryland), 70
Museu de Belas Artes de Houston, 260
Museu de Belas Artes de Montreal, 276
Museu de Belas Artes de Nîmes, 245

Museu de Belas Artes de Rennes, 299
Museu de Berna, 267
Museu de Dresden, 42
Museu de Israel, 40
Museu de l'Orangerie, 78, 290-1, 304
Museu de Linz, 43, 62, 101, 136, 166, 168-9, 181, 190, 215, 230, 248, 291; Comissão Especial para o, 145
Museu de Luxemburgo, 106
Museu de Lyon, 48-9
Museu de Rouen, 48-9
Museu do Alto Reno, 45
Museu do Brooklyn (Nova York), 50
Museu do Hermitage (São Petersburgo), 50, 286
Museu do Homem de Paris, 124
Museu do Prado, 126-7, 129, 228
Museu dos Impressionistas, 149
Museu em Montauban, 144
Museu Kaiser Wilhelm (Berlim), 51
Museu maçônico da Grande Loja, 281
Museu Nacional Centro de Arte Rainha Sofia, 245-6
Museu Nacional de Arte Moderna (MNAM), 251-2, 287-9, 294-6, 298--301, 305, 310
Museu Nelson Atkins (Kansas City), 302
Museu Pushkin de Moscou, 283, 286
Museu Rodin, 288
Museu Staedel (Frankfurt), 255
Museus Nacionais da França, 289
Museus Nacionais da Recuperação (MNR), 287-311
Mussolini, Benito, 85, 167

Namíbia, 53
Napoleão III [Carlos Luís Napoleão Bonaparte], 35, 149
Napoleão, o Grande, 35, 45-8, 197; Túmulo de, 36
Napoleônicas, guerras, 44
Napoleônico, exército, 50
Nasenta, Raymond, 202

National Galerie de Berlim, 39, 40, 189, 245
Natureza-morta (Weenix), 162
Natureza-morta com melão (Monet), 212
Natureza-morta com peças de caça (Weenix), 214
Natureza-morta com uvas (Braque), 283
Natureza-morta com uvas e pêssegos (Braque), 214
Nazista(s), espólio, 13, 15-6, 22, 19-20, 25-7, 64-5, 80, 91-2, 95, 115, 136, 145, 152-3, 156-7, 165-7, 184, 185, 202-3, 229-31, 236-7, 239, 249, 251-3, 256, 259, 261, 265-6, 268, 272-3, 277, 282, 284, 290, 297-8, 300, 303, 307-11; regime, 15, 17, 36, 55, 69, 78, 206, 216, 257; documentos, 21-2, 229, 297; fuga, 23-4, e a arte, 25-6, 35, 40, 49, 150, 155-7, 162-3, 169, 175, 178, 185, 193-4, 200, 203-4, 210, 251-2, 270, 273, 283; partido, 33-4, 39, 43-4, 54-5, 59, 78, 155, 208; e o relatório Kümmel, 45-52; em Paris, 84-5, 88; hierarquia, 93, 131, 145, 297; dignitários, 189, 209, 223-4, 235; simpatizantes, 225; e a Solução Final, 258; vítimas dos, 262, 285; o ouro dos, 308
Nériec, Jean, 138, 143
Neuilly, palacete de, 122-3, 128, 131-2, 243
Neupert, galeria, 209, 214-5, 272
New York Times, The, 10, 27, 256
Newhouse Galleries de Nova York, 249-50
Nicholas, Lynn, 10, 27
Nicolas, Étiene, 181
Ninfeias (Monet), 84, 223
Noailles, marquesa de, 97
Noailles, visconde Charles de, 70
Normandia, desembarque na, 104, 169, 221, 229

Nu (Picasso), 232
Nu à beira-mar (Picasso), 83
Nu na banheira ou *Efeito de espelho* ou *A tina* (Bonnard), 109
Nuremberg, 42, 209; Tribunal de Crimes de Guerra de, 20, 224

Obras-primas das coleções francesas encontradas na Alemanha pela Comissão de Recuperação Artística e organizações aliadas, 290
Ocupação, 45, 57, 61, 78, 92, 97, 103, 113, 136-7, 151-2, 154, 161, 168, 173-205, 222, 227-8, 231, 238, 241, 252, 283, 290, 296, 303
Odalisca com fundo azul (Matisse), 272
Odaliscas (Léger), 296
Odaliscas e flores (Matisse), 232
Odermatt, 245
Olhar apaixonado: pinturas impressionistas e outras obras--primas da coleção de Emil G. Bührle, O, 276
Ópera, A, 35, 56
Oranienburg, campo de concentração de, 55
Oriental sentada no chão ou *Odalisca sentada no chão* (Matisse), 163, 236-9
Oriente da França, Grande, biblioteca, 59
Origens e o desenvolvimento da arte internacional independente, As, 150
Orsini Baroni, Luca, 164
Ossorguine, Katiana, 9, 279-81
Ossorguine, Michel, 280
Ostade, Isaac van, 101

Pacaut, Félix, 103, 240
Paillole, coronel, 10, 57
Paisagem (Van Gogh), 212
Paisagem com animais (Brueghel), 203
Paisagem com castelo (Rembrandt), 181
Paisagem com chaminés (Degas), 165, 257, 261-3
Paisagens com cisnes (Rembrandt), 144
Paisagem com moinho oi *Vista de um moinho com um templo à distância* (Boucher), 302
Paisagem de um bosque (Picasso), 232
Paisagem exótica (Rousseau), 171, 227
Paisagem ou *Paisagem de Meudon* (Gleizes), 300
Paisagens de Degas, exposição, 260
Países Baixos, 41, 164
Países do Eixo, 78, 167, 175, 264, 323
Palácio da Justiça, 36
Palácio de l'Élysée, 94, 289
Pannini, 168
Papa, coleção do, 48
Parada do circo, A (Seurat), 112
Paraíso, O (Tintoretto), 48
Parede rosa, A (Matisse), 300-1
Parke-Bernet, 248, 260
Parnin, Madeleine, 103
Partido Nacional-socialista, 15, 17, 34, 54, 178-9, 184, 225, 230, 264
Pater, Jean-Baptiste: *Caçador sentado*, 201
Pau, castelo de, 51
Pele do urso, A, leilão, 301
Pellepoix, Louis Darquier de, 64, 137-9, 144, 163, 187, 192, 227
Penhascos de Étretat após a tempestade, Os (Courbet), 184-5, 306-8
Pequeno camponês azul, O (Seurat), 177
Perdoux, Yves, 88-91
Perón, María Eva D. de, 54
Pessoal Especial para Artes Pictóricas (*Sonderstabe Bildende Kunst*), 60, 150
Pétain, Jacques, 63-4, 85, 92, 104, 128, 130, 176, 224
Petit, Georges, 112, 141, 142
Peyrastre, 100
Picabia, Francis, 252, 288
Picasso, Maya, 81
Picasso, Pablo Ruiz (Casso, Picasso,

Pic), 14, 18, 38, 49, 62, 70-1, 73-5, 82, 89, 149-50, 152, 156, 158, 162, 168, 171-2, 185, 222, 227, 251-2, 285, 288, 292, 295-6, 299-301; "Casso" e "Picasso Pic", 81; *Mulher com leque*, 70; *Três músicos*, 70; *As senhoritas de Avignon*, 70, 109; *Mãe e filho à beira-mar*, 71-2; e Bignou, 77; e Rosenberg, 79-81; *Retrato da senhora Paul Rosenberg e de sua filha*, 80, 83, 92-3, 214; *Micheline como enfermeira*, 81, 83; *Micheline com coelho*, 81, 83; *Retrato de Gertrude Stein*, 81; e *a guerra*, 81-3, 92-3; *Nu à beira-mar*, 83; e Bernheim-Jeune, 109, 112; e David David-Weill, 123; e Weill, 132; *Arlequim*, 157; *Cabeça de mulher*, 157, 299-300; *Mulher bebendo absinto*, 208; *Maçã*, 215; *Mulher nua de pé*, 231; *Paisagem de um bosque*, 232; *Nu*, 232; *Guernica*, 245; *Pierrô*, 283; *Cesta de frutas sobre uma mesa*, 283

Picasso, Paulo, 81

Piens, Bernard, 9

Pierrô (Picasso), 283

Pigalle, Jean-Baptiste, 289

Pinacoteca Ambrosiana de Milão, 48

Pintor sentado sobre um tronco (Knaus), 215

Pissarro, Camille Jacob, 69-70, 90-1, 106-7, 158, 175, 186, 202-3, 212, 301, 304; *Jardim em Pontoise*, 90; *Cena campestre*, 162; *O porto de Honfleur sob a chuva*, 166-7; *Caminho rural*, 215; *Mulher na curva do caminho*, 223; *Efeito de neve*, 232; *O porto de Rouen, depois da tempestade*, 269; *O porto de Le Havre*, 291

Polícia criminal (*Kriminalpolizei*), 101

Polícia Nacional da França, 10

Pollaiulo (Antonio Benci, chamado de), 157

Polônia, 46, 56, 58, 69, 200

Ponte de Langlois em Arles, A (Van Gogh), 291

Porta-estandarte (Rembrandt), 96

Porto de Honfleur sob a chuva, O (Pissarro), 166-7

Porto de Le Havre, O (Pissarro), 291

Porto de Rouen, depois da tempestade, O (Pissarro), 269

Portugal, 87, 97, 128

Pós-impressionistas, 106

Posse, Hans, 42-3, 62

Possenbacher, Fritz, 189

Poussin, Nicolas, 203; *Martírio de Santo Erasmo*, 48

Poznan, Universidade de, 282

Praça de Clichy, A (Bonnard), 243

Praia, A (Bonnard), 243

Prato de ostras com porta-guardanapos (Braque), 84, 231

Primeira Guerra Mundial, 46, 49-50, 53, 69-70, 75, 80, 85, 112-3, 135, 173, 201, 211

Princeton, Universidade de, 254

Propper de Callejón, Eduardo, 97

Proust, Marcel, 122, 149, 156

Provinzialdenkmalamt de Bonn, Museu, 183

Puiforcat, L. V., ourives, 198-200

Rabino (Chagall), 208

Rademacher, Frans, 45

Raphaël, Flora, 122

Rassemblement National Populaire (RNP, Reunião Nacional Popular), 115

Rastignac, castelo de, 116-20, 242

Ray, Man, 150

Real Academia de Arte (Londres), 276

Real Fábrica de Tapeçarias de Santa Bárbara, 191

Realismo, 106

Reber, G. F., 70

Redon, Odilon, 140

Reforma Protestante, 41

Rei da Inglaterra, 46
Reichstag (Parlamento alemão), 54-5, 163
Reinhardt, Oskar, 70
Reino Unido, 22, 27
Relatório de Kümmel, O, 45-52, 211, 286
Rembrandt como professor ou *O ensinamento de Rembrandt*, 38
Rembrandt, van Rijn, 18, 20, 39-40, 43, 47, 96, 107, 134, 181, 200, 235; *Homem com capacete de ouro*, 39-41; *Cristo e Maria Madalena*, 46; *Autorretrato*, 49; *Retrato de um Cavaleiro*, 50; *Porta-estandarte*, 96; *Paisagens com cisnes*, 144; *Retrato de Tito*, 181; *Paisagem com castelo*, 181; *Retrato de um homem velho com barba*, 212
Renascimento, 96, 134, 155, 164
Renaud, banqueiro, 135
Renoir, Pierre Auguste, 62, 70-4, 77, 90, 112, 123, 128, 150, 157, 166, 174, 185, 188, 212, 232, 260, 270, 285; e Bernheim-Jeune, 107-8; *Família*, 79; *A senhora Josse Bernheim-Jeune e seu filho Henry*, 109; *A argelina sentada*, 117; *Retrato de Coco*, 117; *As rosas*, 117; *La Grenouillère*, 125; *Macieira em flor*, 165, 255, 258; *O bosque de Fontainebleau*, 211; *Retrato de jovenzinha*, 215; *Jovem com rede de pescar*, 216; *Mulher bretã*, 223
Renou & Colle, galeria, 232
Resistência, 73, 119, 221
Retábulo do Cordeiro Místico ou *Políptico de Gand* (Van Eyck), 50-1
Retrato da baronesa Betty de Rothschild (Ingres), 96, 291
Retrato da condessa du Barry (Drouais), 196
Retrato da Infanta Margarita (Velázquez), 159

Retrato da marquesa de Pompadour (Boucher), 95, 101, 291
Retrato da senhora de la Martinière (Belle), 190
Retrato da senhora Gabriac (Ingres), 185
Retrato da senhora Paul Rosenberg e de sua filha (Picasso), 80, 83, 92-3, 214
Retrato de cavaleiro (Ticiano), 162
Retrato de cavaleiro com capa (Fragonard), 190
Retrato de Chateaubriand com 43 anos (Isabey), 243
Retrato de Clément Marot (de Lyon), 134, 144
Retrato de Coco (Renoir), 117
Retrato de Erasmo (Dürer), 49
Retrato de Gabrielle Diot (Degas), 84
Retrato de Gertrude Stein (Picasso), 81
Retrato de homem (Dossi), 165, 257, 259
Retrato de homem com barba (anônimo), 214
Retrato de Isabella Coymans (Hals), 95, 291
Retrato de moça (Cranach), 83, 159
Retrato de jovenzinha (Renoir), 215
Retrato de Lady Alston (Gainsborough), 96, 240
Retrato de Mademoiselle Diot (Degas), 223, 235-6
Retrato de membro da Convenção (David), 84
Retrato de menina de Henriqueta da França (van Dyck), 95
Retrato de Romain Coolus (Toulouse-Lautrec), 246
Retrato de Stéphane Mallarmé (Manet), 125
Retrato de Tito (Rembrandt), 181
Retrato de um Cavaleiro (Rembrandt), 50
Retrato de um Cavaleiro (Van Dyck), 50
Retrato de um homem (Van Gogh), 211

Retrato de um homem velho com barba (Rembrandt), 212
Retrato de um jovem (Botticelli), 164, 257, 259
Retrato de um jovem (Dürer), 49
Retrato do artista (Cézanne), 303-4
Retrato do artista (Dürer), 50
Retrato do barão Alphonse (Ingres), 99
Retrato do marquês de Marigny (de Troy), 190
Retrato do pastor Adrianus Tegularius (Hals), 248-50
Retrato do pintor com cabelos compridos (Cézanne), 105-20, 242
Retrato do senhor Henri Hugues (Delacroix), 283
Retratos de Degas (*Portraits by Degas*), 236, 275
Retratos dos meninos da família Soria (Goya), 96, 291
Reynolds, Joshua, 96
Rheinisches Landesmuseum, 183
Ribbentrop, Joachim von, 17, 34, 58, 151, 169, 193, 204, 224-5
Richardson, John, 9
Richthofen, esquadrilha (ou *Circo Voador)*, 53
Riekmann, 213
Rijksmuseum (Amsterdam), 41
Rio com aloés, O (Matisse), 157, 252
Robert, Hubert, 168-9, 185, 190; *As gargantas de Ollioules*, 190
Rochlitz, Gustav, 160-3, 188, 192, 194, 211, 214, 226-7, 237-8, 251-2, 297
Rodin, Auguste, 185, 203, 211, 307; *A idade do bronze*, 123; *O beijo*, 289; e Renoir, 109-10
Roganeau, senhor, 91
Rognon, François, 9, 281
Roisneau, *mademoiselle*, 91-3, 232
Rosas, As (Renoir), 117
Rosas e tulipas em uma floreira (Manet), 269
Rosenberg & Helft, galeria, 76

Rosenberg-Clark, Elisabeth, 9
Rosenberg, Alexandre, 81-3, 86, 221-3, 234-5
Rosenberg, Alfred, 17, 43, 53, 56, 63-4, 100, 151, 153, 225; *O mito do século XX*, 33-4
Rosenberg, coleção, 69-93, 153, 158, 162, 170, 202-3, 234-6, 246, 283, 296
Rosenberg, Edmond, 231-3
Rosenberg, Elaine, 9, 235-6, 238
Rosenberg, galeria, 69-93, 113, 169-71, 175, 233, 236, 272
Rosenberg, Léonce, 10, 69, 76, 79, 186, 192, 296
Rosenberg, Marguerite, 80, 83-5, 92-3
Rosenberg, Micheline, 9, 80-81, 83, 92-3
Rosenberg, Paul, 9-13, 69-71, 73-7, 78, 81-8, 93, 136, 153, 158-9, 162, 169-71, 175, 187, 192, 202, 212-6, 221-4, 231--4, 236-7, 267, 268, 271-4, 278, 283, 285, 295-6, 297-9; "Rosi", 81; com Picasso, 79-81, 92-3 e Matisse, 110
Rothschild, Alain, 98, 102, 285
Rothschild, Alexandrine R., 159, 170, 240, 297
Rothschild, banco, 94
Rothschild, barão Alphonse de, 32-3, 95, 99
Rothschild, barão Guy de, 9-10
Rothschild, barão James, 94, 96
Rothschild, barão Maurice de, 57, 95-6, 99-100, 102, 240
Rothschild, barão Robert de, 72, 95-8, 102-3, 239-40, 285
Rothschild, coleção, 90, 94-104, 123, 136, 153, 155, 188, 223, 239, 283, 291
Rothschild, Édouard de, 33, 94-5, 97, 99-100, 239-40
Rothschild, Élie de, 9, 98, 102
Rothschild, família, 13, 19, 32-3, 70, 94-6, 98-104, 155, 164, 199, 230, 240
Rothschild, Henri, 97, 240
Rothschild, Liliane de, 9, 97, 99, 240

Rothschild, Myriam de, 212
Roupinha azul diante do espelho (Matisse), 83
Rousseau, Henri, 70, 78, 106, 150, 227; *Paisagem exótica*, 171, 227
Roussel, 115, 243
Rubens, Peter Paul, 43, 47, 49, 96, 157, 181, 188, 203; *A Adoração dos Reis Magos*, 48
Rue de Mont-Cenis (Utrillo), 289
Rue de Sannois (Utrillo), 169
*Ruínas (*Utrillo*)*, 243
Rússsia, *ver* União Soviética
Ruysdael, Van, 134, 181; *O mangue*, 144

SA (*Sturmabteilung*), 54
Sachs, Arthur, 70
Sachs, Maurice, 73
Sagrado Coração, igreja do, 36
Saint-Germain-en-Laye, 57
Saint-Philippe-du-Roule, igreja de, 77
Sallois, Jacques, 305
Salmon, André, 71-2
San Giorgio Maggiore, igreja de (Veneza), 48
São José, capela de, 111
Sanzio, Rafael, 20; *A Transfiguração*, 48; *A Madonna de Foligno*, 48; *Homem de chapéu vermelho*, 95
São Bavo, igreja de, 50
São Marcos (Veneza), 48
São Martinho dividindo seu manto com um pobre (El Greco), 111
São Mateus e o anjo (Caravaggio), 40
São Sebastião (Corot), 112
Sarrazin, escultor, 123
Sarto, Andrea del, 50
Saunal, Robert, 9
Schab, Margo Pollins, 259
Schenker, empresa de transportes, 59-60; documentos, 182, 185-6, 188, 190, 215, 283, 306-7; International Transport –, 182, 204, 229, 266; listas de, 187, 189-90

Schiedlausky, Günther, 158, 226
Schloss, Adolphe, 134-45, 187, 247
Schloss, coleção, 134-45, 163-4, 185, 227, 230, 246-7, 249
Schloss, família, 13, 134-45, 235, 246--50, 292
Schloss, Henri, 138-9
Schloss, Lucien, 135, 139, 247-8
Schmidtlin, galeria (Zurique), 209
Schoeller, André, 184-7, 192, 215, 306
Schooten, Floris van, 163
Schumann, Jacques, 9
SchutzStaffel (SS), 114, 118, 184, 195, 257, 317
Schwarzinger, Karl, 203
Searle, Daniel, 261-2
Segunda Divisão Blindada das Forças Francesas Livres, 221, 223
Segunda Guerra Mundial, 13, 14, 19-20, 23, 33, 51, 77, 80, 111, 127, 135, 149, 164, 204, 212, 241, 244-5, 249, 251, 253, 259, 262, 267, 274, 281-2, 289, 292, 311
Seguridade nacional (*Secours national*), 98
Seligmann, Jacques, 57; coleção de, 158
Senhora Camus ao piano (Degas), 157, 210, 214, 268, 275-8
Senhora Josse Bernheim-Jeune e seu filho Henry, A (Renoir), 109-10
Senhora Stümpf e sua filha, A (Corot), 84, 214
Senhoritas de Avignon, As (Picasso), 70, 109
Serviço de Controle de Administradores Provisórios (SCAP), 64
Seurat, Georges, 107-9, 150, 186, 203; *Jovem de colete vermelho*, 83; *A parada do circo*, 112; *O pequeno camponês azul*, 177; *Enfermeira com blusa branca*, 212
Severini, 110
Sicherheitspolizei (SP, Polícia de segurança), 117

Sigmaringen, Museu do, 224
Signac, Paul, 107-8, 186, 203, 301
Simon, galeria, 299
Sisley, Alfred, 107, 211, 212-3; *As margens do Sena* ou *Verão em Bougival*, 268
Skira, Albert, 216-7
Slive, Seymour, 249
Smyth, Craig Hugh, 9, 247
Liga das Nações, 126
Société des Banques Suisses (Sociedade de Bancos Suíços), 272
Solução Final, a, 20, 61, 64, 195, 258
Sorbonne, 82
Sotheby's, 245, 248, 249, 260
Sourches, castelo de, 128, 129-30, 144, 216, 244
Soutine, Chaïm, 78
Speer, Albert, 17, 35-7, 42, 204, 225
Sprang, Philippe, 10, 27
Sprovieri, galeria Paolo, 245
Stadtel Museum de Frankfurt, 33
Städtische Kunstsammlungen de Dusseldorf, Museu, 183, 185, 187, 190, 194, 283
Städtisches Museum für Kunst und Kunstgewerbe de Wupperthal, 183, 186
Stalingrado, batalha de, 167
Stavrides, Yves, 10
Steichen, Edward, 150
Stein, Gertrude, 70
Stein, Leo, 70
Stern, Gérard, 9
Stieglitz, Alfred, 150
Stoecklin, Max, 161, 187, 215
Suécia, 46, 53-4, 164, 264
Suíça, 22, 25-7, 70, 97, 107, 115, 127, 160, 187, 205, 206-17, 233-4, 241, 264, 266-9, 274-5, 308, 311
Sultão de Marrocos (Delacroix), 283
Supremo Tribunal da França (*Cour de Cassation de Paris*), 26

Talleyrand-Périgord, Charles Maurice de, 95
Talmude, O, 65
Tanguy, Yves, 150, 296
Tanner, galeria, 216
Taper, Bernard, 9
Tarde das crianças em Wargemont, A, 108
Taskin, Pascal, 188
Tchecoslováquia, 42, 284
Templo de Faustina, O (Alt), 187, 215
Teniers, 190
Terceiro *Reich*, 15, 19, 45-6, 51, 60, 65, 93, 98, 100-1, 129, 155, 170, 176, 178-80, 185-6, 189, 195-7, 200, 202, 206, 214, 222-3, 239, 259, 264, 268, 278, 281; queda, 44; tropas do, 57; Museus do, 77, 184-5; finanças do Reich, 160; e a guerra, 184; diplomacia do, 193; assinatura de paz com França, 211
Thalmann, *Obersturmführer*, primeiro--tenente SS, 118
Theresienstadt, campo de concentração, 258
Thibaut-Cahn, 122
Ticiano (Ticiano Vecellio, chamado), 47, 96; *Martírio de São Pedro*, 48; *Retrato de cavaleiro*, 162
Tiepolo, Giambattista, 188, 235; *As glórias da monarquia espanhola*, 192
Tintoretto, Jacopo Robusti, o, 157; *O Paraíso*, 48; *Danae*, 49
Toilette, A (Manet), 268, 275
Tolouse-Lautrec, Henri de, 70-1, 74, 108, 123, 140, 158; *La Goulue e seu par*, 112, 117; *La Goulue: em seus lugares para a contradança*, 112; *Em um quarto mobiliado*, 117; *O baile do Moulin Rouge*, 117; *Retrato de Romain Coolus*, 246
Touro branco, O (Fragonard), 123
Transfiguração, A (Rafael), 48

Tratado de Paz de Versalhes, 46, 50, 57
Três graças, As (Fontainebleau), 163, 237
Três músicos (Picasso), 70
Três séculos de arte nos Estados Unidos, Exposição, 150
Tribunal de Apelações de Paris, 26
Tribunal de Contas (*Cour des Comptes*), 309
Tribunal de Grande Instância de Paris, 25
Tribunal de Versalhes, 107
Tribunal Militar de Paris, 225
Trinta Anos, Guerra dos, 44, 46
Trocadero, Palácio do, 36, 134
Troy, Jean-François de, *Retrato do marquês de Marigny*, 190
Tulherias, Jardim das, 18, 78, 149, 151
Turgueniev, biblioteca, 59, 279-81, 285

Uhde, Wilhelm, 49
União Soviética, 22, 27, 46, 95, 107, 230, 259, 279-80, 282, 285
Utikal, Gerhard, 65
Utrillo, Maurice, 78, 112, 188; *Rue de Sannois*, 169; *Caminho rural*, 185; *Ruínas*, 243; *Rue de Mont-Cenis*, 289

Vale de Arc e a montanha Santa Vitória, O (Cézanne), 177
Valéry, Paul, 144
Valland, Rose, 152, 154, 201, 229, 290, 296-7, 308, 310
Vallat, Xavier, 64
Vallotton, Félix, 107, 115, 235, 243
Van Dongen, Kees, 70, 96
Van Dyck, *sir* Anthony, 181, 203; *Retrato de um Cavaleiro*, 50; *Retrato de menina de Henriqueta da França*, 95-6
Van Eyck, Jan, 18, 94, 126, 134, 247; *Retábulo do Cordeiro Místico* ou *Políptico de Gand*, 50-1; *Virgem com o menino Jesus com santos e doador*, 96-7, 318
Van Gogh, Vincent, 18, 74, 83, 108, 150, 158, 301; *Autorretrato com a orelha cortada*, 72, 233, 272; *Homem com gorro de pele*, 72; *Alyscamps*, 72; *A noite estrelada*, 72; *Os lírios*, 72; *Café noturno*, 72; *Flores com fundo amarelo*, 117; *Autorretrato*, 208; *Flores em um vaso*, 211; *Retrato de um homem*, 211; *Paisagem*, 212; *A ponte de Langlois em Arles*, 291
Vasilha de estanho com limões sobre mesa verde e preta (Matisse), 171
Vaticano, 48
Veil-Picard, coleção, 153
Velázquez, Diego Rodríguez de Silva y, 18, 94, 126; *Filipe II, Rei da Espanha*, 95; *Retrato da infanta Margarida*, 159
Vendôme, praça, 57, 165, 200
Veneza, gôndola no Grande Canal diante da igreja de San Giorgio Maggiore (Corot), 115, 210
Veneza, gôndola no Grande Canal diante da igreja de San Giorgio Maggiore (Corot), 115
Vênus de Cirene, A (Bonnard), 116, 241
Vênus e Cupido (anônimo), 187
Vermeer, Jan, 18-20, 39, 94, 135, 181; *O astrônomo*, 31-44, 95, 97, 100, 239, 287, 291; *Senhora escrevendo uma carta com sua criada*, 32; *O geógrafo*, 32-3; *Vista de Delft*, 149-50
Vernay, Alain, 9, 136
Vernay, Denise, 9
Veronese, Pablo ou Veronese, Paolo Caliari, *O casamento místico de Santa Catarina*, 48; *As bodas de Caná*, 48-9; *Leda e o cisne*, 189
Vichy; governo de, 35, 51, 64, 92, 98--100, 113-4, 115-6, 129-30, 135-7, 139-41, 142-5, 163, 170-1, 176, 177, 179, 192, 224, 227, 231, 274; leis de,

98; Ministério do Interior de, 140; e a Milícia, 143
Villeroy, Nicolas de, 50
Violonista de pé (Watteau), 96
Virgem com menino (Cranach), 203
Virgem com o menino Jesus com santos e doador (Van Eyck), 96-7, 318
Virgem com o menino Jesus, A (Memling), 95, 291
Virgem e menino em uma paisagem (Cranach), 209
Virgem sentada e menino (Memling), 164-6
Vista de Delft (Vermeer), 149-50
Vista de Toulon (Corot), 212
Vlaminck, Maurice de, 49, 108, 112, 115, 186, 295, 301
Vogue, 117
Vollard, Ambroise, 75-7, 106-7, 304
Vosges, Place des, 36
Vuillard, Édouard, 77, 123, 140, 186, 243, 301; *Mulher em interior*, 283

Wacker-Bondy, 165-6, 262
Wallraf-Richartz Museum de Colônia, 200
Walter, Marie-Thérèse, 81
Warin, Francis, 9, 253-6
Washington Post, The, 10, 20
Watson, biblioteca, 10
Watson, Peter, 297
Watteau, Antoine, 75; *Violonista de pé*, 96; *Minueto*, 96; *Estudos de jovens negros*, 125
Watteaux, 47
Weenix, Jan: *Natureza-morta*, 162; *Natureza-morta com peças de caça*, 214

Wehrmacht (Exército alemão), 13, 17, 58-9, 64-5, 83, 85, 98, 130, 133, 170, 176-80, 191, 214, 268
Weill, Prosper-Émile, 136-7, 139-40, 145, 187, 246
Weill, Raymond, 139
Weimar, República de, 54, 55; tribunal de, 190
Welz, Friedrich, 192, 203
Wendland, coleção, 50, 211
Wendland, Hans, 49, 211-4, 217, 261-2, 265, 267, 269-73, 277
Wertheimer, Pierre, 227
Weyden, Rogier van der, 126
Whistler, James, 150
Wildenstein & Co., 76, 253-4
Wildenstein, Alec, 25, 253
Wildenstein, coleção, 153, 302
Wildenstein, Daniel, 25, 253-6
Wildenstein, família, 26, 256
Wildenstein, Fundação, 253, 254
Wildenstein, galeria, 92, 136, 168, 175, 193, 253-6, 270
Wildenstein, Georges, 25-6, 76-8, 92, 113, 136-7, 168, 209, 214, 253-4, 256
Wildenstein, Guy, 25, 253
Wildenstein, Nathan, 256
Windsor, duquesa de, 199
Wolff-Metternich, Franz, 58-9
Wolf, Emile, 261
Wolff, 190-1, 195, 198
Wüster, Adolf, 161, 168-9, 190, 193-4, 211, 223, 223-4

Zadkine, Ossip, 149
Zeitschel, Carl-Theo, 89-91
Zola, Émile, 107

Índice de ilustrações

O astrônomo, de Jan Vermeer   A1
Uma das salas de exposição da Galeria Paul Rosenberg, por volta de 1930   A2
Paul Rosenberg em apartamento parisiense, em 1920   A2
Retrato de Mademoiselle Diot, de Edgar Degas   A3
Mulher nua de pé, de Pablo Picasso   A4
Mulher com blusa vermelha, anêmonas e ramo de amendoeira, de Henri Matisse   A5
Odalisca sentada no chão ou *Oriental sentada no chão*, de Henri Matisse   A6
Um dos salões de exposição da Galeria Paul Rosenberg, por volta de 1930   A6
Mulher sentada em uma poltrona, de Henri Matisse   A7
O barão Robert de Rothschild sentado na sala de sua casa   A8
Retrato de Isabella Coymans, de Frans Hals   A8
A entrada inesperada, de Gabriel Metsú   A9
Dama com gato, escola flamenga   A9
Interior, de Pieter de Hooch   A9
Mulher bebendo, de Gerard Ter Borch   A9
O violinista, de Gerrit Dou   A9
A Virgem com o menino Jesus, de Hans Memling   A9
Menino da família de Soria, de Francisco de Goya   A10
Clara de Soria, de Francisco de Goya   A11
La Goulue e seu par (Pausa antes da valsa), de Henri de Toulouse-Lautrec   A12

La Goulue: em seus lugares para a contradança ou *O baile no Moulin Rouge*, de Henri de Toulouse-Lautrec   A13
Em um quarto mobiliado ou *A carta*, de Henri de Toulouse-Lautrec   A14
Amêndoas, de Édouard Manet   A15
Rosas e pétalas, de Édouard Manet   A15
Pote com pepinos em conserva, de Édouard Manet   A16
Dorso de mulher ou *Modelo para* A roupa, de Édouard Manet   B1
Mulher de branco, de Berthe Morisot   B2
O bebedouro de Marly com neve, de Alfred Sisley   B3
A margem do Sena sob a neve, de Alfred Sisley   B3
Mulher nua deitada ou *Nu escondendo o rosto*, de Édouard Vuillard   B4
O café da manhã, de Pierre Bonnard   B5
Arcachon. Duas mulheres conversando, de Pierre Bonnard   B6
Retrato de Coco, de Pierre-Auguste Renoir   B6
A argelina sentada, de Pierre-Auguste Renoir   B7
Floreira com anêmonas, de Pierre-Auguste Renoir   B8
Natureza-morta com arenques, de Paul Cézanne   B8
Efeito de neve em Auvers-sur-Oise, de Paul Cézanne   B9
Flores vermelhas e floreira branca ou *Vaso sobre uma mesa redonda*, de Paul Cézanne   B10
Jas de Bouffan, de Paul Cézanne   B11
Retrato do pintor com cabelos compridos, de Paul Cézanne   B12
Gennevilliers ou *As fortificações em La Glacière*, de Paul Cézanne   B13
Julgamento de Paris, de Paul Cézanne   B14
Flores com fundo amarelo, de Vincent van Gogh   B15
Odalisca de calças vermelhas, de Henri Mattise   B16
Guerreiro apunhalando um homem deitado (seis esboços), de Jean-Honoré Fragonard   C1
Sala, residência Pierre David-Weill; tapeçarias de André Lurçat, suportes de lareira de Jacques Lipchitz, tampa de aquecedor de Alberto Giacometti   C2
Fumoir, residência Pierre David-Weill; na parede ao fundo, *A família em metamorfose*, de André Masson   C3

A coleção Schloss antes da Segunda Guerra Mundial, na residência Adolphe Schloss (galeria)   C4
A coleção Schloss antes da Segunda Guerra Mundial, na residência Adolphe Schloss (sala ao fundo da galeria)   C5
A coleção Schloss antes da Segunda Guerra Mundial, na residência Adolphe Schloss (salão)   C6
Retrato do pastor Adrianus Tegularius, de Frans Hals   C7
Paisagem com chaminés, de Edgar Degas   C8
Friedrich Gutmann, Fritz, com seu filho Bernard na Holanda no início da década de 1920   C8
Hubert de Brie, Marcelle Minet e H. von Wilfinger durante a recuperação do *Retrato da marquesa de Pompadour*, de Boucher   C9
Marcelle Minet, Craig H. Smyth, M. de Risom e Alfons Vorenkamp examinam *A colheita*, de Brueghel, e uma paisagem de Van Gogh   C9
A senhora Camus ao piano, de Edgar Degas   C10
Hermann Goering, em uma de suas múltiplas visitas ao depósito do Museu do Jeu de Paume durante a ocupação, admira um quadro confiscado   C10
Cabeça de mulher, de Pablo Picasso   C11
A "Sala dos Mártires" no depósito do Museu do Jeu de Paume, onde se pode ver um Picasso, dois quadros de Léger, uma *Odalisca* e *Dama em vermelho e verde*   C12
Dama em vermelho e verde, de Fernand Léger   C13
O bosque ou *Cena em um bosque com dois soldados romanos*, de François Boucher   C14
Os penhascos de Étretat após a tempestade, de Gustave Courbet   C14
Paisagem, de Albert Gleizes   C15
Retrato do artista, de Paul Cézanne   C16